Wenn der Mensch,
den du liebst,
depressiv ist

Laura Epstein Rosen / Xavier F. Amador

Wenn der Mensch, den du liebst, depressiv ist

Wie man depressiven Angehörigen
oder Freunden hilft, ohne selbst den Boden
unter den Füßen zu verlieren

Aus dem Englischen
von Olga Rinne

Scherz

Die Erstausgabe erschien unter dem Titel
«When Someone You Love Is Depressed»
als Free Press Book bei Simon & Schuster, USA

Erste Auflage 1998
Copyright © 1996 by Laura Epstein Rosen und Xavier Amador
Alle deutschsprachigen Rechte
beim Scherz Verlag, Bern, München, Wien.
Alle Rechte der Verbreitung, auch durch Funk,
Fernsehen, fotomechanische Wiedergabe,
Tonträger jeder Art und auszugsweisen
Nachdruck, sind vorbehalten.
Umschlaggestaltung: Elisabeth Petersen, München
unter Verwendung eines Dias der Bildagentur Mauritius-AGE

Für meine Eltern Ellen und Leonard Epstein
Ihr gabt mir Neugier, Liebe und Gemeinschaftsgeist mit.
Ihr lehrtet mich, was Familie wirklich bedeutet.
L.E.R.

Für Maria Christina Bielefeld und Aniceto Amadon,
die mir ein neues Leben gaben.
Für Bernard F. Bielefeld und Richard Eichler,
die mir neue Wege zeigten, es zu leben.
X.F.A.

Inhalt

Vorwort

Die Idee zu diesem Buch war in vieler Hinsicht die unvermeidliche Folge unserer Arbeit als Psychologen mit engen Freunden und Verwandten depressiver Menschen. Als Psychotherapeuten und Lehrende in der Psychotherapieausbildung haben wir immer wieder beobachtet, wie stark sich eine Depression auch auf diejenigen Menschen auswirkt, die einer depressiven Person nahestehen. Aus unterschiedlichsten Gründen wurden wir von Freunden oder Verwandten depressiver Patienten, mit denen wir psychotherapeutisch arbeiteten, um ein Gespräch gebeten. Meistens haben diese Freunde oder Angehörigen Fragen, die die Krankheit des von ihnen geliebten Menschen oder die Behandlung betreffen, aber sie machen sich unweigerlich auch Gedanken darüber, wie sie am besten mit ihm oder ihr umgehen sollten. «Soll ich sie aufmuntern?» fragen sie, «oder soll ich sie in Ruhe lassen?» «Ich möchte ihm sagen, wie ärgerlich ich bin, aber ich wage es nicht, weil er sich so schlecht fühlt», oder: «Warum erzählt sie mir nicht, was sie in der Therapie macht? Ich fühle mich ausgeschlossen.»

Durch unsere Arbeit mit Paaren und Familien wurde uns bewußt, daß die Freunde und Verwandten depressiver Menschen nicht nur Fragen haben, sondern daß sich die Depression des anderen auch auf sie selbst negativ auswirkt und ihre Beziehung zu der betroffenen Person stark belastet. Neuere Untersuchungen zu diesem Thema bestätigen unsere Praxiserfahrungen. Wir hätten ein Buch über Depression und die von Freunden und Angehörigen am häufigsten gestellten Fragen schreiben können, aber damit wären wir dem, was wir von unseren Klienten gelernt haben, nicht gerecht geworden. In diesem Buch geht es weniger um die Depression selbst als um die Frage, wie Depressionen Beziehungen beeinflussen. Es soll Ihnen helfen zu erkennen, in welcher Weise Depressionen Sie, Ihren geliebten Menschen und Ihre Beziehung zu ihm oder ihr beeinträchtigen. Unser Ziel ist, Ihnen Strategien zu vermitteln, mit deren Hilfe sie vielen dieser Beeinträchtigungen entgegenwirken können. Wie Sie sehen werden, kann eine Depression sich verschlimmern, wenn man ihre toxische Wirkung auf Beziehungen ignoriert, mit der Folge, daß Sie und Ihre Beziehung für andere Probleme anfälliger werden. Die Forschung hat zum Beispiel gezeigt, daß eine Depression sich verstärkt, wenn es in den Beziehungen der depressiven Person Spannungen gibt, daß die Menschen, die der depressiven Person am nächsten stehen, selbst für diverse Störungen anfälliger werden, und daß die Scheidungsrate bei Ehen, in denen einer der Partner depressiv ist, neunmal höher liegt als der statistische Durchschnitt.

Nun die gute Nachricht: Sie und Ihr depressiver Partner, Freund oder Angehöriger können gemeinsam einiges dazutun, um die Genesung zu beschleunigen und um die Belastung durch eine Depression für sich selbst und Ihre Beziehung zu verringern.

Wir informieren Sie über Depression, ihre Behandlung und die Hilfsangebote, die zur Verfügung stehen. Außerdem führen wir Beispiele für verbreitete Beziehungsprobleme an, die auftreten, wenn ein Mensch, der Ihnen nahesteht, depressiv ist. Viele dieser Themen sind Ihnen vielleicht bereits vertraut; andere stellen Problemfelder dar, mit denen Sie möglicherweise in Zukunft konfrontiert sein werden. Sie werden erfahren, welche Reaktionen und Gefühle der enge Kontakt mit einem depressiven Menschen gewöhnlich hervorruft, und wie Sie es vermeiden können, in die Sackgassen hineinzugeraten, die für Beziehungen mit Depressiven charakteristisch sind. Jedes Kapitel demonstriert Schritt für Schritt, wie Sie den negativen Auswirkungen der Depression auf Ihre Beziehung, Sie selbst und Ihren geliebten Menschen entgegenarbeiten können.

Im ersten Kapitel zeigen wir anhand von Fallbeispielen und Forschungsergebnissen, wie eine Depression Sie selbst, den anderen und Ihre Beziehung beeinflußt. Wir beschreiben die Stadien, durch die alle Beziehungen im Anpassungsprozeß an eine Depression gehen, und umreißen die Hilfsstrategien, die wir in der Folge im einzelnen darstellen werden. Im zweiten Kapitel erfahren Sie, wie Sie feststellen können, ob der Mensch, dem Sie nahestehen, depressiv ist, und wie Sie Ihre Beziehung als Barometer benutzen können, um eine Depression zu entdecken. Die Kapitel drei bis sechs gehen auf die unterschiedlichen Arten von Beziehungen ein und beschreiben Varianten, die sich ergeben, wenn es sich bei der depressiven Person zum Beispiel um einen Ehe- oder Liebespartner, ein Kind, ein Elternteil, einen Freund oder eine Freundin handelt. Aber unabhängig von dem Platz, den der depressive Mensch in Ihrem Leben einnimmt, möchten wir Ihnen dringend nahelegen, alle Kapitel zu lesen. Obwohl in diesen unterschiedlichen Szenarien ganz spezielle Probleme auftreten, sind die Strategien, die in jedem Kapitel präsentiert werden, grundsätzlich auch für Ihre Situation relevant. In den Kapiteln sieben bis neun werden Sie lernen, wie Sie mit einem depressiven Mann beziehungsweise einer depressiven Frau am effektivsten kommunizieren können, was Sie tun sollten, um die Befriedigung Ihrer eigenen Bedürfnisse sicherzustellen, und welche Möglichkeiten Ihnen offenstehen, wenn der andere Ihre Hilfe zurückweist. Das zehnte Kapitel schildert die besondere Situation, wenn eine Depression mit Drogenmißbrauch gepaart ist, und was Sie unter diesen Umständen tun können; und das elfte Kapitel gibt Ihnen Hilfestellung für den Fall, daß der Mensch, der Ihnen nahesteht, suizidal ist. In den letzten drei Kapiteln werden die verschiedenen Behandlungsformen diskutiert, die für depressive Störungen zur Verfügung stehen. Diese Kapitel können Ihnen auch helfen, Ihre eigenen Probleme mit der Behandlung, die der andere erhält, zu bewältigen und mit Ihren eigenen Reaktionen und Gefühlen umzugehen. Darüber hinaus: Wenn ein Mensch, der Ihnen nahesteht, depressiv ist und sich weigert, professionelle Hilfe in Anspruch zu nehmen, finden Sie hier guten Rat, wie Sie ihn ermutigen können, sich die Hilfe zu holen, die er braucht. Das letzte Kapitel informiert Sie auch darüber, wie Sie selbst Unterstützung finden können.

Ganz gleich, in welcher Beziehung Sie zu der depressiven Person stehen – ob Sie sich als Tochter durch die Depression Ihrer alten Mutter überlastet fühlen, ob Sie sich als Vater um ihren verschlossenen, depressiven Sohn sorgen, ob Sie es als Freundin nicht mehr ertragen, sich immer nur Klagen und Probleme anhören zu müssen, oder ob Sie als Ehepartner darüber verzweifeln, Ihrer Frau oder Ihrem Mann nicht helfen zu können – Sie werden erfahren, daß Sie mit Ihren Gefühlen nicht allein dastehen. Wichtiger noch: Sie werden lernen, die Depression des anderen zu verstehen, besser mit ihr umzugehen und können es so vermeiden, daß Ihre Beziehung diesem Krankheitsbild aus Unkenntnis zum Opfer fällt. Wir haben aus unserer Arbeit mit Paaren und Familien eine bedeutsame Lektion gelernt: es ist notwendig und überaus wichtig, mit einem geliebten Menschen, der depressiv ist, als Team zusammenzuarbeiten. Wir hoffen, daß Sie die konstruktive Kraft einer solchen Zusammenarbeit erkennen, wenn Sie unseren Leitlinien folgen, und daß es Ihnen gelingt, sich mit dem anderen im Kampf gegen die Depression zusammenzutun.

– 1 –

Was geschieht mit Ihnen, wenn ein Mensch, den Sie lieben, depressiv wird?

Jane, sechsunddreißig Jahre alt und als Managerin in einer Werbeagentur tätig, fühlt sich in letzter Zeit überfordert. Zusätzlich zu ihrem Ganztagsjob und der Fürsorge für ihre beiden Kinder hat sie seit kurzem Pflichten übernommen, die früher in den Verantwortungsbereich ihres Mannes fielen: Rechnungen bezahlen, das Auto in die Werkstatt bringen, kleine Reparaturen im Haus vornehmen. Seit einigen Monaten schläft ihr Mann schlecht, ist müde und demotiviert und klagt, daß er sich niedergeschlagen fühlt. Jane weiß, daß es ihm nicht gutgeht, und er tut ihr leid – aber allmählich wird sie wütend auf ihn.

Peter, ein achtundzwanzigjähriger Wirtschaftsprüfer, kommt kaum noch zum Schlafen und hat Schwierigkeiten, sich auf seine Arbeit zu konzentrieren. Seit der Geburt ihres Sohnes vor vier Monaten ist seine Frau niedergeschlagen und launisch und hat kein Interesse an Sex. Peter vermißt die frühere Nähe und Intimität und ist traurig über den Zustand seiner Ehe. Er wagt jedoch nicht, mit seiner Frau über seine Sorgen zu sprechen, weil er befürchtet, sie dadurch noch mehr aus dem Gleichgewicht zu bringen. Er behält seine Gefühle für sich und verbringt mehr Zeit mit seinen Freunden auf dem Golfplatz.

Gail, eine fünfundfünfzigjährige Hausfrau, kommt seit Wochen nicht dazu, die Wäsche zu machen, in Ruhe einzukaufen oder sich mit ihren Freundinnen zu treffen. Sie ist ganz von der Sorge um ihre alte Mutter in Anspruch genommen, die in düsterster Stimmung ist und kürzlich äußerte: «Für mich gibt es nichts mehr, wofür es sich lohnt zu leben.» Da sie fürchtet, daß ihre Mutter sich etwas antun könnte, besucht Gail sie täglich – jedesmal eine Stunde Autofahrt – und versucht, sie aufzuheitern. Als Folge davon bleibt im Haushalt vieles liegen; Gail hat das Gefühl, ihre Freunde zu vernachlässigen, und ihr Mann hat angefangen, sich zu beschweren.

Jede dieser Situationen hat ihre Besonderheiten, aber eines haben Jane, Peter und Gail gemeinsam: Sie sind durch die Depression eines geliebten Menschen beeinträchtigt. Jane fühlt sich überfordert und ist wütend. Peter fühlt sich einsam und macht sich Sorgen um seine Ehe. Gail vernachlässigt ihre anderen Aufgaben und Verpflichtungen, weil der Zustand ihrer Mutter sie mit Ängsten und Schuldgefühlen erfüllt. Alle drei wollen der geliebten Person helfen, zeigen aber selbst Reaktionen auf die Depression. Weil sie so sehr damit beschäftigt sind, alles in die Hand zu nehmen und fürsorglich zu sein, haben Jane, Peter und Gail nicht bemerkt, daß – und wie – die Depression des anderen sich auch auf sie auswirkt.

Als Peter zum ersten Mal in die Therapie kam, um seine Eheprobleme zu diskutieren, sprach er lange und ausführlich über die Traurigkeit seiner Frau und ihren Mangel an Energie. Als fürsorglicher Ehemann war er verständlicherweise in Sorge über ihre Schwierigkeiten, die neue Situation der Mutterschaft zu bewältigen. Er schilderte in allen Einzelheiten, wie ihre depressive Stimmung ihre Persönlichkeit veränderte, von ihrem Desinteresse an Sex bis hin zu ihrer Reizbarkeit im Umgang mit dem Kind. Als wir ihn fragten, wie die Depression seiner Frau *ihn* beeinträchtige, zögerte er einen Augenblick und sagte dann: «Ich denke, nur insofern, als ich mir Sorgen über ihren Zustand mache.» Aber als er aufgefordert wurde, genauer über seine Reaktionen auf ihre Depression nachzudenken, gestand er sich schließlich ein, daß er sich einsam fühlte und Angst hatte. Peter erkannte, daß er sich keine Gedanken darüber gemacht hatte, wie er selbst mit der Situation umging, weil er so sehr mit den Problemen seiner Frau beschäftigt war. Erst nachdem er begonnen hatte, auf seine eigenen Gefühle und Reaktionen zu achten, war er in der Lage, mit seiner Frau über die Veränderungen in ihrer Beziehung zu sprechen und sie zu ermutigen, professionelle Hilfe in Anspruch zu nehmen.

Wie kommt es, daß die Depression anderer Sie beeinflussen kann?

Wenn Sie jemanden lieben, der depressiv ist, nehmen Sie vielleicht nicht wahr, wie die Depression des anderen sich auf Sie auswirkt. Vielleicht sind Sie so sehr darauf bedacht, dem anderen zu helfen, daß Sie für Ihre eigenen Reaktionen blind sind. Wenn Sie aber anfangen, über Ihre Interaktionen mit der depressiven Person nachzudenken, wird ihnen allmählich bewußt, daß Sie in der Tat reagieren, daß Sie starke Gefühle haben. Vielleicht sind Sie frustriert darüber, daß Ihre Ehepartnerin in letzter Zeit so ungesellig und übermäßig pessimistisch ist. Vielleicht sind Sie verärgert über Ihren besten Freund, oder aber Sie machen sich Sorgen um ihn, weil er offensichtlich unfähig ist, sich aus seiner miesen Stimmung herauszureißen. Unsere Erfahrungen als Therapeuten und die Ergebnisse neuerer Studien haben uns davon überzeugt, daß alle Beteiligten profitieren, wenn Reaktionen auf die Depression eines geliebten Menschen verstanden und konstruktiv verarbeitet werden. Es ist wichtig für Ihr eigenes emotionales Wohlbefinden und für das des anderen, daß Sie Ihre Gefühle und Reaktionen bewußt wahrnehmen. Wenn Sie sich an die letzte Interaktion mit dem depressiven Menschen in Ihrem Leben zurückerinnern, werden Sie zweifellos auf einige Empfindungen oder Reaktionen stoßen, über die Sie vorher nicht nachgedacht haben.

Dieser Wechsel der Perspektive ist ein zentraler Bestandteil unserer Arbeit als Therapeuten. Erfahrung und Forschung lehrten uns, daß das Ignorieren von Gefühlen und Reaktionen oft die eigentliche Ursache vieler Beziehungsprobleme ist, die Menschen im Zusammensein mit einem Depressiven erfahren, und Beziehungsprobleme verschlimmern eine Depression in aller Regel. In den folgenden Kapiteln werden wir Ihnen helfen, die vielfältigen Auswirkungen, die die Depression eines Ihnen nahestehenden Menschen auf Sie haben kann, zu erkennen. Manchen von Ihnen wird dieses Erkennen leichter fallen als anderen. Für jene, die sich gewohnheitsmäßig in die Helferrolle begeben, ist es viel leichter, sich ausschließlich auf die depressive Person zu konzentrieren, als über sich selbst nachzudenken. Es lohnt sich aber durchaus, sich diese Mühe zu machen. Sie werden dadurch

Hilfsmittel an die Hand bekommen, die Sie brauchen, wenn Ihre Beziehung die Depression überstehen soll.

Bei der Lektüre werden Sie vielleicht feststellen, daß Sie in mancher Hinsicht gar nicht wahrgenommen haben, wie die Depression des anderen Sie beeinflußt. Aber keine Sorge: Wir haben nicht vor, Sie mit diesem Wissen alleinzulassen, ohne Ihnen aufzuzeigen, was Sie unternehmen können. Wir werden Sie Schritt für Schritt anleiten, wie Sie Ihre eigenen Reaktionen nutzen können, um besser mit der depressiven Person zurechtzukommen, Ihre Hoffnungen aufrechtzuerhalten und im Kampf gegen die Depression ein stärkerer Verbündeter zu sein. Bevor wir zu diesen Strategien kommen, müssen Sie verstehen, auf welch unterschiedliche Weise die Depression einer nahestehenden Person Sie und Ihre Beziehung zu ihr beeinflussen kann. Wir werden die charakteristischen Auswirkungen einer Depression auf Beziehungen detailliert beschreiben. Nach einem kurzen Überblick über die Ergebnisse der neuesten Forschung werden wir die vier Stadien schildern, die Beziehungen im Anpassungsprozeß an eine Depression durchlaufen. Im folgenden Kapitel werden wir Ihnen zeigen, wie Sie diesen Prozeß verändern können, so daß sie angemessener reagieren und sich besser auf die Depression der anderen Person einstellen können.

Depression und Ihre Beziehung

Eine Depression ist für den davon betroffenen Menschen ein verheerender Zustand. Wie wir alle wissen, beeinträchtigen Depressionen die Stimmung, das Schlafmuster, den Appetit, die Motivation und sogar den Lebenswillen. Aber viele Menschen erkennen nicht, in welchem Ausmaß Depressionen Beziehungen beeinträchtigen. Wenn Ihr Partner depressiv ist, ist die Wahrscheinlichkeit, daß Ihre Ehe mit einer Scheidung endet, neunmal größer als wenn Sie mit einer nichtdepressiven Person verheiratet sind. Diese erschütternde Statistik ist nicht der einzige Indikator dafür, wie destruktiv Depressionen sich auf Beziehungen auswirken können. Die engen Beziehungen depressiver Menschen sind duch höheren Streß belastet und konfliktgeladener als die Beziehungen nichtdepressiver Menschen, und es gibt sehr viel häufiger Auseinandersetzungen und Mißverständnisse. Unter diesen Umständen überrascht es auch nicht, daß Depressionen und durch Depressionen verursachte sexuelle Probleme die häufigsten Gründe dafür sind, daß Paare Eheberatung suchen und daß etwa fünfzig Prozent der Frauen, die unter Depressionen leiden, über ernsthafte Eheprobleme klagen. Es stellte sich auch heraus, daß die Angehörigen depressiver Menschen mehr als andere unter Sorgen, Wutgefühlen und Erschöpfung leiden. Tatsächlich sind Menschen, die mit Depressiven zusammenleben, selbst anfälliger für Depressionen oder andere psychische Probleme wie Angstattacken und Phobien.

Warum wirken sich Depressionen auch auf nichtdepressive Familienmitglieder und Freunde so negativ aus? Denken Sie darüber nach. Wenn Sie sich einsam fühlen und verärgert sind, weil Ihre Frau seit Wochen trübsinnig und niedergeschlagen ist und nie etwas mit Ihnen unternehmen will, reagieren Sie auf ihre Bitte, irgendeine Haushaltsarbeit zu übernehmen, vielleicht mit einem mürrischen Seufzer und verziehen das Gesicht. Ihrer Frau entgeht Ihr Ärger nicht, und sie fühlt sich im Stich gelassen, noch hilfloser, noch niedergeschlagener – Reaktionen, die Ihrer Einsamkeit und Ihrer Wut wiederum neue Nahrung geben. Wissenschaftler haben diese Art der Interaktion als abwärtsgerichtete depressive Spirale beschrieben; das Verhalten der geliebten Person und Ihre Reaktionen auf dieses Verhalten verschlimmern die Depression und tragen nichts dazu bei, sie zu lindern.

Die frühen Stadien dieser abwärtsführenden Spirale können viele verschiedene Formen annehmen. Eine Möglichkeit: Weil Sie sich für Ihre Wut auf Ihre Frau schuldig fühlen, fällt es Ihnen schwer, offen über Ihre Gefühle zu sprechen, und sie spürt, daß Sie etwas zurückhalten und nicht aufrichtig sind. Als Folge davon bricht allmählich die Kommunikation zwischen Ihnen zusammen. Oder: Sie sind zu schnell damit bei der Hand, Ihrer Wut Ausdruck zu geben, und verstärken damit die Bereitschaft Ihrer Partnerin oder Ihres Partners zu explodieren, was eine konstruktive Auseinandersetzung praktisch unmöglich macht. Wie wir alle wissen, führt allzu hitziger Streit nie zu Lösungen. Was Sie aber vielleicht nicht erkennen: Diese Formen der Interaktion führen unvermeidlich zu verstärkter Depression und größerer Hoffnungslosigkeit, sowohl für Sie selbst als auch für den geliebten Menschen. Es ist fast wie die festgelegte Schrittfolge, die für ein Paar beim Tanzen verbindlich ist: Jeder Schritt des einen beeinflußt unweigerlich die Bewegung des anderen. Wenn Sie und die depressive Person, die Ihnen nahesteht, in Ihrer Beziehung Schwierigkeiten haben, sind Sie vermutlich schon in diesen depressiven Tanz verstrickt.

Wenn das, was wir bisher gesagt haben, mit Ihren Erfahrungen nicht übereinstimmt, wird ein Blick auf die neuesten Forschungsergebnisse Sie vielleicht davon überzeugen, daß die Depression Ihres geliebten Menschen Ihre Beziehung zu ihm oder ihr in ernstzunehmender Weise beeinträchtigt. Wir glauben, daß diese Forschungsergebnisse Ihnen helfen können, klarer zu sehen, welchen Belastungen Ihre Beziehung ausgesetzt ist. Erst in den letzten zehn Jahren hat die psychologische Forschung begonnen, ihre Aufmerksamkeit auf die Rolle zentraler Bezugspersonen im Leben depressiver Menschen zu richten. Zuvor wurde Depression in erster Linie als isoliertes Problem betrachtet, das nur die depressive Person selbst betraf, unabhängig von anderen Menschen, die ihr Alltagsleben teilten.

Neuere Studien über die Auswirkungen von Depressionen auf Familienmitglieder und Freunde

Die ersten Forschungsergebnisse, die bestätigten, daß Depressionen nicht nur die depressive Person selbst, sondern auch ihr soziales Umfeld beeinträchtigen, wurden aus Studien über die Interaktionen zwischen depressiven Patienten und Fremden gewonnen. Wenn Sie jemandem nahestehen, der depressiv ist, können Sie sich wahrscheinlich leicht vorstellen, wie Versuchspersonen reagierten, die für nur kurze Zeit mit einer depressiven Person, die sie nie zuvor gesehen hatten, zusammenkamen: Sie fühlten sich anschließend selbst bedrückt und niedergeschlagen. Überraschender ist vielleicht das folgende Ergebnis: Anders als Teilnehmer der Studie, die mit nichtdepressiven Fremden zusammentrafen, berichteten Versuchspersonen, die mit depressiven Fremden interagierten, auch über stärkere Ängste oder Aggressionsgefühle und äußerten Unwillen, mit diesen Personen in Zukunft noch einmal zusammenzukommen. Forscher schlossen daraus, daß allein im Zusammensein mit einer depressiven Person etwas liegt, das für andere, selbst völlig Femde, schwierig und befremdlich ist. Wichtiger noch: Diese Forschungsergebnisse zeigten, daß die Verhaltensweisen Depressiver als unangenehm empfunden werden und andere Menschen auf Distanz halten. Für depressive Menschen sind diese Erkenntnisse alles andere als erfreulich, denn enge, unterstützende Beziehungen sind für ihre Genesung von der Depression von ausschlaggebender Bedeutung.

Wenn Sie Ihre eigenen Interaktionen mit Ihrem geliebten Menschen vor Ihrem geistigen Auge Revue passieren lassen, können Sie vielleicht den Finger auf einige Verhaltensweisen legen, die Sie als unangenehm erlebten. Vielleicht erschien Ihnen Ihr Partner in sich selbst verkapselt, an Ihrer Gesellschaft uninteressiert oder gereizt. In der Studie mit Fremden klagten die Teilnehmer besonders häufig über die «negative Einstellung» der depressiven Person oder ihre «Lethargie». Wir alle haben die Erfahrung, wie es ist, mit jemandem umzugehen, der mieser Stimmung ist; Stimmungen können ansteckend sein, und es kann unangenehm sein, sich in der Nähe eines depressiven Menschen aufzuhalten. Aber worin besteht dieses Unangenehme eigentlich? Und was bedeutet das für engere, dauerhaftere Beziehungen? Sind die Auswirkungen, die bei Fremden beobachtet wurden, in engen Beziehungen noch stärker ausgeprägt?

Auf den Studien mit Fremden aufbauend, widmeten sich die Forscher als nächstes der Interaktion zwischen Studierenden, die in einem Studentenwohnheim ein Zimmer teilten. Sie fanden verblüffende Unterschiede zwischen Studierenden, die ihr Zimmer mit einer depressiven Person teilten und solchen, die mit einer nichtdepressiven Person zusammenwohnten. Die Zimmergenossen depressiver Studierender berichteten über wesentlich mehr Konflikte, häufigen Streit und weniger direkte Kommunikation. Außerdem waren sie selbst frustriert, traurig oder wütend. Nach ihren Beziehungen zu ihren Zimmergenossen befragt, zeigten diese Studierenden eine nur sehr geringe Bereitschaft, mit der betreffenden Person zusammenzusein; sie zogen es in der Regel vor, ihre Zeit mit anderen Freunden, vorzugsweise solchen, die nicht im Wohnheim lebten, zu verbringen. Aus dieser Studie ging ganz klar hervor, daß Depressionen auf

Menschen, die mit einer depressiven Person zusammenleben, starken Einfluß haben können.

Wenn Sie mit jemandem zusammenleben, der depressiv ist, sind auch Sie vielleicht frustriert, traurig und wütend. Auch Sie haben mit dem anderen vielleicht viel öfter Streit als vor der Depression und viel weniger Lust, mit ihm oder ihr zusammenzusein. Wie zu erwarten, können solche Gefühle sich in engen, dauerhaften Beziehungen wesentlich stärker aufbauen als in den gewöhnlich eher lockeren und unverbindlichen Beziehungen, die zwischen Zimmergenossen in einem Studentenwohnheim bestehen.

Erst in jüngster Zeit wurden Studien durchgeführt, die sich den engen, intimen Beziehungen depressiver Menschen widmeten. Die Resultate waren denen der Studien mit Fremden und Mitbewohnern ähnlich, aber noch auffälliger und deutlicher. Auf den ersten Blick erscheint das vielleicht unlogisch – gewöhnlich gehen wir davon aus, daß enge Beziehungen belastbarer sind –, aber letztlich sind diese Ergebnisse doch einleuchtend. Ehepartner zum Beispiel verbringen sehr viel mehr Zeit miteinander und haben mehr Alltagsprobleme zu lösen als Studierende, die sich ein Zimmer teilen und nur für einen begrenzten Zeitraum zusammenleben.

Die Ergebnisse der Studien zeigen, daß die Menschen, die einer depressiven Person am nächsten stehen, oft wütend oder entmutigt sind und sich durch die Apathie, den Rückzug von der Außenwelt, die Hoffnungslosigkeit und die Reizbarkeit des anderen belastet fühlen. Außerdem treten Ängste und Niedergeschlagenheit bei Partnern depressiver Menschen wesentlich häufiger auf als bei Partnern nichtdepressiver Menschen.

Sowohl die Forschung als auch unsere Praxiserfahrungen bestätigen, daß das Zusammenleben mit einer depressiven Person für nahestehende Menschen oft eine enorme Belastung bedeutet. Als Sie unsere Schilderungen lasen, war Ihnen vermutlich klar, daß Jane, Peter und Gail durch die Depression eines geliebten Menschen beeinträchtigt waren. Aus den verschiedensten Gründen ist es jedoch nicht immer leicht, diese Gefühle und Reaktionen auch bei sich selbst zu erkennen. Als wir zum Beispiel den Ehemann einer depressiven Frau zum ersten Mal fragten, wie ihre Depression sich auf ihn auswirke, war er verblüfft. «Auf mich? Wieso? Das verstehe ich nicht. Sie ist diejenige die leidet. Ich will nur, daß es ihr besser geht.» Im nächsten Abschnitt geben wir Ihnen Informationen, die es Ihnen leichter machen werden zu erkennen, welche Auswirkungen die Depression Ihres geliebten Menschen auf Sie und Ihre Beziehung hat.

Die Stadien der Anpassung an eine Depression

Wir haben herausgefunden, daß die Beziehungen depressiver Menschen durch einen charakteristischen Veränderungsprozeß gehen, den wir die *Stadien der Anpassung an die Depression* – kurz SAD – nennen. Ähnlich wie ein Kleinkind die typischen Entwicklungsstufen durchläuft und erst krabbeln, dann laufen lernt, so gehen auch Beziehungen in der Reaktion auf eine Depression durch charakteristische Stadien. Wie und wann diese Übergänge sich ereignen, ist nicht in allen Beziehungen gleich, und die Stadien sind nicht immer klar abgegrenzt und eindeutig voneinander zu unterscheiden. Verhaltensmerkmale eines früheren Stadiums können auch in einem nächsten wieder auftreten – ähnlich wie ein Kleinkind, das bereits gehen gelernt hat, hin und wieder in das Krabbeln zurückfällt. Aber im wesentlichen schreitet der Prozeß immer in derselben Abfolge fort. Auf jeder Stufe müssen Entscheidungen getroffen werden, die den Verlauf der Depression und ihre Auswirkungen auf die Beziehung beeinflussen können.

Dies sind die vier Stadien:

1. Konflikt. In diesem Stadium bemerken einer der Partner oder beide Partner in der Beziehung Schwierigkeiten in ihren Interaktionen; ein neues Problem hat sich aufgetan, oder ein altes Problem hat sich verstärkt. Das Spektrum der Schwierigkeiten rangiert von Veränderungen in der Quantität oder Qualität der Zeit, die man miteinander verbringt, bis zu heftigen Auseinandersetzungen und ernsten Störungen der Kommunikation. Jane zum Beispiel bemerkte, daß sie sich einen immer höheren Anteil der Haushaltsarbeiten und Alltagspflichten aufbürdete; Peter und seine Frau wußten, daß ihr Sexualleben praktisch nicht mehr existierte, und Gail stellte fest, daß sie mehr Zeit mit ihrer Mutter verbrachte, als sie sich eigentlich leisten konnte.

2. Reaktion. Die anfängliche Reaktion auf den Konflikt in der Beziehung kann bewußt oder unbewußt sein – wie ein Reflex. Aber unabhängig davon, wie weit die bewußte Wahrnehmung geht, reagieren die Partner in der Beziehung auf die Schwierigkeiten, in konstruktiver oder destruktiver Weise. Janes Reaktion war, die Dinge in die Hand zu nehmen und ihren Groll nicht zu äußern. Peter reagierte, indem er sich seiner Frau gegenüber verschloß und mehr Zeit mit seinen Freunden verbrachte, um den Spannungen zu Hause auszuweichen. Gail folgte ihrem Impuls, ihrer Mutter zu Hilfe zu eilen, obwohl sie sich im Grunde nicht wohl dabei fühlte, ihr soviel Zeit opfern zu müssen.

3. Informationssuche. Die Suche nach Erklärungen für die Schwierigkeiten in der Beziehung kann die Form annehmen, daß man mit dem Partner oder mit Außenstehenden im Gespräch herauszufinden versucht, wo das eigentliche Problem liegt. Vielleicht durchforsten Sie Ihre Erinnerungen auch nach ähnlichen Erfahrungen, um sich durch den Vergleich ein Bild davon zu machen, was die Schwierigkeiten verursacht. Je nachdem, welche Vorstellungen Sie davon haben, wo das Problem liegt, suchen Sie vielleicht auch Rat bei anderen Menschen oder greifen zu Büchern wie diesem. Peter zum Beispiel fragte einen Freund, der ein zweijähriges Kind hatte, ob auch seine Frau nach der Geburt des Kindes das Interesse an Sex verloren habe. Der Freund bestätigte, in seiner Ehe sei es genauso gewesen, aber allmählich habe die Situation sich normalisiert, als das Baby anfing, nachts durchzuschlafen.

4. Problemlösung. Auf dieser Stufe werden die in der vorherigen Phase gesammelten Informationen genutzt, um einen neuen Aktionsplan zu entwickeln, der es erlaubt, weniger reflexhaft und statt dessen bewußter auf die Schwierigkeiten zu reagieren. Die beiden Partner in der Beziehung arbeiten manchmal jeder für sich, manchmal gemeinsam an der Lösung des Problems. Wenn der Aktionsplan auf falschen Voraussetzungen beruht (wie im Fall von Peter, der dachte, seine Frau sei lediglich erschöpft), wird dieses Stadium mit einer ineffektiven Lösung enden. Wenn die Ursache der Schwierigkeiten dagegen korrekt als Depression erkannt wird, kann eine effektive Lösung für die Beziehungsprobleme gefunden werden. Gail erkannte schließlich, daß ihre Mutter unter einer klinischen Depression litt und daß sie, Gail, die Situation nicht allein bewältigen konnte. Nachdem sie ihrer Mutter ihre Gedanken mitgeteilt hatte, entschieden beide gemeinsam, professionelle Hilfe in Anspruch zu nehmen.

In den folgenden Kapiteln werden wir Ihnen aufzeigen, wie Sie erkennen können, ob ein Mensch, der Ihnen nahesteht, unter einer Depression leidet, und auch um welchen Typus der Depression es sich vermutlich handelt. Sie werden lernen, sich Ihrer eigenen Reaktionen auf den «Streß in der Beziehung» gewahr zu werden, auf Ihren konstruktiven Impulsen aufzubauen und Ihre unproduktiven Lösungsversuche zu ändern und in andere Bahnen zu lenken. Wir werden Ihnen eine Reihe von Leitlinien an die Hand geben, die es Ihnen ermöglichen, sich auf eine konstruktive Weise durch den SAD-Prozeß hindurchzubewegen. Wenn Sie diesen Leitlinien folgen, werden Sie und die depressive Person, die Ihnen nahesteht, lernen, effektiver miteinander zu interagieren, Spannungen in der Beziehung abzubauen und eine angemessene Therapie für die Depression zu suchen.

Mit Hilfe von Fallbeispielen werden wir Ihnen aufzeigen, wie Sie in der Beziehung mit einem geliebten Menschen, der depressiv ist, die folgenden acht Leitlinien anwenden können:

1. Sammeln Sie soviel Wissen wie möglich.
2. Seien Sie realistisch in Ihren Erwartungen.
3. Geben Sie uneingeschränkte Unterstützung.
4. Erhalten Sie Ihre Alltagsroutine aufrecht.
5. Äußern Sie Ihre Gefühle.
6. Nehmen Sie es nicht persönlich.
7. Suchen Sie Hilfe.
8. Arbeiten Sie als Team zusammen.

Diese Leitlinien werden während des dritten und vierten Stadiums – Informationssuche und Problemlösung – am hilfreichsten sein. Wenn Sie sich an die typischen Phasen des SAD erinnern und diese Leitlinien im Auge behalten, werden Sie in der Lage sein, Ihre Wanderung durch diese Übergangsstadien zu beeinflussen und zu steuern. Wir werden Ihnen in kurzen Worten erläutern, wie Sie über die Depression und ihre Behandlung soviel Wissen wie möglich sammeln, wie Sie in bezug darauf, was Sie und Ihr Partner gegen die Depression tun können, realistisch bleiben, wie Sie uneingeschränkte Unterstützung geben und verlangen, wie Sie dem anderen gegenüber Ihre Gefühle ausdrücken, wie Sie es erreichen, die Symptome und Reaktionen der depressiven Person nicht persönlich zu nehmen, wie und wo Sie um Hilfe nachsuchen können, und, was vielleicht am wichtigsten ist, wie Sie und der andere als Team gegen die Depression arbeiten können, statt sich als Gegner aneinander aufzureiben.

Sammeln Sie soviel Wissen, wie Sie können

Kehren wir kurz zu den Beispielen zurück, die wir eingangs anführten. Im zweiten Kapitel finden Sie detaillierte Informationen, die Ihnen helfen werden, die vielfältigen Symptome und Erscheinungsformen der Depression zu identifizieren. Abgesehen davon gibt es aber eine andere wichtige Quelle des Wissens über Depressionen, an die Sie vielleicht noch nicht gedacht haben, nämlich Ihre eigenen Gefühle und Reaktionen auf den Konflikt in der Beziehung. Wir betrachten sie als frühe Warnzeichen oder Alarmsignale, die Sie nutzen können, um herauszufinden, ob die Schwierigkeiten in der Beziehung auf eine Depression zurückzuführen sind.

Wenn ein Mensch, an dem Sie interessiert sind, depressiv ist, werden Sie an sich selbst ein weites Spektrum an Emotionen und Reaktionen erfahren, von Wut bis Kummer, von Rückzug bis zu bissigen Bemerkungen wie «Nun nimm dich doch nicht so furchtbar wichtig!». Sie sind nicht der einzige Mensch, der dem geliebten anderen gegenüber solche Gedanken und Gefühle hat. Jeder, der sich um einen depressiven Menschen sorgt, macht einige oder alle dieser Empfindungen und Reaktionen durch. Sie sind absolut normal, und man sollte mit ihnen rechnen. Sie fragen sich vielleicht, was wir damit sagen wollen. Ist es für Gail nun normal, daß sie auf ihre alte Mutter, die depressiv ist und sterben will, wütend ist? Schlagen wir etwa vor, daß Gail ihrer Mutter sagen sollte, daß sie wütend ist oder daß sie aufhören sollte, sie zu besuchen? Wenn Gails Situation anders wäre, würden wir nicht im Traum daran denken, ihr ein so unsensibles Verhalten nahezulegen. Wenn nicht mehr, so fordert doch allein unser Ge-

24

fühl für gute Manieren von uns, die eigenen Bedürfnisse zurückzustellen und mitfühlend und hilfsbereit zu sein, wenn jemand
auf dem Tiefpunkt ist. Wäre Gails Mutter nur einige Tage oder
eine Woche lang niedergedrückt gewesen, hätte die Situation
eine solche krasse Direktheit in der Tat nicht gerechtfertigt.
Aber die alte Dame war schon einen Monat lang in diesem Zustand, und es war kein Ende ihres Leidens in Sicht. Lang anhaltende Verstimmungen sind ein typisches Kennzeichen der Depression; Gail und ihre Mutter waren also nicht einfach mit den
normalen Stimmungsschwankungen konfrontiert, denen die
meisten Menschen in ihrem Alltagsleben begegnen. Normalerweise fühlte Gail sich durch ihre Mutter überhaupt nicht belastet; sie hatten ein gutes Verhältnis, und Gail war gern mit ihrer
Mutter zusammen. Die Tatsache, daß sie sich nun überfordert
fühlte und Groll empfand, war eine wichtige Information, aber
Gail ignorierte das Signal. Weil sie ihren Gefühlen nicht mehr
Aufmerksamkeit schenkte, dauerte es lange, bis Gail erkannte,
daß etwas Ungewöhnliches vor sich ging, und bis sie dazu kam,
für ihre Mutter und für sich selbst Hilfe zu besorgen.

Reaktionen, auf die Sie achten sollten

Die üblichen, allgemein verbreiteten Reaktionen auf die Depression eines geliebten Menschen können sich über eine weite
Skala erstrecken; an einem Pol liegt das Extrem des Überfunk-
tionierens und Zu-Hilfe-Eilens, am anderen Pol das Extrem der
Vermeidung und des Rückzugs von der depressiven Person.
Gails erste Reaktion war, überzukompensieren und dauernd mit
dem Auto hin- und herzufahren, um bei ihrer Mutter zu sein und
sie durch ihre Gesellschaft aufzuheitern. Jane übernahm Aufgaben, die normalerweise zu den Pflichten ihres Mannes gehörten,
weil er offenbar nicht in der Lage war, sie zu erfüllen. Peter
wollte seine Frau nicht noch mehr belasten, also zog er sich zurück und vermied es, ernsthaft mit ihr zu reden oder sexuell die
Initiative zu ergreifen. Über diese Beispiele hinaus gibt es tau-
sende anderer verbreiteter Reaktionen. Eine häufige, natürliche
Reaktion ist der Versuch, die depressive Person aufzumuntern,
indem man vorschlägt oder darauf insistiert, sie solle aktiver
sein. Ein Mann traf so viele Verabredungen für sich und seine de-

pressive Frau, daß sie kaum noch Zeit hatten, miteinander allein zu sein oder sich einfach zu entspannen. Er gab zu, daß er auf diese Weise versuchte, sie «auf Trab zu halten». Er glaubte, wenn sie zu Hause bliebe, würde sie sich nur «in ihrer Traurigkeit suhlen» und sich nie besser fühlen. Eine weitere typische Reaktion, die auf den ersten Blick keinen Sinn zu ergeben scheint, ist, mit der depressiven Person Streit anzufangen. Wenn wir uns über den Rückzug und das Desinteresse unseres depressiven Partners ärgern, werden einige unter uns einen Streit vom Zaun brechen, einfach um ihn oder sie aus ihrer Lethargie aufzurütteln. Obwohl diese Reaktionen sehr unterschiedlich sind, haben sie doch alle einen gemeinsamen Nenner: Sie sind Versuche – wenn zum Teil auch sehr ineffektive –, der depressiven Person dazu zu verhelfen, daß sie sich besser fühlt.

Gefühle, auf die Sie hören sollten

Die Gefühle, die als die eigentlichen Auslöser hinter unseren Reaktionen auf einen depressiven Menschen stehen, reichen ebenfalls von einem Extrem bis zum anderen. Wenn jemand depressiv wird, sind Sie anfangs vielleicht verwirrt und verunsichert über die Veränderungen. Wenn die Depression sich fortsetzt, vermissen Sie die frühere Lebendigkeit und Aufgeschlossenheit des anderen und werden traurig; Sie fühlen sich einsam und der anderen Person entfremdet. Wahrscheinlich leiden Sie unter dem Gefühl der Hilflosigkeit, weil es Ihnen offenbar nicht gelingt, ihr oder ihm aus der Talsohle herauszuhelfen. Mit dieser Hilflosigkeit geht vielleicht Frustration oder Wut auf den anderen einher, der scheinbar nicht fähig ist, sich «zusammenzunehmen», und gleichzeitig haben Sie Schuldgefühle, weil Sie so denken und empfinden. Viele Angehörige depressiver Patienten berichten uns, daß sie ein ganzes Spektrum solcher Gefühle erfahren, die sich von einem Augenblick auf den anderen verändern können. In unseren Beispielen sahen Sie, daß Jane Ärger und Groll empfand, Peter traurig war, und Gail sich sorgte und unter Schuldgefühlen litt. Vielleicht beobachten Sie an sich selbst, daß Ihre Gefühle manchmal sehr schnell wechseln; in diesem Augenblick tut Ihnen der andere noch leid, weil er so traurig ist, im nächsten Moment sind Sie wütend, weil er oder sie sich weigert, an einem gesellschaftlichen Ereignis oder einer Aktivität, auf die Sie sich gefreut haben, teilzunehmen.

Die Gefühle und Reaktionen, die wir hier beschreiben, können frühe Warnsignale dafür sein, daß ein Partner in einer Beziehung depressiv ist. Gail zum Beispiel machte sich Sorgen, und ihre Sorge trieb sie dazu, jeden Nachmittag zu ihrer Mutter hinauszufahren, um ein Auge auf sie zu haben. Gail kam zu dem vorschnellen Schluß, daß ihre Mutter einfach einsam war und daß sie ihr am besten helfen könnte, wenn sie ihr Gesellschaft leistete. Peters Frustration und Sorge waren dafür verantwortlich, daß er es vermied, mit seiner Frau ins Gespräch zu kommen; er nahm irrtümlich an, daß es am besten sei, sie in Ruhe zu lassen. Wenn Gail gleich zu Anfang mit ihrer Mutter über ihre Gefühle gesprochen hätte, oder Peter mit seiner Frau, hätten sie einen konstruktiven Dialog beginnen und schließlich erkennen können, daß Depression die Ursache der Schwierigkeiten in ihren Beziehungen war. So hätten sie das Wissen erlangt, das notwendig ist, um der anderen Person in ihren Bedürfnissen entgegenzukommen und ihre eigenen Bedürfnisse zu befriedigen. Aber indem sie vorschnelle Schlüsse zogen und auf die Situation reagierten, ohne sich mit der anderen Person in der Beziehung zu beraten, erkannten Gail und Peter die Depression ihres geliebten Menschen erst sehr spät und verzögerten dadurch ihren Eintritt in das Stadium der konstruktiven Problemlösung. Sie blieben in den Stadien der Reaktion und der Informationssuche stecken, weil sie annahmen, daß sie wüßten, wo das Problem lag und wie sie am besten damit umgehen könnten.

Als Gail schließlich einen konstruktiven Weg fand, mit ihrer Mutter über ihren Ärger und ihre Sorge zu sprechen, sagte die alte Dame, sie verstehe, wie stark die Belastung sei, und Gail brauche sich nicht mehr die Mühe zu machen, zu ihr zu kommen. Gail merkte, daß sich hier etwas ganz und gar Außergewöhnliches abspielte – ihre Mutter hatte ihr nie gesagt, daß sie *nicht* kommen solle –, und sie fragte nach, was die alte Dame mit dieser Äußerung eigentlich meinte. Die beiden lachten sogar, als sie weiter über das Thema sprachen, denn diese Gefühle und dieser Kommentar waren für Gails Mutter völlig untypisch. Nach diesem Gespräch wurde Gail bewußt, wie sehr das, was mit ihrer

Mutter geschah, aus dem gewohnten Rahmen fiel, und nun bemühte sie sich darum, ihre Mutter davon zu überzeugen, daß es gut und sinnvoll wäre, kompetenten professionellen Rat einzuholen. Mit anderen Worten: Sie erkannte, daß die Erwartung, ihrer Mutter würde es besser gehen, wenn sie, Gail, sie öfter besuchte, nicht realistisch war. Dadurch daß Gail ihre Wut und ihre Besorgnis bewußt wahrnahm und mit ihrer Mutter darüber sprach, gelang es beiden gemeinsam, die Dinge in die richtige Richtung zu lenken. Gail sah ein, wo ihre eigenen Grenzen lagen, und schließlich konnte sie ihre Mutter dazu bringen, einen Psychiater zu konsultieren. Seine Empfehlung an die Mutter war, ein Antidepressivum einzunehmen, und drei Wochen später berichtete Gail mit großer Erleichterung, daß die alte Dame wieder zu ihrem früheren Selbst zurückgefunden hatte.

Wenn Sie bei einem Menschen, der Ihnen nahesteht, mit der Möglichkeit einer Depression konfrontiert sind, bringen Sie darüber in Erfahrung, soviel Sie können, so daß Sie schneller erkennen, ob es sich in der Tat um eine solche Störung handelt. Achten Sie genauer auf Ihre Gefühle, werden Sie wachsamer für auffällige Veränderungen in der Beziehung, und seien Sie bereit, auf konstruktive Weise über Ihre Empfindungen zu sprechen. Konstruktive Kommunikation ist der Schlüssel zu einer erfolgreichen Bewältigung des SAD-Prozesses, und daher kommen wir immer wieder darauf zurück und haben diesem Thema sogar das gesamte 7. Kapitel gewidmet. Natürlich sind nicht alle Umbrüche und Konflikte in einer Beziehung Folgen einer Depression. Dennoch können gewisse Veränderungen Sie auf die Möglichkeit aufmerksam machen, daß die Schwierigkeiten durch eine Depression verursacht sind. Im nächsten Kapitel zeigen wir Ihnen, wie Sie die charakteristischen Merkmale der Depression erkennen können.

Wie Sie erkennen, ob ein Mensch, den Sie lieben, depressiv ist

William ist zweiundvierzig Jahre alt und von Beruf Einzelhandelskaufmann; er ist verheiratet und hat drei kleine Kinder. Seine Frau und seine Arbeitskollegen haben seit einiger Zeit Veränderungen in seinen Verhaltensweisen bemerkt. William, der vorher einfacher Angestellter war, wurde vor einigen Monaten zum Geschäftsführer ernannt, und es gehört zu seiner neuen Position, Kollegen, mit denen er jahrelang auf der gleichen Ebene zusammengearbeitet hat, Anweisungen zu geben und ihre Arbeit zu überwachen. Bis zu seiner Beförderung hatten die anderen Mitarbeiterinnen und Mitarbeiter ihn immer als fairen Kollegen und unkomplizierten Menschen betrachtet. Aber bald danach bemerkten sie, daß er viel reizbarer, schwieriger und unzugänglicher wurde.

Als einem Verkäufer ein alltäglicher Irrtum unterlief – er buchte einen Fehlbetrag –, fuhr William aus der Haut, schrie ihn an und verlangte, daß er Überstunden machte, um seinen Fehler wiedergutzumachen. Als eine andere Mitarbeiterin sich krank meldete, forschte er mißtrauisch nach, ob sie wirklich erkrankt war und murrte, daß der Laden personell unterbesetzt sei. Außerdem erschien William morgens immer später zur Arbeit und schien sein früheres Engagement für das Geschäft verloren zu haben. Er nahm nicht mehr wie früher an den wöchentlichen Personalversammlungen teil, er war wortkarg und verschlossen und vergaß wichtige Einzelheiten, die ein neue Lieferung betrafen. Als ein Kollege ihm sagte, sein Verhalten in letzter Zeit sähe ihm gar nicht ähnlich, gab er zurück: «Ach, laß mich doch in Ruhe! Ich bin einfach erschöpft. Du weißt ja gar nicht wie es ist, soviel Verantwortung zu tragen!» Hinter seinem Rücken klatschten die Angestellten darüber, daß die Beförderung ihm zu Kopf gestiegen sei. Manche glaubten, William zeige jetzt, nach seinem Aufstieg, erst «sein wahres Gesicht»; andere fragten sich, ob er vielleicht gesundheitliche Probleme habe. Die meisten Mitarbeiter gingen ihm lieber aus dem Weg als sich mit seiner Launenhaftigkeit und Ungeduld zu konfrontieren, aber einige versuchten, mit ihm zu reden und an sein Gefühl für Gerechtigkeit und Verhältnismäßigkeit zu appellieren. William weigerte sich jedoch, seine Management-Entscheidungen zu diskutieren, und zog sich immer häufiger allein in sein Büro zurück.

Zu Hause war William noch unduldsamer und reizbarer. Früher war er gelassen und freundlich im Umgang mit seiner Familie, aber nun löste jede Kleinigkeit bei ihm eine Überreaktion aus. Eines Morgens fuhr er Karen, seine Frau, ohne offensichtlichen Grund wütend an: «Die Schlamperei in diesem Haushalt tötet mir den letzten Nerv!», und stampfte wütend zur Haustür hinaus. Karen bemerkte auch, daß William neuerdings viel später schlafen ging, und an Sex schien er jedes Interesse verloren zu haben. Anfangs hatte Karen sich gefragt, ob William Probleme damit hatte, die höhere Verantwortung zu bewältigen, die seine neue Position mit sich brachte. Aber als sie versuchte, mit ihm darüber zu sprechen, sagte er nur: «Es ist alles in Ordnung. Hör auf, aus jeder Mücke einen Elefanten zu machen», und beendete das Gespräch, indem er sich hinter seine Zeitung zurückzog. Wenn die Kinder abends spielten und herumtobten, schien William noch mürrischer und mißmutiger zu sein. Karen versuchte, sich etwas einfallen zu lassen, damit er sich wohler fühlte; sie brachte die Kinder für eine Nacht bei ihrer Mutter unter und bereitete ein besonders festliches Abendessen zu. Aber sie wurde in ihrer Hoffnung auf einen romantischen Abend zu zweit enttäuscht, denn als William von der Arbeit nach Hause kam, erklärte er, er habe keinen Hunger und hockte sich im Wohnzimmer vor den Fernseher. Als sie an diesem Abend schließlich zu Bett gingen, fiel Karen auf, daß der «Rettungsring» um Williams Bauch und Hüften verschwunden war und daß ihr Mann dünner aussah als vor ihrer Heirat.

Karen war bestürzt. Warum benahm William sich so eigenartig und warum war er so unzugänglich? So hatte sie ihren Mann noch nie erlebt. Sie hatte das Gefühl, daß er sie nicht mehr anziehend fand, und er schien immer weniger Interesse daran zu haben, mit ihr und den Kindern zusammenzusein. Schließlich argwöhnte sie, daß er eine Affäre haben könnte. Wie sonst war sein merkwürdig verändertes Benehmen zu erklären? Aus ihrer Unsicherheit und Angst vor seiner vermeintlichen Untreue heraus fing sie an, sein Kommen und Gehen genau zu überwachen. William reagierte gereizt auf ihre erhöhte Aufmerksamkeit und fuhr sie an, sie solle aufhören, sich wie ein Wachhund zu benehmen. Obwohl Karen keine Anhaltspunkte für die Existenz einer anderen Frau in Williams Leben entdecken konnte, war sie ängstlich und nervös, weil ihr ihre Ehe gefährdet erschien. Als die Tage und Wochen vergingen, stellte Karen fest, daß sie selbst gereizter auf William reagierte und daß sie sich immer öfter stritten. Sie machte sich immer noch Sorgen um William und fragte sich, was ihm fehlte, aber sie konnte nicht anders als sich auch über ihn zu ärgern, weil er so unleidlich und schwierig war.

Anfangs erkannten weder Karen noch die Arbeitskollegen, daß William depressiv war. Seine Einstellung und sein Verhalten hatten sich im Verlauf weniger Monate drastisch verändert. Vielleicht hatten Williams neue Position und die damit verbundenen erhöhten Anforderungen zu seiner Depression beigetragen, aber die Art der Veränderungen, die seine Frau und seine Kollegen an ihm bemerkten, ließ sich daraus allein nicht erklären. Williams Rückzug auf sich selbst, seine Reizbarkeit, das Desinteresse an seinen gewohnten Aktivitäten, der Verlust seines Appetits und seines Interesses an sexueller Aktivität – das alles sind charakteristische Symptome einer Depression. Obwohl William nicht offensichtlich niedergeschlagen und deprimiert war, reichen diese Symptome aus, um die Kriterien für die Diagnose «Depression» zu erfüllen. Die Menschen, die William nahestanden, kamen überhaupt nicht auf den Gedanken, daß er depressiv sein könnte. Sie schrieben die Veränderungen in ihrer Beziehung zu William vielmehr anderen Faktoren zu, wie der Beförderung, die er nicht zu verkraften schien, oder einer Affäre mit einer anderen Frau.

Was weder Karen noch die Arbeitskollegen wußten: William hatte vor vielen Jahren bereits zwei depressive Episoden durchlebt; vermutlich war er biologisch dazu disponiert, auf extremen

Streß mit Depression zu reagieren. Während seiner Studienzeit im College, als seine Eltern sich scheiden ließen, hatte William eine ziemlich schwere Depression durchgemacht. Später, als eine ernsthafte Liebesbeziehung in die Brüche ging, war er wieder durch eine Phase der Verstimmung und lähmender Teilnahmslosigkeit gegangen. William selbst hielt diese Episoden der Traurigkeit und Niedergeschlagenheit nie für etwas anderes als natürliche Reaktionen auf leidvolle Lebensereignisse. Die kurz zurückliegende Beförderung und der damit einhergehende erhöhte Streß in Kombination mit Williams Tendenz, auf starken Streß mit Depression zu reagieren, waren vermutlich für die gegenwärtige Entwicklung verantwortlich.

Wie passen Beziehungen sich einer Depression an?

Wenn wir uns an den typischen Verlauf des SAD-Prozesses erinnern, der im ersten Kapitel dargestellt wurde, können wir sehen, wie Karen und Williams Arbeitskollegen sich durch die Phasen des Konflikts, der Reaktion und der Informationssuche hindurchbewegten; sie erkannten jedoch nicht, daß William depressiv war, und drangen letztlich nicht bis zur Problemlösungsphase vor. Um zu verdeutlichen, wie Beziehungen sich der Depression eines geliebten Menschen anpassen, wollen wir genauer darauf eingehen, wie William und die Menschen, die ihm nahestanden, in die Sackgasse gerieten, während sie den SAD-Prozeß durchliefen, und was ihnen ermöglicht hätte, umsichtiger auf die Veränderungen, die sie bemerkten, zu reagieren.

Das Konfliktstadium ist gewöhnlich dadurch gekennzeichnet, daß in der Beziehung Spannungen auftauchen, die man nicht mehr ignorieren kann. Williams Arbeitskollegen fiel auf, wie reizbar ihr neuer Chef plötzlich war, und daß er auf kleine Probleme im Arbeitsalltag mit übertriebener Schärfe und Ungeduld reagierte. Karen beobachtete noch einschneidendere Veränderungen in ihrer Beziehung zu William; er zeigte kein Interesse mehr an ihrem Sexualleben, er war mürrisch und unduldsam und zog sich von ihr und den Kindern zurück.

Da Sie dieses Buch sicherlich nicht ohne Grund zur Hand genommen haben, liegt die Vermutung nahe, daß Sie und die Person, um die Sie sich Sorgen machen, bereits in das Konfliktstadium eingetreten sind. Vielleicht ging es Ihnen ähnlich wie Karen, und Sie haben bemerkt, daß der Mensch, der Ihnen nahesteht, sich auf sich selbst zurückgezogen hat und daß es schwierig geworden ist, mit ihm oder ihr zurechtzukommen. Anders als Karen hatten Sie jedoch schon eine Ahnung, daß die Schwierigkeiten in der Beziehung mit einer Depression zusammenhängen könnten. Also sind Sie bereits einen Schritt weiter – in dem Sinn, daß sie die Depression als den Tatverdächtigen ausgemacht haben und sich nun bemühen, sich über dieses Problem zu informieren, um sich selbst und Ihren geliebten Menschen vor weiterem Schaden zu bewahren. Es ist gar nicht so leicht, im Konfliktstadium eine Depression zu erkennen.

Im Reaktionsstadium versuchte Karen, mit William ins Gespräch zu kommen und herauszufinden, was mit ihm vorging, aber als sie damit keinen Erfolg hatte, zog sie vorschnelle Schlüsse. Sie versuchte, die verlorengegangene Intimität durch ein romantisches Abendessen zu zweit wiederherzustellen. Williams Mitarbeiter reagierten anders. Ein Kollege sprach ihn direkt auf sein verändertes Verhalten an; andere versuchten, mit ihm zu argumentieren, wenn er sich ungerecht und unduldsam verhielt. Bemühungen und Interventionen dieser Art sind typische Reaktionen auf Spannungen in einer Beziehung. Wenn wir mit jemandem nicht zurechtkommen, versuchen wir impulsiv, Kontaktangebote zu machen, um die Differenzen beizulegen. Karen und Williams Arbeitskollegen wußten jedoch nicht weiter, als William auf ihre Angebote nicht reagierte; er war auch nicht in der Lage, aus sich herauszugehen und ihnen zu sagen, daß er Depressionen hatte. Um herauszufinden, ob jemand depressiv ist, müssen wir in der Regel sehr spezifische Fragen stellen.

In der Phase der Informationssuche stellten die Menschen, die William nahestanden, verschiedene Theorien darüber auf, was ihm fehlte oder ihn belastete. Sie versuchten herauszufinden, wo die Ursachen der Schwierigkeiten in ihren Beziehungen zu William lagen. Manche Arbeitskollegen klatschten über ihn und fragten sich, ob seine neue Position ihm zu Kopf gestiegen war. Andere vermuteten, daß ihm ein medizinisches Problem zu schaffen machte; sie beobachteten ihn, um zu sehen, ob er Medikamente einnahm oder vom Büro aus mit seinem Arzt telefonierte. Karen vermutete, daß William in ihrer Ehe nicht mehr glücklich war und suchte nach Anhaltspunkten für eine Affäre. Da sie über die Anzeichen und Symptome der Depression nichts wußten, kamen die Menschen in Williams nächster Umgebung überhaupt nicht auf die Idee, daß er depressiv sein könnte. Nur wenn sie zumindest einige grundlegende Kenntnisse über Depressionen gehabt hätten, wären sie in der Lage gewesen, zu erkennen, was mit William vor sich ging.

Problemlösung ist das letzte Stadium im Anpassungsprozeß einer Beziehung an die Depression. Weder Karen noch Williams Arbeitskollegen drangen bis zu diesem Stadium vor. Eine konstruktive Lösung für das Problem zu finden würde bedeuten, eine adäquate Therapie für die Depression einzuleiten und die depressive Person in einer Weise zu unterstützen, die geeignet ist, das Konfliktniveau in der Beziehung zu reduzieren. In den folgenden Kapiteln geben wir ihnen detaillierte Ratschläge, wie sie in unterschiedlichen Situationen geeignete Problemlösungen entwickeln können. Oft sind Problemlösungsstrategien ineffizient, insbesondere wenn das notwendige Wissen über das Problem nicht vorhanden ist. Da Karen und Williams Arbeitskollegen nicht genügend Informationen über Williams Problem hatten, konnten sie nicht erreichen, daß er sich mit ihrer Hilfe besser fühlte, und sie konnten auch sich selbst nicht helfen, die veränderte Situation besser zu bewältigen. Da sie von falschen Voraussetzungen ausgingen, führte ihr Handeln vielmehr dazu, daß das Konfliktniveau in ihren Beziehungen zu William weiter anstieg. Wir sind der Ansicht, daß nur ein klares Verständnis der Depression und ihrer Auswirkungen auf Beziehungen Ihnen helfen kann, die Situation mit dem depressiven Menschen, den Sie lieben, in den Griff zu bekommen. Obwohl der Rest dieses Buches darauf abzielt, Ihnen und Ihrem geliebten Menschen aufzuzeigen, wie Sie der Depression gemeinsam entgegenwirken können, konzentriert sich dieses Kapitel auf die Informationen, die Sie brauchen, um zu erkennen, ob die Person, die ihnen nahesteht, in der Tat depressiv ist.

Retrospektiv betrachtet kann man sagen, daß Karen und Williams Arbeitskollegen in den ersten beiden Phasen – Konflikt und Reaktion – durchaus adäquat reagierten; sie bemerkten das

Problem und versuchten, mit William darüber zu sprechen. Aber in der Phase der Informationssuche gerieten sie in eine Sackgasse. Mit dem entsprechenden Wissen hätten sie erkannt, daß Williams erhöhte Reizbarkeit und Launenhaftigkeit, seine Schlafstörungen, sein Appetit- und Gewichtsverlust und sein mangelndes Interesse an den gewohnten Aktivitäten typische Kennzeichen einer klinischen Depression waren. Ohne dieses Wissen hatten sie jedoch nicht die geringste Möglichkeit, ihm bei der Überwindung seiner Depression behilflich zu sein.

Diese Situation ist durchaus nicht ungewöhnlich. Wenn ein geliebter Mensch anfängt, sich anders zu verhalten als wir es von ihm kennen, suchen wir nach Erklärungen, aber daß eine klinische Depression der Grund sein könnte, kommt uns im allgemeinen nicht in den Sinn, weil wir nicht genug darüber wissen, oder weil wir nicht wahrhaben wollen, daß jemand, den wir lieben, depressiv ist. Wir denken vielleicht eher an Belastungen von außen, Streß im Beruf, familiäre Probleme, eine unerkannte physische Krankheit. Und die meisten von uns machen sich natürlich Gedanken darüber, ob wir den anderen gekränkt oder verärgert haben, oder ob er oder sie sich in der Beziehung nicht mehr wohlfühlt. In unserer Praxis hören wir von Angehörigen, Partnern oder Freunden depressiver Patienten oft, daß sie eine Depression anfangs nicht in Betracht zogen, weil der andere «eigentlich gar nicht so niedergeschmettert» erschien oder «nicht die ganze Zeit weinte». Manche sagten sogar, daß sie bis zu dem Zeitpunkt, zu dem bei ihrem geliebten Menschen eine Depression diagnostiziert wurde, angenommen hatten, der Begriff «Depression» sei für «Geisteskranke» oder Leute mit Selbstmordideen reserviert. Tatsächlich können Depressionen aber viele unterschiedliche Formen annehmen, und auch die Art der Veränderungen in der Persönlichkeit und im Verhalten kann sehr unterschiedlich sein. Die gute Nachricht ist, daß eine Depression, sobald sie korrekt diagnostiziert wurde, fast immer erfolgreich behandelt werden kann.

Da klinische Depressionen in sehr unterschiedlichem Gewand auftreten, sind sie manchmal schwer zu erkennen. Eines der Probleme ist, daß die Symptome sich manchmal erst allmählich und über einen längeren Zeitraum hinweg auffällig entwickeln und daß die Veränderungen nicht immer sofort wahrnehmbar sind.

Wenn wir über das Syndrom der klinischen Depression sprechen, meinen wir einen Komplex von Symptomen, der sich in der Regel im Lauf von einigen Wochen entwickelt. Ihre eigenen Gefühle und Reaktionen sind die besten seismographischen Instrumente, die Sie benutzen können, um solche Veränderungen zu registrieren und die charakteristischen Merkmale einer klinischen Depression zu erkennen.

Was ist eine Depression?

Das Wort «Depression» wird in sehr unterschiedlichen Bedeutungen gebraucht. Im Alltag hören wir oft, daß jemand sagt «ich bin heute depressiv», und gemeint ist eines der normalen Stimmungstiefs, die kommen und gehen. Wenn Psychiater oder Psychologen von Depression sprechen, sind diese vorübergehenden Verstimmungen jedoch nicht gemeint. Der Begriff «klinische Depression» bezieht sich auf eine Konstellation von Merkmalen und Symptomen, die das Verhalten und Leistungsvermögen einer Person wesentlich beeinträchtigen und über einen längeren Zeitraum hinweg bestehen bleiben. Traurigkeit ist eine natürliche Reaktion auf leidvolle Lebenserfahrungen wie das Ende einer Liebesbeziehung, eine Enttäuschung im Beruf oder einen Konflikt, der nicht lösbar ist. Wir alle gehen durch Phasen der Niedergeschlagenheit mit vorübergehenden Symptomen der depressiven Verstimmung, aber im allgemeinen bewältigen wir unseren Alltag und unser Leben in gewohnter Weise weiter und erholen uns schließlich ohne Behandlung. Eine wirkliche Depression dauert länger, geht gewöhnlich mit heftigeren Symptomen einher und bedarf in aller Regel der Behandlung, um überwunden zu werden. Sie beeinträchtigt das Fühlen und Denken, das Verhalten und die physische Leistungsfähigkeit.

Es kann schwierig sein, diese Störung zu erkennen, denn alle ihre Symptome kommen periodisch bei praktisch jedem normalen Menschen vor, und sie sind als definitive diagnostische Kriterien schlecht geeignet. Aus zahlreichen Studien geht hervor, daß im Durchschnitt einer von fünf Patienten, die ärztliche Beratung suchen, schwer depressiv ist, aber häufig bleiben Depressionen unbemerkt. Die *National Depressive Foundation* berichtet, daß zwei von drei Menschen mit psychischen Störungen wie Depression keine angemessene Behandlung erhalten, weil ihre Symptome nicht erkannt oder falsch diagnostiziert werden. Depressionen treten oft maskiert auf oder werden verschwiegen, entweder vom Patienten selbst oder von Familienmitgliedern, zum einen, weil die Störung schwer zu erkennen ist, und zum anderen, weil viele Menschen sich schwer damit tun, sich einzugestehen, daß etwas nicht in Ordnung ist.

Ein weiteres Problem bei der Diagnose der Depression liegt darin, daß sie oft in Verbindung mit anderen psychischen Störungen oder physischen Krankheiten auftritt. Wenn jemand über gesundheitliche Probleme klagt, kann eine bestehende Depression leicht übersehen werden. Es ist seit langem bekannt, daß Depressionen mit Herzerkrankungen, Schlaganfällen oder Krebsleiden einhergehen können. Von Ärzten wurde das durchaus erkannt; sie fanden es verständlich, daß Patienten mit schweren Erkrankungen unter Streß standen oder niedergeschmettert waren, aber die Depression als solche galt lange Zeit nicht als behandlungsbedürftig. In jüngster Zeit hat sich unter Ärzten jedoch die Erkenntnis durchgesetzt, daß physisch kranke Patienten unter Umständen auch klinisch depressiv sein können. Aus Studien geht hervor, daß diagnostizierbare Depressionen bei 50 % der Patienten auftreten, die nach einem Schlaganfall ins Krankenhaus eingeliefert wurden, bei 15 bis 20 % der Patienten, die einen Herzinfarkt erlitten, und bei 8,5 bis 27 % der Patienten, die an Diabetes leiden. Nach den gegenwärtigen Erkenntnissen muß die Depression gesondert behandelt werden, weil sie eine wirkliche Krankheit ist, und weil sie die Genesung und Rehabilitation des Patienten von der physischen Erkrankung ernsthaft behindern kann. Die meisten Psychiater und Psychotherapeuten bestehen auf einer medizinischen Untersuchung, um auszuschließen, daß physische Krankheiten vorliegen, die zu einer Depression beitragen oder die Symptomatik einer Depression imitieren können. Umgekehrt werden mehr und mehr Ärzte auf das Problem der Depression aufmerksam und berücksichtigen es, wenn sie allgemeine medizinische Untersuchungen vornehmen.

Auf Karens Drängen ging William schließlich zu seinem Hausarzt und sagte ihm, er leide unter Erschöpfung und Konzentrationsschwäche. Der Arzt nahm ihm Blut ab, um einige Labortests zu machen, verschrieb ihm Vitamine und verordnete ihm mehr Ruhe, aber die Depression erkannte er nicht. Daß der Hausarzt Williams Zustand nicht korrekt als Depression diagnostizierte, lag wahrscheinlich unter anderem daran, daß William selbst sich nicht als depressiv sah und keine Andeutung machte, die in diese Richtung ging. William wußte vermutlich, daß mit ihm etwas nicht in Ordnung war, aber die Vorstellung, daß er unter einer Depression leiden könnte, kam ihm gar nicht in den Sinn, oder wenn doch, dann schob er sie schnell beiseite. Das Eingeständnis, daß man sich depressiv fühlt, kommt für viele Leute dem Bekenntnis gleich, man sei verrückt oder ein Schwächling. Verleugnung ist bei Menschen wie William, die der Ansicht sind, daß man seine persönlichen Probleme am besten für sich behält, eine sehr verbreitete Reaktion. Menschen, die sich als unabhängig und tatkräftig betrachten und stolz darauf sind, haben es besonders schwer, sich einzugestehen, daß sie nicht fähig sind, sich aus eigener Kraft aus ihrem Tief herauszureißen, und daß sie Hilfe brauchen.

Auch Angehörige oder Freunde wollen sich vielleicht nicht mit der Tatsache konfrontieren, daß jemand, den sie lieben, depressiv ist, und sie suchen verzweifelt nach anderen Erklärungen für die Veränderungen im Verhalten des geliebten Menschen. Ein Ehepartner einer depressiven Frau war zum Beispiel felsenfest davon überzeugt, daß es ihr besser gehen würde, wenn er nur mehr Geld verdienen würde. Er suchte sich einen neuen Job und brachte wesentlich mehr Geld nach Hause, aber die Symptome seiner Frau blieben dennoch bestehen. Erst an diesem Punkt begann er, die Möglichkeit in Erwägung zu ziehen, daß sie depressiv sein könnte. Später gab er zu, er habe den Gedanken an eine Depression weit von sich geschoben, weil er Angst vor der Reaktion von Angehörigen und Freunden hatte, wenn sie von der «Geisteskrankheit» seiner Frau erfahren würden. Unglücklicherweise haftet psychiatrischen Diagnosen immer noch ein soziales Stigma an, und viele Menschen wissen nicht, wie ungemein verbreitet Depressionen sind und daß sie erfolgreich behandelt werden können.

Von allen psychischen Störungen spricht die Depression am besten auf Behandlung an. Wenn sie eine adäquate Therapie erhalten, können 80 bis 90 % der Menschen, die unter Depressionen leiden, geheilt werden. Bei den restlichen 10 oder 20 % kann zumindest eine Milderung ihrer depressiven Symptome erreicht werden. Diese Situation ist eindeutig hoffnungsvoll, aber eines der größten Hindernisse bei der Behandlung der Depression ist leider die Tatsache, daß sie so oft übersehen oder ignoriert wird. Nur wenn Sie die Depression eines geliebten Menschen erkennen und vor dieser Erkenntnis nicht die Augen verschließen, können Sie mehr darüber lernen, was es mit dieser komplizierten Störung auf sich hat, und was Sie tun können, um sowohl sich selbst als auch dem anderen zu helfen.

Wodurch werden Depressionen verursacht?

Wenn wir erfahren, daß jemand, den wir lieben, depressiv ist, fragen wir uns als erstes, woher das kommt. Wo liegen die Ursachen? Ist es genetisch? Habe ich etwa irgendwie dazu beigetragen? Es ist nur natürlich, daß wir uns darüber den Kopf zerbrechen. Zum Glück finden wir heute einige Antworten auf unsere Fragen, denn in den letzten zwei Jahrzehnten wurde sehr viel nach den Ursachen der Depression geforscht.

Obwohl die genauen Mechanismen, die für die Depression verantwortlich sind, nicht isoliert werden konnten, und obwohl immer noch kontrovers diskutiert wird, ob biochemische oder psychosoziale Faktoren ausschlaggebend sind, stimmen die meisten Wissenschaftler darin überein, daß gewöhnlich eine Reihe von Faktoren – biochemische und psychologische – in ihrem Zusammenwirken zum Auslöser einer Depression werden. Aufgrund ihrer biochemischen und genetischen Anlagen sind manche Menschen anfälliger für Depressionen, wenn sie mit belastenden Lebenssituationen konfrontiert sind, als andere, die denselben Streßfaktoren unterliegen. (Im 12. und 13. Kapitel kommen wir im Zusammenhang mit medizinischen Behandlungsmethoden für Depressionen auf das Thema biochemische versus psychologische Ursachen zurück.)

Depressionen wurden mit Funktionsstörungen gewisser Neurotransmitter im Gehirn in Verbindung gebracht. Neurotransmitter sind chemische Botenstoffe, die elektrische Signale von einer Nervenzelle zur anderen überleiten und so letztlich Verhaltensweisen, Fühlen und Denken bestimmen. Man nimmt an, daß ein Defizit der Neurotransmitter Serotonin und Norepinephrin für depressive Symptome mitverantwortlich ist, aber auch andere Botenstoffe wie Dopamin, die noch nicht vollständig erforscht sind, könnten bei der Entwicklung der Depression eine Schlüsselrolle spielen. Andere Wissenschaftler vertreten die Auffassung, daß bei Menschen, die unter Depressionen leiden, möglicherweise endokrine Anomalien vorliegen. Die endokrinen Drüsen sind für die Produktion und die Wirkungsweise der körpereigenen Hormone verantwortlich. In manchen Studien wurden Depressionen mit Hypothyreose, einer Unterfunktion der Schilddrüse, in Zusammenhang gebracht.

Genetische Studien zeigten, daß solche Anomalien in der Familie liegen können. Aus der ungewöhnlichen Häufung von Depressionen in bestimmten Familien schlossen Wissenschaftler, daß es offenbar eine genetische Disposition für Depressionen gibt. Das gilt vor allem dann, wenn die Störung im Verlauf vieler Jahre immer wieder auftritt. Wenn von eineiigen Zwillingen einer an Depressionen leidet, besteht eine Wahrscheinlichkeit von 70 bis 80 %, daß auch der andere Zwilling zu irgendeinem Zeitpunkt in seinem oder ihrem Leben depressiv werden wird. Bei zweieiigen Zwillingen und bei den Eltern, Kindern oder Geschwistern einer depressiven Person liegt diese statistische Wahrscheinlichkeit bei 25 %. Da eineiige Zwillinge genau die gleiche Genstruktur haben, deutet diese höhere Rate darauf hin, daß der genetische Faktor von ziemlich großer Bedeutung ist. Nach einer Mitteilung der *American Psychiatric Association* kommen Depressionen bei Menschen mit einem Verwandten ersten Grades, der von dieser Störung betroffen ist, dreimal häufiger vor als beim Durchschnitt der Bevölkerung. In Studien mit Familien, in denen mehrere Mitglieder adoptiert waren, konnten Wissenschaftler demonstrieren, daß genetische Faktoren eine wichtigere Rolle spielen als psychosoziale Faktoren, wenn es darum geht vorauszusagen, wer an einer Depression erkranken wird.

Aber welche Rolle spielt Streß? Neuere Studien haben gezeigt, daß die genetische Disposition bei der Entstehung von Depressionen nur ein Faktor unter anderen ist. Streß, das heißt aktuelle oder kurz zurückliegende belastende Lebensereignisse wie eine Scheidung, eine schwere Krankheit oder ein Todesfall in der Familie, können bei Menschen mit der entsprechenden genetischen Veranlagung eine Depression auslösen. Die sogenannten Stressoren, die zur Entstehung einer Depression beitragen können, sind gewöhnlich keine trivialen Ärgernisse wie der Stau im Berufsverkehr, sondern bedeutsame Lebensereignisse. Sogar positive Ereignisse, wie Williams Beförderung, können solche auslösenden Faktoren sein. Alle bedeutsamen Lebensereignisse, positive wie negative, bringen Veränderungen mit sich, und Veränderungen bedeuten Streß. Bei Menschen, die von ihrer biochemischen Ausstattung her empfänglich dafür sind, depressiv zu werden, können wichtige Lebensveränderungen tatsächlich eine Depression auslösen. Andere psychosoziale Faktoren, die mit der Entstehung einer Depression verbunden sein können, sind Mangel an sozialer Unterstützung, Isolationsgefühle und Gefühle der Hilflosigkeit. In einer beträchtlichen Anzahl von Fällen setzt die Depression jedoch urplötzlich ein, ohne erkennbare Auslöser. Fachleute sind der Meinung, daß Depressionen, die unabhängig von psychosozialen Stressoren auftreten, eine stärkere biochemische Komponente haben.

Ist jemand, den Sie lieben, depressiv?

Wie erkennen Sie also, ob ein Mensch, der Ihnen nahesteht, depressiv ist? Erstens ist es wichtig, sich klarzumachen, daß eine Depression viele Aspekte der Persönlichkeit beeinträchtigen kann – die Grundstimmung, das Denken, die Einstellung zu anderen, aber auch körperliche Funktionen wie die Schlafgewohnheiten, die Energie, den Sexualtrieb, den Appetit. Bei den meisten Menschen treten in diesen Bereichen von Zeit zu Zeit Störungen auf; das ist nicht besorgniserregend. Aber wenn eine spezielle Kombination von Symptomen über einen beträchtlichen Zeitraum hinweg bestehen bleibt, ist die Diagnose «Depression» gerechtfertigt. Amerikanische Psychiater und Psychologen orientieren sich an den Kriterien, die im DSM-IV (1994), einem von der *American Psychiatric Association* herausgegebenen diagnostischen und statistischen Handbuch für psychische Störungen angegeben sind, um eine Depression zu diagnostizieren.

Die Kriterien des DSM-IV:

1. Überwiegende, nahezu jeden Tag auftretende depressive Verstimmung, angezeigt durch subjektiven Bericht (d. h. der/die Betroffene fühlt sich traurig oder leer) oder durch Beobachtungen von anderen (der/die Betroffene wirkt niedergeschlagen, verweint), und/oder
2. Anhedonie, das heißt, merklich vermindertes Interesse oder Vergnügen an allen oder fast allen Aktivitäten während des ganzen Tages, nahezu jeden Tag,

sowie mindestens vier der folgenden Symptome:

1. Beträchtlicher Gewichtsverlust (+/– 5 kg im Lauf von zwei Wochen, ohne Diät) oder beträchtliche Gewichtszunahme, oder anhaltender deutlich verminderter oder gesteigerter Appetit.
2. Anhaltende Schwierigkeiten einzuschlafen oder durchzuschlafen, oder anhaltende Neigung, zuviel zu schlafen.
3. Anhaltende ungewöhnliche Ruhelosigkeit oder Lethargie.
4. Anhaltende Erschöpfung oder Energiemangel.
5. Anhaltende Gefühle der Wertlosigkeit oder exzessive, unangemessene Schuldgefühle.
6. Anhaltende verminderte Fähigkeit, klar zu denken oder sich zu konzentrieren, oder Unfähigkeit, Entscheidungen zu treffen.
7. Immer wiederkehrende Gedanken an den Tod, immer wiederkehrende Selbstmordideen, oder ein Suizidversuch, oder ein spezieller Plan für den Suizid.

Die Kriterien für die Diagnose «Depression» sind also erfüllt, wenn jemand während eines Zeitraums von zwei Wochen anhaltende depressive Verstimmung oder Anhedonie an den Tag legt und mindestens vier der anderen aufgeführten Symptome zeigt. Mit anderen Worten: Insgesamt fünf Symptome, von denen eines depressive Verstimmung oder Anhedonie sein muß, sind notwendig, um die Diagnose zu stellen. Wenn eine Depression vorliegt, stellt die Periode von zwei Wochen, in der die Symptome sich manifestieren, eine merkliche Veränderung dar im Vergleich dazu, wie die Person sich zuvor verhielt, und sie geht mit beträchtlichen Schwierigkeiten oder Beeinträchtigungen im sozialen Umgang oder in der beruflichen Leistungsfähigkeit einher. Eine Depression liegt *nicht* vor und wird nicht diagnostiziert, wenn die Symptome auf eine physische Krankheit zurückzuführen sind, oder wenn sie kurz nach einer schweren Verlusterfahrung wie dem Tod eines geliebten Menschen auftreten. Nach einem schweren Verlust ist eine Periode der Trauer, in der sich viele der Depression ähnliche Symptome manifestieren, völlig adäquat und normal. Wenn die Symptome länger als zwei Monate anhalten und schwerwiegend sind, sollte die Diagnose «klinische Depression» jedoch in Betracht gezogen werden.

Nun, da wir diese Kriterien kennengelernt haben, können wir uns die Veränderungen in Williams Verhalten besser erklären. Wir haben Grund zu der Annahme, daß er depressiv ist. Ein Psychiater oder Psychologe führt gewöhnlich ein ausführliches Gespräch mit dem Patienten und stellt ihm spezielle Fragen über seine allgemeine Stimmung, seine Schlafgewohnheiten, sein Eßverhalten, über Suizidphantasien und darüber, ob es in der Familie eine Vorgeschichte von psychischen Störungen gibt. Er oder sie befragt vielleicht auch Familienmitglieder oder enge Freunde darüber, welche Veränderungen im Verhalten des Patienten aufgefallen sind. Williams eigene Aussagen über seinen Zustand stehen uns nicht zur Verfügung, aber wir können versuchen, anhand der Beobachtungen, die seine Frau und seine Arbeitskollegen während der Konflikt- und der Reaktionsphase machten, herauszufinden, ob er in der Tat an einer Depression leidet. Erstens ist Williams Interesse oder Vergnügen an seinen üblichen Aktivitäten, sowohl im Beruf als auch zu Hause mit Frau und Kindern, deutlich vermindert. Damit haben wir schon eines der Hauptkriterien für die Depression. Zweitens zeigt er vier weitere Symptome, die als Kriterien für die Diagnose «Depression» wichtig sind: Sein Appetit ist vermindert, er hat Gewicht verloren, er hat Schlafstörungen, ist häufig erschöpft, und er hat Schwierigkeiten, sich auf seine Arbeit zu konzentrieren. Auch ohne zu wissen, wie William selbst seinen Zustand beschreiben würde (vielleicht hat er das Gefühl, nichts wert zu sein, vielleicht hat er an Selbstmord gedacht), können wir mit einiger Gewißheit davon ausgehen, daß William tatsächlich depressiv ist.

Aber diese Einschätzung, zu der wir auf der Basis seriöser Kriterien kamen, ist immer noch die unsere und dient in erster Linie unserer eigenen Klarheit. Für William wäre es an diesem Punkt wichtig, einen qualifizierten Psychiater oder Psychologen zu konsultieren, der eine korrekte Diagnose stellen und ihm eine angemessene Therapie vorschlagen kann. Um die Diagnose zu stellen, wird zunächst eine sorgfältige Anamnese aufgenommen, die aktuelle Symptome, frühere Symptome und die Vorgeschichte des Patienten berücksichtigt; dazu kommen die Beobachtungen des Experten, eventuell Berichte von Familienmitgliedern und eine medizinische Untersuchung. In manchen Fällen ist die Diagnose vielleicht nicht so klar und eindeutig wie in Williams Fall, und es ist eine längere Zeit der Beobachtung erforderlich. Wenn Sie an dem Menschen, den Sie lieben, während eines Zeitraums von zwei Wochen drei oder mehr der Symptome – insbesondere die beiden ersten Hauptsymptome – der Depression beobachtet haben, sollte er oder sie sobald wie möglich einen Psychiater oder Psychologen konsultieren.

Wenn Ihr geliebter Mensch Selbstmordgedanken hat oder einen Selbstmordversuch unternommen hat, ist es von größter Wichtigkeit, daß er oder sie sich sofort in Behandlung begibt. In einer Krisensituation sollten Sie nicht zögern, ihn oder sie sofort in die Notaufnahme des nächsten Krankenhauses zu bringen, wo unverzüglich Hilfe geleistet werden kann. Bei Depressionen ist Suizid eine sehr reale Gefahr, die nicht übersehen werden darf. Im 11. Kapitel werden wir uns eingehender mit dieser Problematik befassen; wir erläutern Ihnen dort detailliert, an welchen Warnzeichen Sie erkennen können, ob jemand suizidal ist, und geben Ihnen Rat, wie Sie mit Suizidideen oder Selbstmorddrohungen am besten umgehen können.

Die unterschiedlichen Gesichter der Depression

Das was Sie an Ihrem geliebten Menschen beobachten, muß mit Williams Fall nicht unbedingt übereinstimmen. Depressionen treten in vielen verschiedenen Formen auf. Zum einen gibt es verschiedene Typen der depressiven Störung, und zum anderen nehmen Depressionen durch Faktoren wie Geschlechtszugehörigkeit, Alter und Persönlichkeitsstruktur unterschiedliche Erscheinungsbilder an. In der wissenschaftlichen Literatur werden diverse Subtypen der depressiven Störung beschrieben, die sich dadurch unterscheiden, welche Symptome vorherrschen, wie gravierend die Störung ist und wie sie auf verschiedene Behandlungsformen anspricht. Außerdem sind die Fachtermini, die den jeweiligen Typus der Depression bezeichnen, nicht immer dieselben.

Die Hauptkategorien, die in den meisten medizinischen Handbüchern aufgeführt werden, sind die klinische (oder unipolare) Depression, die manisch-depressive Störung (oder bipolare Depression), die neurotisch-depressive Störung (oder Dysthymie), die psychotisch-depressive Störung, die jahreszeitlich bedingte Depression, die atypische Depression und die Postpartum-Depression. Die folgende Tabelle gibt Ihnen einen Überblick über die verschiedenen Typen der Depression und ihre wichtigsten Merkmale. In den weiteren Abschnitten dieses Kapitels werden wir die unterschiedlichen Typen im einzelnen darstellen und Sie auf die Warnzeichen aufmerksam machen, nach denen Sie Ausschau halten sollten, wenn Sie vermuten, daß ein Mensch, den Sie lieben, depressiv ist.

Charakteristische Merkmale der verschiedenen Typen der Depression

Klinische (unipolare) Depression	Depressive Stimmung und/oder merklich vermindertes Interesse an den gewohnten Aktivitäten sowie vier der folgenden Symptome: Veränderungen der Schlafgewohnheiten und des Appetits, Energiemangel, Gefühle der Wertlosigkeit oder exzessive Schuldgefühle, über einen Zeitraum von mindestens zwei Wochen. Die klinische Depression ist der am weitesten verbeitete Typus der depressiven Störung.

Manisch-depressive Störung (bipolare Depression)	Extreme Stimmungsschwankungen, zwischen depressiven und manischen Zuständen wechselnd («himmelhoch jauchzend – zu Tode betrübt»). In der depressiven Phase gleichen die Symptome denen der klinischen Depression; in der manischen Phase treten nahezu völlig gegenteilige Symptome auf: Hochstimmung oder Euphorie, übersteigertes Selbstwertgefühl, Redseligkeit, rasende Gedankenflut.
Atypische Depression	Chronische depressive Verstimmung über einen Zeitraum von mindestens zwei Jahren; anhaltende Neigung, zuviel zu essen und zuviel zu schlafen sowie überempfindliche Reaktionen auf (reale oder vermeintliche) Ablehnung. Die atypische Depression spricht auf Behandlung schlechter an als andere Subtypen der Depression.
Neurotisch-depressive Störung (Dysthymie)	Chronische depressive Verstimmung über einen Zeitraum von mindestens zwei Jahren; die Symptome sind weniger gravierend als die der klinischen Depression. Symptomfreie Intervalle sind selten und halten in der Regel nicht länger als etwa zwei Monate an.
Jahreszeitlich bedingte Depression	Periodische depressive Verstimmung, in Abhängigkeit vom Wechsel der Jahreszeiten und dem Schwinden des Sonnen-

46

lichts, die etwa fünf Monate lang anhält. Die Symptome ähneln gewöhnlich eher denen der atypischen Depression als denen der klinischen Depression. Nach neueren Erkenntnissen spricht die jahreszeitlich bedingte Depression gut auf Lichttherapie an.

Psychotisch-depressive Störung

Depression mit Wahnvorstellungen oder Halluzinationen meistens trauriger oder morbider Natur; muß sofort psychiatrisch behandelt werden. Die klinische Depression oder die manisch-depressive Störung entwickeln sich nur in 15 % der Fälle zu einer psychotisch-depressiven Störung.

Postpartum-Depression

Depressive Verstimmung bei Frauen unmittelbar nach der Geburt eines Kindes; tritt bei 10 % der Frauen in der ersten Woche oder den ersten 6 Monaten nach der Entbindung auf und kann die Mutter in ihrer Fähigkeit, das Kind zu versorgen, beeinträchtigen. Die Symptome gleichen im wesentlichen denen der klinischen Depression.

Die klinische Depression

Williams Fall ist ein typisches Beispiel für eine klinische Depression. Therapeuten betrachten diese Form als den Haupttypus der Depression und bezeichnen sie zuweilen auch als unipolare Depression, weil die Betroffenen (anders als bei der manisch-depressiven Störung) nur den einen Pol der Stimmungsveränderung, nämlich Niedergeschlagenheit und Traurigkeit, erfahren.

William, der vor kurzem im Beruf in eine höhere Position aufgerückt war, begann sich in seinen Beziehungen zu seinen Arbeitskollegen und seiner Frau anders zu verhalten als zuvor. Karen, seine Frau, und Kollegen, die ihm nahestanden, nahmen die Spannungen und Konflikte im Umgang mit William wahr und reagierten darauf. William hatte zu früheren Zeitpunkten in seinem Leben bereits zwei depressive Episoden durchgemacht; vermutlich war er von seinen biochemischen Anlagen her dazu disponiert, unter Streß mit Depression zu reagieren. Die Beförderung – eigentlich ein positives Lebensereignis – war aufgrund der mit der neuen Position einhergehenden höheren Anforderungen dennoch mit erheblichem Streß verbunden und trug so möglicherweise zur Entwicklung der Depression bei.

Von allen Formen der depressiven Störung tritt die klinische Depression am häufigsten auf. Epidemiologische Studien haben gezeigt, daß jeden Monat 2,2 % der amerikanischen Bevölkerung eine klinische Depression durchleben. Einer Schätzung der *National Institutes of Health* (NIH) gemäß machen 15 bis 18 Millionen Amerikanerinnen und Amerikaner irgendwann innerhalb ihrer gesamten Lebensspanne eine klinische Depression durch. Das Risiko, an einer klinischen Depression zu erkranken, liegt bei Frauen zweimal so hoch wie bei Männern. (Auf die Frage, wie weit Geschlechterunterschiede für diese Disparität verantwortlich sind, kommen wir am Ende dieses Kapitels zurück.) Unabhängig von der Geschlechtszugehörigkeit treten klinische Depressionen gewöhnlich als Episoden auf; sie bleiben über einen bestimmten Zeitraum hinweg bestehen und können zu späteren Zeitpunkten wieder auftreten. Schätzungen gemäß werden mehr als die Hälfte der Menschen, die eine klinische Depression durchgemacht haben, im Lauf von zwei oder drei Jahren nach der ersten Episode erneut depressiv. Das Rückfallrisiko steigt mit der Anzahl der Episoden – nach zwei Episoden auf 70 % und nach drei Episoden auf 90 %.

Die manisch-depressive Störung

Gloria, eine achtundvierzigjährige Frau, durchlebte im vergangenen Jahr eine Phase der Niedergeschlagenheit, Traurigkeit und Apathie, die mehrere Monate lang andauerte. Aber zur Zeit geht es ihr «einfach phantastisch», wie sie es selbst ausdrückt. Sie hat mehr Energie als je zuvor, hat sechzehn Stunden pro Tag an ihrem ersten Roman gearbeitet und erzählt, daß sie jetzt eine brillante Idee für ein Drehbuch hat. Bekannte im Fitneßclub sind beeindruckt von Glorias Lebendigkeit und Ausdauer, aber Freundinnen und Freunde, die ihr näherstehen, spüren Spannungen in ihren Beziehungen zu ihr und machen sich Sorgen, daß sie zuviel des Guten tut. Eine Freundin machte kürzlich die Bemerkung, Gloria wirke so, als stehe sie die ganze Zeit unter Dampf. Ihr Mann klagt darüber, daß er nicht mehr so gut mit ihr auskommt wie sonst; er sagt: «Ich kann sie in letzter Zeit kaum verstehen, weil sie so schnell redet und von einem Thema zum anderen springt.»

Leidet Gloria unter einer affektiven Störung? Ihr Mann, ihre engen Freunde und Gloria selbst sind offensichtlich in das Konfliktstadium des SAD-Prozesses eingetreten. Die Menschen, die ihr nahestehen, haben Veränderungen in ihrem Verhalten registriert, und diese Veränderungen haben auf die Art ihres Umgangs mit Gloria unübersehbare Auswirkungen. Wenn wir Glorias Symptome mit den DSM-IV-Kriterien für die Diagnose Depression vergleichen, erscheint sie zweifellos alles andere als depressiv; sie ist energiegeladen und hat keine Beschwerden. Aber Gloria macht eine Phase durch, die für einen der Subtypen der Depression charakteristisch ist: Sie ist manisch. Periodisch auftretende extreme Stimmungsschwankungen – zwischen schwer depressiven und euphorischen Zuständen wechselnd – gehören zu den Hauptmerkmalen der manisch-depressiven Störung. Einer Schätzung des NIH gemäß machen 2 Millionen Amerikanerinnen und Amerikaner jedes Jahr eine manisch-depressive Störung durch. Anders als bei der klinischen Depression sind Männer und Frauen gleichermaßen und zu gleichen Prozentzahlen für die Störung anfällig. Die Tatsache, daß Gloria im vergangenen Jahr eine depressive Phase durchmachte, und ihr gegenwärtiger euphorischer Zustand lassen darauf schließen, daß sie an einer manisch-depressiven Störung leidet. In der depressiven Phase zeigen manisch-depressive Patienten die charakteristischen Symptome der klinischen Depression. In der manischen Phase schlagen die Symptome nahezu völlig ins Gegenteil um. Das manische Element kann sich in Hochstimmung,

Hyperaktivität, aggressivem Verhalten, Reizbarkeit, Grandiosität und verminderter Urteilsfähigkeit ausdrücken.

DSM-IV-Kriterien für die manische Phase

Alle folgenden vier Symptome müssen vorliegen, um die Diagnose «Manie» zu rechtfertigen:
1. Eine klar erkennbare Periode (mindestens eine Woche) abnormen Verhaltens und anhaltender euphorischer, überschwenglicher oder reizbarer Stimmung.
2. Während der Periode der Stimmungsveränderung sind drei oder mehr der folgenden Symptome persistent und auffällig:
   - Übersteigertes Selbstwertgefühl oder Grandiosität
   - vermindertes Schlafbedürfnis (fühlt sich z. B. nach drei Stunden Schlaf völlig ausgeruht)
   - gesprächiger als gewöhnlich oder Redezwang (scheint unter Druck zu stehen, ständig reden zu müssen)
   - rasende Gedanken oder sprunghaftes Wechseln von einer Idee zur anderen
   - Zerstreutheit oder Ablenkbarkeit
   - auffällige Zunahme zielgerichteter Aktivität (sozial, beruflich oder sexuell), körperliche Hyperaktivität oder gesteigerte physische Unruhe
   - verminderte Urteilsfähigkeit oder exzessives Engagement für riskante Aktivitäten (z. B. unüberlegte Geschäftsinvestitionen)
3. Die affektive Störung ist so gravierend, daß sie zu Beeinträchtigungen in der beruflichen Leistungsfähigkeit, im sozialen Umgang oder in intimen Beziehungen führt. Hospitalisierung kann notwendig sein, um zu vermeiden, daß der oder die Betroffene sich selbst oder anderen Schaden zufügt.
4. Die Symptome sind nicht auf die unmittelbaren Auswirkungen einer Droge oder eines Medikaments oder einer physischen Erkrankung zurückzuführen.

Unbeteiligte Beobachter erleben eine Person in der manischen Phase oft als euphorisch, heiter oder ansteckend fröhlich, aber

50

Menschen, die ihr nahestehen, erkennen gewöhnlich das Exzessive und Übertriebene in ihrem Verhalten. Jemand, der eine manische Phase durchlebt, geht vielleicht auf einen Einkaufstrip, kauft impulsiv Sachen, die er nie brauchen wird und gibt unangemessen viel Geld aus, oder er hält sich für einen genialen Künstler, auch wenn ihm das Talent oder die Erfahrung auf dem anvisierten Gebiet völlig fehlen. Glorias Ehemann und ihre engen Freunde bemerkten, daß sie sich völlig anders aufführte, als sie es von ihr gewohnt waren, und machten sich Sorgen über diesen extremen Umschwung. Gloria selbst fühlte sich jedoch großartig und sah keinen Grund, sich in Behandlung zu begeben. Sie sagte ihrem Mann, er sei der «Irre», wenn er glaubte, sie brauche einen Psychiater, denn sie habe sich nie besser gefühlt.

Unabhängig davon, wie die betroffene Person sich subjektiv fühlt, ist es jedoch wichtig zu erkennen, daß der manische Zustand beträchtliche Gefahren in sich birgt. Menschen im manischen Zustand neigen dazu, die schmerzhaften oder schädlichen Konsequenzen ihres Verhaltens auszublenden. Zuweilen machen sie Schulden in enormer Höhe, räumen Sparkonten ab oder lassen sich wahllos auf sexuelle Abenteuer ein. Manche werden psychotisch und haben Wahnvorstellungen. Als Glorias manischer Zustand sich intensivierte, begann sie zu erzählen, sie höre die Stimmen von Außerirdischen, die ihr eine besondere Mission auf der Erde übertragen hätten; es sei ihre Aufgabe, die Umwelt zu retten. Um ihre Mission zu erfüllen, bestellte sie Blumenerde im Wert von Tausenden von Dollars und insistierte darauf, die Erde im Zentrum der Stadt, in der sie lebte, auf den Gehsteigen zu verteilen.

Ebenso wie bei der klinischen Depression gibt es auch bei der manisch-depressiven Störung viele Varianten und erhebliche Unterschiede. Manche Patienten haben überwiegend Depressionen, die wiederholt auftreten, und machen nur gelegentlich relativ kurzfristige manische Phasen durch. Andere berichten über häufigere manische Episoden von unterschiedlicher Zeitdauer und Intensität.

Die neurotisch-depressive Störung (Dysthymie)

Keith, ein siebenunddreißigjähriger Architekt, beschreibt sich selbst als «chronisch deprimiert und schlecht gelaunt». Während der letzten vier Jahre war er ständig bedrückt und niedergeschlagen und hatte ernste Zweifel an seinen beruflichen Fähigkeiten. Im ersten Therapiegespräch erklärt er, er habe das Gefühl, an einer «chronischen unterschwelligen emotionalen Infektion» zu leiden. Er kommt mit anderen Menschen nicht gut aus, das ist ihm klar, und er macht sich Sorgen wegen der Konflikte in der Beziehung zu seiner Freundin. Einer seiner Freunde, der auch depressiv war, sagte ihm, Prozac habe ihn «kuriert». Keith fragt gleich zu Beginn des Gesprächs, ob er nicht auch Prozac einnehmen solle – wendet dann aber selbst ein, seine Depression sei nicht so schwer wie die seines Freundes. Bei dem Freund ging es soweit, daß er unfähig war, sich morgens aus dem Bett zu erheben. Keith dagegen ist durchaus in der Lage, seiner Arbeit nachzugehen, sich mit Freunden zu treffen und sich einer seiner liebsten Freizeitbeschäftigungen, dem Gärtnern, zu widmen. Er fragt sich, ob er vom Schicksal dazu verurteilt ist, den Rest seines Lebens in Traurigkeit zu verbringen, oder ob er einfach ein Pessimist ist.

Ist Keith depressiv? Er hat zweifellos einige Symptome der klinischen Depression, aber sie sind weniger gravierend und eher chronisch. Keith leidet an einer Dysthymie oder neurotisch-depressiven Störung. Diese Störung wird diagnostiziert, wenn der oder die Betroffene mindestens zwei Jahre lang ständig, fast jeden Tag, depressiv verstimmt ist und wenn er oder sie nur selten und über kurze Zeiträume (etwa zwei Monate) aus dem Stimmungstief ausbrechen kann. Während der depressiven Phasen treten gewöhnlich einige der folgenden Symptome auf: Appetitlosigkeit oder übermäßiges Essen, Schlaflosigkeit oder die Neigung, zuviel zu schlafen, Energiemangel oder Erschöpfung, geringes Selbstwertgefühl, Konzentrationsschwäche oder Unentschlossenheit und Gefühle der Hoffnungslosigkeit. Einer Schätzung des NIH gemäß leiden etwa 3 bis 4 % der amerikanischen Bevölkerung, überwiegend Frauen, an einer neurotisch-depressiven Störung.

Andere Subtypen der Depression

Es gibt zahlreiche andere Varianten der Depression, von denen Sie vielleicht schon gehört haben. Da die Depression ein sehr kompliziertes und komplexes Phänomen ist, herrscht in der Fachwissenschaft die Tendenz, es in seine unterschiedlichen Elemente und Aspekte aufzuspalten, um die Störung so besser analysieren, verstehen und letztlich behandeln zu können. Eine erschöpfende Darstellung aller Subtypen der Depression ist im Rahmen dieses Buches natürlich nicht möglich; wir werden uns also darauf beschränken, einige der häufiger auftretenden und bekannteren Formen zu erwähnen.

Die *jahreszeitlich bedingte Depression* oder Winter-Depression wird mit dem periodischen Abnehmen und Zunehmen der Intensität des Sonnenlichts im Lauf der Jahreszeiten in Verbindung gebracht. Menschen, die unter dieser Störung leiden, berichten, daß die Depression gewöhnlich im Herbst einsetzt und daß es im Frühling zu einem dramatischen Umschwung kommt: Die depressive Verstimmung ist wie weggeblasen, und sie fühlen sich wieder wohl. Nach der Auffassung von Wissenschaftlern verursacht das Schwinden des Sonnenlichts im Herbst Veränderungen in der Gehirnchemie, die zu Depressionen führen. Im Durchschnitt hält die jahreszeitlich bedingte Depression etwa vier bis fünf Monate lang an, und ihre Symptome gehen über den üblichen Winter-Trübsinn, den wir alle kennen, weit hinaus. Gewöhnlich sind sie den Symptomen der atypischen Depression ähnlicher als denen der klinischen Depression. Neuere Studien haben gezeigt, daß die Behandlung mit Licht von einer bestimmten Wellenlänge (dem Sonnenlicht ähnlich) die Symptome mildern kann.

Die *atypische Depression* ist durch Symptome charakterisiert, die wie die Antithese zu vielen der Symptome der klinischen Depression erscheinen. Während «klassische» Depressive im allgemeinen keinen Appetit haben und weniger schlafen, neigen Menschen, die an einer atypischen Depression leiden, dazu, übermäßig lange zu schlafen und zuviel zu essen, was zu einer rapiden Gewichtszunahme führt. Die atypische Depression verläuft eher chronisch als episodisch und tritt gewöhnlich in der Adoleszenz zum ersten Mal auf. Menschen, die an dieser Störung leiden, reagieren besonders empfindlich auf Zurückweisung oder Ablehnung. Aus bisher noch unbekannten Gründen spricht die atypische Depression auf die Behandlung mit Antidepressiva sowie auch auf Psychotherapie weniger gut an als andere Formen der depressiven Störung.

Die *psychotisch-depressive Störung* ist mit Wahnvorstellungen oder Halluzinationen verbunden, deren Inhalt oft trauriger oder morbider Natur ist. Ein Beispiel: Der oder die Betroffene bildet sich ein, jemanden getötet zu haben und nie Vergebung für dieses Verbrechen finden zu können. Schwere klinische Depressionen oder manisch-depressive Störungen steigern sich nur in etwa 15 % der Fälle zu einer psychotischen Depression. Bei dieser Form der depressiven Störung ist die Suizidgefahr am höchsten, weil die Betroffenen unter Realitätsverlust leiden und sich über die Konsequenzen ihres Verhaltens nicht im klaren sind. Menschen, bei denen sich die Anzeichen einer psychotischen Depression manifestieren, brauchen sofortige psychiatrische Hilfe.

Geschlechtszugehörigkeit und Depression

Die Geschlechtszugehörigkeit scheint bei der Anfälligkeit für Depressionen – oder zumindest bestimmte Formen der Depression – eine nicht unerhebliche Rolle zu spielen. In unserer Praxis haben wir bemerkt, daß bei Paaren, die wegen einer Depression Beratung suchen, in aller Regel die Frau die Depressive ist. Unter den Gründen, die Paare angeben, wenn sie psychotherapeutische Beratung suchen, stehen sexuelle Probleme auf Platz eins, aber das eigentliche Problem, das den Schwierigkeiten zugrundeliegt, ist häufig die Depression der Frau. Statistiken zeigen, daß bei Frauen das Risiko, an einer Depression zu erkranken, doppelt so hoch ist wie bei Männern. Im Bevölkerungsdurchschnitt macht eine von vier Frauen – im Vergleich zu einem von acht Männern – irgendwann im Lauf ihres Lebens eine depressive Störung durch. Aber diese statistischen Zahlen können leicht zu falschen Schlüssen verleiten. Eine wachsende Zahl von Psychiatern und Psychologen ist heute der Meinung, daß Männer genauso häufig an depressiven Störungen leiden wie Frauen, aber die realen Zahlen der depressiven Männer werden statistisch nicht erfaßt. Da Männer in unserer Gesellschaft dazu erzogen werden, sich stets als unabhängig und stark zu präsentieren, fällt es ihnen viel schwerer als Frauen, Schwäche einzugestehen und Hilfe zu suchen. Männer neigen gewöhnlich dazu, Gefühle der Niedergeschlagenheit, Hoffnungslosigkeit oder Traurigkeit für sich zu behalten oder sich von ihrer Depression abzulenken. Nicht selten erklären depressive Männer, wenn sie sich schließlich doch mit ihrem Problem auseinandersetzen, daß sie während ihrer depressiven Episode zum «Workaholic» wurden; sie versuchten, die Depression durch permanentes Beschäftigtsein aus ihrem Gesichtskreis zu verbannen. Manche Männer suchen auch in anderen Lebensbereichen als dem Beruf nach Mitteln der Ablenkung, um ihre negativen Gefühle von sich wegzuschieben. Folglich kann es für Sie als Partnerin schwierig sein, herauszufinden, ob Ihr Ehemann ein eingefleischter «echter Workaholic» ist oder ob er depressiv ist. Achten Sie auf markante Veränderungen in der Art, wie Ihr Partner sich im Alltag und in der Beziehung zu Ihnen verhält.

In Williams Fall kamen die Menschen, die ihm am nächsten waren, nicht einmal auf die Idee, daß er depressiv sein könnte. Auch William selbst betrachtete sich nicht als depressiv. Seine Kollegen meinten, er sei durch seine Beförderung hochnäsig geworden, oder vermuteten eine physische Krankheit, über die er nicht sprechen wollte. Karen, seine Frau, dachte zuerst, daß ihm berufliche Probleme zu schaffen machten, und kam dann auf den Gedanken, daß er vielleicht eine Affäre mit einer anderen Frau hätte. Williams Depression war vor aller Augen verborgen – auch vor seinen eigenen. Statt direkt professionelle Hilfe zu suchen oder sich seiner Frau anzuvertrauen, behielt William seine negativen Gefühle für sich und versuchte, sich von seiner Depression abzulenken. Aus neueren Studien geht immer häufiger hervor, daß Williams Fall alles andere als einzigartig ist.

Vor allem aber zeigen die Ergebnisse der neueren Forschung, daß sehr viel mehr Männer als Frauen dazu neigen, zu Alkohol oder Drogen zu greifen, wenn sie depressiv sind. Psychiater sprechen von «larvierter Depression», wenn Menschen versuchen, ihre depressive Stimmung in Alkohol zu ertränken oder Alkohol quasi als «Selbstmedikation» für ihren depressiven Zustand einzusetzen. (Im 10. Kapitel gehen wir ausführlicher auf die

Alkohol- und Drogenproblematik im Zusammenhang mit Depressionen ein und geben Ihnen detaillierten Rat, wie Sie auf Alkohol- oder Drogenabhängigkeit bei Ihrem geliebten Menschen am besten reagieren.)

Obwohl Forschung und Praxiserfahrung zunehmend darauf hinweisen, daß Depressionen bei Männern statistisch unterrepräsentiert sind, glauben die meisten Psychologen dennoch, daß Frauen stärker zu Depressionen neigen. Dafür gibt es gute Gründe. Ein spezielles Forschungsprojekt der *American Psychological Association* (APA), das sich 1990 mit dem Thema «Frauen und Depression» befaßte, kam zu dem Ergebnis, daß Frauen einfach aufgrund ihrer Erfahrungen, als Frauen in der gegenwärtigen Gesellschaft zu leben, häufiger depressiv werden als Männer. Der Projektbericht führt eine Vielzahl von biologischen, sozialen und psychosozialen Faktoren an, die Frauen in unserer Kultur beeinträchtigen: die hormonellen Veränderungen bei Schwangerschaft und Niederkunft oder die Einnahme von Verhütungsmitteln, die Bedrohung durch Gewalt, die von Männern ausgeht, die Konflikte zwischen der Berufsrolle und der Rolle als Ehefrau und Mutter, um nur einige zu nennen. Die wichtigsten Stressoren, die in der APA-Studie im Zusammenhang mit einem höheren Depressionsrisiko bei Frauen genannt werden, sind konflikthafte Paarbeziehungen oder die Situation, ohne Partner zu sein, als alleinerziehende Mutter zu leben, sozial isoliert zu sein, durch die Fürsorge für kleine Kinder oder alte Eltern ans Haus gebunden zu sein. Frauen, die mehr Sozialkontakte und mehr Unterstützung bei der Fürsorge für ihre Kinder haben, neigen, wie die Studie zeigte, weitaus weniger dazu, depressiv zu werden. Manche Theoretiker gehen davon aus, daß Frauen unter Spannungen und Streß in Beziehungen stärker leiden als Männer, weil Beziehungen für das Lebensgefühl und das Selbstwertgefühl von Frauen einen höheren Stellenwert haben. Mit anderen Worten: Da Frauen während ihrer Sozialisation lernen, Beziehungen besonders wichtig zu nehmen und sich für Beziehungen verantwortlich zu fühlen, sind sie einem höheren Risiko ausgesetzt, depressiv zu werden, wenn es in diesem Bereich zu Streß und Belastungen kommt.

Postpartum-Depression

Rund 80 % aller Frauen durchleben nach der Geburt eines Kindes eine kurze Phase der Niedergeschlagenheit und unerklärlichen Traurigkeit, aber eine Postpartum-Depression ist gravierender und hält länger an. Sie tritt unabhängig davon auf, ob die Schwangerschaft erwünscht oder ungeplant war und kann nach dem ersten Kind oder nach späteren Geburten vorkommen. Zu den häufigsten Symptomen gehören Weinen ohne offensichtlichen Grund, Schlafstörungen, extreme Veränderungen in den Eßgewohnheiten, Angstattacken und entweder übermäßige Sorge um den Säugling oder Desinteresse. Frauen, die unter Postpartum-Depressionen leiden, haben oft das Gefühl, zu versagen und unzulänglich zu sein, weil sie glauben, daß ihnen die «natürlichen Mutterinstinkte» fehlen. Der Ehepartner fühlt sich vielleicht schuldig und glaubt, er sei für die Verzweiflung seiner Frau verantwortlich, oder er wird ärgerlich, weil sie das Kind und die neue Situation der Mutterschaft nicht mit mehr Begeisterung aufnimmt. In der Regel entwickeln sich die Symptome der Postpartum-Depression im Zeitraum von einer Woche bis zu sechs Monaten nach der Niederkunft. Einige der Symptome sind zweifellos auf die Erschöpfung und die hormonelle Umstellung nach der Geburt zurückzuführen und gehören zum normalen «Baby-Blues», aber wenn eine Reihe von Symptomen länger als einige Wochen bestehen bleiben, ist Anlaß zur Besorgnis gegeben.

Jill, eine sechsunddreißigjährige Frau, suchte drei Monate nach der Geburt ihres ersten Kindes psychotherapeutischen Rat. Seit das Baby geboren war, fühlte Jill sich ständig erschöpft und überfordert. Ihre Mutter versicherte ihr: «Beim ersten Kind geht das allen Frauen so; du brauchst nur etwas Zeit, um dich daran zu gewöhnen, daß du Mutter bist.» Aber die Zeit verging, und Jill war immer noch traurig und deprimiert und hatte weniger Interesse daran, sich um ihr Kind zu kümmern, als sie es von sich selbst verlangte und erwartete. Oft schwamm sie in Tränen und war gereizter Stimmung, wenn ihr Mann endlich von der Arbeit nach Hause kam. Sie litt unter Schuldgefühlen, weil sie sich als Mutter so unzulänglich fühlte, und die psychische Anspannung brach sich oft darin Bahn, daß sie mit ihrem Mann Streit anfing.

Auch ihr Mann fühlte sich schuldig, weil er den ganzen Tag außer Haus war und Jill mit der Verantwortung für das Baby alleinließ. Bei ihrem nächsten Untersuchungstermin erzählte Jill ihrem Gynäkologen von ihren Schwierigkeiten, und der Arzt, dem die Symptome der Postpartum-Depression geläufig waren, riet ihr zu einer psychotherapeutischen Beratung.

Eine Postpartum-Depression kann lähmend sein und die Frau in ihrer Fähigkeit, ihren Alltag zu bewältigen und das Kind zu versorgen, beeinträchtigen. Wenn die Störung nicht behandelt wird, kann sie monate- oder sogar jahrelang anhalten, und die langfristigen Auswirkungen auf die Mutter-Kind-Bindung und die Entwicklung des Kindes können gravierend sein. Viele der Behandlungsmethoden, die wir in den Kapiteln 12 und 13 diskutieren, haben sich bei der Therapie der Postpartum-Depression als erfolgreich erwiesen, und bei den meisten Frauen, die sich einer Behandlung unterziehen, zeigt sich im Lauf einiger Wochen eine wesentliche Besserung. Das Problem ist, daß die Postpartum-Depression oft unerkannt bleibt oder mißverstanden wird. Viele Frauen, die darunter leiden, erkennen ihre Symptome nicht als Krankheit oder wissen nicht, an wen sie sich wenden können, um Hilfe zu finden. Oft halten sie sich für «schlechte Mütter», weil sie über die Geburt ihres Kindes nicht so glücklich sind, wie sie erwartet hatten oder es ihren Vorstellungen nach sein sollten.

Jill fühlte sich nicht wohl mit der Idee, einen «Psychoklempner» aufzusuchen, aber ihr Mann ermutigte sie, und so meldete sie sich – noch etwas widerwillig – zur Beratung an. Es war von Anfang an klar, daß Jill in der Tat unter einer Postpartum-Depression litt. Sie machte sich Vorwürfe, daß sie nicht fähig war, sich zusammenzunehmen und ihr Tief zu überwinden. Sie glaubte, ihre anhaltende deprimierte Stimmung sei ein Anzeichen dafür, daß sie ihr Kind nicht richtig liebe. Auch ihr Mann war sehr besorgt und fragte sich, ob er sie im Stich gelassen habe und sich als Vater mehr engagieren müsse. Aber er fühlte sich durch Jills negative Haltung auch abgestoßen und ging ihr zunehmend aus dem Weg, indem er abends immer länger im Büro blieb. Nach kurzer Psychotherapie und der Behandlung mit einem Antidepressivum fühlte Jill sich wesentlich besser in der Lage, die neuen Anforderungen der Mutterschaft zu bewältigen.

«Wenn ich nur gewußt hätte, was da eigentlich mit mir geschieht», sagte sie, «hätte ich mich nicht so furchtbar schlecht gefühlt. Jetzt fühle ich mich so erleichtert!» Auch ihr Mann berichtete, daß er sich weitaus weniger schuldig fühlte, nachdem er verstanden hatte, daß Jill an einer Postpartum-Depression litt. Sobald er sich für ihre Traurigkeit nicht mehr so sehr verantwortlich fühlte, kam er auch wieder früher nach Hause, verbrachte mehr Zeit mit Jill und dem Baby und half im Haushalt und bei der Kinderpflege.

In sehr seltenen Fällen kann eine Postpartum-Depression sich zu einer schwerwiegenden Störung, der Postpartum-Psychose, steigern. Das kommt aber nur bei einer von 1000 frisch entbundenen Müttern vor. Die Symptome können gravierend sein: Halluzinationen, Wahnvorstellungen (z. B. die Einbildung, das Baby sei von bösen Geistern besessen oder jemand sei hinter dem Kind her und wolle es stehlen), wahnhafte Handlungsweisen, die das Kind in Gefahr bringen können, und Suizidgedanken. Eine Frau, die an einer Postpartum-Psychose leidet, kann zwischen Phantasie und Realität kaum unterscheiden. Sie braucht sofortige psychiatrische Hilfe, für ihr eigenes Wohl und auch für das Wohl des Kindes.

Früher gingen Psychiater und Psychologen oft davon aus, daß Ängste oder Ambivalenzgefühle in bezug auf die Mutterschaft die eigentlichen Ursachen der Postpartum-Depression seien. Folglich fühlten viele Frauen sich schuldig, wenn sie depressiv waren, weil diese Deutung nahelegte, daß sie der Mutterschaft ablehnend gegenüberstanden. Aufgrund der Ergebnisse der neueren Forschung wissen wir aber heute, daß die Postpartum-Depression – wie alle anderen depressiven Störungen – sowohl mit psychologischen als auch mit biochemischen Faktoren in Zusammenhang steht. Die hormonellen Veränderungen des weiblichen Organismus im Übergang von der Schwangerschaft zur Postpartum-Periode machen Frauen anfälliger für Depressionen. Und bei Frauen mit einer genetischen oder biochemischen Disposition für depressive Störungen steigt das Risiko, depressiv zu werden, durch die Hormonumstellung und die neuen Anforderungen des Lebens mit einem Säugling weiter an.

Die Ergebnisse neuerer Studien zeigen, daß Frauen, die während der Schwangerschaft depressiv sind oder eine Vorgeschichte von Depressionen haben, stärker gefährdet sind, nach der Niederkunft eine affektive Störung zu entwickeln. Der Bereich der Postpartum-Depression und ihrer Zusammenhänge mit biologischen und psychosozialen Faktoren im Leben von Frauen ist noch längst nicht hinreichend erforscht, aber wir wissen zumindest, daß die Störung behandelbar ist. Frauen mit Postpartum-Depressionen können sich stabilisieren und ihre neue Mutterschaft genauso leben und genießen wie alle anderen Frauen.

Auch Männer können eine Abart der Postpartum-Depression entwickeln. Einer britischen Studie zufolge, an der 200 frischgebackene Väter und Mütter teilnahmen, berichteten 9 % der Männer über allgemeine Gefühle der Traurigkeit und Niedergeschlagenheit, über Schlafstörungen und nachlassendes Interesse an Sexualität in einem Zeitraum von rund sechs Wochen nach der Geburt ihres Kindes. Etwa 5 % der Männer hatten Symptome, die bis zu sechs Monate lang anhielten. Vielleicht reagieren frischgebackene Väter manchmal depressiv auf die Veränderungen in der Beziehung zu ihren Frauen nach der Geburt des Babys, oder auch sie machen in dieser Situation biochemische Veränderungen durch. Depressionen nach der Geburt eines Kindes sind nichts Ungewöhnliches – bei Frauen wie auch bei Männern –, und genau wie bei depressiven Störungen in anderen Lebenszusammenhängen ist auch hier möglicherweise Therapie erforderlich.

Viele Paare sind unendlich erleichtert, wenn sie erfahren, daß die Partnerin (oder auch der Partner) eine behandelbare Depression durchmacht, und sich nicht einfach dagegen wehrt, den neuen Lebensmodus der Elternschaft zu akzeptieren. Wenn Sie glauben, daß Ihre Frau oder Ihre Freundin an einer Postpartum-Depression leidet, sprechen Sie mit ihr und reden Sie ihr zu, therapeutische Hilfe in Anspruch zu nehmen. Sie fühlt sich vielleicht in der neuen Situation mit dem Säugling zu überfordert, um von sich aus Schritte in diese Richtung zu unternehmen, oder sie glaubt, daß diese Phase der Erschöpfung und Traurigkeit zu erwarten war und von selbst vorübergehen wird. Wenn die Symptome aber länger als einige Wochen anhalten, sollten Sie sich mit ihr zusammensetzen und ihr erklären, was Ihnen aufgefallen ist und warum Sie sich Sorgen machen. Wenn sie begreift, daß

Sie beunruhigt sind und helfen wollen, ist sie vielleicht eher bereit, professionelle Hilfe zu suchen. Wenn eine Frau, die Ihnen nahesteht, irgendwelche Anzeichen einer Postpartum-Psychose zeigt, braucht sie sofortige psychiatrische Hilfe, selbst wenn sie nicht willens ist, sich auf eine Konsultation einzulassen.

Prämenstruelles Syndrom und Menopause

Auch andere hormonelle Veränderungen im weiblichen Organismus wurden mit Depressionen in Zusammenhang gebracht. Vielen Frauen sind die depressiven Verstimmungen und die Reizbarkeit, die mit dem prämenstruellen Syndrom (PMS) einhergehen, vertraut. Frauen, die für PMS anfällig sind, stellen gewöhnlich fest, daß diese Stimmungsveränderungen unmittelbar vor dem Einsetzen der Menses mit besonderer Intensität auftreten. Etwa 3–5 % der menstruierenden Frauen leiden an einer gravierenderen zyklischen Störung, die als prämenstruelle Dysphorie bekannt ist. Die Symptome treten jeden Monat um den Zeitpunkt der Menses herum auf, sind extremer als die Stimmungsveränderungen bei PMS und halten mindestens eine Woche lang an.

Studien zufolge führt PMS oder prämenstruelle Dysphorie dazu, daß die Spannungen in Paarbeziehungen in der Zeit unmittelbar vor dem Einsetzen der Menses der Frau erheblich ansteigen. Frauen mit PMS reagieren zu diesem Zeitpunkt gereizter, ungeduldiger oder aggressiver als zu anderen Zeiten im Verlauf des Monats. Ihre Partner finden diese zyklischen Verstimmungen gewöhnlich sehr anstrengend, weil offenbar nichts, was sie tun oder lassen, daran etwas ändern kann. Wenn Sie periodisch wiederkehrende Spannungen in Ihrer Beziehung bemerken, die um den Zeitpunkt der Menses ihrer Partnerin herum kulminieren, haben Sie es vermutlich mit einer Depression zu tun, die mit PMS in Zusammenhang steht. Medikamentöse Behandlung, insbesondere mit Antidepressiva, kann viele dieser hormonell ausgelösten depressiven Symptome mildern.

Populären Vorstellungen zufolge neigen auch Frauen im Klimakterium zu Stimmungsschwankungen und Depressionen, aber eine wachsende Zahl von Wissenschaftlern und Praktikern ist mittlerweile zu der Erkenntnis gelangt, daß die Menopause als solche im allgemeinen nicht zu Depressionen führt. Ärzte und Psychologen weisen darauf hin, daß manche der hormonellen Symptome der Menopause, wie Schlafstörungen oder Reizbarkeit, leicht mit den Merkmalen der klinischen Depression verwechselt werden können. Oft raten sie Frauen im Klimakterium, «die Sache durchzustehen» und einfach abzuwarten, bis die Symptome von selbst verschwinden. Nur wenn depressive Symptome längere Zeit anhalten, wird zu einer Behandlung geraten.

Andererseits sind viele Fachleute sich auch darin einig, daß die Menopause mit depressiven Symptomen wie Traurigkeit, Weinen ohne offensichtlichen Anlaß und extremer Reizbarkeit in Zusammenhang steht. Die Menopause ist mit starken hormonellen Veränderungen verbunden, und manche Frauen sind vielleicht besonders anfällig dafür, während dieser Phase depressive Verstimmungen durchzumachen, ebenso wie manche Frauen empfindlicher als andere auf die hormonellen Veränderungen während der prämenstruellen Phase oder nach der Niederkunft reagieren. Neuere Studien haben gezeigt, daß Frauen mit einer Vorgeschichte von Depressionen (ob hormonell bedingt oder nicht) während der Menopause doppelt so häufig wie andere über depressive Verstimmungen berichten. Diese Frauen klagen auch häufiger über die charakteristischen Beschwerden der Wechseljahre, wie Hitzewallungen, und suchen häufiger medizinische Hilfe.

Natürlich gibt es viele psychologische Faktoren, die ein häufigeres Auftreten von Depressionen bei Frauen im mittleren Lebensalter erklären. Verständlicherweise fällt es Frauen oft schwer, den Verlust ihrer biologischen Fruchtbarkeit zu akzeptieren. Gleichzeitig müssen viele zum ersten Mal die Situation des «leeren Nestes» bewältigen; die Kinder sind herangewachsen und gehen in ihr eigenes Leben hinaus. Eine Frau, deren jüngstes Kind vor kurzem das Elternhaus verließ, sprach darüber, wie leer, unfruchtbar und unproduktiv ihr Leben ihr jetzt vorkomme. Sie hatte das Gefühl, daß ihre Lebensaufgabe ihr genommen war. Der Verlust der Mutterrolle ist vermutlich ein Aspekt der Verbindung zwischen Menopause und Depression. Manche Frauen machen vielleicht auch eine *Midlife Crisis* durch, wenn sie auf ihr privates und berufliches Leben zurückblicken,

Bilanz ziehen, und gewisse Entscheidungen, die sie getroffen haben, im nachhinein bedauern oder in Zweifel ziehen.

Wenn die Frau, die Sie lieben, durch die Menopause geht und eine Depression durchmacht, sollten Sie versuchen, die Zusammenhänge zwischen hormonellen Veränderungen und Depression besser zu verstehen.

Lebensstadien und Depression

Das Lebensstadium, in dem ein Mensch sich befindet, hat entscheidenden Einfluß auf das Erscheinungsbild der Depression. Vergleichen wir die folgenden beiden Fälle: Jonathan, ein fünfjähriger Junge, war verschlossen und in sich gekehrt und weigerte sich, mit gleichaltrigen Kindern zu spielen. Adele, eine ältere Frau, war reizbar, klagte über Schlafstörungen und dachte oft an den Tod. Für den unbeteiligten Beobachter haben die beiden nicht viel miteinander gemein, aber dennoch waren sowohl Jonathan als auch Adele depressiv.

Wenn wir versuchen einzuschätzen, ob jemand depressiv ist, müssen wir das Lebensalter und das Lebensstadium, in dem er oder sie sich befindet, berücksichtigen. Bei Kindern beobachten wir gewöhnlich nicht die «klassischen» Symptome der Depression; Kinder klagen selten darüber, daß sie sich deprimiert fühlen. Typisch für Kindheitsdepressionen ist vielmehr, daß sie im Verhalten ausagiert werden. Eine Depression bei einem Kind zu identifizieren erfordert besondere Vorkenntnisse und viel Aufmerksamkeit. Im vierten Kapitel zeigen wir Ihnen, wie Sie eine Kindheitsdepression erkennen können und wie Sie am besten mit der Situation umgehen können, wenn Ihr Kind depressiv ist.

Auch bei alten Menschen nehmen Depressionen gewöhnlich ein anderes Erscheinungsbild an als bei jüngeren Erwachsenen. Inzwischen ist allgemein bekannt, daß alte Menschen, die in Pflegeheimen oder Altenheimen leben, oft schwer depressiv sind. Einer Schätzung des NIH zufolge leiden zwischen 10 und 20 % der alten Menschen an einer klinischen Depression. Ältere Leute bemühen sich häufig nicht von sich aus um professionelle Hilfe, wenn sie depressiv sind. Gewöhnlich sind es ihre erwachsenen Kinder, die erkennen, daß irgendetwas nicht in Ordnung ist. Es gibt bei alten Menschen spezifische Signale und Warnzeichen, die auf eine Depression hindeuten und auf die Sie achten sollten. Im 5. Kapitel gehen wir ausführlicher darauf ein.

Den Beziehungskonflikt benutzen, um die Depression zu identifizieren

Wir können nicht genug betonen, wie wichtig es ist, daß Sie auf Ihre eigenen Reaktionen auf die Konflikte in der Beziehung achten, wenn Sie vermuten, daß jemand, den Sie lieben, depressiv ist. Da die Depression ein so vielschichtiges Phänomen ist und so unterschiedliche Erscheinungsbilder annehmen kann, ist es manchmal nicht leicht, sie zu identifizieren, aber Ihre Gefühle und Reaktionen können so etwas sein wie aufleuchtende Warnlampen, und Sie sollten diese Signale beachten. Wenn Sie sich gegenwärtig im Konflikt- oder Reaktionsstadium des SAD-Prozesses befinden, denken Sie über das, was Sie beobachtet haben, nach, und benutzen Sie Ihre Reaktionen als Leitfaden. Haben Sie sich in letzter Zeit zum Beispiel öfter als sonst über den anderen geärgert? Fühlen Sie sich einsam, selbst wenn er oder sie neben Ihnen sitzt? Haben Sie das Gefühl, daß Ihr Partner sich zunehmend auf sich selbst zurückzieht? Machen Sie sich Sorgen um ihn? Wünschen Sie sich, daß Ihre Freundin sich zusammennimmt und sich endlich aus ihrem Trübsinn herausreißt? Haben Sie weniger Geduld mit dem anderen als sonst? Alle diese Empfindungen und Gedanken sind verbreitete, natürliche Reaktionen auf Konflikte in einer Beziehung und können ein Hinweis darauf sein, daß der Mensch, den sie lieben, depressiv ist. Wir haben in unserer Praxis oft erlebt, daß Familienmitglieder oder Freunde von Depressiven ihre eigene Intuition, daß mit dem anderen etwas nicht stimmte, ignorierten. Erst nachdem die Diagnose gestellt war, erkannten sie, daß sie wichtige Warnsignale übersehen hatten oder nicht zur Kenntnis nehmen wollten.

Wenn Sie Spannungen in Ihrer Beziehung bemerken und vermuten, daß der von Ihnen geliebte Mensch depressiv ist, sind Sie bereit, vom Konflikt- und Reaktionsstadium des SAD in das Stadium der Informationssuche überzugehen. Jetzt ist es Zeit für Sie, sich soviel Wissen wie möglich über das Phänomen der Depression und ihre Auswirkungen auf Beziehungen anzueignen und Wege zu suchen, wie Sie auf die Situation am besten reagieren können. Einiges wissen Sie nun bereits, wenn Sie in Ihrer Lektüre bis hierher vorgedrungen sind; in den folgenden Kapiteln werden Sie noch mehr Informationen erhalten. Benutzen Sie Ihre eigenen Beobachtungen als Leitfaden und versuchen Sie, sich ein klares Bild davon zu machen, ob der andere depressiv ist. Wenn Sie Anlaß haben zu glauben, daß es sich in der Tat so verhält, nehmen Sie professionelle Hilfe in Anspruch. Im 14. Kapitel finden Sie Hinweise darauf, wo und wie Sie solche Hilfe finden, sowohl für den anderen als auch für sich selbst. Wenn jemand, den Sie lieben, depressiv ist, brauchen auch Sie Unterstützung, von Freunden, Familienmitgliedern oder von kompetenten Therapeuten. Vergessen Sie nicht, auch auf Ihre eigenen Bedürfnisse zu achten, während Sie versuchen, mit der Depression des von Ihnen geliebten Menschen umzugehen.

Der Fragebogen auf S. 66 ff. wird Ihnen helfen herauszufinden, ob die Person, die Ihnen nahesteht, tatsächlich depressiv ist, oder ob es sich zwischen Ihnen um Beziehungskonflikte anderer Art handelt. Bei der Formulierung der Fragen haben wir uns an den diagnostischen Kriterien, die wir bereits diskutierten, orientiert. Natürlich kann dieser Fragebogen die Diagnose eines ausgebildeten Psychologen oder Psychiaters nicht ersetzen; er ist dazu gedacht, daß Sie sich mehr Klarheit über das Problem verschaffen können. Experten greifen auf ein weiteres Spektrum von Informationen, Wissen und Erfahrungen zurück, um eine korrekte Diagnose zu stellen.

Kommen wir noch einmal auf Williams und Karens Fall zurück: Karen berichtete uns, sie habe gespürt, daß etwas nicht stimmte, aber sie habe nicht den Finger darauf legen können, was es eigentlich war. Nachdem sie in einer Zeitschrift etwas über Depressionen gelesen hatte, begann sie zu vermuten, daß William depressiv war. Als ihre Vermutung später bestätigt wurde, sagte sie: «Ich wünschte, ich hätte mehr über Depressionen gewußt, als das alles anfing. So wie ich mich in der Situation fühlte, kam für mich nur die eine Möglichkeit in Betracht, nämlich daß er mich betrog.» Karen bestätigte im nachhinein, daß sie sich William entfremdet fühlte, daß sie wütend auf ihn war, daß sie sich Sorgen um ihn machte und daß sie ihm mißtraute. Aber als sie zu verstehen begann, daß ihre Gefühle natürliche Reaktionen auf Williams Depression waren, war sie in der Lage, sich die notwendigen Informationen zu verschaffen, um William und sich selbst zu helfen. In den folgenden Kapiteln werden wir Ihnen zeigen, wie Sie Ihre Gefühle benutzen können, um schneller und konstruktiver auf die Depression des von Ihnen geliebten Menschen zu reagieren, während Sie zum Stadium der Problemlösung voranschreiten.

Ist der Mensch, den Sie lieben, depressiv?

Legen Sie einen Zeitraum von mindestens zwei Wochen zugrunde, wenn Sie die folgenden Fragen beantworten. Kreuzen Sie «Ja» oder «Nein» an.

1. Ja Nein   Hören Sie täglich oder fast jeden Tag von ihm/ihr, daß er/sie «traurig», «fix und fertig», «deprimiert» ist?
2. Ja Nein   Scheint er/sie an seinen/ihren gewohnten Aktivitäten wesentlich weniger interessiert zu sein als sonst?
3. Ja Nein   Scheint er/sie weitaus weniger Vergnügen an Aktivitäten zu haben, die ihm/ihr normalerweise Freude machen?
4. Ja Nein   Hat er/sie (ohne Diät zu halten) stark abgenommen oder zugenommen, hat er/sie deutlich weniger oder mehr Appetit als gewöhnlich?
5. Ja Nein   Hat er/sie Schwierigkeiten einzuschlafen oder durchzuschlafen, oder schläft er/sie zu lange?
6. Ja Nein   Erscheint er/sie besonders unruhig oder apathischer als gewöhnlich?
7. Ja Nein   Ist er/sie oft schlapp und erschöpft; hat er/sie weniger Energie als gewöhnlich?
8. Ja Nein   Haben Sie den Eindruck, daß er/sie sich wertlos fühlt oder exzessive Schuldgefühle hat?
9. Ja Nein   Hat er/sie Schwierigkeiten, klar zu denken, sich zu konzentrieren oder alltägliche Entscheidungen zu treffen?

10. Ja Nein Äußert er/sie immer wieder Gedanken an den Tod oder an Selbstmord; plant er/sie, Selbstmord zu begehen, oder hat er/sie kürzlich einen Selbstmordversuch unternommen?

Bewertung
Zählen Sie, wie oft Sie bei den Fragen 4 bis 10 «Ja» ankreuzt haben.

Wenn Sie irgendeine der ersten drei Fragen mit «Ja» beantwortet haben, benutzen Sie den folgenden Schlüssel:

6 oder 7: Eindeutig depressiv
Der Mensch, den Sie lieben, ist höchstwahrscheinlich schwer depressiv und sollte sofort professionelle Hilfe in Anspruch nehmen, wenn er/sie nicht bereits in Behandlung ist. Er/sie zeigt viele der Schlüsselsymptome der klinischen Depression.

4 oder 5: Vermutlich depressiv
Die Person, die Ihnen nahesteht, ist vermutlich depressiv und sollte einen Termin mit einem Psychotherapeuten oder Psychiater vereinbaren, um feststellen zu lassen, ob es sich in der Tat um eine depressive Störung handelt. Sie haben viele der charakteristischen Symptome der Depression bemerkt und sollten davon ausgehen, daß er/sie an einer Depression leidet.

3 oder weniger: Möglicherweise depressiv
Ihr geliebter Mensch leidet wahrscheinlich an einer milderen Form der klinischen Depression; er/sie würde davon profitieren, sich von einem Psychotherapeuten oder Psychiater beraten zu lassen. Mehrere charakteristische Symptome der Depression sind vorhanden, und vielleicht befindet er/sie sich im frühen Stadium einer klinischen Depression.

Wenn Sie die ersten drei Fragen alle mit «Nein» beantwortet haben, benutzen Sie den folgenden Schlüssel:

4 bis 7:
Möglicherweise depressiv
Der Mensch, den Sie lieben, könnte depressiv sein; er/sie macht vielleicht die frühen Stadien einer klinischen Depression durch. Vielleicht manifestieren sich bei ihm/ihr einige Symptome, die Sie noch nicht entdeckt haben.

2 oder 3:
Vermutlich nicht depressiv
Obwohl sich bei der Person, die Ihnen nahesteht, einige der Symptome zeigen, die wir mit Depression in Verbindung bringen, liegen die wahren Ursachen vermutlich anderswo. Wenn Sie Frage 10 mit «Ja» beantwortet haben, sollten Sie jedoch sehr wachsam sein und beobachten, ob sich bei ihm/ihr weitere depressive Symptome entwickeln oder ob die Selbstmordgedanken sich intensivieren.

0 oder 1:
Keine Anzeichen für eine Depression
Der Mensch, den Sie lieben, ist höchstwahrscheinlich nicht depressiv.

-3-

Wenn Ihr Partner depressiv ist

Nach sechs Jahren Ehe bemerkten Joan und Eric besorgniserregende Veränderungen in ihrer Beziehung. Anfangs, als sie sich gerade kennengelernt hatten, verbrachten sie jede freie Minute zusammen und hatten ein aufregendes und erfülltes Sexualleben. Nachdem sie geheiratet hatten, gingen sie natürlich wie alle Paare durch einige Höhen und Tiefen, aber beide sagten, daß sie in den ersten Jahren ihrer Ehe sehr glücklich gewesen seien. Wenn es Probleme im Beruf gab oder Konflikte mit Freunden, wußten Eric und Joan immer, daß der andere für sie da war, daß sie beim anderen liebevolle Zuwendung, Unterstützung und Rat finden würden.

Sie kamen in die Paartherapie, weil sie nicht mehr miteinander auskamen und sich fragten, ob sie überhaupt zueinander paßten. Eric sagte: «Ich bin nicht sicher, ob das Gespräch hier etwas bringt, denn Joan kann einfach nicht aufhören, an mir herumzunörgeln.» Joan war wütend darüber, daß Eric sich völlig von ihr zurückgezogen hatte. «Er hat sich in den letzten Monaten so abgekapselt, daß ich anfange, mich in meiner Ehe einsam zu fühlen», sagte sie. Eric warf Joan vor, daß sie von ihm erwartete, im Beruf erfolgreicher zu sein und mehr zu verdienen, aber kein Verständnis dafür hatte, was er durchmachte. In letzter Zeit hatte er sich einfach elend gefühlt und war nicht motiviert, überhaupt etwas zu tun, weder bei der Arbeit noch zu Hause. Joans ständig wiederholte Aufforderung «Nun raff dich doch endlich auf und tu was!» gab ihm das Gefühl, daß es ihr gleichgültig war, was er empfand und wie es ihm ging. Er hatte früher schon Depressionen durchgemacht und wußte, daß er Zeit brauchte, um zu «seiner alten Form» zurückzufinden. Joan bestätigte, daß es

Eric in letzter Zeit schlecht gegangen war, und sie wußte, daß er depressiv war, aber sie verstand nicht, warum er nicht zulassen wollte, daß sie ihm half. «Jedesmal, wenn du depressiv wirst, stößt du mich weg», klagte sie. Sie gäbe sich die größte Mühe, ihm eine gute Partnerin zu sein und ihm mit Rat und Tat zur Seite zu stehen, erklärte sie, aber er schließe sie aus und wolle ihre Hilfe nicht akzeptieren.

In ihrer ersten Therapiesitzung berichteten Joan und Eric, daß sie sich ständig stritten und seit Wochen nicht miteinander geschlafen hätten. Joan klagte darüber, daß Eric kaum noch Interesse an ihrem Sexualleben zeigte und immer «zu müde» war. Wenn sie dann doch einmal miteinander schliefen, hatte er Schwierigkeiten, die Erektion zu halten. Eric konterte, Joan sei zu sehr auf Sex fixiert und nicht mehr in der Lage, andere Aspekte ihrer Beziehung wahrzunehmen. Wenn sie versuchten, über ihre Probleme zu reden, eskalierte die Diskussion im Handumdrehen zum Streit, und es endete jedesmal damit, daß sie sich gegenseitig anschrien.

Ein anderes Beispiel: Bennett wußte, daß Leslie, seine Frau, depressiv war. Im Lauf der letzten Monate hatte er drastische Veränderungen in ihrer Stimmung und ihrem Verhalten beobachtet. Sie waren seit mehr als fünfundzwanzig Jahren verheiratet, und er hatte sie nie zuvor so niedergedrückt und teilnahmslos gesehen. Als das letzte ihrer Kinder das Elternhaus verließ, um aufs College zu gehen, war er auf Schwierigkeiten gefaßt gewesen, aber daß Leslie es so schwer nahm, hatte er sich nicht vorgestellt. Die meiste Zeit saß sie apathisch herum und beklagte sich, daß sie nichts mit sich anzufangen wisse. Bennett war ein konservativer Mann, der davon überzeugt war, daß Frauen ins Haus gehörten, aber da Leslie sich mit der veränderten Situation offenbar nicht abfinden konnte, hatte er ihr sogar vorgeschlagen, am örtlichen College einen Kurs zu belegen oder sich einen Teilzeit-Job zu suchen. Ihre Antwort verblüffte ihn: «Du verstehst es einfach nicht –, mir ist nicht danach! Ich bin zur Zeit kaum in der Lage, die Arbeit im Haushalt zu schaffen.» Früher hatten sie abends meistens zusammengesessen und sich unterhalten, aber das kam jetzt nur noch selten vor. Und als Bennett versuchte, zärtlich zu sein und Leslie zu verführen, stieß sie ihn weg und sagte: «Laß mich in Ruhe! Ich bin eine alte Frau. Warum solltest du mit mir schlafen wollen?» Und dann brach sie in Tränen aus und konnte sich lange Zeit nicht wieder beruhigen. Bennett versicherte ihr, daß er sie immer noch sehr attraktiv fände, aber sie glaubte ihm nicht und wollte auch nicht mehr über das Thema reden.

Bennett war über Leslies depressiven Zustand zunehmend besorgt, aber jedesmal, wenn er versuchte, mit ihr darüber zu sprechen, wies sie ihn zurück. Sie sagte ihm, er verstehe sie einfach nicht und er solle ihr Zeit lassen, sich an das Leben ohne die Kinder zu gewöhnen. Zu Thanksgiving, dem Erntedankfest, versammeln amerikanische Familien sich zu einem großen Festmahl, und auch Bennetts und Leslies Kinder kamen nach Hause, um mit ihren Eltern zu feiern. Bennett hatte erwartet, daß Leslie aufleben würde, wenn sie ihre ganze Familie um sich versammelt sah, aber diese Hoffnung erfüllte sich nicht. Sie war die meiste Zeit schweigsam und verschlossen und zog sich von allen zurück. Bennett hatte schon öfter daran gedacht, daß Leslie sich wegen ihrer Depression behandeln lassen sollte, aber er war sich nicht sicher, wie sie es aufnehmen würde, wenn er ihr dazu riet. Würde sie sich aufregen, wenn er ihr empfahl, einen Psychiater oder Psychotherapeuten zu konsultieren, und denken, er hielte sie für «verrückt»? Als er sich schließlich dazu durchrang, das Thema anzusprechen, reagierte Leslie tatsächlich mit Abwehr, aber sie war zumindest bereit, sich genauer zu informieren, was es mit Depressionen eigentlich auf sich hatte, und sich zu überlegen, ob sie Therapie in Anspruch nehmen wollte.

Wenn Ihre Partnerin oder Ihr Partner depressiv ist, erkennen Sie in den Geschichten dieser beiden Paare vielleicht Erfahrungen wieder, die Sie bereits selbst gemacht haben. Konflikte in Beziehungen können sich durch unterschiedliche Alarmsignale ankündigen. Vielleicht bemerken Sie an sich selbst, daß Sie mit wachsender Ungeduld auf die «Launen» Ihres Partners reagieren. Oder Sie erleben sich als hilflos, weil Sie offenbar nichts dazutun können, daß er oder sie sich besser fühlt. Vielleicht streiten Sie öfter als früher oder gehen einander zunehmend aus dem Weg. In einer solchen Situation ist es sehr hilfreich zu verstehen, auf welche charakteristische Weise eine Depression Paarbeziehungen beeinträchtigen kann. Auf der Basis dieses Verständnisses können Sie lernen, das Problem konstruktiv anzugehen, als Paar und als Team.

Was ist das Besondere an einer Paarbeziehung?

Paarbeziehungen – ob heterosexuelle oder homosexuelle, monogame oder sexuell offene, verbindliche oder unverbindliche – sind in aller Regel sehr viel intimer als andere Beziehungen, sowohl in physischer als auch in emotionaler Hinsicht. Viele Menschen öffnen sich dem Partner oder der Partnerin mehr als anderen Menschen in ihrem Leben und drücken Gefühle aus, die sie sonst niemandem offenbaren. In der sexuellen Begegnung erfahren die Partner ein einzigartiges Maß an körperlicher Nähe, und sie zeigen einander ihre empfindsamsten und verletzlichsten Seiten. Zwischen den beiden Menschen entsteht eine Bindung – ob es sich nun um eine langfristige Bindung handelt, wie in der Ehe, oder eine kurzfristige, lockere Bindung, wie sie sich in Verabredungen zu gemeinsamen Aktivitäten ausdrückt. Menschen, die in verbindlicheren Beziehungen zusammenleben, tragen oft gemeinsam Verantwortung für Kinder, für ihren Hausstand, für die Organisation ihres Alltags. Oft gibt es unausgesprochene Regeln, wer für welche Bereiche zuständig ist. Eric und Joan zum Beispiel hatten nie explizit vereinbart, wer welche Aufgaben übernehmen sollte; es hatte sich einfach so eingespielt, daß Eric sich um das Auto und um kleinere Reparaturen im Haus kümmerte und daß Joan Kino- oder Theaterkarten besorgte und Verabredungen mit Freunden traf. Leslie und Bennett hatten die Rollenverteilung in ihrer Beziehung – sie war Hausfrau und Mutter, und er verdiente das Geld und versorgte die Familie – nie diskutiert oder infrage gestellt.

Das eigene Leben in dieser Weise mit dem eines anderen Menschen zu verbinden, das ist es, was die Besonderheit von Paarbeziehungen ausmacht. Und dadurch unterscheidet sich die Art, wie ein Paar sich durch den SAD-Prozeß hindurchbewegt, auch von den typischen Mustern, die man in Beziehungen anderer Art findet. Da mehr Nähe da ist, mehr Intimität, können in allen vier Stadien, vom Konflikt bis zum Problemlösungsstadium, intensivere Spannungen auftreten. In Paarbeziehungen kommt es auch leicht zu einem Welleneffekt; wenn ein Aspekt im Leben der Partner gestört ist, zum Beispiel ihr Sexualleben, übertragen die dadurch ausgelösten Spannungen sich gewöhnlich auch auf alle anderen Lebensbereiche, denn alle Aspekte der Beziehung sind miteinander verwoben.

In den folgenden Abschnitten beschreiben wir zwei Subtypen der Depression, die in Paarbeziehungen sehr verbreitet sind, und zeigen Ihnen auf, wie Sie die Reise durch den SAD-Prozeß gemeinsam mit Ihrem Partner konstruktiver bewältigen können. Anschließend gehen wir auch ausführlicher auf sexuelle Schwierigkeiten ein – ein weitverbreitetes Problem in Paarbeziehungen, in denen ein Partner depressiv ist.

Wie die Depression Ihrer Partnerin/Ihres Partners Sie und Ihre Beziehung beeinträchtigt

Rollenveränderungen

Studien, die sich den intimen Beziehungen depressiver Menschen widmeten, kamen zu dem Ergebnis, daß die Depression eines Partners weitreichende Auswirkungen auf den anderen Partner und den Lebensstil des Paares haben kann. Die Grundstrukturen in der Beziehung verändern sich durch eine Depression. Paare berichten uns oft, daß ihre Rollen in der Beziehung sich zu verschieben begannen, als einer der Partner depressiv wurde. Wenn Sie und Ihr Mann zum Beispiel die Gewohnheit haben, sich abends über Alltagsprobleme auszutauschen, und wenn das Verhältnis von Reden und Zuhören zwischen Ihnen immer ausgewogen war, stellen Sie jetzt vielleicht fest, daß Sie zunehmend zur Zuhörerin werden, während ihr Partner in seiner Depression versinkt. Oder wenn Ihre Frau gewöhnlich dafür sorgte, daß der Kühlschrank gefüllt war und im Haushalt nichts fehlte, finden Sie sich jetzt vielleicht abends mit dem Einkaufswagen im Supermarkt wieder, statt sich wie sonst gemütlich vor dem Fernseher zu entspannen.

Veränderungen der wirtschaftlichen Situation

Depressionen verändern Ihre Beziehung nicht nur in bezug auf die Zeit und Energie, die Sie brauchen, um sich um Ihren Partner zu kümmern; sie können auch Auswirkungen auf Ihre finanzielle Lage haben. Wenn Ihr Partner zu depressiv ist, um weiterhin seiner Arbeit nachzugehen, sind Sie vielleicht plötzlich mit der Situation konfrontiert, mehr zum Haushaltseinkommen beitragen zu müssen. Partnerinnen depressiver Männer berichten oft, daß sie sich zum ersten Mal seit ihrer Heirat einen Job suchen mußten; andere, Männer oder Frauen, waren gezwungen, einen zweiten Job anzunehmen, um den Einkommensverlust auszugleichen. Kinderbetreuung und andere Dienstleistungen verursachen vielleicht zusätzliche Kosten, wenn ein Partner depressiv ist und seine oder ihre üblichen Aufgaben und Pflichten nicht mehr bewältigen kann. Wenn Ihr Partner an einer manisch-depressiven Störung leidet, müssen Sie ein Auge auf Ihr gemeinsames Konto haben, um zu verhindern, daß exzessive Ausgaben zu einem Problem werden. Die Ehefrau eines manisch-depressiven Mannes erzählte uns, daß sie die impulsiven Einkaufstrips ihres Partners überwachte, indem sie mehrmals in der Woche bei der Bank anrief und sich über den Stand ihres gemeinsamen Sparkontos informierte.

Veränderungen der Alltagsroutine

Die Depression Ihres Partners kann Ihre Alltagsgewohnheiten und Ihren Lebensstil in vieler Hinsicht und auf die unterschiedlichsten Weisen verändern. Vielleicht haben Sie jetzt weniger Zeit, sich um andere Familienmitglieder oder um Ihre eigenen Belange zu kümmern. Der Einkaufsbummel oder das gewohnte wöchentliche Körpertraining im Fitneßstudio fallen jetzt vielleicht flach. Wenn Sie zu Hause mehr gebraucht werden, passiert es Ihnen vielleicht öfter, daß Sie zu spät zur Arbeit kommen oder früher gehen müssen. Bennett fing an, mehrmals täglich daheim anzurufen, um sich zu versichern, daß mit Leslie alles in Ordnung war. Als ihm eine attraktive Geschäftsreise angeboten wurde, die seiner Karriere förderlich gewesen wäre, lehnte er ab, weil er Leslie nicht alleinlassen wollte. Er fürchtete, daß sie sich noch einsamer und isolierter fühlen würde, wenn er fort wäre, und sei es auch nur für ein paar Tage.

Veränderungen im sozialen Leben

Wenn Ihre Partnerin oder Ihr Partner kein Interesse daran hat, Freunde zu sehen oder auszugehen, wird sich auch Ihr soziales Leben verändern. Gemeinsame Unternehmungen als Paar oder mit dem Freundeskreis erfordern ein gewisses Maß an Motivation und Antriebskraft, das Ihr Partner zur Zeit vielleicht nicht aufbringen kann. Vielleicht ist es auch ungünstig, Freunde nach Hause einzuladen, weil Ihr Partner so empfindlich, genervt oder einfach unansprechbar ist. Oft reagieren die Freunde auch auf die Depression und ziehen sich von sich aus von Ihnen und Ihrer Frau oder Ihrem Mann zurück. Wie Sie wissen, ist es oft anstrengend, mit einem depressiven Menschen zusammenzusein, und Ihre Freunde machen – ohne es bewußt zu realisieren – andere Pläne, die Sie und Ihren Partner nicht einschließen. Plötzlich stellen Sie fest, daß sie mit vielen Leuten, mit denen Sie früher oft zusammenkamen, kaum noch Kontakt haben.

Wenn Sie für sich und Ihren Partner Unternehmungen planen oder Verabredungen treffen, müssen Sie vielleicht absagen oder die Sache verschieben, weil ihm oder ihr «einfach nicht danach ist». Joan klagte darüber, daß Eric, als er depressiv wurde, jeden Abend vor dem Fernseher hockte und sich auf keine anderen Aktivitäten einlassen wollte. «Es kommt überhaupt nicht mehr vor, daß wir gemeinsam etwas unternehmen», sagte sie wütend. Eric dagegen war verletzt, weil Joan offenbar nicht verstehen wollte, daß er nicht das mindeste Interesse daran hatte auszugehen.

Wie diese Veränderungen Sie und Ihre Beziehung beeinträchtigen

Diese Art von Veränderungen stellen selbst für die gesündeste und ausgeglichenste Beziehung eine hohe Belastung dar. Jedes Problem, das vorher in Ihrer Beziehung existierte, tritt schärfer hervor, wenn Ihr Partner depressiv ist. Wenn Sie diese neuen Schwierigkeiten bemerken, sind Sie in die Konfliktphase des

SAD eingetreten. Neuere Studien, die sich mit den Zusammenhängen zwischen sozialer Unterstützung und Depression befaßten, kamen zu dem Ergebnis, daß eine ausgewogene intime Beziehung vor Depressionen schützen oder Menschen helfen kann, Depressionen leichter zu überwinden. Anderseits aber wurde auch festgestellt, daß konflikthafte Paarbeziehungen Depressionen verstärken können und daß diese Situation schlimmer sein kann, als gar keine Beziehung zu haben. Mit anderen Worten: Wenn Ihre Beziehung mit Ihrem Partner problematisch und spannungsgeladen ist, kann die Depression sich verschlimmern. Haben Sie also ein wachsames Auge auf die Konflikte in Ihrer Beziehung, wenn Ihre Partnerin oder Ihr Partner depressiv ist – wenn nicht in Ihrem eigenen Interesse, so doch zumindest um des anderen willen.

Wie Joan und Eric in der Paartherapie bestätigten, waren ihre Auseinandersetzungen immer um das Problem zentriert, daß sie ein aktiverer Mensch war als er und einen stärkeren Sexualtrieb hatte, aber als Eric depressiv wurde, traten diese Unterschiede im Ausdruck ihrer Persönlichkeiten mit extremer Schärfe hervor. Sie hatten sich auch früher über die gemeinsame Gestaltung ihrer Freizeit gestritten, aber in letzter Zeit waren ihre Auseinandersetzungen häufiger und sehr viel heftiger geworden. Wie bei den meisten anderen Paaren hatte sich zwischen Joan und Eric ein Problemlösungsmuster etabliert, das relativ gut funktionierte, bis Eric depressiv wurde. Wenn sie früher über Erics «Phlegma», wie Joan es nannte, stritten, ließ Eric sich in der Regel schließlich dazu überreden, etwas «Aktives» zu unternehmen, eine Wanderung, eine Radtour mit Freunden, einen Abend im Restaurant; und auch Joan war kompromißbereit und verbrachte gern einige Abende zu Hause, wenn sie und Eric für die nächste Zeit Pläne hatten, die in ihr Konzept paßten. Aber als Eric depressiv war, ließ er sich auf solche Kompromisse nicht mehr ein, und die Auseinandersetzungen zwischen ihm und Joan führten zu keiner Lösung, sondern endeten in der Sackgasse.

Wenn die Spannungen einen gewissen Punkt überschritten haben, treten Sie und Ihr Partner in die Reaktionsphase ein. Sie beide reagieren auf die Konflikte in der Beziehung. Vielleicht verändern sich Ihre Reaktionen auf Ihren depressiven Partner im Lauf der Zeit. Anfangs haben Sie wahrscheinlich Mitgefühl und sind aufrichtig entschlossen, alles zu tun, was ihm oder ihr helfen könnte, sich besser zu fühlen. Aber wenn die Zeit vergeht und die Situation sich nicht ändert, staut sich in Ihnen vermutlich der Groll, und Sie nehmen es dem anderen übel, daß er so depressiv ist und Ihnen das Leben versauert. Sie sind wütend, fühlen sich ungeliebt oder werden sogar selbst depressiv, weil die düstere Stimmung «ansteckend» ist. Bennett erklärte, daß er sich anfangs gut in Leslie einfühlen konnte und Mitgefühl mit ihr hatte. Auch er vermißte die Kinder und fühlte den Verlust oft wie einen schmerzhaften Stich. Aber als Leslie sich auch nach einiger Zeit nicht aus ihrem Trübsinn herauskatapultieren konnte, merkte Bennett manchmal, wie der Ärger in ihm hochkochte. Er wollte, daß sein Leben mit Leslie endlich wieder «in normalen Bahnen verlief».

Ähnliche Gefühle und Reaktionen können auch aufkommen, wenn ein Partner einen Herzinfarkt erlitten hat oder an einer chronischen Krankheit leidet, aber physische Krankheiten werden zumindest als etwas Handgreifliches erlebt; man läßt sie selbstverständlich ärztlich behandeln und versucht sie zu bewältigen, so gut es eben geht. Mit einer Depression umzugehen, kann dagegen viel vertrackter sein, denn wir neigen dazu, uns darüber zu ärgern, so als sei sie etwas, das der andere uns absichtlich antut. Wir fragen uns, ob wir dem anderen in der Vergangenheit irgendein Unrecht angetan haben, das er uns nun heimzahlen will. Wir machen uns auch Sorgen darüber, was Freunde und Bekannte wohl denken werden, wenn sie von der Depression unseres Partners erfahren. Bennett gab zu, daß er selbst mit seinen engsten Freunden nicht über Leslies Depression sprach, weil es ihm peinlich war und er fürchtete, sie würden seine Frau für «geisteskrank» halten.

Vorurteile und falsche Vorstellungen dieser Art sind weit verbreitet, denn es ist allgemein wenig bekannt, was eine Depression eigentlich ist. Depressionen sind nicht willensabhängig. Eine Depression ist kein Racheakt. Und jemand, der depressiv ist, ist nicht «verrückt». Eine Depression ist eine komplizierte und oft ernste emotionale Störung, die fast immer erfolgreich behandelt werden kann, sobald sie einmal erkannt ist.

Den ersten Schritt in diese Richtung tun Sie, wenn Sie die Konflikte in Ihrer Beziehung wahrnehmen und anfangen, sich Ihre eigenen Reaktionen auf Ihren Partner bewußtzumachen. Dann sind Sie in einer besseren Position, sich Wissen darüber anzueignen, was mit Ihrem Partner vor sich geht, und gemeinsam mit ihm oder ihr an einer Lösung des Problems zu arbeiten. Wenn Sie sich abwenden und nicht mit Ihrem Partner kooperieren, wird es in Ihrer Beziehung aller Wahrscheinlichkeit nach zu einer ähnlich verfahrenen Situation kommen wie zwischen Joan und Eric oder Leslie und Bennett.

Wie Sie zu Problemlösungen kommen können, wenn Ihr Partner depressiv ist

Sie wissen nun, wie die Depression Ihres Partners Sie und Ihre Beziehung beeinträchtigen kann; was können Sie also tun? Gibt es eine Möglichkeit, die Probleme auf konstruktive Weise anzugehen? Wenn Sie in Ihrer Lektüre bis hierher vorgedrungen sind, haben Sie vermutlich schon Schwierigkeiten in Ihrer Beziehung bemerkt. Sie und Ihr Partner haben bereits begonnen, auf die Konflikte zu reagieren. Sie haben dieses Buch zur Hand genommen, um sich über die Auswirkungen von Depressionen auf Beziehungen zu informieren. Sie haben die Konflikt- und die Reaktionsphase hinter sich gelassen und sind in die Phase der Informationssuche eingetreten. Erinnern Sie sich jetzt im Kontakt mit Ihrem Partner an die folgenden Leitlinien:

Seien Sie realistisch in Ihren Erwartungen. Menschen mit einem depressiven Partner neigen zu dem Glauben, daß sie fähig sein sollten, Mittel und Wege zu finden, dem anderen aus der Depression herauszuhelfen. «Wenn ich ihn nur zum Lachen bringen könnte . . .», «Wenn sie sich bloß aufraffen könnte und mal aus dem Haus gehen würde!» Aber eine Depression ist eine komplexe und oft sehr ernste emotionale Störung, die nicht über Nacht kuriert werden kann. Erwarten Sie nicht, daß sie wie durch ein Wunder plötzlich verschwindet. Haben Sie Geduld und bleiben Sie vernünftig und realistisch in bezug darauf, was Sie durch Ihre Bemühungen bewirken können und was nicht. Die Depression Ihres Partners ist nicht Ihre Schuld; Sie können dem anderen zwar helfen, aber Sie können nicht erreichen, daß die Depression vergeht. Nur Zeit und adäquate Therapie können das bewirken.

Bennett zum Beispiel hatte mit seinen Erwartungen in bezug auf Leslies Genesung von der Depression zu kämpfen. Zuerst dachte er, Ablenkung würde Leslie aufheitern, und so schlug er ihr eine Urlaubsreise vor, und riet ihr dann, einen Abendkurs zu belegen oder einen Teilzeit-Job anzunehmen. Als das nicht half, dachte er, wenn die Kinder am Thanksgiving-Wochenende nach Hause kämen, würde Leslie sicherlich aus ihrem Trübsinn erwachen. Erst als Bennett sich mehr Wissen über die Depression und ihre Behandlung angeeignet hatte, erkannte er, daß weder er noch die Kinder Leslie aus ihrem Zustand herauskatapultieren konnten. Es wurde ihm klar, daß er ihr dennoch helfen konnte, indem er für sie da war und sie darin unterstützte, die richtige Therapie zu finden. Sein neues Wissen trug dazu bei, daß er sich realistischere Vorstellungen darüber machte, wie lange Leslie brauchen würde, um ihre Depression zu überwinden. Er lernte zu akzeptieren, daß es ihm allein nicht möglich war, Leslie «wieder auf die Beine zu helfen».

Geben Sie bedingungslose Unterstützung. Was Ihr Partner mehr als alles andere braucht, ist bedingungslose Liebe und Unterstützung. Der andere muß wissen, daß Sie trotz seiner Launenhaftigkeit und Reizbarkeit in dieser Krisenzeit für ihn oder sie dasein werden. Vermitteln Sie dem anderen, daß Sie als Team zusammenarbeiten werden, um die Depression zu überwinden, und daß Sie weder ihm noch sich selbst die Schuld an der Situation geben. Aber auch wenn Sie die besten Absichten haben, werden Sie vermutlich auf eine spezielle Schwierigkeit stoßen: depressive Menschen neigen dazu, Hilfsangebote von sich zu weisen. Wie Eric oder Leslie klagen sie häufig darüber, daß die Partnerin oder der Partner sie «einfach nicht versteht» oder konstant an ihnen «herumnörgelt».

Wie können Sie also bedingungslose Unterstützung geben, wenn die geliebte Person Ihre Hilfe nicht annehmen will? Es ist schwierig, aber es ist möglich. Im 9. Kapitel gehen wir ausführlich darauf ein, was Sie tun können, wenn Ihre Hilfsangebote zurückgewiesen werden. Die Schlüsselstrategien sind, dem anderen zu vermitteln, daß Sie da sind und bereit sind zu helfen, aber andererseits nicht zuviel Druck auszuüben und die Ablehnung nicht persönlich zu nehmen. Joan klagte darüber, daß Eric sie immer wegstieß, wenn er depressiv war. Im Verlauf der Gespräche in der Paartherapie lernte Joan, daß Erics abweisende Haltung Teil seiner Depression war, und nicht Ausdruck seiner wahren Gefühle für sie. Sie versuchte, weiterhin für ihn da zu sein, aber ihn nicht ständig mit guten Ratschlägen zu bombardieren. Sie ließ ihn auch wissen, wie sie sich fühlte, wenn er ihre Hilfsangebote zurückwies. Auch Eric erkannte im Lauf dieser Therapiegespräche, daß Joan nicht gegen ihn war, sondern nur helfen wollte; es gelang ihm besser, sich ihre Vorschläge anzuhören, ohne gleich defensiv zu werden.

Erhalten Sie Ihre Alltagsroutine aufrecht. Bleiben Sie bei Ihrem gewohnten Lebensstil soweit es geht, wenn Ihr Partner depressiv ist. Halten Sie Kontakt mit Freunden und gehen Sie Ihren gewohnten Aktivitäten nach, so oft Sie können; so vermeiden Sie, daß die Depression «ansteckend» wird. Nehmen Sie sich genügend Zeit für sich selbst; wenn Sie sich erfrischt und erholt fühlen, sind Sie besser dazu imstande, Ihrer Partnerin oder Ihrem Partner durch die depressive Phase hindurchzuhelfen.

Es kann natürlich schwierig sein, das gewohnte Leben weiterzuführen, insbesondere wenn die Depression des anderen längere Zeit andauert.

Bennett stellte fest, daß er mit seiner Arbeit in Verzug kam, als Leslie depressiv war. Er konnte damit leben, auf die Geschäftsreise zu verzichten, denn er wollte Leslie nicht alleinlassen. Aber dann merkte er, daß er auch andere berufliche Verpflichtungen zu vernachlässigen begann. Sein Chef wurde aufmerksam und fragte ihn, was mit ihm los sei; er vermißte Bennetts übliches Arbeitsengagement. Normalerweise spielte Bennett einmal in der Woche mit seinem besten Freund Tennis, aber nun gab er diese Gewohnheit auf. Als die Zeit verging, machte er sich zunehmend Sorgen um seine berufliche Situation und fühlte sich körperlich nicht mehr in Form, weil ihm das wöchentliche Training fehlte. Sein Groll auf Leslie wuchs, und es fiel ihm immer schwerer, sich ihr liebevoll zuzuwenden. Erst als Leslie in Therapie war, wurde Bennett klar, was er alles aufgegeben hatte, um sie zu schützen und bei ihr zu sein. Nun gelang es ihm, seine Arbeitssituation wieder in den Griff zu bekommen, und er ging auch wieder jede Woche mit seinem Freund Tennis spielen. Sobald er zu seinen gewohnten Aktivitäten zurückgekehrt war, fühlte Bennett sich wohler und war besser in der Lage, Leslie zu unterstützen und gemeinsam mit ihr nach Lösungswegen zu suchen, statt wütend auf sie zu sein, weil ihre Depression ihn daran hinderte, sein Leben so zu leben, wie es ihm lieb war.

Sprechen Sie über Ihre Gefühle. Es ist wichtig und sogar unumgänglich notwendig, daß Sie Ihren Partner wissen lassen, wie Sie sich fühlen und was Sie empfinden. Gefühle direkt und aufrichtig zu vermitteln ist der beste Weg, die typischen Mißverständnisse zu vermeiden, die in der Lebenssituation mit einem depressiven Partner so leicht aufkommen. Viele Partner depressiver Menschen denken, es sei nicht fair, den anderen auch noch mit ihren eigenen Problemen zu belasten. Bennett zum Beispiel fürchtete, daß Leslie noch depressiver werden würde, wenn er ihr von seinen Ängsten und beruflichen Sorgen erzählte. Aber er irrte sich. Selbst wenn Ihr Partner depressiv ist, müssen Sie ihn oder sie wissen lassen, was Sie denken und fühlen. Der konstruktive Dialog mit dem anderen ist die Grundlage, die Sie brauchen, um gemeinsam Probleme zu lösen, und Ihre Bereitschaft, Ihre Erfahrungen mitzuteilen, ist dabei von ausschlaggebender Bedeutung. Um die Lebenssituation mit einem depressiven Partner zu bewältigen, müssen wir unter anderem lernen, einiges an negativen Gefühlen, die wir ihm oder ihr gegenüber auch haben, zu tolerieren. Es ist viel leichter, diese Gefühle auszuhalten, wenn man darüber sprechen kann.

Es gibt bessere und schlechtere Wege, solche Dinge zu vermitteln. Als Faustregel sollten Sie sich merken: Versuchen Sie, ihrem Partner einfach zu sagen, wie *Sie* sich fühlen, ohne ihn zu attackieren oder ihm die Schuld an seiner Depression zu geben. Vermeiden Sie es, vorwurfsvoll oder verletzend zu werden und den anderen für seine Depression zu «bestrafen». Seien Sie ehrlich, aber sensibel dafür, wie Ihre Partnerin oder Ihr Partner Sie hören wird. Joan zum Beispiel vermittelte Eric ihre Gefühle anfangs dadurch, daß sie bissige Bemerkungen über ihre «sterile Ehe» machte, ihn wegen seiner Lethargie kritisierte und ihm sagte, er solle sich «endlich aufraffen und etwas tun». Eric wurde dann verständlicherweise defensiv, nannte sie eine «Nervensäge» oder ließ sie einfach stehen und ging aus dem Zimmer. Im Lauf der Paartherapie lernten sie neue Kommunikationsstrategien. Joan konnte Eric nun sagen: «Wenn du so selten Lust hast, mit mir zu schlafen, habe ich das Gefühl, daß du mich nicht mehr anziehend findest», oder: «Wenn ich dich den ganzen Tag auf der Couch liegen sehe, macht mir das angst; ich frage mich, ob du wohl für mich dasein wirst, wenn mir mal etwas passiert und ich dich brauche.» Auf diese Aussagen reagierte Eric völlig anders. Statt sofort das Visier herunterzulassen, sagte er: «Ich hatte gar keine Ahnung, daß du es so empfinden könntest. Laß uns sehen, ob wir eine Lösung finden können, mit der wir uns beide wohl fühlen.» Wenn Sie Schwierigkeiten haben, Ihrer Partnerin oder Ihrem Partner Ihre Gefühle zu vermitteln, wenden Sie sich dem 7. Kapitel zu; dort finden Sie Anregungen, wie Sie Ihre Kommunikationsfähigkeiten verbessern können.

Nehmen Sie die Depression des anderen nicht persönlich. Ihr Partner ist nicht absichtlich depressiv, um Ihnen das Leben schwerzumachen. Wenn Ihre Frau depressiv ist und sich weigert, abends mit Ihnen Essen zu gehen, bedeutet das nicht, daß sie etwas gegen Sie hat, sondern daß sie sich einfach zu elend fühlt, um unter die Leute zu gehen. Rufen Sie sich immer wieder ins Gedächtnis, daß solche Verhaltensweisen Teil der Depression des anderen sind und keine böse Absicht. Wenn Sie verärgert oder irritiert sind, denken Sie darüber nach, ob Sie dem anderen wirklich etwas vorzuwerfen haben, oder ob es die Depression ist, die Ihren Unwillen erregt. Machen Sie sich klar, daß Sie die Depression Ihres Partners nicht verursacht haben und daß Sie sich nicht schuldig fühlen müssen, weil es Ihnen besser geht und Sie nicht auch depressiv sind.

Als Leslie depressiv wurde, fühlte Bennett sich verletzt. Er hatte damit gerechnet, daß sie beide, als Paar, eine schwierige Zeit durchmachen würden, wenn auch das jüngste Kind das Elternhaus verließ, aber er hatte nicht erwartet, daß Leslie mit einer Depression reagieren würde. Er hatte sich vielmehr vorgestellt, daß er und Leslie nun mehr Zeit und Energie für ihr Leben als Paar zur Verfügung hätten, daß sie mehr Zeit miteinander verbringen, sich mit Freunden treffen, öfter verreisen würden. Aber Leslie hatte auf gar nichts Lust. Bennett fragte sich, ob er ihr nicht genügte. Vielleicht liebte sie ihn nicht mehr und war deprimiert und verstimmt, weil sie nun «mit ihm allein dasaß». Er nahm ihre Depression persönlich. Er hatte auch merkwürdige, unbestimmte Schuldgefühle, weil er über das «leere Nest» nicht ebenso verzweifelt war wie seine Frau, sondern sich auf mehr Freiheit und Unabhängigkeit gefreut hatte. Zum Glück wurde Bennett darauf aufmerksam, daß Leslies Depression sich verschlimmerte, und er half ihr, eine adäquate Therapie zu finden. Als Leslie sich aus ihrem depressiven Zustand zu lösen begann, bemerkte Bennett, wie sehr er ihre Depression auf sich selbst bezogen hatte. «Ich wünschte, ich hätte gewußt, daß nicht ich der Grund dafür war, daß Leslie sich so elend fühlte, sondern ihre Depression», sagte er. «Dann hätte ich die Situation viel besser bewältigen können und mich nicht so schuldig gefühlt.»

Suchen Sie Hilfe. Wenn Ihr Partner depressiv ist, sollten Sie nicht vergessen, daß Sie auch selbst Rückhalt brauchen. Der Mensch, den Sie lieben, sollte einen Psychiater oder Psychotherapeuten konsultieren, der eine korrekte Diagnose stellen und einschätzen kann, welche Form der Behandlung am besten geeignet ist. Aber auch Sie können Unterstützung brauchen. Wenden Sie sich an Freunde oder Verwandte. Sprechen Sie mit Menschen, denen Sie vertrauen, über Ihre Sorgen und Probleme. Oft glauben die Partnerinnen oder Partner depressiver Menschen, daß die Sache nun ausgestanden sei, wenn sie es erreicht haben, daß der andere sich in Therapie begibt. Dem ist aber nicht so. Das Zusammenleben mit einer depressiven Person – ob sie nun in Therapie ist oder nicht – kann sehr belastend sein und einen hohen Tribut fordern, was Ihren eigenen Berufsalltag, Ihr soziales Leben, Ihre Gesundheit und Ihr emotionales Gleichgewicht angeht. Es ist ein integraler Bestandteil des Anpassungsprozesses Ihrer Beziehung an die Depression, daß Sie auch für sich selbst Unterstützung finden.

Als Eric depressiv wurde, nahmen die Eheprobleme zwischen ihm und Joan beträchtlich zu. Sie stritten sich viel häufiger als früher, schliefen kaum noch miteinander und fühlten sich einander zunehmend entfremdet. Joan hatte anfangs Widerstände gegen die Paartherapie. Eric war doch schließlich der Depressive und derjenige, der Therapie brauchte; sie war in Ordnung, wieso sollte auch sie sich therapieren lassen? Aber als Eric ihr erklärte, daß die Depression sie beide beeinträchtigte, in der Art, wie sie sich aufeinander bezogen, stimmte sie zu, an einer Paarsitzung teilzunehmen. In der Sitzung wurde Erics Depression thematisiert und darüber gesprochen, welche Auswirkungen sein Zustand auf ihr gemeinsames Leben als Paar hatte. Eric hatte das Gefühl, daß die Therapie ihm half; er lernte, wie er Joan trotz seiner Krise nahebleiben konnte. Joan fühlte sich durch die Therapeutin sehr unterstützt und eignete sich neue Kommunikationsfähigkeiten an, die ihr halfen, mit Eric in einen konstruktiven Dialog einzutreten. Manche Partner depressiver Menschen finden es auch hilfreich, sich in eine individuelle Therapie zu begeben oder an einer Therapiegruppe teilzunehmen. Andere haben das Gefühl, daß sie keine professionelle Hilfe brauchen, profitieren aber davon, sich mit Freunden auszusprechen und viel über das Thema zu lesen, um ihr Verständnis für das Problem der Depression zu erweitern.

Arbeiten Sie als Team zusammen. Sie haben viel bessere Chancen, zu konstruktiven Problemlösungen zu kommen, wenn Sie und Ihr Partner sich als Team verstehen. Sie stehen im Kampf gegen die Depression auf derselben Seite. Statt feindliche Fronten aufzubauen, sollten Sie versuchen zu kooperieren, Probleme zu diskutieren und zu brauchbaren Lösungen zu gelangen. Reservieren Sie bewußt Zeit dafür, miteinander zu reden und sich über Ihre Gefühle auszutauschen.

Für Leslie und Bennett war es von großer Bedeutung, daß sie lernten zu kooperieren. Leslie fühlte die Leere in ihrem Leben, nachdem die Kinder das Elternhaus verlassen hatten, aber sie spürte auch, wie wichtig es für Bennett war, daß sie weiterhin zu Hause blieb und sich um den Haushalt kümmerte. Er war immer ein konservativer Mann gewesen, und sie war sicher, daß es ihm nicht gefallen würde, wenn sie sich nach außen orientierte und versuchte, in der Berufswelt Fuß zu fassen. Als sie depressiv war und er ihr vorschlug, einen Kurs am College zu belegen oder sich einen Job zu suchen, dachte sie, er habe nur Mitleid mit ihr und meinte nicht wirklich, was er sagte. Später, als sie beide bereit waren, sich zusammenzusetzen und Lösungen für ihre Probleme zu finden, gab Leslie zu, daß sie sich zu Hause gelangweilt hatte und daß es ihr durch den Kopf gegangen war, ob sie nicht Klavierunterricht geben könnnte. Sie war eine gute Pianistin, hatte viele Jahre lang Klavier gespielt und immer daran gedacht, Unterricht zu geben. Bennett verstand, wie wichtig es für Leslie war, daß sie sich ausgefüllt fühlte, und unterstützte sie in ihrem Entschluß, an der High School ihrer Stadt Klavierunterricht anzubieten. Er half ihr sogar, Handzettel zu drucken, auf denen sie für ihren Unterricht warb, und versicherte ihr, für ihn sei es völlig in Ordnung, wenn sie arbeitete. Obwohl Leslie nun nicht mehr so oft zu Hause war wie zuvor, war sie viel heiterer und glücklicher, und Bennett war froh, daß sie «sich zusammengesetzt und Nägel mit Köpfen gemacht» hatten. Leslie sagte, sie wäre vermutlich nie in der Lage gewesen, ihre vage Idee allein in die Tat umzusetzen, wenn sie nicht «mit Bennett daran hätte arbeiten» können.

Sexuelle Probleme

Sexuelle Schwierigkeiten können zu einer Hauptquelle von Konflikten in der Beziehung werden, wenn Ihr Partner depressiv ist, denn Depressionen beeinträchtigen die Libido und die sexuelle Vitalität. Und wenn Sie in Ihren Diskussionen und Streitigkeiten immer wieder darauf zurückkommen, daß es sexuell zwischen Ihnen nicht mehr klappt, merken Sie vielleicht allmählich, daß auch andere Aspekte Ihrer Beziehung problematisch geworden sind.

Erinnern Sie sich, daß beide Paare, deren Geschichten wir hier als Beispiele anführten, sexuelle Schwierigkeiten und auch andere Probleme in ihrer Beziehung hatten. Leslie und Bennett hatten viel weniger sexuellen Kontakt als zuvor, und Leslie verhielt sich gewöhnlich abweisend, wenn Bennett versuchte, zärtlich zu sein und sie zu verführen. Joan und Eric waren beunruhigt über die Veränderungen in ihrer sexuellen Beziehung und gaben ihre sexuellen Probleme als Hauptgrund dafür an, daß sie als Paar therapeutische Beratung suchten. In unserer Praxis sind sexuelle Probleme das, worüber Paare als erstes und am meisten klagen, wenn ein Partner depressiv ist. Joan fürchtete, daß Eric sie nicht mehr anziehend fände, und ärgerte sich darüber, daß es immer an ihr war, sexuell die Initiative zu ergreifen. Eric war über sein eigenes Desinteresse an Sex beunruhigt und fragte sich, ob seine häufige Impotenz durch eine körperliche Krankheit verursacht sein könnte. Wenn sie über ihr Sexualleben sprachen, wurden beide gewöhnlich sehr defensiv, und jeder gab dem anderen die Schuld, daß es «nicht klappte». Joan warf Eric vor, er sei zu verkrampft und könne «einfach nicht loslassen». Eric konterte, daß Joan auf Sex fixiert sei und einfach zuviel von ihm erwartete. Meistens steigerten diese Diskussionen sich zu hitzigen Auseinandersetzungen, die zu nichts führten. Als sie in die Paartherapie kamen, hatten sie große Schwierigkeiten, miteinander über ihr Sexualleben zu sprechen.

Die Depression als solche kann die Libido vermindern. Mangelnde Vitalität, Erschöpfung und negative Gefühle in bezug auf den eigenen Körper sind charakteristische Merkmale der Depression, die zu sexuellen Problemen beitragen können. Depressive Männer berichten oft über Impotenz und Orgasmusprobleme. Stellen Sie sich für einen Augenblick vor, wie es sich anfühlen muß, niedergeschlagen, schlapp und energielos zu sein und am Wert der eigenen Person zu zweifeln; dann können Sie vielleicht besser verstehen, warum Ihre Partnerin oder Ihr Partner weniger an Sex interessiert ist als gewöhnlich. Eric erzählte uns, daß er während seiner Depression ständig das Gefühl hatte, sich durch zähen Sirup hindurchbewegen zu müssen; alle Aktivitäten – und insbesondere Sex –, schienen viel zuviel Aufwand zu erfordern. Von Menschen, die depressive Episoden hinter sich haben, hören wir oft, daß sie sich während ihrer Depression häßlich und unattraktiv fühlten und sich gar nicht vorstellen konnten, daß ihre Partner ihnen nahe sein wollten.

Bei der Einnahme gewisser Antidepressiva können Impotenz und Orgasmusschwierigkeiten als Nebenwirkungen auftreten. (Im 13. Kapitel gehen wir näher auf diese Fragen ein.) In aller Regel ist es jedoch so, daß die Depression selbst zu verminderter Libido führt, und daß Antidepressiva, indem sie die Symptome der Depression lindern, dazu beitragen, die normale sexuelle Vitalität wiederherzustellen.

Wenn Ihr Partner also an Sex nicht interessiert ist oder zu sexuellen Aktivitäten nicht fähig ist, werden Sie vermutlich auf den Konflikt in Ihrer Beziehung aufmerksam. Vielleicht reagieren Sie mit starker Irritation. Aber wie Sie vermutlich aus Ihrer Erfahrung im Zusammenleben mit Ihrem Partner wissen, tragen solche impulsiven Reaktionen selten dazu bei, daß Probleme gelöst werden. Wir werden wütend, verletzend oder vorwurfsvoll, oder wir flößen dem anderen Schuldgefühle für sein «Versagen» ein. Das alles sind begreifliche Reaktionen auf eine schwierige Situation, aber sie helfen nicht weiter.

Unsere generellen Leitlinien für die Bewältigung der Lebenssituation mit einem depressiven Partner lassen sich – mit etwas veränderten Vorzeichen – auch auf sexuelle Probleme in der Beziehung anwenden.

Seien Sie realistisch in Ihren Erwartungen. Eine Depression beeinträchtigt die sexuelle Vitalität; erwarten Sie also nicht von Ihrem Partner, daß er oder sie genausoviel Interesse an Sexualität zeigt wie in der Vergangenheit. Der Sexualtrieb des anderen ist gedämpft, oder er hat Schwierigkeiten, zum Orgasmus zu kommen, oder beides. Seien Sie realistisch in bezug darauf, wozu er oder sie in dieser Phase fähig ist oder nicht fähig ist. Bauen Sie keine Hoffnungen auf, daß automatisch eine Besserung der Situation eintreten wird, wenn Sie offen über Ihre sexuellen Probleme reden. Wahrscheinlich braucht es Zeit, bis Ihr Sexualleben sich wieder normalisiert. Viele Paare erzählen uns, daß ihre sexuelle Beziehung tatsächlich besser geworden ist, nachdem ein Partner eine depressive Episode durchgemacht hat. Vielleicht liegt es an der Abstinenz oder der Seltenheit der sexuellen Kontakte, daß die Partner ihr Liebesleben intensiver führen und mehr genießen, wenn die Depression überwunden ist. Wie dem auch sei, Sie sollten sich auf jeden Fall klarmachen, daß eine Depression das Sexualleben eines Paares in aller Regel beeinträchtigt und verändert.

Geben Sie bedingungslose Unterstützung. Wenn Menschen depressiv sind, fühlen sie sich oft so elend, so wertlos und unattraktiv, daß sie vor jeder intimen Berührung zurückschrecken. Es ist schwer, sexuell auf jemanden zuzugehen, der sich ständig abweisend verhält, aber es ist dennoch wichtig, daß Sie Ihren Partner weiterhin liebevoll und zärtlich berühren und ihn oder sie bedingungslos unterstützen. Solche Zuwendung gibt dem anderen das Gefühl, geliebt zu werden und anziehend zu sein. Kuscheln und schmusen Sie mit dem anderen, ohne zu erwarten, daß Sie schließlich miteinander schlafen werden. Seien Sie beharrlich, aber geduldig. Lassen Sie die geliebte Person wissen, daß Sie verstehen, wie sie sich fühlt, und daß Sie dasein werden, wenn sie bereit ist. Wenn es Ihnen gelingt, eine Atmosphäre zu schaffen, die Ihren Partner nicht unter Druck setzt, sexuell etwas «leisten» zu müssen, sondern ihm oder ihr mehr Freiheit gibt, Sorgen und Befürchtungen auszusprechen, wird nicht nur ihr Sexualleben davon profitieren; Ihre gesamte Beziehung wird vertieft und gestärkt. Dadurch werden Sie auch viel besser in der Lage sein, den Dämonen der Depression gemeinsam entgegenzutreten.

Erhalten Sie Ihre Alltagsroutine aufrecht, soweit es geht. Es ist eine sehr frustrierende Erfahrung, sich sexuell aufgeladen und unausgelastet zu fühlen, und mit einem Partner zu leben, der an Sex nicht interessiert ist. Es ist wichtig, daß Sie sich Ihre eigenen sexuellen Bedürfnisse zugestehen. Wenn Sie mit Ihrem Partner keinen Sex haben können, ist Autoerotik eine mögliche Lösung. Nicht alle Menschen fühlen sich mit Masturbation gleichermaßen wohl. Manche gehen ohne Probleme zur Selbststimulierung über, andere haben gewisse Widerstände zu überwinden. Wenn Ihr Partner während seiner depressiven Episode kein Interesse an Sex hat, können Sie sich selbst befriedigen, wenn Sie ein Ventil für Ihre sexuelle Spannung brauchen. Selbstbefriedigung kann zwar körperliche Befriedigung geben, aber den zärtlichen Hautkontakt und die erwünschte Nähe und Intimität mit einem anderen Menschen kann sie nicht ersetzen. Wir empfehlen Masturbation als kurzfristige Lösung in einer Situation, in der das Sexualleben mit ihrem Partner reduziert ist. Gleichzeitig sollten Sie aber weiterhin versuchen, mit dem anderen zu kooperieren, um die Beziehung zu verbessern.

Sprechen Sie über Ihre Gefühle. Lassen Sie Ihre Partnerin oder Ihren Partner wissen, wie sie sich mit den Veränderungen in Ihrem Sexualleben fühlen. Wenn der andere depressiv ist, haben Sie vielleicht das Gefühl, daß sie unsensibel oder selbstsüchtig sind, wenn Sie Lust auf Sex haben. Solche Schuldgefühle sind verbreitet, aber völlig irrational. Es ist absolut natürlich, daß Sie mit Ihrem Partner schlafen wollen. Selbst wenn Sie über die Konflikte in Ihrer Beziehung irritiert und verärgert sind, sehnen Sie sich vielleicht nach der Intimität und der physischen Stimulation der sexuellen Begegnung mit dem anderen. Wenn es Ihnen gelingt, dem anderen Ihre Gefühle zu vermitteln, haben Sie eine bessere Chance, die sexuelle Nähe in Ihrer Beziehung wiederherzustellen. Versuchen Sie, Ihrem Partner ehrlich und direkt zu sagen, was Sie empfinden. Meiden Sie das Thema nicht, sondern sprechen Sie so offen über Sexualität, wie Sie können. Viele Menschen fühlen sich unbehaglich damit, über sexuelle Bedürfnisse zu sprechen, selbst mit dem vertrauten Partner. Aber es ist wichtig, daß Sie dem anderen Ihre Gefühle mitteilen. Wenn Sie fürchten, daß Ihr Partner defensiv werden wird oder Schuldgefühle entwickeln wird, wenn Sie sexuelle Probleme ansprechen, empfehlen wir Ihnen die Strategie, grundsätzlich «Ich-Aussagen» zu machen, das heißt, über sich selbst und Ihre Erfahrungen zu sprechen, und nicht das Verhalten des anderen zu kommentieren. (Im 7. Kapitel erfahren Sie mehr über Strategien für eine konstruktive Kommunikation.) Statt dem anderen im Beschwerdeton vorzuhalten «Du hast ja nie Lust auf Sex!», könnten Sie zum Beispiel sagen: «Es macht mich traurig und ich fühle mich nicht mehr anziehend, wenn du nicht mit mir schlafen magst.» Eine solche Aussage legt das Schwergewicht darauf, wie *Sie* sich fühlen, und stellt keine direkte Kritik an Ihrem Partner dar. Wenn der andere sich nicht angegriffen fühlt, wird er oder sie auch nicht so defensiv reagieren und vielleicht verstehen, welche Probleme Sie mit der Situation haben.

Nehmen Sie die Depression nicht persönlich. Rufen Sie sich immer wieder in Erinnerung, daß die Depression Ihren Partner veranlaßt, sich in sich selbst zu verkapseln, und daß er oder sie nicht die Absicht hat, Sie als Person zurückzuweisen. Nehmen Sie es sich nicht so sehr zu Herzen. Das sexuelle Desinteresse eines Partners kann manchmal ansteckend sein. Wenn Sie den Rückzug des geliebten Menschen persönlich nehmen, werden Sie zunehmend ärgerlich und wütend und verlieren wahrscheinlich selbst jedes Interesse an Sex. Wenn Ihr Partner Ihre zärtlichen Annäherungsversuche ständig zurückweist, geben Sie es vielleicht schließlich auf, sich um ihn oder sie zu bemühen. Versuchen Sie also, das sexuelle Desinteresse oder die sexuellen Probleme des anderen nicht auf sich zu beziehen. Die Schwierigkeiten haben nichts mit Ihnen oder Ihrer Anziehungskraft zu tun, sondern sind eine unmittelbare Folge der Depression.

Suchen Sie Hilfe. Wenn Sie diese Leitlinien bis hierher beherzigt haben und sich an den sexuellen Problemen in Ihrer Beziehung dennoch nicht das mindeste geändert hat, nehmen Sie die Hilfe von Psychotherapeuten in Anspruch, die speziell für Paarberatung und Sexualtherapie ausgebildet sind. Joan lernte im Lauf der Paartherapiesitzungen, Eric zu vermitteln, daß sein Desinteresse an ihrem Sexualleben ihr das Gefühl gab, nicht mehr attraktiv und begehrenswert zu sein, und daß sie Bestätigung von ihm brauchte. Eric war angerührt, als er das hörte. Er begriff, daß er Joans Reaktionen auf die Veränderungen in ihrem Sexualleben falsch interpretiert hatte, daß ihr «ständiges Nörgeln» in Wahrheit Ausdruck von Traurigkeit und Unsicherheit über seine Gefühle war. Als die wirklichen Ängste und Probleme offengelegt wurden, fühlten sich beide immens erleichtert. Sie konnten einander jetzt versichern, daß sie sich immer noch liebten, und wußten, daß die Gründe für ihre Eheprobleme anderswo lagen. Unter unserer Anleitung begannen Sie, konstruktive Lösungen für ihre Konflikte zu suchen und einige sexualtherapeutische Übungen zu praktizieren – mit gutem Erfolg. Sie waren glücklich und erleichtert, wieder ein befriedigendes Sexualleben genießen zu können.

Arbeiten Sie als Team zusammen. Sie und Ihr Partner müssen kooperieren, um Ihre sexuellen Probleme zu lösen. Der erste Schritt ist, das Problem einzugestehen und Ihre Gefühle über die Veränderungen in Ihrem Sexualleben zum Ausdruck zu bringen. Sobald die Kommunikationskanäle wieder geöffnet sind, wird es möglich, Lösungen zu finden, indem man gemeinsam neue Wege beschreitet. Massagen können zum Beispiel oft ein guter Einstieg in erotische Begegnungen sein, oder sie können auch Selbstzweck sein, weil sie angenehm sind und entspannen. Verstehen Sie sich als Team. Berühren sie einander und erforschen Sie wechselseitig Ihre Körper.

Sexualtherapeuten leiten Ihre Klienten oft dazu an, Übungen zu machen, die die Sensibilität und das sinnliche Empfinden steigern. Als Experiment lassen die Partner sich auf die Regel ein, einige Tage oder sogar Wochen lang auf Penetration oder Orgasmen zu verzichten, statt dessen konzentrieren sie sich ausschließlich darauf, einander am ganzen Körper, auch an den Genitalien, sanft zu streicheln und durch zärtliche Berührungen zu stimulieren. Die Idee, die dahintersteht, ist die: Wenn der eigentliche Sexualakt eine Zeitlang von der Liste gestrichen ist, stehen beide Partner weniger unter Druck, sexuell etwas «leisten» zu müssen. Sie können ihre Körper nun wechselseitig neu kennenlernen und sich wieder darauf konzentrieren, sinnliches Vergnügen zu geben und zu empfangen. Aus dieser veränderten Art des Aufeinanderzugehens erwächst eine neue Vertrautheit zwischen den Partnern, und sie können allmählich wieder zum eigentlichen Sexualakt übergehen und Orgasmen erleben.

Wenn Sie und Ihr Partner sexuelle Schwierigkeiten haben, versuchen Sie, sich darauf zu konzentrieren, einander zärtlich zu berühren und Ihre Körper zu erforschen, statt auf das Ziel des Orgasmus hinzusteuern. Durch diese Übung können Sie erreichen, daß die nervöse Anspannung, die sich zwischen Ihnen aufgebaut hat, weicht; Sie können die erotische Begegnung wieder entspannt und unbefangen genießen. Umarmen, Kuscheln und Streicheln müssen nicht unbedingt eine Ouvertüre zum Sexualakt sein; die zärtliche Nähe kann Ihnen helfen, sich wieder sinnlich und begehrenswert und einander verbunden zu fühlen.

In diesem Kapitel haben wir uns darauf konzentriert, welche Auswirkungen die Depression Ihrer Partnerin oder Ihres Partners auf Sie und Ihre Beziehung hat. Wenn Sie sich in dieser Frage noch mehr Klarheit verschaffen wollen, kann der Test auf S. 92 ff. Ihnen helfen, Ihre Situation genauer einzuschätzen. Denken Sie daran, Ihre Gefühle und Reaktionen als Leitfaden zu benutzen, wenn Sie die Fragen beantworten.

Wie problematisch ist Ihre eigene Situation und Ihre Beziehung durch die Depression Ihres Partners geworden?

Kreuzen Sie bei jeder Frage «Ja» oder «Nein» an.

1. Ja Nein Fühlen Sie sich weniger begehrenswert oder attraktiv, weil er/sie kaum Interesse zeigt, mit Ihnen zu schlafen?
2. Ja Nein Haben Sie und Ihre Partnerin/Ihr Partner andere sexuelle Probleme?
3. Ja Nein Ziehen Sie sich zunehmend von ihm/ihr zurück?
4. Ja Nein Sind Sie frustriert, weil Ihre Hilfsangebote oder Bemühungen um Nähe zurückgewiesen werden?
5. Ja Nein Verbringen Sie neuerdings soviel Zeit mit Ihrer Partnerin/Ihrem Partner, daß sie kaum noch dazu kommen, andere Leute zu sehen oder sich anderen Aktivitäten zu widmen?
6. Ja Nein Bemerken Sie Anzeichen von Depression an sich selbst? (Fühlen Sie sich bedrückt und niedergeschlagen? Haben Sie weniger Interesse an Ihren üblichen Aktivitäten oder weniger Freude am Leben? Haben Sie Schlafstörungen oder Probleme mit Ihrem Appetit oder Körpergewicht, Ihrer Konzentrationsfähigkeit oder Ihrer Energie? Haben Sie Schuldgefühle oder nagende Selbstzweifel?)
7. Ja Nein Streiten Sie sich öfter oder heftiger mit Ihrer Partnerin/Ihrem Partner?
8. Ja Nein Haben sie sich den Löwenanteil der Alltagspflichten aufgebürdet; fühlen Sie sich überfordert?
9. Ja Nein Haben Sie mehr Streß am Arbeitsplatz?
10. Ja Nein Fühlen Sie sich in letzter Zeit zunehmend isoliert und einsam?
11. Ja Nein Sind Sie nervöser, angespannter, ängstlicher als gewöhnlich?
12. Ja Nein Haben Sie und Ihre Partnerin/Ihr Partner er-

wogen, sich zu trennen oder sich scheiden zu lassen?

13. Ja Nein Haben Sie und Ihre Partnerin/Ihr Partner in letzter Zeit mehr Alkohol getrunken als gewöhnlich oder mehr andere Drogen genommen?

14. Ja Nein Haben Sie und Ihre Partnerin/Ihr Partner Einbußen in Ihrem Einkommen hinnehmen müssen, entweder durch den Verlust des Arbeitsplatzes oder durch verminderte Arbeitsfähigkeit?

15. Ja Nein Haben Sie die Befürchtung, daß Ihre Partnerin/ Ihr Partner den Lebenswillen verloren hat?

16. Ja Nein Haben Sie und Ihre Partnerin/Ihr Partner Kommunikationsprobleme? (Fallen Sie einander ständig ins Wort? Werden Sie leicht defensiv oder verletzend, wenn Sie miteinander reden? Können Sie einander nicht mehr zuhören?)

17. Ja Nein Besteht zwischen Ihnen und Ihrer Partnerin/ Ihrem Partner mehr Rivalität als gewöhnlich?

18. Ja Nein Haben Sie mehr gesundheitliche Probleme als gewöhnlich?

Bewertung

Zählen Sie durch, wie oft Sie «Ja» angekreuzt haben.

18–13: Sehr problematisch; es ist Zeit, professionelle Hilfe in Anspruch zu nehmen
Sie und Ihre Beziehung sind definitiv durch die Depression Ihrer Partnerin/Ihres Partners beeinträchtigt. Sie erfahren viele der «klassischen» Nebenwirkungen der Depression und sind gefährdet, selbst depressiv zu werden. Auch Ihre Beziehung ist durch die Depression Ihres Partners beträchtlich in Mitleidenschaft gezogen, und die negativen Interaktionen zwischen Ihnen werden vermutlich eine Verschlimmerung seiner/ihrer Depression zur Folge ha-

ben. In Ihrer Paarbeziehung könnte es zu gravierenden Problemen kommen: Zusammenbruch der Kommunikation, Trennung oder sogar Scheidung. Sie und der Mensch, den Sie lieben, sollten sich auf jeden Fall eingehender über die Auswirkungen von Depressionen auf Paarbeziehungen informieren. In Ihrem eigenen Interesse und im Interesse Ihres Zusammenlebens als Paar sollten Sie unbedingt psychotherapeutische Beratung in Anspruch nehmen.

12–7: **Ziemlich problematisch; Anlaß zur Besorgnis**
Die Depression Ihrer Partnerin/Ihres Partners wirkt sich erkennbar auf Sie und Ihre Beziehung aus. Vielleicht fühlen Sie sich überfordert, angespannt, voller Groll oder Ihrem Partner entfremdet. Vielleicht streiten Sie öfter und heftiger als früher. Sie sollten sich eingehender über Depressionen und ihre Nebenwirkungen informieren. Es wäre auch hilfreich, psychotherapeutische Beratung in Anspruch zu nehmen in Ihrem eigenen Interesse und im Interesse Ihrer Beziehung. Wenn Sie jetzt handeln, können sie die toxischen Nebenwirkungen der Depression neutralisieren, bevor es zu wirklich schweren Konflikten in Ihrer Paarbeziehung kommt.

6 oder weniger: **Unproblematisch oder kaum problematisch; halten Sie die Augen offen**
Obwohl Sie zur Zeit einige Probleme haben und in Ihrer Beziehung ein gewisses Maß an Spannung herrscht, sind wahrscheinlich andere Faktoren als eine Depression für diese Situation verantwortlich. Da Depressionen aber so ungemein verbreitet sind, kann es nicht schaden, auf die Warnzeichen zu achten, die in diesem Test benannt wurden.

Wenn Sie zu der Überzeugung gelangt sind, daß die Depression Ihrer Partnerin oder Ihres Partners Ihr eigenes Leben beeinträchtigt und für Schwierigkeiten in der Beziehung sorgt, halten Sie sich an die vorgeschlagenen Leitlinien; so können Sie die veränderte Situation besser bewältigen und gemeinsam mit Ihrem Partner zu konstruktiveren Problemlösungen kommen. Wenn es in Ihrer Beziehung zur Zeit wenig oder keine Probleme gibt, um so besser. Es können sich aber Probleme entwickeln, wenn die Depression Ihrer Partnerin oder Ihres Partners fortschreitet oder wiederkehrt. Bei der weiteren Lektüre werden Sie die Ratschläge für eine konstruktivere Kommunikation mit Ihrem Partner vielleicht besonders hilfreich finden. In den folgenden Kapiteln gehen wir auf die Auswirkungen von Depressionen auf andere Beziehungen ein, nämlich: die Beziehungen zwischen Eltern und Kind, zwischen Freunden und zwischen erwachsenen Kindern und einem depressiven Elternteil. Aber wenn Sie das nicht unmittelbar betrifft, werden Sie dennoch wertvolle Informationen finden, die für jede Beziehung mit einem depressiven Menschen Gültigkeit haben.

4

Wenn Ihr Kind depressiv ist

Brian Walker, jetzt zwölf Jahre alt, wuchs in einer «normalen Familie» auf, mit beiden Eltern und zwei jüngeren Schwestern. Nach den Aussagen seiner Mutter hatte Brian immer etwas «Launisches» gehabt, aber von einem bestimmten Zeitpunkt an begann Frau Walker, Veränderungen in Brians Verhalten zu bemerken. Man konnte sich nicht mehr darauf verlassen, daß er seine Hausaufgaben machte oder kleine Dinge erledigte, die ihm aufgetragen wurden, und er schien sich nicht darum zu scheren, wenn er in Schwierigkeiten geriet. Er wurde aufsässig, gab seinen Eltern freche Antworten und hatte ständig Streit mit seinen Schwestern. Wenn die Eltern ihn fragten, ob ihn etwas beunruhige oder ob er sich krank fühle, verneinte er nur knapp oder sagte: «Ich bin einfach nicht so gut drauf.» Auch seine Lehrer wunderten sich, denn Brian war neuerdings im Unterricht die meiste Zeit abgelenkt und träumte vor sich hin, und obwohl er sehr intelligent war, hatte er in seinen Leistungen erheblich nachgelassen. Brian war seinen Eltern gegenüber gereizt und unduldsam und warf ihnen ständig vor, sie seien «unfair». Als der Vater ihm eine besondere Freude machen wollte und ihm anbot, mit ihm zu einem Basketballspiel zu gehen – die Mannschaft, die Brian favorisierte, war ins Endspiel gelangt –, lehnte Brian ab und sagte: «Eigentlich finde ich Basketball nicht mehr so gut.»

Die Veränderungen in Brians Verhalten waren drastisch und auffällig. Vorher war er immer gut mit seinen Schwestern ausgekommen, und die Schule hatte ihm Spaß gemacht. Brians Eltern waren besorgt und setzten sich zusammen, um über das merkwürdige Benehmen ihres Sohnes zu sprechen. Herr Walker meinte, es sei vermutlich nur die «typische frühpubertäre Rebellion», und er sagte seiner Frau, sie solle sich nicht allzuviel Sorgen machen. Er erinnerte sich gut an seine eigene Adoleszenz; auch er war ständig mit seinen Eltern aneinandergeraten. Frau Walker fand die Erklärung einleuchtend; vielleicht machte Brian tatsächlich nur die typischen Spannungen und Konflikte der beginnenden Pubertät durch. Aber sie war dennoch beunruhigt und befürchtete, daß es sich um etwas Ernsteres handeln könnte.

Eines abends kam es zwischen Brian und einer seiner Schwestern, als sie im Wohnzimmer vor dem Fernseher saßen, zu einem lautstarken, heftigen Streit um die Fernbedienung. «Immer mußt du alles haben», schrie die Schwester empört und bestand darauf, daß sie nun an der Reihe sei, mit dem Gerät herumzuspielen und die Kanäle zu wechseln. «Vielleicht fühlt ihr euch alle besser, wenn ich tot bin – ihr werdet schon sehen!» schrie Brian wütend zurück und rannte aus dem Zimmer. Als Brians Eltern das hörten, waren sie alarmiert. Sie setzten sich mit Brian zusammen und sprachen mit ihm, und er gab zu, daß er in letzter Zeit oft daran gedacht habe, ob er nicht einfach sterben solle; ohne ihn hätten sie dann alle ihre Ruhe. Er sagte, er habe sich sogar schon überlegt, ob er sich auf dem Weg zur Schule nicht einfach vor den Bus werfen sollte. Nach diesem Gespräch bestand Frau Walker darauf, sofort einen Psychologen anzurufen und einen Gesprächstermin für Brian zu vereinbaren.

Brian war in der Tat depressiv und brauchte Behandlung. Zum Glück hatten die Eltern den Konflikt in ihrer Beziehung zu Brian bemerkt und schnell genug reagiert; sie suchten Hilfe, bevor er sich etwas antun konnte. Herr Walker wollte den Ernst der Lage zunächst nicht wahrhaben und führte die Veränderungen in Brians Verhalten auf die beginnende Pubertät zurück. Aber Brians Mutter war beunruhigt und ahnte, daß es sich um ein gravierenderes Problem handelte. Als Brian Selbstmordgedanken äußerte, erkannten sie die Gefahr und sorgten sofort dafür, daß er Hilfe bekam. Sie informierten sich auch eingehend über das Problem der Depression und lernten, in ihren Erwartungen realistisch zu bleiben und als Team zusammenzuarbeiten, um die Krise zu überwinden.

Was sagt die Forschung über Kindheitsdepressionen?

Kindheitsdepressionen werden von Eltern und sogar Kinderärzten häufig nicht erkannt; die Warnzeichen werden oft falsch interpretiert und der normalen Entwicklung zugeschrieben. Das liegt unter anderem daran, daß es bis vor kurzem über Depressionen und Suizid bei Kindern vor der Pubertät kaum Erkenntnisse gab. Es wurde allgemein angenommen, daß Depressionen bei Kindern nicht vorkämen. Viele Ärzte, Psychologen und Psychiater gingen davon aus, daß Kinder nur kurzfristige Phasen der Verstimmung durchleben, aber keine klinische Depression entwickeln können. Neuere Studien haben jedoch gezeigt, daß in den USA jedes Jahr zwischen 3 und 6 Millionen Kinder unter achtzehn Jahren an einer klinischen Depression leiden und daß jährlich mehr als 2000 Kinder zwischen fünf und vierzehn Jahren Selbstmord begehen.

Die statistische Depressionsrate fällt je nach Alter und Geschlecht unterschiedlich aus. Im Kleinkindalter sind Depressionen sehr selten und sehr schwer zu entdecken. Manche Wissenschaftler sind aber dennoch der Meinung, daß Depression ein ursächlicher Faktor sein kann, wenn Kleinkinder sich ohne ersichtlichen Grund nicht im normalen Tempo entwickeln und nicht recht gedeihen wollen. Wie sich herausstellte, wurden Kinder, bei denen das der Fall war, jedoch oft in den ersten Lebensmonaten von ihren Müttern getrennt oder erhielten keine hinreichende Zuwendung. Als Folge davon wurden sie depressiv, und die Depression drückte sich in einer verlangsamten Entwicklung aus.

Bei Kindern im Vorschulalter steigt die Depressionsrate um 1 % an. Bei Kindern zwischen sieben und elf Jahren liegt sie neueren Studien zufolge bei 2 %. Nach der Pubertät steigt sie dramatisch an, auf mehr als 8 % bei Jungen und 10 % bei Mädchen. Die unterschiedlichen Zahlen bei männlichen und weiblichen Teenagern sind wahrscheinlich darauf zurückzuführen, daß Mädchen die Veränderungsprozesse der Adoleszenz unter den gegebenen gesellschaftlichen Bedingungen als belastender erleben. Aus mehreren Studien ging hervor, daß Jungen auf die körperlichen Veränderungen der Pubertät gewöhnlich mit Befriedigung oder Stolz reagieren, während Mädchen über ihre Entwicklung eher irritiert sind; sie haben mehr Ängste, sexuell aktiv zu werden und sorgen sich mehr darum, innerhalb ihrer Bezugsgruppe Anerkennung zu finden.

Kindheitsdepressionen bleiben vor allem deshalb so oft unerkannt und unbehandelt, weil Kinder in der Regel nicht dieselben Merkmale und Symptome entwickeln wie Erwachsene, wenn sie depressiv sind. Statt des Desinteresses an den gewohnten Aktivitäten oder der verminderten sexuellen Vitalität zum Beispiel, die man bei Erwachsenen bemerkt, findet man bei Kindern häufig subtilere Anzeichen von Apathie. Experten bezeichnen Kindheitsdepressionen oft als «larviert», das heißt, daß die Symptome verborgen sind und sich durch Signale und Verhaltensweisen äußern, die man gewöhnlich nicht mit Depression assoziiert. Brian zum Beispiel machte keinen traurigen oder weinerlichen Eindruck, wie wir es von einem depressiven Kind vielleicht erwarten würden. Er zeigte in seiner familiären Umgebung vielmehr aggressivere und rebellischere Verhaltensweisen als zuvor, seine schulischen Leistungen sanken ab, und er wirkte zurückgenommen und weniger lebhaft. Solche Symptome können leicht mit den typischen Verhaltensweisen einer normalen Entwicklungsstufe verwechselt werden, besonders bei Kindern in der Vorpubertät und in der Adoleszenz. Für Herrn und Frau Walker waren Brians Selbstmordideen das Signal, das ihnen schlagartig deutlich machte, wie ernst die Situation war. Wenn Sie wissen, wonach Sie Ausschau halten müssen, können Sie eine Depression bei Ihrem Kind viel früher entdecken, längst bevor dieser Punkt erreicht ist.

Ist mein Kind depressiv?

Denken Sie daran, daß ein depressives Kind nicht unbedingt traurig wirken muß. Manche Kinder sind vielleicht in der Lage, ihren Eltern zu sagen, daß sie depressiv sind, aber die Majorität ist dazu nicht imstande. Manche Kinder agieren und zeigen auffälliges Verhalten; andere werden überraschend still und verschlossen. Ob Ihr Kind nun agiert wie Brian, oder sich auf sich selbst zurückzieht, es wird in jedem Fall auch andere Signale der

Depression ausprägen. Wenn Sie befürchten, daß Ihr Kind depressiv sein könnte, achten Sie auf Konflikte in Ihrer Beziehung zu ihm und halten Sie nach den folgenden elf wichtigen Warnsignalen Ausschau:

1. Desinteresse an Dingen, die vorher wichtig schienen. Ihr Sohn/Ihre Tochter wirkt immer abwesend, hängt Tagträumen nach, ist unaufmerksam. Brian hatte plötzlich kein Interesse mehr an dem Basketballteam, für das er sich vorher begeistert hatte; in der Schule beteiligte er sich nicht mehr am Unterricht, sondern träumte meistens vor sich hin.

2. Negatives Selbstbild. Ihr Sohn/Ihre Tochter sagt Dinge, durch die er/sie sich selbst herabsetzt oder Gefühle der Wertlosigkeit ausdrückt. Er/sie bringt vielleicht zum Ausdruck, daß er sich ungeliebt oder unerwünscht fühlt. Sie/er ist übermäßig selbstkritisch und glaubt, alles falsch zu machen. Brian hatte das Gefühl, daß niemand in seiner Familie Wert auf ihn legte und daß er seinen Eltern eine Last sei.

3. Veränderungen in den Schlafgewohnheiten. Ihre Tochter/Ihr Sohn schläft vielleicht unruhig, kann abends nicht einschlafen oder wacht in den frühen Morgenstunden auf und findet keinen Schlaf mehr. Vielleicht bemerken Sie, daß er/sie viel weniger oder viel mehr schläft als zuvor. Viele Teenager lieben es, an den Wochenenden bis in die Mittagsstunden hinein zu schlafen, aber wenn Ihr Sohn/Ihre Tochter schläft, wann immer es möglich ist, und im Wachzustand immer noch müde und abwesend erscheint, ist Anlaß zur Besorgnis gegeben.

4. Konzentrationsschwierigkeiten. Vielleicht bemerken Sie, daß die Aufmerksamkeitsspanne Ihres Sohnes/Ihrer Tochter wesentlich kürzer geworden ist und daß er oder sie Schwierigkeiten hat, sich an Vereinbarungen, Anweisungen oder Aufträge zu erinnern, nach dem Motto «Zum einen Ohr rein – zum anderen raus». Brian konnte sich in der Schule nicht mehr konzentrieren und vergaß seine Hausaufgaben.

5. *Veränderungen im Appetit.* Achten Sie auf extreme Abweichungen in den Eßgewohnheiten Ihrer Tochter/Ihres Sohnes. Er/sie ißt plötzlich erstaunlich wenig oder überraschend viel. Manche Kinder setzen Essen als Selbstmedikation gegen negative Stimmungen ein, essen viel zuviel und futtern sich Übergewicht an. Andere picken nur noch an ihrem Essen herum, werden mager und wachsen langsamer als normal.

6. *Extreme Ängstlichkeit.* Ihr Sohn/Ihre Tochter hat neuerdings vor allen möglichen Dingen und Situationen sehr viel mehr Angst als früher und meidet aus diesem Grund Aktivitäten, an die er/sie gewöhnt war.

7. *Energiemangel.* Ihre Tochter/Ihr Sohn liegt die meiste Zeit herum, zeigt Widerstand gegen jede Form von Aktivität und verschiebt Aufgaben auf später. Brians Energieniveau war wesentlich niedriger als gewöhnlich. Er saß meistens im Haus herum und konnte sich nicht dazu aufraffen, seine Hausaufgaben zu machen oder kleinere Aufträge zu erledigen.

8. *Gedanken an Tod oder Selbstmord.* Ihr Sohn/Ihre Tochter spricht oder schreibt vielleicht über morbide Themen, die mit dem Tod zusammenhängen, oder zeigt großes Interesse an Terroristen oder Mördern. Brians Bemerkung, daß sich alle in seiner Familie vielleicht besser fühlen würden, wenn er tot wäre, machte seinen Eltern klar, wie ernst seine Depression war. Wenn Sie bemerken oder vermuten, daß Ihr Kind sich intensiv mit Todes- oder Selbstmordgedanken beschäftigt, suchen Sie sofort professionelle Hilfe. (Im 11. Kapitel gehen wir genauer darauf ein, wie man sich einem suizidalen Menschen gegenüber am besten verhält.)

9. *Aggressives Verhalten.* Ihr Sohn/Ihre Tochter ist vielleicht reizbarer als gewöhnlich, provoziert Streit mit den Geschwistern und gibt Ihnen freche Antworten, wenn Sie ihn/sie zurechtweisen. Er/sie verhält sich destruktiv und scheint «Ärger zu suchen», ohne an die Konsequenzen seines/ihres Handelns zu denken. Brian hatte normalerweise gute Manieren, aber als er depressiv war, wurde er viel aggressiver. Er suchte Streit mit seinen Schwe-

stern und schien sich nicht darum zu scheren, daß er dafür vielleicht bestraft werden würde.

10. Körperliche Beschwerden, insbesondere solche ohne ersichtliche Ursachen. Ihre Tochter/Ihr Sohn klagt vielleicht über Unwohlsein oder unklare Schmerzen. Vielleicht verlangt er/sie auch mehr Aufmerksamkeit oder Bequemlichkeit als gewöhnlich.

11. Hyperaktivität. Die meisten Kinder zeigen einen auffälligen Mangel an Energie, wenn sie depressiv sind, aber manche maskieren ihre Depression auch durch einen Wirbelwind von Aktivitäten oder besondere Risikofreudigkeit. Vermutlich dient dieses Verhalten dazu, die Depression eine Weile in Schach zu halten, aber auf Dauer gelingt das nicht. Haben Sie also ein Auge darauf, ob Ihr Sohn/Ihre Tochter sich auf riskante Aktivitäten einläßt, die Schule schwänzt oder ähnliche Verhaltensweisen zeigt, die mit Hyperaktivität assoziiert sind.

Alle Signale und Verhaltensweisen, die wir hier aufgeführt haben, kommen periodisch bei allen Kindern vor, unabhängig davon, ob sie depressiv sind oder nicht. Aber wenn mehrere dieser Symptome mindestens zwei Wochen lang oder länger anhalten, ist es Zeit, sich um professionelle Hilfe zu bemühen. Wenn Sie darüber nachdenken, ob Ihr Kind depressiv ist, benutzen Sie Ihre eigenen Reaktionen auf die Konflikte in der Beziehung als Leitfaden. Während des Konflikt- und des Reaktionsstadiums des SAD sind Ihre Gefühle immer der beste Indikator, ob Sie es mit einem trivialen Alltagsproblem zu tun haben oder ob die Sache ernster ist. Oft hören wir von Eltern, daß sie die Veränderungen im Verhalten ihrer Kinder durchaus bemerkten, als die Depression sich zu manifestieren begann; dann aber beruhigten sie sich mit dem Gedanken, daß die besorgniserregenden Anzeichen einfach Teil der «normalen Entwicklungsprobleme» seien. Nehmen Sie auffällige Veränderungen im Verhalten Ihres Kindes zur Kenntnis, achten Sie auf Ihre eigenen Reaktionen und denken Sie sorgfältig darüber nach, ob Ihr Kind vielleicht an einer Depression leidet.

Was könnten Sie während des Konflikt- und Reaktionsstadiums beobachten oder erleben? Bei einem Kleinkind könnten Sie wahrnehmen, daß es apathisch wirkt, das Interesse an den Aktivitäten in seiner Umgebung verliert und nicht mehr essen will. Ein Vorschulkind hat vielleicht heftige Trotzanfälle, klammert sich mehr als gewöhnlich an Sie an oder regrediert in der Sprache und der Reinlichkeitserziehung. Ein Schulkind wird vielleicht aggressiver oder verschlossener, oder beides, und klagt über unklare Beschwerden und Schmerzen. Da viele Kinder sich aus unendlich vielen Gründen – von physischen Krankheiten bis hin zu normalen Übergängen in der Entwicklung – so verhalten, sind Kindheitsdepressionen so schwer zu erkennen und können nur von gut ausgebildeten Fachleuten klar diagnostiziert werden.

Manche Kinder, die depressiv erscheinen, haben in Wahrheit Verhaltensstörungen, und andere Kinder, die verhaltensgestört erscheinen, sind in Wahrheit depressiv. Aufgrund dieser Ambivalenzen werden Psychiater und Psychologen speziell dafür ausgebildet, zwischen den unterschiedlichen Problemen zu differenzieren. Depressionen bei Kindern werden zum Beispiel eher anhand von erhöhter Reizbarkeit erkannt als an Äußerungen von Traurigkeit. Die Psychologin, an die Herr und Frau Walker sich wandten, um Hilfe für Brian zu finden, erkundigte sich zuerst ausführlich nach der Familiengeschichte, hörte sich an, welche Veränderungen in Brians Verhalten die Eltern beobachtet hatten, und sprach dann mit Brian darüber, wie er sich in letzter Zeit gefühlt hatte. Erst nach dieser sorgfältigen Anamnese stellte sie die Diagnose «Depression» und klärte Brians Eltern über die verschiedenen Möglichkeiten der Behandlung auf.

Ist mein Teenager depressiv?

Bei Teenagern eine Depression zu entdecken, kann sogar noch schwieriger sein, denn viele Verhaltensmerkmale, an denen wir Depressionen erkennen, kommen auch im Rahmen der normalen Adoleszenzentwicklung vor. Wenn wir auf unsere eigene Entwicklung zurückschauen, werden wir uns erinnern, wie irritiert, verstört, gereizt oder unansprechbar wir als Teenager manchmal waren, und wir alle wissen, daß normale, nichtdepressive Teenager zeitweilig launisch und aggressiv oder apathisch und demotiviert wirken. Es ist also eine heikle Angelegenheit, zwischen den normalen Entwicklungsproblemen der Adoleszenz und den Merkmalen einer Depression zu unterscheiden. Wenn Sie sich Sorgen machen, daß Ihr Teenager depressiv sein könnte, achten Sie auf extreme Veränderungen in seinem Verhalten, Auftreten oder Aussehen. Orientieren Sie sich an den elf Warnzeichen für Kindheitsdepressionen und haben Sie außerdem ein Auge darauf, ob er oder sie bevorzugte Aktivitäten plötzlich aufgibt, die Schule schwänzt, Drogen nimmt, sich extrem isoliert oder von zu Hause ausreißt. Vielleicht bemerken Sie auch, daß Ihr depressiver Teenager nicht mehr auf seine äußere Erscheinung achtet, die Körperhygiene vernachlässigt und selten die Kleidung wechselt.

Warum ist mein Kind depressiv?

Kinder und Jugendliche werden aus denselben Gründen depressiv wie Erwachsene; genetische, biochemische und psychosoziale Faktoren wirken zusammen. Wissenschaftler haben jedoch herausgefunden, daß einige spezielle Stressoren zu einem erhöhten Depressionsrisiko bei Kindern und Jugendlichen beitragen: Der Tod eines Elternteils oder Geschwisterkindes, die Lebenssituation mit einem gewalttätigen Elternteil, der Umzug an einen neuen Wohnort, die Trennung von einem Freund oder einer Freundin oder eine chronische Krankheit. Kinder, die Vater oder Mutter verloren haben, als sie noch sehr klein waren, oder in deren Familien es eine Vorgeschichte von depressiven Störungen gibt, sind besonders anfällig dafür, eine Depression zu entwickkeln. Es ist zwar nicht eindeutig erwiesen, aber es gibt Hinweise darauf, daß auch eine problematische, konflikthafte Ehe der Eltern oder eine schwierige Scheidung das Depressionsrisiko bei Kindern und Jugendlichen erhöht. Was wir aber mit Sicherheit wissen: Wenn ein Elternteil stirbt oder die Familie verläßt (durch Trennung oder Scheidung), kommen viele Kinder zu dem Schluß, daß dies nie geschehen wäre, wenn sie nur netter, braver, liebenswerter oder überhaupt anders gewesen wären. Es ist wichtig, Kindern zu versichern, daß die veränderte Situation nicht ihre Schuld ist, daß der Vater oder die Mutter nicht ihretwegen fortgegangen ist.

Manche Forscher weisen auch auf die hohe Rate von Kindheitsdepressionen in Familien hin, in denen ein Elternteil depressiv ist; sie vermuten, daß Depressionen als erlernte Reaktionen auf Streß auftreten können. Das heißt, Kinder reagieren auf Streß in ihrem eigenen Leben in derselben Weise, wie sie es bei ihren Eltern beobachtet haben. Wenn die Eltern auf Belastungen, Druck und Frustration mit Depression reagieren, werden die Kinder unwillkürlich dasselbe tun. Dabei darf jedoch nicht vergessen werden, daß die erhöhte Depressionsgefahr bei Kindern depressiver Eltern wahrscheinlich auch eine genetische Komponente hat; die genetische Anfälligkeit für die Störung kann erblich sein. Mit anderen Worten: Wenn der Vater oder die Mutter aus biochemischen Gründen für Depressionen anfällig ist, kann es sich bei dem Kind ebenso verhalten. Aus diesem Grund wird ein Psychiater oder Psychologe, der ein Kind auf eine Depression hin untersucht, immer danach fragen, ob es in der Familie eine Vorgeschichte von affektiven Störungen gibt.

Obwohl weder Herr noch Frau Walker je depressiv gewesen waren, gab es auf der väterlichen Seite eine Vorgeschichte von Depressionen. Brians väterlicher Großvater und dessen Schwestern hatten ihr Leben lang immer wieder depressive Episoden durchgemacht, und eine der Großtanten hatte Selbstmord begangen. Erst als die Psychologin die Walkers nach der Familiengeschichte fragte, fiel Herrn Walker wieder ein, daß sein Vater und seine beiden Tanten an Depressionen gelitten hatten. Bis zu diesem Augenblick war es ihm nicht in den Sinn gekommen, daß Brians Probleme mit Ereignissen in der Familiengeschichte, die zwei Generationen zurücklagen, zusammenhängen könnten. Die Psychologin erklärte, daß genetische Faktoren bei der Entwicklung von Depressionen eine Rolle spielen können – insofern sie jemanden anfälliger dafür machen, depressiv zu werden –, daß es aber vermutlich in Brians Leben auch einige Stressoren gäbe, die zu dem Problem beigetragen hätten. Wie die Walkers später erfuhren, hatte Brian in der Schule große Schwierigkeiten, weil er sich mit seinem besten Freund zerstritten hatte. Seine genetische Anfälligkeit und die gegenwärtigen Belastungen in seinem sozialen Leben hatten die Depression ausgelöst.

Wie ein depressives Kind Sie
und Ihre Familie beeinflußt

Es ist nicht leicht, mit einem depressiven Kind zusammenzuleben; seine Depression beeinträchtigt Sie und Ihre Familie in vielfältiger Weise. In der Konfliktphase des SAD werden Sie Schwierigkeiten in Ihrer Beziehung zu Ihrem Kind – und vermutlich auch zu anderen Familienmitgliedern – bemerken. Bisher haben wir uns auf das Problem konzentriert, wie eine Depression Ihre Beziehung zu der depressiven Person selbst beeinträchtigt, sind aber noch nicht genauer auf die Frage eingegangen, wie sie sich auf Ihre Beziehungen zu anderen Menschen auswirkt. Vielleicht kommen Sie und Ihr Mann zum Beispiel nicht mehr so gut miteinander aus. Im Lauf der Zeit werden Sie in die Reaktionsphase eintreten und Veränderungen in Ihrer Stimmung und Ihrem eigenen Verhalten bemerken; sie haben begonnen, auf den Konflikt zu reagieren. Wie Sie wahrscheinlich bereits aus Erfahrung wissen, fängt es damit an, daß das neue Problem mit dem Kind Sie viel Zeit kostet – Gespräche mit Lehrern, Arzttermine, zusätzlicher Aufwand, um Lösungen für die angespannte Lage zu Hause zu finden. Es ist schwierig, die gewohnte Alltagsroutine aufrechtzuerhalten, wenn ein Kind in der Familie depressiv ist. Als nächstes wird Ihr soziales Leben in Mitleidenschaft gezogen. Mit einem depressiven Kind zu Hause wird es kompliziert, regelmäßigen Kontakt zu Freunden zu halten. Sie verzichten auf gesellige Abende, weil Sie das Gefühl haben, den Sohn oder die Tochter nicht allein lassen zu können. Vielleicht wollen Sie Freunden gegenüber nicht zugeben, daß Ihr Kind depressiv ist, und reden sich mit Vorwänden heraus, wenn Sie eine Einladung ablehnen. Vielleicht verhalten Sie sich ausweichend und defensiv, weil die Situation Ihnen peinlich ist oder weil Sie glauben, Sie seien an dem Problem schuld.

Viele Eltern, die mit der Depression eines Kindes konfrontiert waren, erinnern sich, daß sie zu Beginn der Reaktionsphase versuchten, ihrem Partner die Schuld zuzuweisen: «Bei uns ist so etwas nie vorgekommen, das muß in deiner Familie liegen!» Oft zerbrechen die Eltern sich den Kopf darüber, warum ihr Kind depressiv ist, und machen sich Sorgen über die Auswirkungen der Depression auf ihre anderen Kinder und ihre Ehe. Sie und

Ihr Mann werfen einander vielleicht wechselseitig vor, etwas getan zu haben, das die Depression des Kindes ausgelöst hat. Bisher konnten Sie Ihrem Sohn oder Ihrer Tochter wahrscheinlich immer über die typischen Probleme und Wehwehchen der Kindheit hinweghelfen, aber wenn Sie nun feststellen, daß Sie die Depression nicht «kurieren» können, fühlen Sie sich vermutlich hilflos und nutzlos. Im Lauf der Zeit werden Sie vielleicht selbst verstimmt und deprimiert.

Eines der größten Probleme bei einer Kindheitsdepression ist die Angst, daß das Kind sich etwas antun oder sich verletzen könnte. Folglich werden die Eltern sehr wachsam und nehmen vielleicht eine überbeschützende Haltung ein. Frau Walker, die immer eine aufmerksame Mutter gewesen war, beobachtete Brian jetzt mit Adleraugen. Wenn er nur fünf Minuten später als gewöhnlich von der Schule nach Hause kam, war sie drauf und dran, die Polizei zu rufen. Brians Schwester hatte furchtbare Schuldgefühle, nachdem ihr Bruder mit Selbstmord gedroht hatte. Sie glaubte, der Streit über die Fernbedienung habe ihn so erbost und gekränkt, daß er sich deswegen töten wollte. Aber weil ihre Eltern ohnehin so besorgt um Brian waren, behielt sie ihre Schuldgefühle für sich. Erst in der Familientherapie kam zutage, wie stark Brians Depression sich auf alle anderen Familienmitglieder ausgewirkt hatte. Als endlich über das Problem gesprochen werden konnte, war die Schwester zutiefst erleichtert; nun konnte sie ihre Ängste artikulieren, Brians Depression verursacht zu haben.

Die Geschwister eines depressiven Kindes fühlen sich oft im Stich gelassen; sie haben das Gefühl, daß die Eltern dem «gestörten» Kind all ihre Zeit und Aufmerksamkeit widmen. Brians jüngste Schwester gab zu, daß sie Groll gegen ihren Bruder hegte und sich vorgenommen hatte «auch so beleidigt herumzuhängen wie er», um die Aufmerksamkeit ihrer Eltern wiederzuerlangen. Und die mittlere Schwester gestand ein, daß Brians verändertes Verhalten ihr peinlich war; was würden ihre Freundinnen denken, wenn sie ihren Bruder allein auf dem Spielplatz herumsitzen sahen? Andere Geschwisterkinder erzählten uns, daß sie den Bruder oder die Schwester wieder so haben wollten, wie sie vor der Depression waren, oder daß sie die frühere Unkompliziertheit des Familienlebens vermißten.

Viele dieser Gefühle erwachsen aus Unwissenheit und Mißverständnissen darüber, was eine Depression eigentlich ist. Der jüngere Bruder einer depressiven Jugendlichen sagte uns, er habe große Angst gehabt, daß er «es auch bekommen» würde. Er glaubte, daß «Verrücktheit» in seiner Familie umging wie eine ansteckende Krankheit, weil ein älterer Onkel einmal mit einem «Nervenzusammenbruch» ins Krankenhaus eingeliefert worden war. Für ihn war es wichtig zu verstehen, daß er aufgrund seiner genetischen Anlagen möglicherweise ein wenig mehr depressionsgefährdet war als andere, daß man sich Depressionen aber absolut nicht durch Ansteckung «holen konnte» wie eine Infektionskrankheit. In den familientherapeutischen Sitzungen lernte dieser Junge einige der speziellen Strategien, die wir im 7., 8. und 9. Kapitel vorstellen, um sich gegen die Depression seiner Schwester zu «immunisieren». Er lernte zum Beispiel, ihre Depression nicht auf sich zu beziehen, konstruktiver mit ihr zu kommunizieren und seine eigenen Wut- und Frustrationsgefühle besser zu bewältigen.

Wenn Sie sich noch mehr Klarheit darüber verschaffen wollen, in welchem Ausmaß die Nebenwirkungen der Depression Ihres Kindes Ihre Beziehung zu ihm und Ihr Familienleben beeinträchtigt haben, kann Ihnen der folgende Test eine Hilfe sein. Denken Sie auch hier wieder daran, Ihre eigenen Gefühle und Reaktionen als Leitfaden zu benutzen, wenn Sie die Fragen beantworten.

Wie problematisch wirkt sich die Depression Ihres Kindes auf Ihr Leben und Ihre Beziehung zu ihm aus?

Kreuzen Sie bei jeder Frage «Ja» oder «Nein» an.

1. Ja Nein Fühlen Sie sich von Ihrem Kind besonders oft oder besonders heftig abgelehnt?
2. Ja Nein Haben Sie weniger Interesse, Zeit mit ihm oder ihr zu verbringen?
3. Ja Nein Sind Sie frustriert, weil Ihre Hilfsangebote zurückgewiesen werden?
4. Ja Nein Wenden Sie neuerdings soviel Zeit für Ihr Kind

auf, daß Sie kaum noch Zeit für andere Menschen oder Aktivitäten haben?

5. Ja Nein Stellen Sie an sich selbst Anzeichen von Depression fest (Verstimmung, Desinteresse an gewohnten Aktivitäten, mangelnde Lebensfreude, Schlafstörungen, Veränderungen im Appetit oder Körpergewicht, Energielosigkeit, Konzentrationsschwäche, Gefühle der Wertlosigkeit)?

6. Ja Nein Streiten Sie und Ihr Kind öfter oder heftiger?

7. Ja Nein Fühlen Sie sich durch die Bedürfnisse Ihres Kindes überfordert?

8. Ja Nein Haben Sie mehr Streß am Arbeitsplatz?

9. Ja Nein Fühlen Sie sich isoliert und einsamer als gewöhnlich?

10. Ja Nein Sind Sie angespannter, nervöser oder ängstlicher, seit Ihr Kind depressiv ist?

11. Ja Nein Mußten Sie mehr und mehr Zeit aufwenden, um Ihr Kind zu disziplinieren oder sich um seine Probleme in der Schule oder mit anderen Kindern zu kümmern?

12. Ja Nein Haben Sie in letzter Zeit mehr Alkohol getrunken als sonst oder andere Drogen genommen?

13. Ja Nein Sind Sie mit Ihrer Arbeit beträchtlich in Verzug geraten, seit Ihr Kind depressiv ist?

14. Ja Nein Machen Sie sich Sorgen, daß Ihr Kind nicht mehr leben will?

15. Ja Nein Haben Sie und Ihr Kind oft Kommunikationsprobleme (fallen Sie einander dauernd ins Wort, äußern sie sich in herabsetzender Weise, hören Sie einander nicht zu)?

16. Ja Nein Bemerken Sie an sich selbst, daß Sie härter reagieren als sie beabsichtigten, wenn Sie Ihr Kind disziplinieren?

17. Ja Nein Sind Sie häufiger krank als gewöhnlich?

18. Ja Nein Sind Sie ungeduldiger mit Ihrem Kind? Wünschen Sie sich, es würde «endlich wieder zu sich kommen»?

Bewertung

Zählen Sie durch, wie oft sie mit «Ja» geantwortet haben.

18–13:   Sehr problematisch; es ist Zeit, Hilfe zu suchen
Sie und Ihre Beziehung zu Ihrem Kind sind definitiv durch seine Depression beeinträchtigt. Sie erfahren viele der «klassischen» Nebenwirkungen der Depression und sind in Gefahr, selbst depressiv zu werden. Auch Ihre Beziehung zu Ihrem Kind ist durch die Depression beträchtlich gestört, und die negativen Interaktionen zwischen Ihnen können leicht zu einer Verschlimmerung seiner Depression führen. Es besteht die Gefahr, daß es zu gravierenden Problemen in Ihrer Beziehung kommt, etwa zu wachsender Feindseligkeit, Entfremdung oder zum Zusammenbruch der Kommunikation. Sie sollten sich unbedingt genauer über die Auswirkungen von Depressionen auf nahestehende Menschen und Beziehungen informieren. Außerdem sollten Sie im Interesse Ihres Kindes und auch in Ihrem eigenen Interesse so schnell wie möglich professionelle Hilfe in Anspruch nehmen.

12–7:   Ziemlich problematisch; es besteht Anlaß zur Besorgnis
Sie und Ihre Beziehung sind durch die Depression Ihres Kindes beeinträchtigt. Vielleicht fühlen Sie sich überfordert, gestreßt und/oder ihrem Kind entfremdet. Vielleicht streiten Sie und das Kind öfter und heftiger miteinander. Sie sollten sich in jedem Fall besser über Depressionen und ihre Nebenwirkungen informieren. Sowohl Ihr Kind als auch Sie selbst und Ihre Familie würden davon profitieren, sich von einem Psychologen oder Psychotherapeuten beraten zu lassen. Wenn Sie jetzt handeln, können Sie die toxischen Nebenwirkungen der

Depression auf Sie selbst und Ihre Beziehung neutralisieren, bevor es zu wirklich gravierenden Problemen kommt.

6 oder weniger: Unproblematisch oder kaum problematisch; halten Sie die Augen offen
Obwohl es in der Beziehung zwischen Ihnen und Ihrem Kind in letzter Zeit einige Probleme gibt, ist es eher unwahrscheinlich, daß eine Depression die Ursache ist; wahrscheinlich liegen die Gründe anderswo. Da Depressionen aber so verbreitet sind und so enorme Auswirkungen auf die nächste Umgebung der depressiven Person haben, kann es nicht schaden, die Augen offenzuhalten und auf die Warnsignale, die in den Fragen beschrieben werden, zu achten.

Behandlungsmöglichkeiten für Ihr depressives Kind

Wenn Sie vermuten, daß Ihr Kind depressiv ist, sollte es so bald wie möglich von einem Psychiater oder Psychologen oder von einem Kinderarzt, der in der Arbeit mit Kindern und Depression erfahren ist, untersucht werden. Wenn Ihre Tochter oder Ihr Sohn vehement bestreitet, depressiv zu sein, dürfen Sie die Warnsignale dennoch nicht ignorieren, auch wenn sie subtil sind. Bei Kindern können Depressionen in jeder Hinsicht genauso schwerwiegend sein wie bei Erwachsenen und in manchen Fällen zum Suizid führen. In Anbetracht der kritischen Entwicklungsphasen, die Kinder durchlaufen, ist es besonders wichtig, schnell eine klare Diagnose zu erhalten und eine geeignete Therapie einzuleiten. Die frühe Kindheit, die Vorpubertät und die Adoleszenz sind Entwicklungsphasen, die für die Formung der Persönlichkeit und des zukünftigen Selbstbildes und Selbstwertgefühls von immenser Bedeutung sind. Viele Jugendliche, die sich von einer Depression erholen, haben das Gefühl, wichtige Abschnitte und Aspekte ihres Lebens während der Schulzeit «verpaßt» zu haben. Im 12. und 13. Kapitel geben wir einen allgemeinen Überblick über die unterschiedlichen psychotherapeutischen und medikamentösen Behandlungsformen, aber an dieser Stelle wollen wir dennoch genauer auf einige Therapieformen eingehen, die speziell auf Kinder zugeschnitten sind und sich als besonders erfolgreich erwiesen haben.

Psychotherapien

Individuelle Psychotherapie ist die am häufigsten verwendete Behandlungsform für depressive Kinder und Jugendliche. Kinder unter acht oder neun Jahren haben oft Schwierigkeiten, ihre Erfahrungen oder Gefühle klar zu artikulieren; sie drücken ihre Empfindungen eher in nonverbaler Weise aus, zum Beispiel im Spiel. Bei kleineren Kindern wenden Therapeuten daher in der Regel Spieltherapie an; sie regen die Kinder dazu an, ihre Gefühle und Konflikte mit Hilfe von Puppen, Bauklötzen, Malstiften und anderen spielerischen Mitteln auszudrücken. Kinder im Alter von neun oder zehn Jahren und darüber sind gewöhnlich besser in der Lage, sich verbal zu artikulieren, und sprechen gut auf eine Gesprächstherapie in Kombination mit Spieltherapie an. In der Gesprächstherapie wird das Kind dazu angeregt, der Therapeutin oder dem Therapeuten seine Gedanken und Gefühle mitzuteilen. Das Ziel beider Therapieformen – der Spieltherapie und der Gesprächstherapie – ist, zu verstehen, was in dem Kind vorgeht, seine konflikthaften Emotionen zu modifizieren und es dann in vorsichtigen Schritten zu neuen Bewältigungsstrategien hinzuleiten.

Auch Gruppentherapie kann sich bei Kindern und Jugendlichen als sehr nützlich erweisen; das Gemeinschaftsgefühl, das sich bildet, wenn man in einem Kreis von Gleichaltrigen Probleme offen aussprechen kann, ist oft eine große Hilfe. Die Gruppe bietet Schutz vor den Gefühlen der Isolierung und der Entfremdung, für die depressive Jugendliche besonders anfällig sind. Außerdem nehmen Teenager Lösungsvorschläge für ihre Probleme gewöhnlich leichter an, wenn sie von Gleichaltrigen kommen, statt von einem Erwachsenen, den sie als distanzierten Außenstehenden wahrnehmen. Der Gruppentherapeut regt Diskussionen unter den Jugendlichen an und agiert nicht wie eine Autoritätsfigur, sondern eher wie ein Koordinator oder Trainer.

Oft wird auch Familientherapie empfohlen, aus zwei Gründen: Erstens ist eine Kindheitsdepression aus psychotherapeutischer Sicht nicht selten eine Reaktion auf Streß in der Familie oder auf Beziehungsprobleme, und wenn diese Konflikte gelöst werden, kann auch die Depression leichter überwunden werden. Und zweitens: Obwohl der jugendliche Patient als das depressive Familienmitglied identifiziert wurde, beeinträchtigt die Depression alle Mitglieder der Familie, und die Familientherapie kann allen helfen, die veränderte Situation besser zu bewältigen. Aus unserer Sicht steht es außer Frage, daß die gesamte Familie von der Familientherapie profitiert, insbesondere wenn ein Kind das depressive Familienmitglied ist. Die Konflikte des Zusammenlebens mit einem depressiven Kind lösen sowohl bei den Eltern als auch bei Geschwistern besonders starke Schuld-, Wut- und Frustrationsgefühle aus. In der Familientherapie wird das depressive Kind gewahr, daß seine Angehörigen an ihm interessiert und um sein Wohl besorgt sind und daß sein Verhalten die anderen beeinflußt. Andere Familienmitglieder kommen zu neuen Einsichten darüber, wie ihre Reaktionen sich auf das depressive Kind auswirken; sie lernen, wie sie gemeinsam zu Problemlösungen kommen können, und auch, wie sie ihre eigenen konflikthaften Gefühle besser bewältigen können.

Medikamentöse Behandlungsformen

Obwohl Psychotherapie bei Kindheitsdepressionen gewöhnlich die Methode der Wahl ist, werden manchmal bei sehr schweren oder sehr lange anhaltenden Depressionen auch Medikamente eingesetzt.

Die Resultate der Forschung über die Wirksamkeit von Antidepressiva bei Kindern vor der Pubertät sind äußerst widersprüchlich. Außerdem sind die meisten Psychopharmaka, die bei Depressionen Verwendung finden, erst seit etwa zehn bis fünfzehn Jahren in Gebrauch, und die Daten über Nebenwirkungen sind spärlich. Die Verwendung von Antidepressiva bei Kindern ist definitiv noch nicht genügend erforscht. Daher sind die meisten Kinderärzte und Psychiater mit der Verschreibung von Psychopharmaka bei Kindern, die sich noch in der Entwicklung befinden, äußerst zurückhaltend. Obwohl Antidepressiva generell als ungefährlich gelten, gibt es praktisch keine Erkenntnisse über mögliche Langzeitwirkungen in bezug auf Wachstum und Entwicklung. Andererseits kann die Depression selbst für die emotionale und intellektuelle Entwicklung des Kindes verheerende, irreversible Folgen haben und sogar zum Suizid führen. Angesichts der Gefahren der Kindheitsdepression gilt es daher, die Risiken und die Vorteile sorgfältig abzuwägen, bevor man sich für eine medikamentöse Behandlung für das Kind entscheidet. Diskutieren Sie alle Alternativen mit dem Arzt oder Psychotherapeuten Ihres Kindes. Das 13. Kapitel bietet Ihnen die Möglichkeit, sich eingehender über medikamentöse Behandlungsformen zu informieren.

Was können Sie tun, wenn Ihr Kind depressiv ist?

Es kann sehr schwierig und furchterregend sein, ein depressives Kind zu haben. Viele Eltern sind in dieser Situation völlig ratlos. Sie machen sich Sorgen, fühlen sich hilflos und allein und haben Schuldgefühle, weil sie fürchten, die Depression des Kindes verursacht zu haben. Wie in anderen Beziehungssituationen ist auch hier der erste Schritt, die Konflikte in Ihrer Beziehung zu Ihrem Kind bewußt wahrzunehmen. Achten Sie dann auf Ihre eigenen Reaktionen, und fangen Sie an, sich genauere Kenntnisse über das Problem der Depression anzueignen. Ein besseres Verständnis der Problematik ist der Schlüssel zur Bewältigung der Situation.

Sie haben jetzt also mehr Einsichten gewonnen – was können Sie nun tun? In den folgenden Abschnitten kommen wir wieder auf die Leitlinien zurück, die Ihnen nun schon vertraut sind, diesmal speziell auf die Lebenssituation mit einem depressiven Kind bezogen. Wenn Sie diese Leitlinien beherzigen, wird es Ihnen und Ihrem Kind leichter fallen, das Konflikt- und Reaktionsstadium hinter sich zu lassen und in die Phase der Problemlösung einzutreten. Vergessen Sie nicht: Die Unterstützung durch die Eltern ist wichtig für ein depressives Kind, aber streßgeladene, konfrontationsreiche Beziehungen zu Familienmitgliedern können die Depression verschlimmern, und es kann tatsächlich besser sein, gar keine Unterstützung zu haben, als in einer solchen Situation leben zu müssen. Auch wenn Ihre Hilfsangebote gut gemeint sind, ist es manchmal der beste Weg, Ihrem Kind genügend Zeit und Spielraum zu lassen, daß es sich selbst zurechtfinden kann.

Sammeln Sie soviel Wissen wie möglich. Achten Sie auf plötzliche oder besonders auffällige Veränderungen, die darauf hinweisen könnten, daß Ihr Kind depressiv ist. Orientieren Sie sich an den elf Warnsignalen, die wir bereits diskutierten, und seien Sie aufmerksam für Konflikte in Ihrer Beziehung zu Ihrem Kind. Viele Eltern neigen dazu, das veränderte, merkwürdige Benehmen ihres Kindes wegzudiskutieren, indem sie Alltagskonflikte oder «normale» Entwicklungsprobleme dafür verantwortlich machen. Versuchen Sie nicht, die Veränderungen, die Sie wahrnehmen, zu ignorieren oder zu verharmlosen. Verschwenden sie auch keine wertvolle Zeit damit, mit Ihrem Ehepartner darüber zu streiten, wer an der Entwicklung «schuld» ist. Wenn Ihr Sohn immer ein ruhiges und unauffälliges Kind war und plötzlich anfängt, Ladendiebstähle zu begehen oder die Schule zu schwänzen, haben Sie allen Grund, beunruhigt zu sein und sich Gedanken zu machen. Wenn Ihr Hausarzt oder ein Psychologe bei Ihrem Kind eine Depression diagnostiziert und Sie immer noch unsicher sind, informieren Sie sich eingehender über das Problem und holen Sie eine zweite Meinung ein. Je mehr Sie über Depressionen und ihre Behandlung wissen, desto besser werden Sie in der Lage sein, Ihrem Kind zu helfen.

Seien Sie realistisch in Ihren Erwartungen. Erwarten Sie nicht, daß Ihr Kind im Handumdrehen wieder «in Ordnung» ist. Vielleicht zeigt Ihre Tochter oder Ihr Sohn eine Zeitlang kein Interesse an früher bevorzugten Aktivitäten oder hat keine Lust, an einem Familienausflug teilzunehmen. Respektieren Sie die Begrenzungen, die er oder sie durch die Depression erfährt. Wenden Sie Ihr Wissen über das Problem an und seien Sie realistisch in bezug darauf, was Sie erwarten können und was nicht. Viele Eltern nehmen an, daß ihr Kind automatisch «kuriert» ist, sobald es sich in Therapie befindet. Eine Depression ist jedoch eine komplizierte Störung und es braucht Zeit, sie zu überwinden. Erwarten Sie andererseits auch nicht von sich selbst, daß Sie Ihrem

Kind alle Schmerzen und Qualen abnehmen können. In der Vergangenheit konnten Sie Ihr Kind vielleicht immer durch eine feste Umarmung oder ein Lächeln über seinen Kummer hinwegtrösten und seine Ängste beschwichtigen, aber eine Depression löst sich nicht so leicht auf wie die kleinen Wehwehchen der Kindheit. Bleiben Sie also realistisch in Ihren Erwartungen, sowohl was Sie selbst betrifft als auch Ihr Kind.

Geben Sie bedingungslose Unterstützung. Lassen Sie Ihr Kind wissen, daß es nicht allein ist und daß es bei Ihnen und anderen Familienmitgliedern jederzeit Hilfe finden kann, wenn es das Gefühl hat, mit irgendeinem Problem oder einer Situation nicht fertigzuwerden. Depressive Kinder neigen dazu, sich isoliert und anderen entfremdet zu fühlen. Brian hatte das Gefühl, «allein in einem Meer von Traurigkeit» zu schwimmen und niemanden zu haben, an den er sich wenden konnte. Als er und seine Eltern in der Familientherapie über seine Todeswünsche sprachen, wurde ihm zum ersten Mal bewußt, wie sehr sie ihn liebten und wie besorgt sie um ihn waren. Während seiner gesamten Therapie war es für Brian sehr wichtig zu wissen, daß seine Eltern für ihn da waren. Brian selbst drückte es so aus: «Ich konnte Dad jederzeit im Büro anrufen, und es reichte mir, das zu wissen. Es half mir, wenn ich mich besonders mies fühlte.»

Einer der besten Wege, bedingungslose Unterstützung zu geben, ist das Zuhören. Ein depressives Kind zum Reden zu ermutigen kann sehr schwierig sein. Wir empfehlen Eltern, passiv zuzuhören und dem Kind so Gelegenheit zu geben, sich zu öffnen. Mit anderen Worten: Hören Sie einfach zu und sagen Sie nichts, oder geben Sie nur einfache Kommentare, die bestätigen, daß Sie aufmerksam sind – «Ja, erzähl weiter», oder «Das muß ziemlich hart für dich gewesen sein». Eine ruhige, ausgeglichene Haltung von Ihrer Seite ist die beste Ermutigung. Eine weitere Strategie: Arrangieren Sie Situationen, in denen Sie mit Ihrem Kind allein sein können. Wenn Sie und Ihr Kind Muße haben und nicht gestört oder unterbrochen werden, bestehen die besten Chancen, daß es sich öffnen wird. Verlangen Sie nicht, daß Ihr Sohn oder Ihre Tochter Ihnen «Bericht erstattet». Seien Sie unvoreingenommen, urteilen Sie nicht und geben Sie ihm oder ihr Gelegenheit, sich auszudrücken. Viele Eltern – auch oder gerade diejenigen, die sich geschworen haben, sich nie wie ihre eigenen Eltern anzuhören – neigen dazu, ihren Kindern Vorträge zu halten oder ihnen vorzuschreiben, was sie tun sollen. Versuchen Sie loszulassen, sich innerlich zurückzulehnen und Ihrem Kind nonverbale Akzeptanz zu geben.

Ein weiterer Weg: Helfen Sie Ihrem Kind, ein positives Selbstbild aufzubauen und aufrechtzuerhalten. Ermutigen Sie Ihren Sohn oder Ihre Tochter, sich an Aktivitäten in der Schule oder im sozialen Umfeld zu beteiligen. Wenn das Kind allein herumsitzt, werden sich seine Isolationsgefühle eher verstärken; aktiv zu sein mildert dagegen die Depression. Üben Sie andererseits keinen Druck auf Ihr Kind aus und drängen Sie es nicht, mehr zu unternehmen als es selbst will. Vermeiden Sie unbedingt, Ihrem Kind ein Etikett anzuhängen oder ihm eine bestimmte Rolle in der Familie zuzuweisen. Wenn Sie Ihren Sohn zum Beispiel permanent den «Trauerkloß» nennen, wenn er sich nicht danach fühlt, etwas zu unternehmen, wird er sich allmählich selbst als inkompetent und sozial unerwünscht wahrnehmen. Stattdessen könnten Sie ihm sagen: «Ich war gestern wirklich beeindruckt, wie ich dich beim Fußball gesehen habe.» Lassen Sie Ihr Kind wissen, was Sie an ihm besonders schätzen und bewundern, zum Beispiel: «Ich wünschte, ich wäre so sportlich wie du.» Versuchen Sie, auf den positiven Dingen aufzubauen, in denen Ihr Sohn oder Ihre Tochter gut ist, statt nur Kommentare darüber abzugeben, wie die Depression ihn oder Sie verändert hat.

Erhalten Sie Ihre Alltagsroutine so weit wie möglich aufrecht. Wenn Ihr Kind depressiv ist, kann es schwierig sein, den gewohnten Lebensrhythmus aufrechtzuerhalten, aber feste Essenszeiten und andere einfache, klare Regeln, die den Tag strukturieren, können sowohl für Sie selbst als auch für Ihr Kind hilfreich sein. Vielleicht müssen Sie einige Ihrer gewohnten Aktivitäten aufgeben; versuchen Sie aber dennoch, den größten Teil Ihrer Lebensgewohnheiten beizubehalten. Herr Walker zum Beispiel verzichtete darauf, den Samstag mit Golfspielen zu verbringen, als Brian depressiv war. Aber die Walkers hielten daran fest, täglich zur selben Zeit gemeinsam zu Abend zu essen, am Sonntagnachmittag Frau Walkers Mutter zu besuchen und regelmäßig gemeinsam ins Kino zu gehen. Für Brians jüngere Schwestern war es besonders wichtig, daß der Lebensrhythmus der Familie – trotz der Depression ihres Bruders – im wesentlichen derselbe blieb. Bemühen Sie sich also darum, Ihr Familienleben so weit wie möglich in den üblichen Bahnen weiterlaufen zu lassen.

Teilen Sie Ihre Gefühle mit. Die Depression eines Kindes löst starke Gefühle und Reaktionen aus: Sorge, Frustration, Scham und Wut. Vielleicht treten diese Gefühle nacheinander auf, vielleicht sogar alle gleichzeitig. So unangenehm es ist: Diese Gefühle sind die unvermeidlichen Begleiterscheinungen des Zusammenlebens mit einem depressiven Familienmitglied. Die Leitlinien, die wir Ihnen in diesem Buch geben, sollten helfen, den Ansturm dieser Emotionen zu mildern, aber sie werden nicht einfach verschwinden. Sie müssen lernen, auch die negativen Gefühle, die Sie sich selbst und Ihrem Kind gegenüber hegen, zu tolerieren und anzunehmen. Das ist für die Bewältigung der Lebenssituation mit einem depressiven Familienmitglied von ausschlaggebender Bedeutung. Einer der besten Wege, mit diesen starken Gefühlen zurechtzukommen, ist, ihnen Ausdruck zu verleihen. Mit jemandem, dem sie vertrauen, darüber zu sprechen, wird Ihnen helfen, sie als weniger schmerzlich und beschämend zu erleben. Wenn das depressive Familienmitglied ein Kind ist, kann es besonders schwierig sein, direkt über die Empfindungen zu sprechen, die seine Depression in Ihnen auslöst. Besonders bei einem kleineren Kind wäre es ungerechtfertigt und unangemessen, ins Detail zu gehen und ihm zu schildern, was Sie empfinden. Sie können ihm jedoch zu verstehen geben, daß Sie sich Sorgen machen und daß Sie ihm helfen wollen, sich besser zu fühlen. Über Ihre eigenen, erwachsenen Emotionen können Sie mit Ihrem Partner oder engen Freunden sprechen. Sich auf diese Weise zu öffnen und Ihre Erfahrungen zu artikulieren, kann Ihnen helfen, auch Ihre irritierenden und unangenehmen Gefühle zu tolerieren.

Nehmen Sie es nicht persönlich; es ist nicht Ihre Schuld. Viele besorgte und wohlmeinende Eltern nehmen die Diagnose, daß ihr Kind depressiv ist, persönlich. Die üblichen Reaktionen auf diese Diagnose sind Verleugnung, Wut, Scham und Schuldgefühle – die bohrende Angst, für das Unglück des Kindes verantwortlich zu sein. Es ist wahr, daß manche Ihrer Handlungen als erwachsener Mensch – zum Beispiel die Scheidung von Ihrem Partner – in Ihrem Kind eine Depression auslösen können. Aber Depression ist eine Krankheit und nicht Ihre Schuld. Sie kann jeden erwischen. Vielleicht besteht bei Ihrem Kind eine genetische Anfälligkeit für Depressionen, die sich auf der väterlichen oder mütterlichen Seite der Familie vor zwei Generationen zum letzten Mal manifestiert hat und nichts damit zu tun hat, wie Sie sich als Mutter oder Vater verhalten haben. Einer der besten Wege, die Depression eines Familienmitglieds, insbesondere eines Kindes, nicht persönlich zu nehmen, ist, sich mehr Wissen über das Problem der Depression anzueignen. Wenn Sie mit den Fakten vertraut sind, können Sie objektiver sein und werden sich nicht mehr so sehr mit Selbstvorwürfen zerfleischen. Eine Frau, die wir in unserer Praxis kennenlernten, war felsenfest davon überzeugt, daß die Depression ihres Sohnes sie als «schreckliche Mutter» auswies und daß ihre hohe Arbeitsbelastung ihr Kind «depressiv gemacht» habe. Nachdem sie sich genauer informiert und verstanden hatte, was eine Depression eigentlich ist, wurde ihr klar, daß ihre hohe berufliche Beanspruchung nicht die Ursache der Depression ihres Sohnes war. Als sie sich nicht mehr selbst die Schuld an der Entwicklung zuschrieb, war sie in der Lage, über ihre Schamgefühle hinwegzukommen und die Dinge zu verändern, auf die sie Einfluß nehmen konnte. Sie reduzierte Ihre Arbeitsbelastung für eine Weile, um ihren Sohn bei der Überwindung seiner Depression zu unterstützen, aber dann kehrte sie zu ihrem gewohnten Lebens- und Arbeitsrhythmus zurück, ohne sich dafür schuldig zu fühlen.

Suchen Sie Hilfe. Viele Eltern, insbesondere Menschen, die sich selbst als kompetent und unabhängig betrachten, wie Herr Walker, haben große Widerstände dagegen, Hilfe von außen in Anspruch zu nehmen. Sie ziehen es vor, Privatangelegenheiten innerhalb der Familie abzumachen und alle Probleme, die sich ergeben, durchzustehen und aus eigener Kraft zu bewältigen. Wenn Ihr Kind depressiv ist, sollten Sie aber auf jeden Fall professionelle Hilfe suchen, sowohl in Ihrem eigenen Interesse als auch im Interesse Ihres Kindes. Allzuviele Familien leiden unnötig, weil sie so sehr darauf bedacht sind, ihre Probleme nicht nach außen dringen zu lassen. Sie brauchen die Schwierigkeiten Ihres Kindes nicht in der Lokalzeitung zu annoncieren, aber sie sollten unbedingt dafür sorgen, daß ihm geholfen wird und daß es eine adäquate Therapie erhält.

Sprechen Sie zuerst mit den Lehrern Ihres Kindes, denn diese haben die beste Gelegenheit zu beobachten, ob Ihr Sohn oder Ihre Tochter Probleme ausagiert und wie er oder sie sich im Kontakt mit Gleichaltrigen verhält. Lehrerinnen und Lehrer nehmen oft Aspekte im Verhalten des Kindes wahr, die den Eltern entgehen, und ihre Beobachtungen können sehr wertvoll sein. Wenn Lehrer eingeweiht sind und von den Problemen wissen, können Sie besser auf das Kind eingehen und ihm bei der Überwindung seiner Schwierigkeiten helfen. Herr und Frau Walker trafen sich zum Beispiel mit Brians Mathematiklehrerin und erklärten ihr, daß ihr Sohn eine Depression durchmachte und sich in psychotherapeutischer Behandlung befand. Die Lehrerin reagierte auf dieses klärende Gespräch, indem sie ein Auge darauf hatte, wie Brian sich in der Schule verhielt, und ihn nicht tadelte oder bestrafte, wenn seine Hausaufgaben unvollständig waren. Sie half Brian vielmehr, einiges von dem Stoff aufzuholen, den er aufgrund seiner Tagträumereien und Konzentrationsprobleme verpaßt hatte. Außerdem rief sie die Walkers an, als sie bei der Pausenaufsicht auf dem Schulhof zufällig mithörte, wie Brian zu einem seiner Freunde sagte »Tot wäre ich wahrscheinlich besser dran«, und bat sie, seinen Therapeuten zu informieren.

Der zweite Schritt: Suchen Sie unbedingt professionelle Hilfe; das ist außerordentlich wichtig. Gewissenhafte Eltern sorgen gewöhnlich dafür, daß der Gesundheitszustand ihres Kindes regelmäßig von ihrem Hausarzt oder Kinderarzt überwacht wird. Wenn Sie sich Sorgen machen, daß Ihr Kind depressiv sein könnte, sprechen Sie mit Ihrem Arzt. Er wird Ihr Kind untersuchen, um medizinische Probleme, deren Symptome mit denen der Depression verwechselt werden können, auszuschließen: Mononukleose, Diabetes, eine Eßstörung oder – in sehr seltenen Fällen – ein Gehirntumor. Wenn der Arzt keine medizinischen Gründe für die Veränderungen im Verhalten Ihres Kindes feststellen kann, wenden Sie sich an einen Psychiater oder Psychologen. Denken Sie daran, daß es einfach nicht allein in Ihrer Macht steht, die Depression Ihres Kindes zu heilen. Wenn Ihr Kind ein

Teenager ist, tut sich vielleicht das spezielle Problem auf, daß er oder sie sich vehement weigert, einen Psychologen oder Psychotherapeuten zu konsultieren. Teenager sind notorisch rebellisch und können sehr hartnäckig Widerstand leisten, aber Sie müssen darauf bestehen, daß Ihr Sohn oder Ihre Tochter zumindest in ein Beratungsgespräch einwilligt. Im 14. Kapitel finden Sie spezielle Ratschläge, wie Sie erreichen können, daß die depressive Person, die Sie lieben, sich in Behandlung begibt, insbesondere wenn sie oder er diesem Vorschlag Widerstand entgegensetzt.

Ziehen Sie individuelle Psychotherapie für Ihr Kind in Betracht. Die meisten Kinder und Jugendlichen sind nicht in der Lage, ihre Gefühle so direkt zu artikulieren, wie Erwachsene es können. Einem depressiven Kind fällt es in der Regel besonders schwer, seine Gefühle auszudrücken. Eine individuelle Therapie kann ihm helfen, sich zu öffnen und allmählich Ausdrucksmöglichkeiten für sich zu entdecken. Wenn Ihr Sohn oder Ihre Tochter in Therapie ist, erwarten Sie nicht, daß er oder sie Ihnen erzählt, was in den Therapiesitzungen vor sich geht. Es ist wichtig für Ihr Kind, Vertrauen zu seinem Therapeuten aufzubauen und in der Therapie einen schützenden Raum zu finden, wo es alles – auch negative, irritierende oder feindselige Gefühle – zum Ausdruck bringen kann. Der Therapeut wird ihm versichern, daß die Vertraulichkeit der Gespräche stets gewahrt bleiben wird, mit einer einzigen Ausnahme: Wenn Gefahr besteht, daß er oder sie sich selbst verletzen oder von einer anderen Person verletzt werden könnte. Dennoch sollten Sie auf jeden Fall mit der Therapeutin oder dem Therapeuten Ihres Kindes in Verbindung treten, wenn Sie beunruhigt sind, daß Ihr Kind Risiken eingehen oder sich auf gefährliche Situationen einlassen könnte.

Sie sollten auch eine Familientherapie in Erwägung ziehen, um der ganzen Familie bei der Bewältigung der veränderten Situation zu helfen und um zu verstehen, welche Kommunikationsschwierigkeiten oder Beziehungsprobleme zu der Depression Ihres Kindes beigetragen haben. Aus unserer Sicht kann Familientherapie eine sehr wirkungsvolle Behandlungsform für Depressionen sein, insbesondere wenn es sich bei dem depressiven Familienmitglied um ein Kind handelt. In vielen Fällen empfiehlt es sich, Familientherapie und individuelle Therapie zu kombinieren.

Brian kam zum Beispiel einmal wöchentlich zu seinen individuellen Therapiesitzungen und die ganze Familie kam einmal in
zwei Wochen zum familientherapeutischen Gespräch zusammen. In den Familiensitzungen lernten die Walkers, wie sie als
Team zusammenarbeiten konnten, um der Depression entgegenzuwirken, statt feindliche Fronten aufzubauen und sich
aneinander aufzureiben. Sie verstanden, daß einige ihrer Kommunikationsmuster möglicherweise zu Brians Depression beigetragen hatten. Wenn Herr und Frau Walker Meinungsverschiedenheiten hatten, sprachen sie sich gewöhnlich nicht über ihre
Differenzen aus, sondern zogen sich grollend voneinander zurück. In den familientherapeutischen Sitzungen lernten sie, konstruktiver zu kommunizieren und ihre Gefühle direkter zum
Ausdruck zu bringen. Alle in der Familie übten, wie man Probleme gemeinsam löst, und lernten, einander um Hilfe zu bitten.
Statt zu streiten und sich wechselseitig die Schuld an Brians Depression zuzuweisen, konnten Herr und Frau Walker einander
nun in dieser familiären Krisensituation zur Seite stehen und sich
gegenseitig unterstützen. Brians Schwestern lernten, ihre Gefühle in konstruktiverer Weise zum Ausdruck zu bringen. Statt
Streit mit ihrem Bruder zu provozieren, konnten sie ihm nun sagen, wie traurig seine Depression sie machte und daß sie sich von
den Eltern ignoriert fühlten. Die Walkers waren übereinstim-
mend der Meinung, daß die Familientherapie ihnen allen geholfen hatte, Brians Depression und die veränderte Situation in der
Familie besser zu bewältigen.

Arbeiten Sie mit Ihrem Kind und anderen Familienmitgliedern als Team zusammen

Um die Depression zu besiegen, müssen Sie mit Ihrem Kind und
den anderen Familienmitgliedern kooperieren. Auch wenn Sie
sich gegen eine Familientherapie entscheiden, können Sie zu
Hause aus eigener Initiative vieles tun, um den Teamgeist in Ihrer
Familie zu stärken. Einer der wichtigsten Schritte ist, Ihrem
Kind Zeit und Aufmerksamkeit zu widmen, so daß es sich wahrgenommen und bestätigt fühlt. Diese bewußte Zuwendung ist
besonders wichtig, wenn Sie mehrere Kinder haben, oder wenn
Sie viele andere Verpflichtungen haben, die Sie von Ihrem Kind

fernhalten. Zeigen Sie ihm Ihre Zuneigung. Manchmal wollen Kinder, besonders Teenager, nicht umarmt und geküßt werden; versuchen Sie, das zu respektieren. Vermitteln Sie Ihrem depressiven Kind aber dennoch, daß Sie da und bereit sind, Nähe zu geben, wenn es das Bedürfnis danach hat. Oft empfehlen wir Eltern, zumindest fünf oder zehn Minuten pro Tag für das ungestörte Zusammensein mit ihrem depressiven Kind zu reservieren und es so wissen zu lassen, daß es geliebt wird. Machen Sie einen Spaziergang, fahren Sie zusammen eine Viertelstunde mit dem Auto herum, decken Sie gemeinsam den Tisch. Es spielt keine Rolle, was Sie tun, solange Sie und Ihr Kind allein und ungestört zusammensein können.

Herr und Frau Walker bemühten sich beide, Zeit zu finden, um Brian ihre ungeteilte Aufmerksamkeit zu widmen. Frau Walker schloß sich Brian an, wenn er nach der Schule den Hund ausführte, und Herr Walker nahm seinen Sohn mit, wenn er am Samstagmorgen Einkäufe machte. Nach einigen Wochen berichteten beide, daß sie sich ihrem Sohn näher fühlten als je zuvor, und auch Brian schien es leichter zu fallen, sich ihnen zu öffnen und über seine Gefühle zu sprechen. Nicht auf die Quantität, sondern die Qualität der Zeit, die Sie mit Ihrem Kind verbringen, kommt es an. Versuchen Sie, in Ihrem Leben Raum für Muße zu schaffen, Momente, in denen Sie nicht darauf ausgerichtet sind, etwas zu leisten oder zu erledigen, sondern sich einfach darauf konzentrieren, präsent zu sein und mit Ihren Lieben zusammenzusein.

Wenn Sie Zeit mit Ihrem Kind verbringen, versuchen Sie, ihm zu vermitteln, wie es Streß und Enttäuschungen besser bewältigen kann. Geben Sie dadurch, wie Sie selbst mit Schwierigkeiten umgehen, ein gutes Beispiel. Erzählen Sie Ihrer Tochter oder Ihrem Sohn, wie Sie in Ihrer eigenen Vergangenheit krisenhafte Situationen erlebt und überwunden haben. Wenn Ihr Kind beobachtet, daß Sie sich mürrisch zurückziehen, unansprechbar sind und Ihre Gefühle für sich behalten, wenn Sie unter Streß stehen, lernt es im Lauf der Zeit, genau dasselbe zu tun, wenn es sich belastet fühlt. Zeigen Sie Ihrem Sohn oder Ihrer Tochter, daß Sie schwierige Situation zu bewältigen versuchen, indem Sie offen über die Probleme sprechen und sich um konstruktive Lösungen bemühen. Kinder sind natürliche Imitatoren; sie folgen

Ihrem Beispiel auch darin, wie sie mit Problemen umgehen. Ermutigen Sie ihn oder sie, neue Strategien einzuüben, Probleme zu artikulieren und um Hilfe zu bitten. Wenn Sie Probleme in der Familie offen diskutieren, vermitteln Sie Ihrem depressiven Kind, daß es immer einen Weg gibt, Konflikte zu lösen, indem man gemeinsam nach Alternativen sucht und überlegt, welche Konsequenzen sich aus den verschiedenen Optionen ergeben würden. Wenn Ihr Sohn zum Beispiel enttäuscht ist, weil er nicht als Spieler in das Basketballteam seiner Schule hineingewählt wurde, überlegen Sie gemeinsam, welchen anderen attraktiven Betätigungen er sich statt dessen nachmittags widmen könnte. Vielleicht kommt er darauf, daß er Spaß daran hätte, Gitarre spielen zu lernen oder sich im Schulparlament zu engagieren. Weisen Sie darauf hin, daß es immer mehr als eine Alternative gibt und daß er (oder sie) andere attraktive Wahlmöglichkeiten vielleicht noch nicht in Betracht gezogen hat.

Sie können regelmäßige «Familienkonferenzen» einführen, entweder formell, zu festgelegten Zeiten, oder informell, wenn es sich zum Beispiel nach dem Abendessen so ergibt, um den Teamgeist in Ihrer Familie zu stärken. Die «Sitzung» sollte damit beginnen, daß jedes Familienmitglied ungestört und ohne unterbrochen zu werden sein Anliegen vortragen kann; jeder und jede hat zum Beispiel drei oder fünf Minuten Redezeit, um zu artikulieren, was er oder sie zur Zeit als das größte Problem in der Familie wahrnimmt. Während dieser Redezeit sollten andere Familienmitglieder weder Fragen stellen noch Kommentare abgeben. Wenn alle ihre Chance zu sprechen gehabt haben, können die Eltern die Tagesordnungspunkte zusammenfassen und ein Problem (gewöhnlich das dringlichste) auswählen, das in dieser Sitzung bearbeitet werden soll. Dann sollten alle Familienmitglieder sich frei dazu äußern und Lösungsvorschläge machen. Es empfiehlt sich, die Vorschläge nicht sofort zu bewerten, sondern sie zum Beispiel auf einem Blatt Papier zu notieren und zum Schluß alle noch einmal vorzulesen. Erst dann sollte man die Alternativen gemeinsam abwägen und eine oder zwei auswählen, die man in der folgenden Woche ausprobieren wird. Bei der nächsten Familienkonferenz können alle Familienmitglieder darüber berichten, wie gut oder schlecht sie in der vergangenen Woche mit den gewählten Optionen zurechtgekommen sind.

Diese Art der familiären Kommunikation kann sich während des letzten – des Problemlösungsstadiums – des SAD als überaus wirkungsvolle und erfolgreiche Strategie erweisen.

Arbeiten Sie auch mit anderen Familienmitgliedern als Team zusammen, um Ihren depressiven Teenager vor potentiellen Gefahren zu schützen und Alkohol, Drogen oder Waffen von ihm oder ihr fernzuhalten. Besonders bei Kindern und Jugendlichen ist Suizid oft eine impulsive Reaktion auf Depressionen oder Enttäuschungen. Da die Endgültigkeit des Todes für Kinder unter zwölf Jahren schwer zu begreifen ist, helfen Sie Ihrem Kind zu erkennen, daß es keinen Weg zurück gibt, wenn man einmal tot ist. Wenn Ihr Kind Todeswünsche äußert oder Andeutungen über Selbstmord macht, schlagen Sie ihm vor, diese so endgültige Lösung zurückzustellen und zuvor einige andere Alternativen auszuprobieren. Im 11. Kapitel gehen wir ausführlicher auf das Problem der Selbstmordgefahr ein. Wenn Ihr Kind wiederholt über Selbstmord spricht oder einen Selbstmordversuch gemacht hat, legen Sie dieses Buch aus der Hand und suchen Sie unverzüglich professionelle Hilfe.

Behalten Sie diese Leitlinien bei Ihren Interaktionen mit Ihrem depressiven Kind immer im Auge. Denken Sie daran: das Ziel ist, die Konflikt- und Reaktionsphase hinter sich zu lassen und zu den Stadien der Informationssuche und der Problemlösung voranzuschreiten. Mit Hilfe der Familientherapie und der individuellen Therapie für Brian waren die Walkers in der Lage, sich ohne nennenswerte Krisen durch den SAD-Prozeß hindurchzubewegen. Herr und Frau Walker lernten, sich nicht die Schuld an Brians Depression zu geben, direkter miteinander und mit ihren Kindern zu kommunizieren und ihre Alltagsroutine trotz der starken negativen Gefühle, die Brians Depression in ihnen auslöste, aufrechtzuerhalten. Brians jüngere Schwestern verstanden, was eine Depression eigentlich ist, und lernten, wie sie auch in der veränderten Situation dafür sorgen konnten, daß ihre eigenen Bedürfnisse erfüllt wurden. Und Brian lernte, klarer und wirkungsvoller zum Ausdruck zu bringen, wie er sich fühlte, und seine Familie um Hilfe zu bitten. Als Familienteam wurden die Walkers sehr gut darin, Problemlösungsstrategien zu entwikkeln; sie waren in der Lage, zu kooperieren und der Depression gemeinsam entgegenzuwirken, statt sich aneinander aufzureiben.

In den folgenden Kapiteln werden wir uns zunächst den Beziehungen zwischen Erwachsenen und einem depressiven Elternteil zuwenden und dann diskutieren, was man in Freundschaftsbeziehungen tun kann, wenn eine Seite an einer Depression leidet. Danach werden wir zu den Problemen zurückkehren, die in allen Beziehungen mit depressiven Menschen – unabhängig vom Alter – auftreten können. Erinnern Sie sich daran: Ihr Ziel ist, mehr Wissen über das Problem der Depression zu sammeln; auf dieser Basis können Sie beginnen, Probleme mit Ihrem geliebten Menschen konstruktiver zu lösen.

5

Wenn ein alter Mensch depressiv ist

Albert war zweiundsiebzig Jahre alt. In den letzten Monaten hatte er oft über Übelkeit geklagt und seiner Tochter Diana sowie seinem siebzehnjährigen Enkel Jeff erzählt, er habe noch nie in seinem Leben etwas Ähnliches erlebt. Er wurde durch die Übelkeit in den frühen Morgenstunden wach, erklärte er, und konnte dann nicht wieder einschlafen. Er fühlte sich überhaupt recht elend und schwach. Diana bemerkte, daß ihr Vater tatsächlich krank aussah. Er hatte seine täglichen Spaziergänge aufgegeben, war wacklig auf den Beinen und erschien gebrechlicher, als sie ihn je gesehen hatte. Vor drei Jahren hatte Albert einen Herzinfarkt gehabt, aber er hatte sich relativ schnell davon erholt. Nun erschien er so schwach wie in den ersten Wochen, nachdem es passiert war. Aus der Sorge heraus, daß mit seinem Herzen vielleicht wieder etwas nicht stimmte, bot Diana ihm an, ihn zu seiner Kardiologin zur Untersuchung zu fahren.

Die Kardiologin konnte Diana beruhigen; Alberts Herz war völlg in Ordnung, aber auch sie war über die tägliche Übelkeit und die offensichtliche Schwäche ihres Patienten beunruhigt. Sie überwies ihn an einen Gastroenterologen. Der Spezialist verschrieb Albert ein Antiacidum und sagte ihm, er solle in einer Woche wiederkommen, wenn keine Besserung einträte. Erleichtert, daß es offenbar einen Grund und auch ein Heilmittel für seine Beschwerden gab, hielt Albert sich an die Anweisungen des Arztes. Aber seine Übelkeit blieb, und er wurde immer ängstlicher und hoffnungsloser. Jeff verbrachte viel Zeit bei seinem Großvater und machte sich große Sorgen, denn Alberts Zustand schien sich nicht im mindesten zu bessern. Albert und sein

Enkelsohn hatten sich immer sehr gut verstanden, und das machte es für Jeff um so schwieriger, den Großvater so leiden zu sehen.

Diana wurde allmählich irritiert und gereizt, als die Klagen ihres Vaters nicht abreißen wollten. Besonders ungeduldig reagierte sie auf seine negative Einstellung, was seine Heilungschancen betraf. Als eine enge Freundin bemerkte, Albert höre sich in letzter Zeit an wie ein «typischer alter Mann», der sich nur noch mit seinen Krankheiten und Wehwehchen beschäftigte, fiel ihr auf, daß sie das auch schon gedacht hatte. Auf Jeffs Drängen hin brachte sie Albert dennoch zu einem erneuten Untersuchungstermin bei seinem Gastroenterologen. Da Albert sich zu schwach und wacklig fühlte, um mit seinem eigenen Auto zu fahren, mußte Diana sich einen Tag freinehmen, um ihn in die Klinik zu chauffieren.

Dieses Mal wurde ein anderes Medikament verschrieben, und es half ein bißchen besser gegen die Übelkeit, aber Albert klagte, daß der Druck auf dem Magen ihn trotzdem noch im Morgengrauen aufweckte. Er fühlte sich schwächer und wurde immer unruhiger und furchtsamer. Frustriert ordnete sein neuer Arzt ein ganze Batterie von Tests und diagnostischen Prozeduren an, darunter auch eine Magenspiegelung, aber es wurde nichts gefunden. Diana mußte sich noch öfter freinehmen und kam mit ihrer Arbeit in Verzug, und sogar Jeff ließ sich mehrmals vom Unterricht befreien, um seinen Großvater zu einigen seiner zahlreichen Arzttermine zu fahren. In den sechs Wochen, in denen er bei dem Gastroenterologen in Behandlung war, hatte Albert acht Kilo abgenommen. Alle – der Arzt, Diana, Jeff und Albert selbst – waren zunehmend frustriert und beunruhigt. Schließlich schlug der Spezialist vor, Albert zur Beobachtung ins Krankenhaus einzuweisen, wo noch weitere, umfangreichere Untersuchungen vorgenommen werden sollten.

Im ersten Kapitel berichteten wir über Gail und ihre Mutter. Gail wurde sehr bald klar, daß ihre Mutter depressiv war, aber viele erwachsene Kinder depressiver Menschen erkennen die Depression bei ihren Eltern nicht. Diana interpretierte die Signale der Depression als Symptome einer physischen Krankheit und hielt die ständigen Klagen ihres Vaters für das typische Verhalten alter Menschen. Da Albert nie äußerte, daß er deprimiert oder traurig sei, kamen weder die Ärzte noch Diana und Jeff auf die Idee, daß eine klinische Depression die Ursache seines Leidens sein könnte, und auch Albert nahm es nicht so wahr. Diana und Jeff blendeten gewisse Beobachtungen aus. Sie zogen die Möglichkeit, daß eine Depression für die Konflikte in ihrer Beziehung zu Albert verantwortlich sein könnte, überhaupt nicht in Betracht. Sie fragten sich vielmehr, ob eine komplizierte Krankheit oder Alberts Persönlichkeitsstruktur oder sein hohes Alter die Ursachen der Schwierigkeiten seien. Sie steckten zwischen dem Reaktionsstadium des SAD und der Phase der Informationssuche fest.

Um die Probleme, die sich in der Beziehung mit einem depressiven Menschen ergeben, in konstruktiver Weise angehen zu können, ist es jedoch notwendig, mehr Informationen zu Verfügung zu haben und zu begreifen, was eine Depression eigentlich beinhaltet.

In diesem Kapitel werden wir verbreitete Probleme untersuchen, die häufig auftauchen, wenn ein alter Mensch depressiv ist. Als erwachsene Kinder oder als Heranwachsende werden Sie davon profitieren, die speziellen Probleme zu verstehen, die sich ergeben können, wenn Ihre alte Mutter, Ihr Vater oder Großvater depressiv ist. Zu diesen besonderen Problemen gehören die Kluft zwischen den Generationen, die Mißverständnisse begünstigen kann, die größere Neigung erwachsener Kinder, die Situation allein und ohne Hilfe von außen in den Griff zu bekommen, der Impuls, den alten Menschen zu bemuttern oder in die Position des Kindes zu verweisen, und die Frage, wie und wo man die richtige Art von professioneller Hilfe für alte Menschen findet.

Depression im Alter

Neuere Studien zeigen, daß die Gefahr einer Depression bei Männern und Frauen im Alter von fünfundsechzig Jahren und darüber dreimal so hoch ist wie das Herz- oder Gehirninfarktrisiko. Eine Studie von drei Jahren Laufzeit, die mehr als 10.000 ältere Menschen mit diagnostizierter Hypertonie (erhöhter Blutdruck) umfaßte, kam zu dem Ergebnis, daß die Infarktrate bei Teilnehmerinnen und Teilnehmern, die Symptome von Depression zeigten, um 2,7 % höher lag als bei jenen, die wegen Hypertonie in Behandlung, aber nicht depressiv waren. Diese Forschungsergebnisse unterstreichen, daß Depression bei älteren Menschen unbedingt behandelt werden sollte, nicht nur, um ihre Lebensgeister wieder zu wecken, sondern auch, um ihre physische Gesundheit zu schützen.

Andere Studien ergaben, daß alte Menschen mit Depressionen sich von Krankheiten wie Herzinfarkten, Frakturen des Hüftknochens oder schweren Infektionen wie Pneumonie langsamer erholten als nichtdepressive Patienten, und daß sie größere Schwierigkeiten hatten, nach Krankheiten jeder Art normale Funktionen wie das Gehen ohne Hilfe wiederzuerlangen. Manche Forschungsergebnisse weisen sogar darauf hin, daß langanhaltende Depressionen die Funktionen des Immunsystems beeinträchtigen. Außerdem kann die verlangsamte Genesung von Krankheiten aller Art die Depression verschlimmern. Mit anderen Worten: Unbehandelte Depressionen bei älteren und alten Menschen können zu gravierenderen Problemen als emotionalem Leiden führen.

Eine der großen Schwierigkeiten bei der Erkennung von Depressionen liegt darin, daß gewisse Medikamente, die alten Menschen wegen diverser Störungen häufig verschrieben werden, nicht selten Nebenwirkungen erzeugen, die mit den Symptomen der Depression verwechselt werden können: Gereiztheit, Schlafstörungen, Veränderungen des Appetits, Gewichtsverlust, Müdigkeit. Darüber hinaus können gewisse Krankheiten einige der Symptome der Depression imitieren.

Der beste Weg herauszufinden, ob Ihr alter Familienangehöriger depressiv oder krank ist, oder ob er unter Nebenwirkungen von Medikamenten leidet, ist dieser: Haben Sie ein Auge darauf, daß der Arzt, der seinen oder ihren Gesundheitszustand überwacht, auch tatsächlich über alle diese Aspekte im Bilde ist. Die erste Anlaufstelle bei gesundheitlichen Problemen ist gewöhnlich der Hausarzt, der alle weiteren möglicherweise notwendigen Spezialuntersuchungen oder Behandlungen in die Wege leitet und koordiniert. Sinnvoll und effizient ist das jedoch nur dann, wenn der Arzt über alle Untersuchungen und/oder Medikamente, die Ihr Angehöriger erhalten hat, unterrichtet ist und nicht nur über jene, die er selbst verschrieben oder angeordnet hat. Fragen Sie den Hausarzt nach Nebenwirkungen oder Wechselwirkungen von Medikamenten, die Ihr alter Angehöriger einnimmt, und stellen Sie sicher, daß er über jede Behandlung, die Ihr Angehöriger – auch von anderen Ärzten, Spezialisten – erhält, unterrichtet ist. Ein Arzt, der die Krankengeschichte seines Patienten kennt und genau weiß, welche Tests vorgenommen wurden und welche Medikationen verordnet wurden, ist besser in der Lage, medizinische Probleme, die Symptome einer Depression imitieren können, auszuschließen.

Die Spezialisten, die Albert aufsuchte, waren kompetente und engagierte Ärzte, aber sie waren nicht dafür ausgebildet, eine Depression zu erkennen, und es war niemand da, der Alberts Behandlung allgemein überwachte und koordinierte. Da die Spezialisierung innerhalb der Medizin in unserer Zeit so weit fortgeschritten ist und sich immer weiterentwickelt, ist es für den einzelnen zweifellos schwierig, wenn nicht unmöglich, auf allen Gebieten versiert zu sein. Mittlerweile haben medizinische Zentren und Institutionen jedoch begonnen, auf diese Situation zu reagieren, unter anderem durch Ausbildungsprogramme, die Ärzten, vor allem Allgemeinmedizinern, helfen, psychosomatische Erkrankungen und affektive Störungen wie Depressionen zu erkennen. Wenn einer seiner Ärzte an einem solchen Ausbildungsprogramm teilgenommen hätte, wäre Alberts Depression sehr viel früher diagnostiziert worden.

Wenn Sie den Verdacht haben, daß Ihr alter Angehöriger depressiv ist, sorgen Sie dafür, daß er oder sie einen Psychologen oder Psychiater konsultiert, der sich mit affektiven Störungen bei alten Menschen auskennt. Scheuen Sie sich nie, einen Arzt, Psychologen oder Psychotherapeuten nach seinem Fachgebiet, seinem Ausbildungshintergrund und seinen praktischen Erfahrungen zu fragen. Solche Fragen sind vernünftig, sinnvoll und verständlich. Wenn ein Arzt oder Psychotherapeut darauf beleidigt oder abweisend reagiert, sind Sie wahrscheinlich besser beraten, sich einen anderen zu suchen.

Depression und die Kluft
zwischen den Generationen

Auf dem Gebiet der Psychiatrie und der Psychotherapie hat sich im Lauf der letzten zwanzig Jahre eine Revolution ereignet; Medikationen und Psychotherapien, die speziell auf die Behandlung von Depressionen zugeschnitten sind, wurden verfeinert und wissenschaftlich getestet. Mittlerweile stehen Behandlungsmethoden für Depressionen zur Verfügung, die beinahe ausnahmslos erfolgreich sind. Fraglich ist nur, ob ein Mensch, der an Depressionen leidet, sich auch in Behandlung begibt. Schätzungen zufolge gibt es in den USA Fälle von unbehandelten Depressionen in Millionenhöhe. Viele dieser Menschen durchleiden ihre Depression, ohne je Hilfe zu suchen. Sie gehen durch das dunkle Tal hindurch und kommen auf der anderen Seite wieder heraus, vollständig genesen. Aber sie leiden unnötig, monate- oder jahrelang, und manche erholen sich nie. Zu den Risiken einer unbehandelten Depression gehören die Vernachlässigung oder Schädigung der physischen Gesundheit und Suizid. Wenn die Depression eines alten Menschen, der Ihnen nahesteht, rasch erkannt und adäquat behandelt wird, erspart ihm das unnötiges Leiden und vielleicht sogar einen vorzeitigen Tod.

Nachdem Sie in Ihrer Lektüre bis hierher fortgeschritten sind, können Sie die Merkmale einer Depression wahrscheinlich ziemlich klar identifizieren, aber der Generationsunterschied kann Ihr Urteil dennoch trüben und Sie und Ihre alte Mutter oder Ihren alten Vater daran hindern, die Störung unmittelbar als das zu erkennen, was sie ist. Und wenn sie einmal erkannt ist, können Generationenkonflikte es schwierig machen, den alten Menschen dazu zu bewegen, daß er – oder sie – professionelle Hilfe in Anspruch nimmt.

Aufgrund der revolutionären Entwicklung der letzten zwanzig Jahre, die nicht nur zu differenzierteren medikamentösen Therapien, sondern auch zu einer veränderten Einstellung affektiven Störungen gegenüber und zu einer wachsenden Akzeptanz, ja, Popularität psychotherapeutischer Methoden geführt hat, sind heute mehr Menschen denn je in Psychotherapie oder nehmen Antidepressiva. Vermutlich kennen Sie mindestens eine Person, die sich in Psychotherapie befindet, aber es ist weitaus weniger wahrscheinlich, daß auch Ihr alter Vater oder Ihre alte Mutter solche Kontakte hat. Noch in den siebziger Jahren haftete Menschen, die sich wegen psychischer Probleme in Behandlung begaben, ein soziales Stigma an. Sie galten als besonders labil, wurden bemitleidet, weil sie «Nervenzusammenbrüche» hatten, wie man damals noch sagte, oder wurden als «Durchgeknallte» etikettiert. Zwar existiert diese Stigmatisierung auf einer subtileren Ebene immer noch, aber es herrscht bei weitem nicht mehr dasselbe Maß an Ignoranz und Intoleranz.

Wir haben in unserer Sozialisation fast alle gelernt, daß unsere Stimmungen und Gefühle Privatangelegenheiten sind, die man mit sich selbst abmacht oder allenfalls im engsten Freundes- oder Familienkreis zeigt oder artikuliert. Die althergebrachten Vorstellungen, wie man mit seinen eigenen Tiefs, beziehungsweise den Depressionen anderer Menschen am besten umgeht, äußern sich in Ratschlägen wie «Nimm's nicht so schwer», «Das gibt sich schon wieder», «Sieh doch mal das Positive», «Komm, wir gehen einen trinken, das hilft dir wieder auf die Beine». Stoisches Schweigen ist ein weiterer überholter Weg, eine Depression zu bewältigen. Wenn der alte Mensch, der Ihnen nahesteht, mit seiner eigenen Depression auf diese Weise umgeht, steigen Sie vielleicht unwillkürlich auf die vertraute Linie ein. Wenn ein alter Mensch nie Kontakte zu Leuten hatte, die psychotherapeutische Hilfe in Anspruch genommen haben, wenn er über die neueren Entwicklungen im Bereich der Behandlung von affektiven Störungen nicht im Bilde ist, wird er sich eher an althergebrachten, populären Vorstellungen orientieren als an modernen psychologischen oder wissenschaftlichen Erkenntnissen.

Dianas Vater war der Ansicht, er habe «das Recht», depressiv zu sein. Er war zweiundsiebzig, er war Witwer, und er konnte vielen Aktivitäten und Beschäftigungen, an denen er früher Freude hatte, nicht mehr nachgehen. In einem Punkt hatte er recht: Nach dem Tod eines langjährigen Ehepartners gehen die meisten Menschen durch eine Phase tiefer Trauer, die sich geradezu lähmend auswirken kann – das ist nur natürlich. Und der Verlust der früheren Mobilität und Vitalität im Alter kann sehr deprimierend sein, ja, sogar klinische Depressionen auslösen. Es ist jedoch *nicht* natürlich, daß die Depression zum Dauerzustand wird, ohne Linderung und Hilfe zur Bewältigung.

Albert litt sehr unter dem Verlust seiner früheren Autonomie. Er schämte sich, daß er jetzt so sehr von Diana und Jeff abhängig war. Er empfand es als demütigend, nicht mehr selbst Auto fahren zu können und immer darauf angewiesen zu sein, daß sie ihn umherchauffierten. Die Vorstellung, jetzt zusätzlich zu seiner Abhängigkeit in äußeren Dingen auch noch fremde Hilfe für seine persönlichen Probleme in Anspruch zu nehmen, war ihm unerträglich; er wäre sich wie ein «totaler Versager» vorgekommen. Er war stolz auf seine Tochter und seinen Enkel, und es fiel ihm leichter, wie er sagte, sich auf ihre emotionale Unterstützung zu verlassen, als seine «Niederlage» einzugestehen und mit einem «völlig Fremden» über seine Probleme zu sprechen. Was Albert nicht klar war: Sein Gefühl, ein «Versager» zu sein, war tatsächlich ein Symptom seiner Depression und nicht etwa ein reales Merkmal seiner Persönlichkeit. Er steckte in der Reaktionsphase des SAD fest und zog voreilige Schlüsse in bezug darauf, was mit ihm nicht stimmte. Sachliche Informationen über das Problem der Depression hätten helfen können, die Konflikte, die sich in seinen Beziehungen zu seiner Tochter und seinem Enkel entwickelten, zu vermeiden oder wenigstens zu reduzieren.

Diana und Jeff standen vor einer sehr schwierigen Aufgabe. Sie mußten nicht nur gegen die Depression ankämpfen, die von Alberts Persönlichkeit Besitz ergriffen hatte, und auf sein angeschlagenes Selbstwertgefühl Rücksicht nehmen, sondern sahen sich auch mit seinen Vorurteilen konfrontiert, was es bedeutete, psychotherapeutische Hilfe in Anspruch zu nehmen. Jeff, der in einem anderen Zeitklima aufgewachsen war, betrachtete es als völlig normal, Beratung zu suchen, wenn man psychische Probleme hatte. Selbst sein Idol, der Rockstar Bruce Springsteen – das war in der Zeitschrift *Rolling Stone* zu lesen –, hatte in einem Interview gesagt: «Meine Therapie war die beste Entscheidung, die ich je getroffen habe.» Und Bruce Springsteen, berühmt und erfolgreich, konnte man wohl kaum als «Versager» bezeichnen! Aber da Jeff die Einstellung seines Großvaters kannte und fühlte, wie brüchig die Selbstachtung des alten Mannes war, schob er es hinaus, mit ihm über Psychotherapie zu sprechen und versuchte, das Problem im Alleingang zu lösen. Immer häufiger verbrachte er seine Abende mit Albert und hörte zu, wenn der

Großvater seine Resignation und Verzweiflung über sein jetziges Dasein zum Ausdruck brachte. Albert wußte Jeffs Zuwendung zu schätzen und lobte ihn oft: «Ich wüßte gar nicht, was ich ohne dich machen sollte», oder «Wie reif du doch für dein Alter bist!» Das machte Jeff stolz und gab ihm ein warmes Gefühl, aber andererseits stauten sich in ihm allmählich auch Ungeduld und Groll. Da ihm dieser Groll nicht klar bewußt war, ließ er hin und wieder unwillkürlich kleine Bemerkungen fallen, die seine Verärgerung zeigten, zum Beispiel, daß er kaum noch dazu komme, sich mit seinen Freunden zu treffen. Albert sagte dann: «Ich weiß, daß ich im Augenblick eine furchtbare Belastung für dich bin, und ich habe ein ganz schreckliches Gefühl dabei. Du solltest wirklich mit deinen Freunden zusammen sein.» Damit brachte er klar zum Ausdruck, daß er verstand, welche Bürde er Jeff durch seine Depression auferlegte. Aber Diana hatte Jeff beigebracht, daß Familien in der Not zusammenhalten, und er war davon überzeugt, daß er das Richtige tat. Er hatte Schuldgefühle, weil er sich wünschte, mit seinen Freunden ausgehen zu können, statt sich um seinen Großvater zu kümmern, und faßte im Stillen den Entschluß, sich nie wieder zu beklagen. Er begrub seine Wutgefühle, und das hatte zur Folge, daß er selbst zunehmend verstimmt und gereizt wurde und sich sozial isolierte. So saßen Jeff, Diana und Albert im Teufelskreis der Depression fest, unfähig sich herauszuziehen, geschweige denn, einander zu helfen.

Zwischen Diana und Jeff kam es jetzt oft zu heftigem Streit, weil Jeff seine Pflichten im Haushalt nicht erledigte, die Schule vernachlässigte und zu Hause mürrisch und mißgelaunt herumschlich. Als der Druck dieser Probleme zunahm, überwand Diana ihren Widerstand und entschloß sich, mit ihrem Sohn zur Familienberatung zu kommen.

Im Lauf unserer Sitzungen wurde deutlich, wie wütend Jeff über die Erwartungshaltung und die ständigen Ansprüche seines Großvaters war. Er steckte in der Reaktionsphase fest und fand keinen Weg, die Probleme gemeinsam mit Diana und Albert konstruktiv anzugehen. Als er sich allmählich öffnete, gestand er – wenn auch zögernd – ein, daß er über den Umgang mit eigenen und mit familiären Problemen ganz andere Vorstellungen hatte als seine Mutter. Er sagte, er würde in jedem Fall mit einem kompetenten Berater sprechen wollen. Diana, die in ihren eigenen Reaktionen auf Alberts Depression gefangen war, erklärte, sie glaube nicht, daß die Probleme ihres Vaters auf eine «Geisteskrankheit» zurückzuführen seien. Wir wiesen sie darauf hin, daß sie die emotionalen Probleme ihres Sohnes immerhin wichtig genug genommen hatte, um Beratung zu suchen. Glaubte sie, daß die emotionalen Probleme ihres Vaters «nicht ernst genug» seien? Im anschließenden Gespräch konzentrierten wir uns darauf, ihre Ansichten über Depressionen und wie man damit umgehen sollte infrage zu stellen. Wir konfrontierten sie mit unserer eigenen Auffassung, die Jeff teilte, wie sich herausstellte, daß es nämlich keineswegs ein Zeichen von Schwäche ist, professionelle Hilfe zu suchen, sondern vielmehr ein Zeichen von gesundem Selbstbewußtsein und Stärke. Ihre erste Reaktion darauf war: «Was sollten Sie wohl sonst sagen, es ist schließlich Ihr Geschäft!» In den folgenden Sitzungen änderte sich ihre Haltung jedoch allmählich. Um zu illustrieren, was wir meinten, führten wir das Beispiel eines Alkoholikers an, der sich nicht in Behandlung begibt, weil sein Stolz es nicht zuläßt, und dessen engste Angehörige nichts unternehmen, weil sie sonst das Gefühl hätten, illoyal zu sein. Das schien etwas zu bewirken. Diana erkannte nun, daß psychische Probleme wichtig genug sind, um Hilfe von außen zu rechtfertigen. Sie verstand auch ohne weiteres, daß überholte Vorstellungen wie «Ich fühle mich wie ein Versager, wenn ich zu einem Therapeuten gehe» zu unnötigem Leiden führen können. Und es wurde ihr klar, daß Alberts übergroße Abhängigkeit von ihr und ihrem Sohn die Situation tatsächlich für alle Beteiligten schlimmer machte.

Paradoxerweise reagierte Jeff zunächst mit Widerstand, als Diana ihm vorschlug, ihn am nächsten Wochenende von seinem Besuch bei Albert zu entbinden und selbst zu ihrem Vater zu fahren, um mit ihm über die Möglichkeiten einer psychotherapeutischen Behandlung zu sprechen. Jeff, der noch tief in den depressiven Zyklus verstrickt war, hatte Schuld- und Beschützergefühle seinem Großvater gegenüber. Er machte sich Sorgen, daß Albert sich gedemütigt fühlen und noch depressiver reagieren würde, wenn er zu einem Therapeuten ginge. Aber als Diana ihm versicherte, sie habe nun eingesehen, daß Albert eine Art von Hilfe brauchte, die seine Familie ihm nicht geben konnte, wurde ihm klar, daß seine Mutter ihre Einstellung wirklich geändert hatte. Sie hatte erkannt, daß nicht alle emotionalen Probleme innerhalb der Familie gelöst werden können.

Durch diese neuen Einsichten gestärkt, setzte Diana sich mit ihrem Vater zusammen und ermutigte ihn, es mit einer psychotherapeutischen Behandlung zu versuchen. Obwohl Albert dieser Idee zuerst erheblichen Widerstand entgegensetzte, willigte er schließlich ein, es wenigstens zu probieren, da ja sonst nichts zu helfen schien. So wurde eine Brücke über die Kluft zwischen den Generationen geschlagen – zumindest in der Frage der professionellen Hilfe bei psychischen Problemen, und Albert und seine Lieben hatten das Stadium der Problemlösung erreicht.

Seien Sie realistisch in Ihren Erwartungen

Kinder depressiver Menschen reagieren sehr häufig so, daß sie mit dem Elternteil die Rollen tauschen und davon ausgehen, sie könnten selbst dafür sorgen, daß alles wieder in Ordnung kommt. Das gilt für kleinere Kinder ebenso wie für Heranwachsende und erwachsene Kinder alter Eltern. Der Drang, für den Vater oder die Mutter das zu tun, was sie für das Kind getan haben, kann überwältigend sein.

Sie können einem depressiven Menschen durch liebevolle Zuwendung und Unterstützung zweifellos helfen, aber seine Depression mit diesen Mitteln allein nicht heilen. Depressionen werden durch Medikamente und/oder Psychotherapie geheilt, und zwar unter der Aufsicht von gut ausgebildeten, kompetenten Fachleuten. Wenn Sie als Kind hohes Fieber hatten, das nach zwei oder drei Tagen nicht von selbst zurückging, beschränkten Ihre Eltern sich dann darauf, Ihnen liebevolle Fürsorge, Zuwendung und Aspirin zu geben? Doch wohl nicht! Ihre Eltern wußten, wo ihre eigenen Grenzen lagen, und riefen den Kinderarzt an.

Diana und Jeff taten für Albert, was sie konnten. Sie wußten, daß ein Besuch, ein gutes Gespräch oder einfach das Zusammensein ihm halfen, sich besser zu fühlen. Aber Alberts Depression hielt dennoch unvermindert an, wie ein Fieber, dessen Ursachen man ignoriert. Diana und Jeff wollten für Albert dasein, wie er für sie dagewesen war, als sie selbst Kinder waren. Aber sie gerieten in den Sog des depressiven Zyklus hinein, ohne es zu bemerken, und fanden nur mit Mühe wieder heraus.

Suchen Sie Hilfe

Als Kind eines depressiven Elternteils müssen Sie eine Falle besonders sorgfältig vermeiden: das «Es-ist-eine-Familienangelegenheit»-Syndrom. Eines der Symptome der Depression ist soziale Isolation. Familienmitgliedern aus dem Weg zu gehen ist für einen depressiven Menschen jedoch schwieriger, als sich von Freunden zurückzuziehen. Sie rufen Ihren depressiven alten Angehörigen vielleicht oft an oder besuchen ihn regelmäßig, oder er lebt mit Ihnen zusammen. Wenn Sie im Flur stehen und darauf warten, daß er aus dem Badezimmer kommt, wird es schwierig für ihn, den Kontakt mit Ihnen zu vermeiden. In manchen Fällen ziehen sich depressive alte Menschen auch von ihrer Familie zurück; häufiger ist es jedoch so, daß die gesamte Familie in die soziale Isolation hineingezogen wird.

Als Alberts Depression begann, sahen Diana und Jeff ihre Freunde praktisch überhaupt nicht mehr, weil der größte Teil ihrer Zeit von Alberts Bedürfnissen in Anspruch genommen wurde. Aus einem Gefühl der familiären Loyalität heraus vermieden sie es auch, mit ihren Freunden über die Situation zu sprechen, aber diese Art der Loyalität erwies sich für keinen von ihnen als hilfreich. Albert ging es schlechter, Jeff bekam Probleme in der Schule, und Diana fühlte sich überlastet. Diana und Jeff verwechselten Isolation mit Loyalität.

Führen Sie sich das folgende Beispiel vor Augen: Ihr Vater hat ein ernstes Alkoholproblem, so ernst, daß ihm der Führerschein bereits einmal wegen Trunkenheit am Steuer abgenommen wurde. Er bekam seinen Führerschein zurück, verursachte aber vor kurzem wieder einen Unfall, bei dem er sein eigenes Auto zu Schrott fuhr. Nun kommt er zu Ihnen und bittet Sie, ihm ausnahmsweise Ihr Auto zu borgen, weil er zu einer Hochzeit eingeladen ist. Sie sagen ihm, daß Sie Ihr Auto an diesem Tag selbst brauchen, gehen also der direkten Konfrontation mit dem Problem aus dem Weg. Kurz darauf hören Sie, daß Ihr Vater einen

Nachbarn gebeten hat, ihm seinen Wagen zu leihen, und dieser Nachbar weiß nichts vom Alkoholproblem des alten Herrn. Sie wissen, daß Ihr Vater ein exzellenter Fahrer ist, solange er nüchtern bleibt, aber sie können seinen Versprechungen, daß er beim Hochzeitsempfang keinen Tropfen trinken wird – oder zumindest nicht fahren wird, wenn er trinkt – keinen Glauben schenken, denn er konnte sich auch in der Vergangenheit nicht kontrollieren. Wo liegen nun Ihre Verantwortung und Ihre Loyalität? Schweigen Sie, wie Ihr Vater es verlangt hat, weil sein Problem «niemanden außerhalb der Familie etwas angeht», oder klären Sie den nichtsahnenden Nachbarn auf? Als verantwortungsbewußter erwachsener Mensch würden Sie vermutlich tun, was Sie tun müssen – auch auf die Gefahr hin, die Familienloyalität zu verletzen –, um zu verhindern, daß Ihr Vater in einer Situation, in der sozialer Druck herrscht, Alkohol trinkt, wenn er mit dem Auto, und dazu noch einem geliehenen Auto, unterwegs ist.

Dieses Szenarium ist natürlich viel drastischer und die Frage, wie Sie mit Ihren Loyalitätsgefühlen und Ihrer Verantwortung umgehen, ist viel leichter zu entscheiden. Die Sicherheit Ihres Vaters und die Sicherheit anderer Menschen hat absolute Priorität. Heute werden die Eigengefährdung und die Gefährdung anderer durch Trunkenheit am Steuer so ernst genommen wie sie es verdienen. Noch vor dreißig Jahren stand man diesem Problem in den USA mit einer gewissen Laissez-faire-Haltung gegenüber. In alten Filmen mit Cary Grant, W.C. Fields und vielen anderen Stars wurde Betrunkensein oft als lustig und Autofahren in betrunkenem Zustand als komische Situation dargestellt, und im Kino kann das tatsächlich sehr lustig sein, aber nicht in der Realität. Uns allen ist mittlerweile bekannt, wie stark Alkohol die Reaktionsfähigkeit herabsetzt und die Urteilsfähigkeit trübt, und daß Trunkenheit am Steuer als ernstes Delikt verfolgt wird. Wir reagieren auf diese genauere Kenntnis der Zusammenhänge, und unsere Bereitschaft, uns den destruktiven und selbstzerstörerischen Tendenzen von Menschen, die uns nahestehen, zu widersetzen, ist in diesem Bereich sehr viel größer geworden, auch wenn das bedeutet, daß wir uns auf eine offene Konfrontation einlassen.

Bei einer Depression ist das Gefahrenpotential nicht so offensichtlich, aber es ist dennoch vorhanden. Wenn Diana und Jeff mehr über die Gefahren und Probleme gewußt hätten, die eine unbehandelte Depression mit sich bringt, hätten sie für ihre Loyalität Albert gegenüber vermutlich andere Ausdrucksformen gefunden. Eine klinische Depression nicht behandeln zu lassen, ist selbstzerstörerisch und gefährlich. Und sich dem Wunsch eines depressiven Angehörigen zu fügen, so weiterzumachen, als wäre nichts, ist falschverstandene Loyalität.

Den richtigen Arzt finden

Alte Menschen und ihre Probleme stellen für Ärzte und andere helfende Berufe eine besondere Herausforderung dar. Deshalb gibt es in der Medizin, der Psychologie und der Sozialarbeit eine Spezialisierung auf Geriatrie. Dennoch machen viele wohlmeinende und engagierte Ärzte denselben Fehler, den Diana mit Albert machte: Sie nehmen eine Altersdepression nicht wahr, weil sie die Symptome als «typische Altersprobleme» mißdeuten. Machen wir uns einmal klar, wie leicht wir in Generalisierungen verfallen, wenn es um alte Menschen geht. Viele von uns glauben, alte Leute würden senil. Ist Senilität ein «normaler» Aspekt des Alterungsprozesses? Absolut nicht! Menschen, die über fünfundsechzig Jahre alt sind, entwickeln nur zu 1 % Symptome von Senilität.

Ärzte und Therapeuten sind gegen solche Generalisierungen nicht immun. Wenn Sie um die physische Gesundheit Ihrer alten Mutter oder Ihres alten Vaters besorgt sind, sorgen Sie dafür, daß er oder sie einen Arzt aufsucht, der auf Geriatrie spezialisiert ist. Wenn Sie vermuten, daß die Probleme Ihres alten Angehörigen mit einer Depression in Zusammenhang stehen könnten, suchen Sie Hilfe bei einem Psychologen oder Psychiater, der die Arbeit mit geriatrischen Patienten als Fachgebiet gewählt hat. Ärzte oder Therapeuten, die sich mit affektiven Störungen bei alten Menschen nicht auskennen, sind vielleicht nicht in der Lage, die korrekte Diagnose zu stellen. (Im 14. Kapitel gehen wir genauer darauf ein, wo und wie Sie adäquate Hilfe für alte Menschen mit Depressionen finden können.)

Epidemiologische Studien zeigten, daß 32 Millionen Amerikanerinnen und Amerikaner im Alter von fünfundsechzig Jahren und darüber an irgendeiner Form der klinischen Depression leiden. Schätzungen zufolge bleiben 75 % dieser Fälle undiagnostiziert und unbehandelt. Eine große Zahl dieser Menschen wird statt dessen routinemäßig wegen anderer, physischer Störungen behandelt, von Ärzten, die nicht erkennen, daß ihre Patienten depressiv sind. Ein Grund dafür, daß Depressionen so häufig unerkannt bleiben, liegt darin, daß Ärzte nicht danach fragen. Und alte Leute bringen das Problem von sich aus gewöhnlich nicht zur Sprache, was zum Teil an der in ihrer Generation vorherrschenden Stigmatisierung von psychischen Störungen liegt.

Wenn Sie noch unsicher sind, wie weit die Depression Ihres alten Angehörigen Sie und Ihre Beziehung beeinträchtigt hat, nehmen Sie den folgenden Test zu Hilfe. Denken Sie daran, Ihre eigenen Gefühle und Reaktionen als Leitfaden zu benutzen, wenn Sie die Fragen beantworten.

Wie problematisch ist Ihre Beziehung zu Ihrer alten Mutter/ Ihrem alten Vater durch ihre/seine Depression geworden?

Kreuzen Sie bei allen Fagen «Ja» oder «Nein» an.

1. Ja Nein Haben Sie das Gefühl, daß Ihr depressiver alter Angehöriger Ihnen besonders wenig Wertschätzung entgegenbringt oder Sie ablehnt?
2. Ja Nein Haben Sie weniger Lust, mit ihm/ihr zusammenzusein?
3. Ja Nein Fühlen Sie sich frustriert, weil Ihre Hilfsangebote zurückgewiesen werden?
4. Ja Nein Stellen Sie fest, daß Sie ihm/ihr fast ihre gesamte freie Zeit opfern und kaum noch Freunde sehen oder an geselligen Anlässen teilnehmen?
5. Ja Nein Bemerken Sie an sich selbst Zeichen von Depression (Niedergeschlagenheit, weniger Interesse an Ihren gewohnten Aktivitäten, weniger Lebensfreude, Schlaf-, Appetits-, Gewichts- oder Konzentrationsprobleme, Energiemangel, Gefühle der Wertlosigkeit)?

6. Ja Nein Streiten Sie und Ihr alter Angehöriger häufiger oder heftiger?
7. Ja Nein Bürden Sie sich soviel Verantwortung auf, daß Sie sich überfordert fühlen?
8. Ja Nein Haben Sie im Beruf mehr Streß als gewöhnlich?
9. Ja Nein Fühlen Sie sich einsamer oder stärker isoliert als gewöhnlich?
10. Ja Nein Sind Sie nervöser, angespannter oder ängstlicher, seit Ihr Vater/Ihre Mutter depressiv ist?
11. Ja Nein Verwenden Sie immer mehr Zeit darauf, Dinge für ihn/sie zu erledigen, die er/sie vorher gut allein bewältigen konnte?
12. Ja Nein Haben Sie in letzter Zeit mehr Alkohol getrunken als gewöhnlich oder andere Drogen genommen?
13. Ja Nein Sind Sie mit Ihrer Arbeit in Verzug gekommen, seit Ihre Mutter/Ihr Vater depressiv ist?
14. Ja Nein Machen Sie sich Sorgen, daß er/sie nicht mehr leben will?
15. Ja Nein Haben Sie und Ihre Mutter/Ihr Vater Kommunikationsprobleme (fallen Sie einander ins Wort, äußern Sie sich in herabsetzender Weise, hören Sie einander nicht zu)?
16. Ja Nein Stellen Sie fest, daß Sie härter reagieren als Sie beabsichtigten, wenn Sie auf ihn/sie wütend sind?
17. Ja Nein Fühlen Sie sich öfter krank als gewöhnlich?
18. Ja Nein Haben Sie mehr Zeit aufgewandt als sonst, um dafür zu sorgen, daß Ihr Vater/Ihre Mutter wegen physischer Probleme medizinische Fürsorge erhält?
19. Ja Nein Werden Sie zunehmend ungeduldig; denken Sie, er/sie sollte «endlich wieder zu sich kommen»?

Bewertung
Zählen Sie durch, wie oft Sie «Ja» angekreuzt haben.

19–13:   Sehr problematisch; es ist Zeit, Hilfe zu suchen
Sie selbst und Ihre Beziehung zu Ihrem alten
Vater/Ihrer alten Mutter sind definitiv durch
seine/ihre Depression beeinträchtigt. Sie erfahren viele der klassischen Nebenwirkungen der
Depression und sind in Gefahr, selbst depressiv
zu werden. Ihr Verhältnis zueinander ist stark
in Mitleidenschaft gezogen, und die negativen
Interaktionen zwischen Ihnen können dazu
führen, daß die Depression Ihres alten Angehörigen sich verschlimmert. Es besteht die Gefahr, daß es in Ihrer Beziehung zu schweren
Problemen kommt, wie wachsender Feindseligkeit, dem Zusammenbruch der Kommunikation und Entfremdung. Sie und Ihr geliebter
Mensch sollten sich unbedingt genauer darüber
informieren, wie eine Depression sich auf die
nächste Umgebung des Betroffenen und auf
Beziehungen auswirkt. Sie sollten auf jeden Fall
einen Psychiater oder Psychologen konsultieren – in Ihrem eigenen Interesse und im Interesse Ihres alten Angehörigen.

12–7:   Ziemlich problematisch; es besteht Anlaß zur
Besorgnis
Sie selbst und Ihre Beziehung sind durch die
Depression Ihres alten Angehörigen beeinträchtigt. Vielleicht fühlen Sie sich überlastet
und gestreßt, empfinden Wut auf Ihren Vater/
Ihre Mutter oder fühlen sich ihm/ihr entfremdet. Sie sollten sich genauer über Depressionen
und Ihre Nebenwirkungen informieren. Es
wäre in Ihrem eigenen Interesse und im Interesse Ihrer Beziehung auch sinnvoll, einen
Psychiater oder Psychologen zu konsultieren.
Wenn Sie jetzt handeln, können Sie viele der to-

xischen Nebenwirkungen der Depression neutralisieren, bevor es zu wirklich gravierenden
Problemen kommt.

6 oder weniger: Unproblematisch oder kaum problematisch;
halten Sie die Augen offen
Obwohl es in Ihrer Beziehung einige Schwierigkeiten gibt, ist es wenig wahrscheinlich, daß
eine Depression die Ursache ist. Vermutlich
sind andere Faktoren dafür verantwortlich. Da
Depressionen aber so weit verbreitet sind und
sich so massiv auf nahestehende Menschen und
Beziehungen auswirken können, sollten Sie
wachsam sein und auf die Warnzeichen achten.
die in den Fragen beschrieben werden.

Was können Sie tun,
wenn ein Elternteil depressiv ist?

Seien Sie realistisch in Ihren Erwartungen. Wenn die Mittel versagen, durch die Sie Ihren alten Angehörigen bisher aufheitern
oder ihm eine Stütze sein konnten, müssen Sie umdenken und
Ihre Erwartungen, wie effizient Sie helfen können, überprüfen.

Erhalten Sie Ihre Alltagsroutine aufrecht. Wenn jemand, den wir
lieben, leidet, tun wir gewöhnlich alles, was in unserer Macht
steht, um ihm oder ihr zu helfen, und haben damit meistens auch
Erfolg. Das ist ein natürlicher Impuls, dem wir folgen, auch wenn
unser gewohnter Lebensrhythmus dadurch zeitweilig durchein-
andergerät. Eine Depression stellt uns jedoch vor ein anderes
Problem, denn sie kann wochenlang oder länger anhalten. Unter
diesen Umständen wird es für Sie selbst und für Ihren depressiven Angehörigen hilfreich sein, wenn Sie zu Ihrer Alltagsroutine
zurückkehren.

Geben Sie bedingungslose Unterstützung. Zeigen Sie Ihrem depressiven alten Angehörigen Ihr Interesse; vermitteln Sie ihm
oder ihr, daß Sie präsent sind. Das können Sie am Telefon

ebenso tun wie bei einem persönlichen Besuch. Alte Menschen sind für Einsamkeitsgefühle oft besonders anfällig. Vielleicht sind viele ihrer alten Freunde schon gestorben oder selbst zu schwach und gebrechlich, um eine wirkliche Hilfe sein zu können. Lassen Sie Ihren alten Angehörigen wissen, daß Sie zwar mit Ihrem eigenen Leben beschäftigt, aber dennoch jederzeit verfügbar sind, wenn Sie gebraucht werden.

Nehmen Sie es nicht persönlich. Kinder lösen sich nur langsam aus der symbiotischen Bindung an die Eltern, wenn sie heranwachsen. Sie glauben gewöhnlich, daß sie auf das Leben, die Gefühle, die Stimmungen der Eltern großen Einfluß haben. Schauen Sie in sich hinein: Hält ein Teil von Ihnen noch immer an diesem alten Kindheitsmythos fest? Die Tatsache, daß Ihr alter Vater/Ihre alte Mutter offenbar nicht fähig ist, sich aus seinem/ ihrem Tief herauszuziehen, spricht Sie noch nicht schuldig. Der Fehler liegt nicht bei Ihnen.

Teilen Sie Ihre Gefühle mit. Es erweist sich in aller Regel als wertvoll und hilfreich, dem depressiven Menschen, der einem nahesteht, zu vermitteln, was man fühlt, vorausgesetzt man ist in der Lage, das auf konstruktive Weise zu tun. Diana sagte ihrem Vater: «Ich habe mir die ganze Zeit große Sorgen gemacht und bin frustriert, daß wir immer noch keine Klarheit darüber haben, was dir wirklich fehlt. Und obwohl ich die Dinge bis jetzt auch immer so gesehen habe wie du, war ich neulich doch wütend auf dich, weil du dich so strikt geweigert hast, mit einem Psychologen zu sprechen. Ich würde mich sehr erleichtert fühlen, wenn du dich wenigstens zu einem Beratungsgespräch entschließen könntest.»

Suchen Sie Hilfe. Depression ist eine Krankheit mit biologischen und psychosozialen Aspekten. Sie erfordert eine Art der Behandlung, die Sie nicht bereitstellen können. Wenn Ihr alter Angehöriger der Idee, professionelle Hilfe in Anspruch zu nehmen, Widerstand entgegensetzt, versuchen Sie, ihn zu überzeugen, daß dieser Schritt kein Zeichen der Schwäche ist, sondern vielmehr den Mut signalisiert, sein Leben wieder selbst in die Hand zu nehmen. Niemand ist ohne weiteres bereit, diesen Schritt zu tun; es bedarf einer Willensentscheidung. Außerdem ist das Wissen darum, was affektive Störungen sind und wie sie sich auswirken, ein Teil der Allgemeinbildung; genauere Kenntnis der Zusammenhänge kann die Entscheidung erleichtern.

Finden Sie den richtigen Arzt/Therapeuten. Wenn Sie und Ihr alter Angehöriger gemeinsam entschieden haben, professionelle Hilfe in Anspruch zu nehmen, lesen Sie den letzten Teil dieses Buches sehr sorgfältig. Der Psychologe oder Psychiater, der mit ihm oder ihr arbeitet, sollte sich auf dem Gebiet der geriatrischen Psychologie auskennen.

Arbeiten Sie als Team zusammen. Vergessen Sie nicht: Das Hauptproblem ist die Depression, nicht Sie oder Ihr alter Angehöriger. Versuchen Sie nicht, Ihrer Mutter/Ihrem Vater die Behandlung aufzuzwingen, wenn sie/er Widerstände dagegen hat. Zuerst müssen Sie echtes Verständnis für ihre/seine Ängste entwickeln und vermitteln, wenn Sie erreichen wollen, daß ein konstruktiver Dialog zwischen Ihnen zustandekommt. (Im 14. Kapitel finden Sie spezielle Ratschläge für eine solche konstruktive Kommunikation mit einem depressiven alten Menschen.) Wenn es in der Beziehung zwischen Ihnen und Ihrer alten Mutter/ Ihrem alten Vater zu Schwierigkeiten kommt, versuchen Sie, gemeinsam an den Konflikten zu arbeiten, statt sich selbst oder dem anderen die Schuld an der Situation zuzuweisen. Sie sitzen in demselben Boot. Wenn Sie als Team zusammenarbeiten, können Sie leichter verhindern, daß die Depression in Ihrem eigenen Leben und in der Beziehung zu Ihrem Vater/Ihrer Mutter Schaden anrichtet.

Wenn Sie diesen Leitlinien folgen, haben Sie bessere Chancen, das Stadium der Problemlösung schnell zu erreichen und positive Wege der Veränderung zu finden. Der erste Schritt ist in jedem Fall, sich das notwendige Wissen anzueignen, das man braucht, um der Herausforderung einer Depression bei einem geliebten Menschen adäquat zu begegnen.

–6–

Freundschaft und Depression

Chris war wütend auf seinen Freund David. Zum fünften Mal in diesem Monat hatte er eine Verabredung in letzter Minute abgesagt, so daß Chris, der sich auf ihre gemeinsamen Pläne eingestellt hatte, in der Luft hing. Chris hatte versucht, mit David über das Problem zu sprechen, aber danach hatte er sich schrecklich gefühlt, weil David sich ständig entschuldigte, sich in Selbstanklagen erging und wegen seiner eigenen Launenhaftigkeit offenbar furchtbare Schuldgefühle empfand. Tatsächlich fühlten sich beide schuldig: David wegen seiner «chronischen Unzuverlässigkeit» und Chris wegen seiner Wut auf seinen Freund, dem es doch so offensichtlich schlechtging und der selbst unter seinem Verhalten litt. David war sich darüber im klaren, daß er depressiv war, aber er sagte sich immer wieder, irgendwann müßte es ihm doch gelingen, sich aus seinem Tief herauszukatapultieren. Eigentlich hatte er das Bedürfnis, mit Chris über sein Problem zu sprechen, aber er wußte einfach nicht, wie er es anfangen und was er sagen sollte. Er fühlte sich sehr allein und sah absolut keinen Sinn und kein Ziel in seinem Leben. «Aber lieber mache ich mir einen Knoten in die Zunge, bevor ich das sage», dachte er. Er war wütend auf sich selbst; «Reiß dich zusammen», sagte er sich immer wieder, «du mußt es überwinden!».

Chris, der klar erkannte, wie schlecht es seinem Freund ging, fühlte sich hilflos; er war verwirrt und wußte nicht, was er tun sollte. Er glaubte, es wäre das beste, wenn David sich endlich kompetenten Beistand suchen würde, aber er wußte nicht, wie er das Thema anschneiden sollte. Chris hatte früher schon erlebt, wie David in dumpfer Verzweiflung versank, aber er wußte, daß

147

sein Freund stoisch war und nicht gern über seine Gefühle sprach. Er hoffte, daß David schließlich aus seinem Tief herausfinden würde, aber da es schon so lange andauerte, machte er sich Sorgen. Darüber sprach er jedoch nicht, denn er fürchtete, David würde beleidigt reagieren. Außerdem pflegte David zu sagen, Psychotherapie sei etwas für «Durchgeknallte», und er habe nie verstanden, wie Leute sich freiwillig darauf einlassen könnten.

Maria ging zur anderen Seite der langen Tafel hinüber, wo Peggy saß. Beide waren zur Hochzeit einer gemeinsamen Freundin eingeladen, die von ihrer Entfremdung wußte und es so arrangiert hatte, daß sie beim Hochzeitsempfang nicht dicht nebeneinandersitzen mußten. Maria war unsicher und wußte nicht, was sie sagen sollte. Sie war mehr als fünfzehn Jahre lang eng mit Peggy befreundet gewesen, aber in den letzten zwei Jahren hatten sie kein Wort miteinander gewechselt. Maria hatte während dieser Zeit eine klinische Depression durchgemacht. Zuerst hatte sie selbst nicht verstanden, was eigentlich mit ihr geschah. Sie wußte nur eins mit Sicherheit: Sie wollte allein sein, mit niemandem reden und auch nicht ans Telefon gehen. Wenn sie doch den Hörer abnahm, merkte sie schnell, daß sie kein Interesse an einem Gespräch aufbringen konnte und wortkarg war oder mit langem Schweigen reagierte. Das ging mehrere Monate lang so. Peggy durchlebte während desselben Zeitraums eine sehr schwierige Lebensphase. Ein Jahr zuvor hatte sie sich von ihrem Mann getrennt, und die Scheidung und der Kampf um das Sorgerecht für die Kinder erwiesen sich als problematisch, häßlich und enervierend. Peggy reagierte auf diese Lebenskrise, indem sie bei ihren Freundinnen Trost, Rat und Unterstützung suchte. Aber Maria wirkte kühl und desinteressiert, wenn Peggy bei ihr anrief, oder der Anrufbeantworter war eingeschaltet, und sie rief nicht zurück, wenn Peggy ihr eine Nachricht hinterließ. Schließlich hatte sie genug und kam zu dem Schluß, daß ihre Freundschaft mit Maria wohl nur einseitig gewesen war.

Peggys Reaktion war Maria völlig entgangen. Sie steckte tief in ihrer Verzweiflung, wußte nicht, was mit ihr geschah, und war sich über ihre Depression nicht im klaren. Als sie schließlich erfuhr, daß sie klinisch depressiv war, zögerte sie, Peggy davon zu erzählen, denn sie schämte sich und fühlte sich schuldig, daß sie der Freundin in ihrer Krise so wenig Beistand geleistet hatte. Als Maria schließlich in Behandlung war und sich allmählich eine Besserung zeigte, war der Riß offenbar schon zu tief geworden. Jetzt rief Peggy nicht zurück, wenn Maria sich bei ihr meldete.

In Freundschaftsbeziehungen ergeben sich ganz spezielle Probleme, wenn eine Seite an einer Depression leidet. Oft zeigen wir unseren Freunden – auch engen Freunden – weniger von unseren problematischen und unattraktiven Seiten als unseren Lebenspartnern oder Familienangehörigen. Freunde stellen gewöhnlich auch nicht in derselben Weise Ansprüche aneinander wie Familienmitglieder. Freundschaften sind unkomplizierter, aber oft auch fragiler als Familienbande. (Das ist der Hintergrund der Redensart «Blut ist dicker als Wasser». Freunde können kommen und gehen, aber Ihr Bruder bleibt immer Ihr Bruder.) Freundschaften können enden, Ehen können auseinandergehen, aber die Familie bleibt immer die Familie. Diese Beziehungen sind permanent, selbst wenn die Angehörigen einander entfremdet sind und wenig Kontakt haben. Das soll durchaus nicht heißen, daß in Familienbeziehungen automatisch mehr Vertrautheit herrschte oder daß sie grundsätzlich stabiler wären, aber bei Konflikten mit nahen Verwandten gibt es fast immer eine Basis, auf die man zurückgreifen kann, um die Kluft zu überbrücken und den Riß zu heilen. Das Problem mit der relativen Flüchtigkeit von Freundschaften ist die geringere Bereitschaft, sich zu exponieren, sich mit allen Fehlern und Schwächen zu zeigen. Durch diese geringere Offenheit kommt es leichter zu Mißverständnissen, wenn eine Freundin oder ein Freund depressiv wird. Daher sind zwei Probleme in diesem Kontext besonders verbreitet, vor allem in den Stadien der Informationssuche und der Problemlösung: unzutreffende Annahmen über die Ursache der Konflikte in der Beziehung und destruktive Kommunikation.

Das erste Problem resultiert aus einer verstärkten Neigung, einfache, naheliegende (und häufig inadäquate) Erklärungen für die Konflikte in der Beziehung zu finden. Das führt dazu, daß man sich auf die falschen Informationen konzentriert. Das war auch bei Peggy der Fall. Gemeinsame Freunde, die normalerweise wenig Kontakt zu Maria hatten, sagten Peggy, soweit sie wüßten, ginge es Maria gut. Also führte Peggy Marias Rückzug auf einen Charakterfehler zurück (Egoismus) und beschloß, die Freundschaft zu beenden, weil sie sich in ihrer Krisensituation im Stich gelassen fühlte.

Aber selbst wenn die Ursache der Konflikte in der Freundschaftsbeziehung korrekt als Depression erkannt wird, kann sich ein zweites Problem entwickeln. Die Frage, wann und wie man etwas sagt, oder ob man überhaupt etwas sagen soll, kann überaus problematisch sein, sogar wenn Freunde sich völlig darüber im klaren sind, woher die Schwierigkeiten in der Beziehung kommen, und wenn sie bis zum Stadium der Problemlösung fortgeschritten sind. Für die depressive Person selbst ist es gewöhnlich ebenso schwer zu entscheiden, ob sie der Freundin oder dem Freund ganz offen sagen soll, wie elend sie sich wirklich fühlt. Chris und David hatten beide die richtige Vermutung, daß David depressiv war, aber keiner von ihnen fand einen Weg, offen darüber zu sprechen: Chris, weil er Schuldgefühle hatte, und David, weil er Scham empfand. Das tat ihrer Freundschaft nicht gut. Jeder vermißte die Gesellschaft und die Zuwendung des anderen, und sie verpaßten die Chance, das Problem durch ihr Zusammenstehen als Freunde zu lösen. Darüber hinaus verlor David die soziale Unterstützung, die für seine Genesung von der Depression so ausschlaggebend gewesen wäre. (Soziale Unterstützung trägt entscheidend zur Milderung von Depressionen bei; das Problem ist, daß Depression oft zu sozialer Isolation führt.)

Aufgrund der Gefahr, daß man so leicht zu irrigen Annahmen über die Ursache der Konflikte kommen kann, ist es in Freundschaftsbeziehungen von besonderer Bedeutung, eine Depression als solche zu erkennen. Wenn Sie sich an die ersten beiden Kapitel erinnern, werden Sie sich über die frühen Warnzeichen und die diagnostischen Kriterien der Depression im klaren sein, aber dieses Wissen auch effektiv zu nutzen, kann sich dennoch als schwierig erweisen. Freunde sehen sich gewöhnlich nicht jeden Tag und haben, anders als Paare oder Familien, die zusammenleben, nicht soviel Gelegenheit, einander im Alltag zu beobachten. Wenn eine Freundschaft die Depression einer Seite überleben und sich ohne größere Schäden durch den SAD-Prozeß hindurchbewegen soll, ist es daher besonders wichtig, die

150

Ursache der Konflikte schnell und korrekt zu erkennen. Der offene Dialog ist der beste Weg, zu einer Lösung zu finden. Sobald Sie und Ihr Freund darüber reden können, daß er möglicherweise depressiv ist, haben Sie auch die Sicherheit, daß Sie erfahren werden, wie es ihm geht, auch wenn Sie nicht ständig zusammen sind. Aber um an den Punkt zu kommen, an dem das offene Gespräch über die Depression möglich wird, müssen die Probleme in der Beziehung in den richtigen Kontext eingeordnet werden. Die Spannungen müssen von beiden Seiten als Konsequenzen der Depression verstanden werden, statt ausschließlich als Resultat dessen, was der eine oder andere getan oder unterlassen hat.

Ihre Reaktionen auf den geliebten Menschen sind wichtige frühe Warnsignale, die Sie benutzen können, um in konstruktiver Weise über Ihre Gefühle zu sprechen, das Gespräch über die Depression zu eröffnen, und sich schließlich erfolgreich durch die Stadien der Informationssuche und der Problemlösung hindurchzubewegen. Wenn in der Freundschaftsbeziehung Spannungen herrschen, die zu Verstimmung und vorhersehbaren Reaktionen führen (z. B. Peggys Enttäuschung und ihr anschließender Rückzug von Maria), und beide Seiten das Problem isoliert voneinander zu bewältigen versuchen, blühen die Mißverständnisse, und es wird nahezu unmöglich, zu vernünftigen, adäquaten Problemlösungen zu kommen. Wenn Peggy die Möglichkeit in Betracht gezogen hätte, daß eine Depression der Grund für Marias merkwürdiges Verhalten war, hätte sie ihren Ärger und ihre Enttäuschung vielleicht offener und empathischer ausgedrückt. Sie hätte zum Beispiel sagen können: «Als wir das letzte Mal miteinander telefonierten, habe ich mich wirklich verletzt gefühlt. Ich hatte den Eindruck, daß du überhaupt nicht daran interessiert warst, was mit mir vorging. Ich war wütend, aber ich habe mich dann auch gefragt, ob du wohl Probleme hast. Denn normalerweise fühle ich mich von dir immer verstanden. Bist du in Ordnung?» Wenn sie gleich zu Anfang so reagiert hätte, wäre es vermutlich gar nicht zum Bruch zwischen ihr und Maria gekommen.

Das führt uns zu dem zweiten Problem: Wie bringen wir es fertig, konstruktiv über Gefühle und Reaktionen zu sprechen? Am Ende dieses Kapitels zeigen wir Möglichkeiten auf, dieses Problem zu erkennen und Mittel und Wege zu seiner Lösung zu finden. Sie werden lernen, Ihre Gefühle in einer Weise auszudrükken, die bei Ihrer Freundin/Ihrem Freund keine Abwehr auslöst, sondern Offenheit zuläßt, und über die Spannungen in der Beziehung in einer Form zu sprechen, die nicht zu Distanz, sondern zur Kooperation führt. Wir geben Ihnen Rat, wie Sie das Thema Depression im Gespräch mit einem Freund anschneiden können, der sich seines depressiven Zustands nicht bewußt zu sein scheint. Es kommt auch vor, daß eine Freundin oder ein Freund sich über die eigene Depression im klaren ist, sie aber als Vorwand benutzt, um Sie schlecht zu behandeln; für diesen Fall zeigen wir Ihnen Wege der Konfrontation auf, die Ihnen beiden Erleichterung bringen können.

Zuvor aber werden wir Ihnen noch die Ergebnisse der jüngsten Forschung über die Auswirkungen von Depressionen auf Freundschaftsbeziehungen vorstellen. Diese zusätzlichen Informationen werden Ihre Aufmerksamkeit für die frühen Warnsignale der Depression erhöhen. Nehmen Sie Ihre eigenen Gefühle in bezug auf die Freundschaft als Indikator. Wir betonen noch einmal: Es ist überaus wichtig, die Probleme gemeinsam mit Ihrem Freund/Ihrer Freundin anzugehen und nicht zuzulassen, daß die Depression Sie auseinanderbringt. Depressive Menschen brauchen soziale Unterstützung, und auch ihre Freunde können nur profitieren, wenn sie vor den Schwierigkeiten nicht kapitulieren.

Studien über Freundschaft und Depression

Das Bemühen der Forschung, die Auswirkungen von Depressionen auf Freundschaftsbeziehungen oder auch nur flüchtige Bekanntschaften zu verstehen, hat zu zwei Schlüsselergebnissen geführt: Zum einen können Interaktionen mit einem depressiven Freund *Sie* depressiv und wütend machen, und zum anderen gibt es zwei leicht identifizierbare Formen der Interaktion, die zur Verschlimmerung der Depression Ihres Freundes beitragen können. Wenn sie nicht korrigiert werden, können depressive Interaktionen soziale Unterstützung demontieren, was für die depressive Person besonders nachteilig ist.

Es ist ein allgemein verbreitetes Merkmal der Interaktion zwischen depressiven und nichtdepressiven Menschen, daß die nichtdepressiven sich aufgrund der Verzweiflung, die der andere ausdrückt, schnell gefordert und verantwortlich fühlen. Die ersten Male, als David Chris erzählte, wie niedergeschlagen er sei und wie schlecht er sich fühle, hörte Chris aufmerksam zu und versuchte, seinen Freund zu beruhigen. David sprach darüber, wie desorganisiert er sich bei seiner Arbeit erlebte: «Ich bin wirklich in einer schlimmen Verfassung. Ich bin solch ein Idiot! Ständig schiebe ich die Dinge vor mir her und tue nie, was ich tun müßte. Ich krieg's einfach nicht auf die Reihe. Ich warte bis zur letzten Minute, und dann renne ich herum wie ein kopfloses Huhn. Mein größtes Talent ist, mir alles kaputtzumachen.» Die spontane Reaktion von Chris war es, seinem Freund zu versichern, daß er keineswegs ein Idiot oder Versager sei. Er glaubte, David erginge sich deshalb in Selbstanklagen, weil er Bestätigung brauchte und ihm eine Erklärung für sein in letzter Zeit unzuverlässiges Verhalten liefern wollte. Mit dem gesteigerten Interesse und dem Verantwortungsgefühl verschiebt sich die Hauptlast der Interaktion auf die nichtdepressive Person. In diesem Zusammenhang kann die Verzweiflung des Depressiven Aversion auslösen und Schuldgefühle einflößen. Wenn das wiederholt geschieht, werden die Hilfsangebote, die der Depressive erhält, seltener und halbherziger. Das ist eines der Hauptmerkmale des Teufelskreises der Depression, über den wir sprachen. Es könnte zum Beispiel so sein, daß Sie Ihre Aversionsgefühle unterdrücken oder verbergen und sich nach außen hin immer noch so hilfreich und unterstützend verhalten, wie der andere es von Ihnen erwartet. Aber unterschwellig vermitteln Sie Ihre Ungeduld, Aggression und Ablehnung dennoch, in Ihrem Habitus und Ihrem Verhalten, auch wenn sie diesen Gefühlen nicht explizit Ausdruck verleihen. Die subtile Feindseligkeit und Ablehnung, die der depressive Mensch erfährt, bestärkt ihn in seinem Gefühl der Wertlosigkeit, und er drückt noch mehr, noch tiefere Verzweiflung aus; das Muster der Entfremdung greift weiter um sich und verfestigt sich.

Es ist nicht schwer zu begreifen, daß Sie durch das Zusammensein mit einem depressiven Freund selbst deprimiert oder aggressiv werden können, wenn Sie in ein solches Muster involviert sind. Vielleicht fühlen Sie sich übermäßig verantwortlich für seinen oder ihren Zustand, denn Sie haben den Eindruck, daß Ihre Hilfe verlangt wird, aber nichts von dem, was Sie tun, scheint irgend etwas an der Situation zu ändern. Allmählich beginnen Sie, an sich selbst und Ihrer Fähigkeit, ein guter Freund zu sein, zu zweifeln. Was alles noch schlimmer macht und die Freundschaft noch mehr gefährdet: Sie entwickeln Schuldgefühle, weil Ihr Bedürfnis, mit Ihrer Freundin oder Ihrem Freund zusammenzusein, rapide abnimmt. Sie empfinden Groll, weil Sie soviel Schuld und Belastung mit sich herumtragen müssen, und fühlen sich zunehmend außerstande, etwas gegen die Depression und Ihre eigenen Reaktionen darauf zu unternehmen. (Im 9. Kapitel finden Sie spezielle Ratschläge, was Sie tun können, wenn Ihre Hilfsangebote zurückgewiesen werden.)

Der Circulus vitiosus

Manche Wissenschaftler gehen von einem Interaktions-Modell der Depression aus; sie sehen depressive Symptome, teilweise zumindest, als eine Konsequenz dysfunktionaler Beziehungen. Das depressive Interaktionsmuster wird als abwärtsgerichtete Spirale beschrieben: Die Klagen und das selbstherabsetzende, hilfesuchende Verhalten der depressiven Person wirken auf die Menschen, die ihr oder ihm nahestehen, abstoßend, und sorgen für zunehmende Entfremdung und Distanz. Vor allem lösen die Symptome der Depression in anderen häufig Schuldgefühle aus, die den direkten Ausdruck von Wut und Ärger hemmen. Als mitfühlender Vertrauter reagieren Sie zu Anfang vielleicht mit Besorgnis auf die depressiven Gefühle Ihres Freundes. Sie geben sich die allergrößte Mühe, ihn davon zu überzeugen, daß er keineswegs so schwach und wertlos ist, wie er glaubt, daß Sie an ihm interessiert sind und ihm zur Seite stehen werden. Wenn die Symptome jedoch länger anhalten, das heißt, wenn die depressive Person immer wieder Hoffnungslosigkeit ausdrückt und über sich selbst in einer Weise spricht, die geringes Selbstwertgefühl reflektiert, und besonders wenn sie Ihre Hilfsangebote ablehnt, reagieren Sie im Lauf der Zeit verständlicherweise irritiert, ungeduldig oder sogar wütend. Sie sind vielleicht weiterhin aufrichtig bemüht, Unterstützung und Trost zu geben, aber durch Ihren Habitus und Ihr Verhalten werden Sie Ihren Groll und Ihre Aggressivität ohne Zweifel dennoch vermitteln. Diese von Aversion geprägten Interaktionen können dazu führen, daß Sie zunehmend negativ auf Ihren Freund oder Ihre Freundin reagieren und ihn oder sie schließlich ganz zu meiden beginnen. In solchen Fällen verschlimmert sich das depressive Syndrom, denn die depressive Person reagiert auf die Diskrepanz zwischen den beruhigenden, bestätigenden Worten, die laut ausgesprochen werden, und der Wut und Aversion, die wortlos vermittelt werden. In dem Maß, in dem die depressive Person sich der impliziten, unterschwelligen Botschaften gewahr wird, entwickelt sie mehr und stärkere Symptome von Verzweiflung und Hoffnungslosigkeit, um die Unterstützung, die sie anfangs bekam, wiederzuerlangen. So wird der depressive Interaktionsprozeß weiter stimuliert, was zu einer Eskalation der Symptome führt.

Nun denken Sie vielleicht: «Das hört sich zwar ganz einleuchtend an, aber ich würde meiner Freundin keinesfalls zeigen, daß mir ihr Jammern und Klagen auf die Nerven geht. Ich weiß, daß ich mich zusammennehmen und solche Gefühle für mich behalten kann. Schließlich fühlt sie sich hundeelend, und es wäre mehr als unangebracht, ihr auch noch mit Beschwerden über ihr Verhalten zu kommen.» Wenn Sie so oder so ähnlich denken, sind Sie dem Teufelskreis der Depression schon in die Falle gegangen. In aller Regel sind Menschen längst nicht so gut darin, ihre negativen Gefühle zu verbergen, wie sie selbst glauben. Die Vorstellung, daß Sie solche Gefühle zurückhalten müssen und können, wird Sie daran hindern, *Ihre* Bedürfnisse in der Beziehung zu befriedigen, und dadurch werden sich die negativen Gefühle weiter verstärken. Je intensiver diese Empfindungen werden, desto schwerer sind sie zu kontrollieren.

Nehmen wir David und Chris als Beispiel: Chris reagierte zunächst mit Nachsicht, als David zum ersten Mal eine Verabredung kurzfristig absagte. Er dachte sich: «Ich weiß, er fühlt sich schlecht und er kann nicht darüber reden. Ich werde die Angelegenheit einfach auf sich beruhen lassen.» Nachdem es zum zweiten Mal passiert war, wurde Chris jedoch vorsichtiger. Als David ihn anrief, um sich für das Wochenende mit ihm zu verabreden, zögerte Chris und sagte: «Ach, ruf mich doch am Donnerstag nachmittag noch einmal an. Dann kann ich überschauen, wie weit ich mit meiner Arbeit bin und weiß, ob ich mir freinehmen kann.» Später erklärte David, er habe das Gefühl gehabt, daß sein Freund ihn nicht sehen wollte, denn normalerweise legte Chris großen Wert darauf, Dinge im voraus zu planen. Arbeitsbelastung war nie ein Thema gewesen. Davids Selbstgefühl sank, und er fühlte sich im Stich gelassen. Er wollte etwas sagen, aber er dachte, wenn Chris nun ohnehin über ihn verärgert war, würde er dadurch alles noch schlimmer machen. Am Donnerstag nachmittag war er ambivalent, ob er Chris anrufen sollte oder nicht. Obwohl er seinen Freund gern sehen wollte, hatte er das Gefühl, daß Chris nicht wirklich Lust hatte, sich mit ihm zu treffen, solange er so deprimiert war. Er ging im Zimmer auf und ab und konnte sich nicht entscheiden. Er hoffte, daß Chris von sich aus anrufen würde; damit hätte er die Bestätigung, daß der Freund ihn wirklich sehen wollte. In seiner wachsenden Depression und Verwirrung «vergaß» er den Anruf schließlich. Gegen sechs Uhr abends rief Chris tatsächlich bei David an. Chris fühlte sich mißachtet und war wütend, aber er entschied sich auch dieses Mal, seine Gefühle für sich zu behalten.

Konnte Chris seine Gefühle verbergen? Auf einer gewissen Ebene, ja. Er sagte nicht, daß er sich verletzt fühlte oder wütend war.

Er hatte sich nur ein bißchen rar gemacht und darauf bestanden, daß David *ihn* anrief. Das erste Problem dabei ist, daß Chris auf diesem Anruf bestand, weil er sich verletzt und abgelehnt fühlte, und nicht, weil er wirklich zuviel Arbeit hatte. Daß dieses Manöver für David leicht zu durchschauen war, liegt unter anderem an einem weiteren charakteristischen Merkmal der Depression: Depressive Menschen tendieren dazu, sich selbst und die Welt, die sie umgibt, ausschließlich negativ zu interpretieren. Psychologen bezeichnen diese negativen Wahrnehmungen und Vorstellungen als *kognitive Verzerrungen*. Mit anderen Worten: Depressive Menschen halten ständig nach Beweisen Ausschau, die die negative Sichtweise ihrer eigenen Person und der Welt, die sie umgibt, bestätigen. Der Versuch, negative Gefühle vor einem depressiven Menschen zu verbergen, ist von vornherein zum Scheitern verurteilt. Auf die eine oder andere Weise, bewußt oder unbewußt, wird die depressive Person immer spüren, daß Sie ihr gegenüber negative Gefühle hegen. Es ist also von ausschlaggebender Bedeutung, die abwärtsgerichtete Spirale der Depression zu durchbrechen, indem man effektiver und konstruktiver miteinander kommuniziert.

Die Bedeutung sozialer Unterstützung

Soziale Unterstützung ist ein probates Mittel, Depressionen schon im Ansatz zu verhindern; sie kann geradezu wie ein antidepressiver Impfstoff wirken. Studien haben gezeigt, daß Menschen mit weniger engen Beziehungen, weniger sozialen Kontakten und weniger unterstützenden Beziehungen für Depressionen wesentlich anfälliger sind. Menschen, die nach eigenen Angaben wenig soziale Unterstützung zur Verfügung haben, sind dreizehnmal stärker gefährdet, die Symptome einer klinischen Depression zu entwickeln, als Menschen, die von sich sagen, daß sie in ein lebendiges soziales Netzwerk eingebunden sind. Eine andere Theorie besagt, daß die Qualität der engsten Beziehung eines Menschen den eigentlichen Ausschlag gibt; Unterstützung aus anderen Beziehungen kann die Defizite in einer intimen Beziehung nicht wettmachen. Sie fragen sich vielleicht, was in diesem Zusammenhang eigentlich die Ursache und was die Wirkung ist. Degenerieren die Beziehungen von depressiven Menschen durch die Depression? Oder waren ihre Beziehungen von vornherein problematischer und trugen so zur Entstehung der Depression bei? Beides trifft zu. Es ist eine Wechselwirkung. Manchmal fehlte depressiven Menschen tatsächlich schon vor ihrer Depression die soziale Unterstützung, und die Symptome der Depression wirken sich, wie wir gesehen haben, sozial isolierend aus. Der entscheidende Punkt ist, daß die Zugehörigkeit zu einem lebendigen sozialen Netzwerk als antidepressiver Impfstoff und auch als wirksame Medizin gegen Depressionen dienen kann.

Soziale Unterstützung kann im Kampf gegen die Depression überaus hilfreich sein. Das Problem ist, daß der soziale Umgang mit depressiven Menschen oft so schwierig ist; die Zeit, die man zusammen verbringt, wird nur noch selten – wenn überhaupt – als erfüllt und befriedigend erlebt. Die tiefe Verzweiflung der

Depressiven führt im Lauf der Zeit dazu, daß zwischenmenschliche Beziehungen problematisch werden. Aus einigen Studien ging auch hervor, daß die Besorgnis und die aus guter Absicht heraus geäußerten permanenten Vorschläge und Ratschläge von Familienmitgliedern starken Streß erzeugen können. Manche Psychologen sind der Meinung, daß soziale Unterstützung in erster Linie Freiheit von Konflikten und negativen Interaktionen bedeutet. Es kann viel schwieriger sein, ein belastendes Lebensereignis im Kontext einer konflikthaften Beziehung zu bewältigen, als gar keine Beziehung zu haben.

Wenn Sie sich diese Zusammenhänge zwischen Depression und sozialer Unterstützung vor Augen führen, erkennen Sie, wie wichtig es ist, eine konstruktive und (soweit wie möglich) konfliktfreie Beziehung mit Ihrer depressiven Freundin/Ihrem depressiven Freund zu etablieren. Das gelingt in Freundschaftsbeziehungen – eben aufgrund der relativ größeren Distanz und Unkompliziertheit – häufig leichter als in Familienbeziehungen.

Im nächsten Abschnitt zeigen wir Ihnen, wie Sie dem Teufelskreis der depressiven Interaktionen entgehen können und wie Sie Ihrem Freund die soziale Unterstützung geben können, die er – oder sie – braucht, um die Depression leichter zu überwinden.

Soziale Unterstützung geben

Die Depression einer Freundin oder eines Freundes kann auf Ihre eigene Grundstimmung starke Auswirkungen haben. Die Art, wie Sie fühlen und reagieren, wirkt sich wiederum auf Ihre Fähigkeit aus, dem anderen zu helfen. Ihre eigene Wut, Traurigkeit oder Besorgnis färben Ihre Reaktionen in spezifischer Weise, und dann spricht Ihr Freund/Ihre Freundin vielleicht in einer Form darauf an, die das depressive Interaktionsmuster verfestigt.

Peggy hatte sich verletzt gefühlt, weil Maria so distanziert und desinteressiert wirkte, wenn sie miteinander telefonierten. Sie hatte mehrfach gefragt »Hörst du mir überhaupt noch zu?«, und obwohl Maria immer mit »Ja« antwortete, spürte Peggy, daß sie nicht wirklich zu ihr durchdrang. Statt dieses Problem direkt anzusprechen, rief sie Maria seltener an, und wenn sie miteinander telefonierten, sprach Peggy nicht mehr so offen über die Dinge, die sie in ihrer eigenen krisenhaften Situation beschäftigten. Peggy merkte, daß sie in oberflächliches Plaudern verfiel, um die Lücke zu füllen, die durch ihre Entfremdung entstanden war. Maria spürte, daß Peggy sich von ihr zurückzog, und vermutete richtig, daß ihre mangelnde Aufmerksamkeit für die Sorgen und Probleme der Freundin der Grund dafür war. Nun sank ihr Selbstwertgefühl noch tiefer ab; sie hatte sich aufrichtig bemüht, Peggy eine gute Zuhörerin zu sein, aber sie war einfach nicht in der Lage, so auf sie einzugehen, wie sie es früher getan hatte. Sie war von ihrer Verzweiflung und ihren negativen Gefühlen in bezug auf sich selbst und ihr eigenes Leben viel zu sehr in Anspruch genommen. Maria hätte Peggy so gern mitgeteilt, wie schlecht sie sich selbst fühlte, und ihr erklärt, daß sie aus diesem Grund so schweigsam und abwesend war, und nicht etwa, weil sie kein Interesse mehr an der Freundin hatte. Aber sie konnte sich einfach nicht dazu durchringen, das auch tatsächlich zu tun, denn sie fürchtete, Peggy, die ja schließlich bis zum Hals in ihren Scheidungsproblemen steckte, mit ihren eigenen Schwierigkeiten auf die Nerven zu gehen.

Diese beiden Freundinnen tanzten den depressiven Tanz und fanden keinen Weg, sich aus dem Muster zu lösen. Als Folge davon fühlten sich schließlich beide gekränkt, und Marias Depression verschlimmerte sich. Aber selbst, wenn die Dinge so weit eskaliert sind, ist noch nicht alles verloren. Wenn man befreit tanzen lernen will, kann man Tanzstunden nehmen, und genauso kann man üben, offener, direkter und konstruktiver zu kommunizieren.

Negative Gefühle mitzuteilen ist für die meisten von uns ein schwieriges Kapitel, aber es gibt verschiedene Wege, das in einer Form zu tun, die die Chancen für einen konstruktiven Dialog erhöht. Erwägen Sie zuerst, welche Nachteile und welche Vorteile es vielleicht bringen könnte, wenn Sie mit Ihrem depressiven Freund über Ihre Gefühle sprechen. Überlegen Sie: Hat die Tatsache, daß Sie Ihre Gefühle *nicht* ausgedrückt haben, dazu geführt, daß Sie Ihre Freundin/Ihren Freund zu meiden beginnen? Wenn die Antwort «Ja» ist, liegt es auf der Hand, was der nächste Schritt sein sollte: Sprechen Sie mit dem anderen darüber, wie seine Depression Sie und Ihre Beziehung zu ihm beeinträchtigt hat. Hier sind einige Leitlinien, die Sie im Auge behalten sollten, wenn Sie über Ihre negativen Gefühle sprechen:

Warten Sie den richtigen Zeitpunkt ab. Wenn Sie zum ersten Mal wahrnehmen, daß Sie sich ärgern und wütend werden, halten Sie an sich und sagen Sie sich: «Ich muß es nicht jetzt sofort loswerden.» Geben Sie sich selbst genug Zeit, sich über Ihre Gefühle klarzuwerden und zu überlegen, *wie* Sie sie vermitteln wollen. Ein Quentchen Selbstzweifel und Reflexion kann für Sie und den anderen nur von Vorteil sein. Wenn sich zwischen Ihnen noch kein konstruktiver Weg etabliert hat, belastende oder negative Gefühle mitzuteilen, versuchen Sie nicht, Ihre negativen Empfindungen in dem Augenblick auszudrücken, in dem Sie sie erstmals bewußt wahrnehmen. Warten Sie ab. Sie können auch morgen noch darüber sprechen. Ein solcher Entschluß ist kein Zeichen von Vermeidung oder Verdrängung; er gibt Ihnen vielmehr Zeit nachzudenken, wie Sie Ihre Gefühle in konstruktiver Weise vermitteln können (mehr darüber im 7. Kapitel) und wie Sie den destruktiven Tanz der Depression in einen befreiten, positiven Tanz verwandeln können.

Geben Sie Ihrem Freund/Ihrer Freundin Bestätigung. Erklären Sie dem anderen, daß Sie Ihre negativen Gefühle offenbaren, weil Sie großen Wert auf ihn und Ihre Freundschaft legen und weil Sie Mißverständnisse vermeiden wollen. Eines der Hauptsymptome der Depression ist ein stark vermindertes Selbstwertgefühl. Depressive Menschen neigen dazu, die Äußerungen von anderen in der nachteiligsten Weise auf sich zu beziehen. Wenn Sie darüber sprechen, welche Empfindungen die Depression des anderen in Ihnen auslöst, müssen Sie ihm oder ihr also deutlich machen, daß Sie es aus Interesse an der Beziehung tun. Als Chris zum ersten Mal zum Ausdruck brachte, wie gekränkt und verärgert er war, wenn David ihn versetzte, endete es damit, daß David noch depressiver wurde und Chris Schuldgefühle bekam und wünschte, er hätte gar nichts gesagt. «Jetzt weiß ich, was die Redewendung bedeutet, daß man jemanden, der am Boden liegt, nicht noch treten soll», sagte Chris über diese Erfahrung. Das Problem war, daß Chris das Gespräch mit folgenden Worten eröffnete: «Ich finde es unmöglich, daß du Verabredungen in letzter Minute absagst; du solltest dir vorher überlegen, was du eigentlich willst!» David stimmte ihm zu: «Ja, ich weiß, du hast recht. Ich sehe selbst, wie bescheuert ich mich benehme. Ich verstehe natürlich, daß du keine Lust mehr hast, dich donnerstags mit mir zu treffen . . .» So ging es noch eine Weile weiter, bis Chris das Gespräch abrupt beendete. Jetzt hatte er nicht nur Schuldgefühle, sondern war noch wütender als zuvor. Wenn Chris das Gespräch anders eingeleitet hätte, zum Beispiel durch eine Bemerkung darüber, wie sehr er ihre regelmäßigen Zusammenkünfte vermißte, hätte David seine Worte nicht so leicht negativ interpretieren können. David, der ohnehin das Gefühl hatte, daß niemand ihn in seinem jetzigen Zustand leiden konnte, war schnell damit bei der Hand, die Bemerkung von Chris als Beweis für die generelle Ablehnung durch seine Umwelt zu deuten.

Versuchen Sie, die Person und die Depression auseinanderzuhalten. Eine Depression ist eine komplizierte Störung, die uns vor knifflige Probleme stellt. Anders als bei physischen Krankheiten, bei denen die Symptome klar von der Persönlichkeit des Kranken zu unterscheiden sind (zum Beispiel rote, tränende Augen und eine ständig laufende Nase bei Heuschnupfen), kann man depressive Symptome leicht als Persönlichkeitsmerkmale mißdeuten. Peggy interpretierte Marias mangelnde Aufmerksamkeit und ihr Desinteresse an ihren Problemen als Merkmal eines übermäßig narzißtischen Charakters. Sie kam zu dem Schluß, daß Maria unfähig war, von sich selbst abzusehen und auf Freunde, die Hilfe brauchten, einzugehen. Wenn Peggy über das depressive Syndrom besser unterrichtet gewesen wäre, hätte sie erkannt, daß Maria unter Anhedonie litt und Konzentrationsschwierigkeiten hatte – zwei der am häufigsten mißdeuteten Symptome der Depression. Die Apathie und das generelle Desinteresse Depressiver an Personen und Aktivitäten, die vorher als anregend und angenehm empfunden wurden, werden von Menschen, die mit den Symptomen der Anhedonie nicht vertraut sind, oft als etwas Persönliches aufgefaßt. Daher kam Peggy zu dem Schluß «Maria hat kein Interesse an mir; es ist ihr egal, was mit mir passiert» und so verwechselte sie ein Symptom der Depression mit einem Charakterfehler.

Verzichten Sie auf Vorwürfe und Schuldzuweisungen. Erkennen Sie selbst und helfen Sie Ihrem Freund zu erkennen, daß die Depression die Ursache für die Konflikte in der Beziehung ist und nicht irgendwelche Fehler, die Sie oder er gemacht haben. In schwierigen, unangenehmen Situationen neigen wir alle dazu, eine einfache Erklärung oder einen Schuldigen zu suchen. Irgendetwas – oder irgendjemand – muß doch dafür verantwortlich sein, daß die Freundin oder der Freund so niedergeschlagen, so reizbar, so apathisch ist. Wo liegt der Fehler nur? David war schnell damit bei der Hand, sich selbst die Schuld an den Konflikten in seiner Beziehung zu Chris zu geben. Für Peggy stand es außer Frage, daß Maria der schuldige Teil war. Das Spiel der Schuldzuweisungen und wechselseitigen Vorwürfe ist wahrscheinlich das heimtückischste unter den Problemen, die während der frühen Phasen des SAD auftreten.

Schuldzuweisungen – das heißt, eine Person dafür verantwortlich machen, wie eine andere Person sich fühlt – haben zwei problematische Aspekte: Erstens wird derjenige, dem der Vorwurf gemacht wird, in die Defensive gedrängt, und er wird in aller Regel mit größerer Distanziertheit und geringerer Kooperationsbereitschaft reagieren. Und zweitens bedeutet es im allgemeinen eine allzu grobe Vereinfachung, eine Person für ein Problem in einer Beziehung (an der schließlich zwei Leute beteiligt sind) verantwortlich zu machen.

Für die Lösung des ersten Problems gibt es ein einfaches Rezept: Klagen Sie sich nicht selbst an und sprechen Sie den anderen nicht schuldig. Vorwürfe führen nur zu Defensivität und Schuldgefühlen, und weder das eine noch das andere ist der Sache förderlich. Zu dem Schluß zu kommen, daß Sie mit gutem Grund und nur deshalb wütend sind, weil Ihre Freundin/Ihr Freund Ihre Bedürfnisse ignorierte (wie es bei Peggy der Fall war), ist einfach zu simpel. Manche Menschen reagieren in Situationen wie der, in der Peggy sich mit Maria wiederfand, sehr schnell mit Gekränktheit und Wut, während andere, denen der Faden nicht so leicht reißt, höchstens ein wenig frustriert sind. Für diese Variationsbreite gibt es viele Gründe: die individuelle Empfindlichkeit in bezug auf das Ignoriertwerden, die Qualität der vorangegangenen Interaktionen mit der anderen Person, das Maß an Geduld und Toleranz, über das man verfügt. Versuchen

Sie, sich zu sagen: «Ich weiß, was ich fühle und was diese Gefühle auslöste, aber vielleicht steckt mehr dahinter als ich jetzt, auf den ersten Blick, erkennen kann.» Geben Sie sich selbst genug Zeit und Raum, die ganze Bandbreite Ihrer Empfindungen zu erforschen. Wahrscheinlich werden Sie überrascht sein, was Sie in Ihrem eigenen Inneren alles entdecken.

Um das zweite Problem zu lösen, muß man sich darüber klarwerden, wie weit die eigene Frustration oder Wut tatsächlich gerechtfertigt ist, und in welcher Weise man selbst zu der verfahrenen Situation beigetragen hat. Da Peggy von ihren eigenen Problemen so stark in Anspruch genommen war und da Sie sehr empfindlich auf tatsächliche oder vermeintliche Zurückweisung reagierte, erkannte sie nicht, wie schwer depressiv Maria war. Daß sie das übersah, war *ihr* Beitrag zu den Konflikten in ihrer Beziehung zu Maria. Marias Beitrag lag in der Anhedonie, dem geringen Energieniveau und der Konzentrationsschwäche, die durch die Depression verursacht waren. Darüber hinaus hinderten ihre Schamgefühle sie daran, klar zu vermitteln, wie schlecht es ihr tatsächlich ging und wie sehr sie sich beeinträchtigt fühlte. Die Depression, persönliche Empfindlichkeiten, die Lebensumstände beider Frauen und Scham trugen alle ihren Teil dazu bei, daß es in der Freundschaft zwischen Peggy und Maria zur Krise kam. Wenn beide, Peggy und Maria, die Verantwortung für ihren jeweiligen Beitrag zu den Konflikten übernommen hätten, dann wäre es möglich gewesen, eine produktive Lösung zu finden. Wenn Peggy gleich über die Intensität ihrer Wut nachgedacht hätte (wie sie es erst viel später tat), statt nur darauf zu reagieren, wäre sie vielleicht zu der Erkenntnis gekommen, daß dieser Zorn ebensoviel mit ihrer speziellen Empfindlichkeit zu tun hatte wie mit dem, was Maria tat oder unterließ. Peggy wußte aus Erfahrung, daß es sie an einer besonders wunden Stelle traf, wenn ein vertrauter Mensch ihr die kalte Schulter zeigte, und sie hatte sich mit Maria vor allem deshalb so eng angefreundet, weil diese normalerweise sehr aufmerksam und zugewandt war und immer Interesse zeigte. Als Peggy erkannte, daß diese wunde Stelle der eigentliche Grund für die Heftigkeit ihrer Reaktion war, übernahm sie die Verantwortung für ihre eigenen Gefühle. Nun war sie bereit und auch in der Lage, mit Maria über das Geschehene zu sprechen.

Sagen Sie «Ich», nicht «Du». Sprechen Sie über sich selbst, nicht über den anderen. Sagen Sie «Ich bin wütend», und nicht «Du machst mich wütend». Wenn Sie sich an diese Grundregel halten, wird der andere nicht so defensiv reagieren, und Sie selbst können sich besser darauf konzentrieren, gemeinsam mit ihm ein Problem zu lösen, anstatt Ihrem Freund/Ihrer Freundin die Verantwortung dafür zuzuschieben, daß die Sache wieder in Ordnung kommt. Diese Leitlinie ist besonders wichtig. Wenn Sie über sich selbst sprechen, vermitteln Sie dem anderen, daß Sie nicht ihm – oder ihr – die Schuld dafür geben, wie Sie sich fühlen. «Ich» zu sagen statt «Du» beinhaltet auch, daß Sie dem anderen nicht mit einer vorgefaßten Meinung entgegentreten, daß Sie offen dafür sind zu erforschen, warum Sie sich so fühlen, und daß Sie den Konflikt gemeinsam mit Ihrer Freundin/Ihrem Freund bereinigen wollen. Chris machte David Vorwürfe wegen seiner Unzuverlässigkeit – «*Du* sagst Verabredungen in letzter Minute ab; *Du* solltest dir überlegen . . .», und David hatte das Gefühl, an Chris' Verstimmung und an den Problemen in ihrer Freundschaftsbeziehung schuld zu sein. Er glaubte, der Fehler läge allein bei ihm. Später, nachdem in der Therapie darüber gesprochen worden war, änderte Chris seine Taktik und sagte: «Ich fühlte mich letzte Woche wirklich verletzt und war wütend, als du in letzter Minute anriefst und absagtest.» Zuerst hatte David dennoch das Gefühl, daß ihm die Schuld gegeben wurde, aber Chris erinnerte ihn daran, daß er ihn nur wissen lassen wollte, wie er sich fühle, damit zwischen ihnen Klarheit bestünde und sie versuchen könnten, das Problem gemeinsam zu lösen. Er wolle David keinesfalls herabsetzen, erklärte er; er wolle nur sagen, daß ihn etwas, das David tat, verletzte, und er wolle darüber reden. Auch im weiteren Gespräch konzentrierte Chris sich darauf, über seine eigenen Gefühle zu sprechen, anstatt sich zu negativen Verallgemeinerungen über Davids Manieren hinreißen zu lassen. So konnte er es schließlich erreichen, daß beide einige konstruktive Lösungen fanden. Sie kamen überein, daß David offener sein und klarer zum Ausdruck bringen sollte, wenn er sich schlecht fühlte. Dann würde es Chris leichter fallen, Davids abrupte Absagen nicht persönlich zu nehmen. Außerdem fanden sie im Gespräch heraus, daß David mit Chris ausgegangen wäre, wenn sie etwas geplant hätten, das nicht viel Aufwand und

Anstrengung erforderte. Einige Wochen später berichtete Chris, daß David wieder eine Stunde vor einem vereinbarten Treffen angerufen hatte, um abzusagen. Zuerst lief es nach der vertrauten Dynamik ab; David war geknickt, aber auch kurz angebunden, weil er nicht wußte, wie er seine plötzliche Meinungsänderung erklären sollte. Aber diesmal ermutigte Chris ihn zu sagen, was in ihm vorging. Nach einigem Zögern gab David zu, daß er sich schlecht fühlte und Chris gern sehen wollte, aber fürchtete, den Freund zu langweilen oder ihm auf die Nerven zu gehen. Chris schlug ihm vor, sie könnten sich gemeinsam einen Film ansehen, denn in einem dunklen Kino müßte David nicht «Figur machen», wenn er sich nicht danach fühlte. Aber er würde auch verstehen, fügte er hinzu, wenn David keine Lust dazu hätte. David, der sich nun weniger unter Druck fühlte, stimmte dem Kinobesuch zu. Obwohl sie an diesem Abend nicht viele Worte wechselten, freute Chris sich, seinen Freund zu sehen, und David sagte ihm, daß er es trotz seiner deprimierten Stimmung genossen habe, aus seiner Wohnung herauszukommen und den Abend mit Chris zu verbringen.

Bis hierher haben wir uns auf bestimmte Beziehungsformen und ihre Anpassung an die Depression konzentriert; als nächstes wollen wir Ihnen aufzeigen, wie Sie mit Ihrem geliebten Menschen zusammenarbeiten können, um die Probleme, mit denen die Depression Sie konfrontiert, zu lösen.

–7–

Konstruktive Kommunikation

Audrey beklagte sich bitterlich über ihre jüngere Schwester Sheila. «Warum ist sie so unglaublich schwierig? Warum muß jedes Gespräch, das wir führen, damit enden, daß wir uns entweder anschreien oder wütend und beleidigt schweigen?» Zwischen den Schwestern hatte immer eine gewisse Rivalität geherrscht, wie Audrey erklärte, aber sie hatten während ihrer Studienzeit und in den ersten Jahren ihrer Ehe dennoch eine recht gute Beziehung gehabt. Sie telefonierten jede Woche und besuchten einander oft. Jetzt fühlte Audrey sich ihrer Schwester entfremdet und war wütend auf sie, und sie hatte den Eindruck, daß Sheila ihr gegenüber dieselben Gefühle hegte.

Wenn sie miteinander telefonierten, fing das Gespräch gewöhnlich ganz gut an, degenerierte aber bald zu wechselseitigen Anklagen und Beleidigungen. Audrey wußte, daß Sheila eine berufliche Krise durchmachte, weil sie das Gefühl hatte, sich mit zuwenig zufriedenzugeben und ihr Potential nicht richtig zu nutzen. Aber das war keine Entschuldigung dafür, daß sie so kurz angebunden und so desinteressiert war. Audrey vermutete, daß ihre Schwester depressiv war, verstand aber nicht, warum Sheila das nicht einfach sagte. «Wenn Sheila mit ihrem Leben wirklich so unzufrieden ist, könnte ich ihr vielleicht helfen», dachte Audrey, aber jedesmal, wenn sie ihre Schwester darauf anzusprechen versuchte, wurde Sheila wütend, warf ihr vor, daß sie die große Schwester herauskehre, die alles besser wisse, und beendete das Gespräch abrupt. Audrey fand es allmählich enervierend, daß Sheila sich ständig über ihr Leben beklagte, aber nichts unternahm, um ihre Situation zu verändern; sie hielt der Schwester vor, daß sie «ihr Leiden genieße». Bei jedem erneuten Versuch, mit

Sheila zu kommunizieren, wuchs Audreys Frustration. Schließlich zog sie sich zurück und rief ihre Schwester nicht mehr an. Als Sheila einige Wochen später anrief, machte sie Audrey bittere Vorwürfe wegen ihrer Gleichgültigkeit, und dann begannen die Schwestern heftig darüber zu streiten, wer wen öfter angerufen hatte.

Depression und der Zusammenbruch der Kommunikation

Zwischen Sheila und Audrey ist die Kommunikation zusammengebrochen. Sie sind wütend aufeinander, und jedesmal, wenn sie über ihre Probleme zu reden versuchen, scheint die Verständigung schwieriger zu werden. Wenn ein Mensch, der Ihnen nahesteht, depressiv ist, machen Sie vielleicht ähnliche Erfahrungen wie Audrey. Was Sie auch tun, was Sie auch immer sagen, die depressive Person schnappt ein oder wird bissig und aggressiv, und das macht es unmöglich, eine rationale Diskussion zu führen. Daß die Kommunikation auf diese Weise zusammenbricht, ist alles andere als selten. Wir gehen alle zur Schule und lernen lesen und schreiben, aber niemand bringt uns die Grundlagen einer konstruktiven Kommunikation in Beziehungen bei.

Kommunikationsprobleme sind an der Tagesordnung; sie treten in allen Beziehungen auf – mit Eltern und anderen Familienmitgliedern, mit Freunden und Kollegen. Es kommt häufig vor, daß Menschen einfach nicht in der Lage sind, sich klar auszudrücken und für das, was sie sagen wollen, eine konstruktive Form zu finden.

Tatsächlich hören wir von Paaren, die zur Eheberatung kommen, oft als erstes die Klage «Wir können nicht miteinander reden». Frauen beschweren sich im allgemeinen darüber, daß Männer zuwenig Bereitschaft haben, sich zu öffnen, während Männer darüber klagen, daß Frauen nicht sagen, was sie wirklich meinen. Die Flut von populären Ratgeberbüchern, die sich diesem Problem widmen, ist ein klarer Hinweis darauf, wie verbreitet Kommunikationsschwierigkeiten sind und daß Geschlechterunterschiede dabei eine zentrale Rolle spielen. Wir alle kennen das ungute Gefühl, mißverstanden zu werden oder den Eindruck zu haben, daß der andere nicht dieselbe Sprache spricht.

Wenn jemand, den wir lieben, depressiv ist, nehmen die Kommunikationsprobleme an Intensität zu. Sie sind tatsächlich die eigentliche Crux, der zentrale Aspekt der Beeinträchtigung von Beziehungen durch eine Depression. Der Teufelskreis der Depression, der zur Verschlimmerung des depressiven Zustands und zu Beziehungsproblemen führt, beginnt in aller Regel mit einem Zusammenbruch der Kommunikation. Wie Sie mittlerweile wissen, ist die Depression eine komplizierte Störung mit vielen Facetten, die alle Aspekte des Lebens und der Persönlichkeit beeinträchtigen kann, von der Stimmung, dem Körpergewicht, dem Schlaf und dem Appetit bis hin zu der Art, wie man denkt oder auf andere Menschen reagiert. Wissenschaftler fanden heraus, daß kognitive Verzerrungen im Denken depressiver Menschen eine große Rolle spielen, das heißt, Depressive neigen dazu, sich selbst und andere in einem schlechten Licht zu sehen. Wenn zum Beispiel eine gesellige Zusammenkunft abgesagt wird, weil der Gastgeber krank ist, wird ein depressiver Mensch, der dazu eingeladen war, vielleicht zu dem Schluß kommen, daß er bei der Party ohnehin nicht erwünscht war. Wenn ein Arbeitsprojekt verschoben wird, weil es Probleme mit der Finanzierung gibt, wird eine depressive Mitarbeiterin sich vielleicht die Schuld daran geben und denken, daß aus der Sache nie etwas wird.

Negative Zuschreibungen dieser Art sind ein typisches Merkmal der Depression, und sie können die Kommunikation mit einem Menschen, den Sie lieben, erheblich stören. Es ist schwer, in die Problemlösungsphase des SAD überzugehen, wenn Sie Schwierigkeiten haben, mit dem anderen zu reden. Seine Neigung zu negativ verzerrten Interpretationen gibt dem, was Sie sagen, vielleicht eine Bedeutung, die Sie nie intendierten. Wenn Sie Ihrer depressiven Freundin sagen «Es tut mir leid, aber ich kann dich heute nicht zum Abendessen treffen, weil ich unbedingt diese Arbeit fertig machen muß», wird sie vielleicht daraus schließen, daß Sie keine Lust auf ihre Gesellschaft haben. Im Gespräch mit einem depressiven Menschen muß man besonders aufmerksam sein, um sicherzugehen, daß es nicht zu Mißverständnissen kommt. Wenn Sie Ihre Kommunikationsfähigkeiten verbessern, machen Sie es der depressiven Person schwerer, Ihre Absichten zu mißdeuten, und verhindern so, daß der depressive Tanz prägend für Ihre Interaktionen wird.

Ein weiteres Problem liegt darin, daß Ihre eigenen Reaktionen und Gefühle zu Hürden werden können, die eine frei fließende Kommunikation verhindern. Es ist nicht immer das, was Sie sagen, sondern *wie* Sie es sagen. Wenn Sie der depressiven Person gegenüber starken Ärger oder Groll empfinden, vermitteln Sie diese Gefühle vielleicht indirekt und möglicherweise in destruktiver Form. Audrey zum Beispiel ärgerte sich darüber, daß es immer an ihr war, die Initiative zu ergreifen und Sheila anzurufen, und wenn Sheila den Hörer abnahm, sagte sie zur Begrüßung: «Ah, du existierst also noch! Ich dachte schon, du wärest ausgewandert!» Sheila bekam dann Schuldgefühle, weil sie sich nicht bei Audrey gemeldet hatte, und ärgerte sich über die Erwartungen, die ihre Schwester an sie richtete. Diese Art von Szenario schafft die Ausgangsbedingungen für weitere Störungen der Kommunikation.

Wenn Sie einem geliebten Menschen nicht sagen, wie Sie wirklich empfinden, weil Sie ihn schonen und zu seinem Leid nicht noch beitragen wollen, kann auch das zu Kommunikationsproblemen führen. Nehmen wir an, Sie würden an diesem Wochenende lieber zu Hause bleiben und sich entspannen, statt Ihren Schwager und seine Familie zu besuchen, aber Sie fürchten, daß Ihre Frau, die ohnehin depressiv ist, sich über diese Planänderung unnötig aufregen könnte. Also sagen Sie nichts und bleiben bei der Vereinbarung, haben aber ein schlechtes Gefühl dabei und sind innerlich unzufrieden. Das wird die Art, wie Sie sich an diesem Wochenende auf Ihre Frau beziehen, beeinträchtigen. Statt die Dinge zu nehmen, wie sie sind, wenn Ihre Nichten und Neffen im Garten herumtoben, sagen Sie Ihrer Frau vielleicht in einem unbeobachteten Moment: «Nein, ist das ein Höllenlärm, ich kriege Kopfschmerzen davon. Das kann ich in meiner knappen Freizeit gerade gebrauchen!» Ihre Frau wird dann wahrscheinlich verärgert reagieren: «Mach mich doch nicht dafür verantwortlich! Du wolltest doch, daß wir das Wochenende hier verbringen, ich hatte gar keine Lust!» An diesem Punkt ist eine rationale Diskussion darüber, was Sie beide wirklich wollen und brauchen, praktisch nicht mehr möglich. Wenn Sie von Anfang an ehrlich und direkt gesagt hätten, was Sie dachten und fühlten, hätte dieser Zusammenbruch der Kommunikation wahrscheinlich vermieden werden können.

Übung macht den Meister

Der aufrichtige Wunsch, die Kommunikation in Ihrer Beziehung zu verbessern, ist ein guter erster Schritt, aber Veränderungen dieser Art erfordern intensives Bemühen und viel Übung. Schlechte Kommunikationsgewohnheiten legt man sich nicht absichtlich zu; wir übernehmen sie von Kindheit an von unserer Umwelt und denken in aller Regel auch nicht viel darüber nach. Wie *verlernt* man schlechte Kommunikationsgewohnheiten, die man sich während einer ganzen Lebenszeit in Beziehungen zu anderen angeeignet hat?

Nach geeigneter Hilfe Ausschau zu halten ist ein wesentlicher Schritt, wenn Sie im Verlauf des SAD-Prozesses in das Stadium der Informationssuche eintreten. Sie können nur profitieren, wenn Sie Ihre Kommunikationsfähigkeiten erweitern. Psychologen, Sozialarbeiter und Therapeuten sind dafür ausgebildet, Menschen anzuleiten, wie sie besser kommunizieren können. Die Familientherapie zum Beispiel ist speziell darauf ausgerichtet, Familienmitgliedern zu einer kooperativen Haltung zu verhelfen und ihnen aufzuzeigen, wie sie Probleme lösen können, indem sie darüber reden. Vielleicht sollten Sie kompetente Beratung durch gut ausgebildete Fachleute in Erwägung ziehen. (Im 14. Kapitel finden Sie spezielle Ratschläge, wo und wie man professionelle Hilfe findet.)

Die meisten Menschen können ihre Kommunikationsfähigkeiten jedoch auch durch eigene Anstrengung erheblich verbessern. Wenn Sie Verständnis dafür entwickeln, was schlechte – beziehungsweise gute – Kommunikation ausmacht, und wenn Sie Ihre neugewonnenen Fertigkeiten in Ihrem Alltag anwenden, werden sie beobachten, daß es in ihren Beziehungen zu phänomenalen Veränderungen kommt. Sobald Sie gelernt haben, worauf es ankommt, ist Übung, Übung und nochmal Übung der beste Weg, Gewohnheiten zu verändern. Wenn Sie bereit sind zu praktizieren, was Sie gelernt haben, werden Sie in die Problemlösungsphase des SAD überwechseln; Sie und Ihr geliebter Mensch können nun beginnen, zusammenzuarbeiten und der Depression mit vereinten Kräften entgegenzuwirken.

Wie man konstruktiv kommuniziert

Konstruktive Kommunikation ist ausschlaggebend, wenn man gemeinsam Probleme lösen will. Sie und der andere müssen fähig sein, miteinander zu reden, wenn Sie kooperieren und zu brauchbaren Lösungen kommen wollen. In den folgenden Abschnitten führen wir Sie Schritt für Schritt in die allgemeinen Leitlinien für eine konstruktive Kommunikation ein und geben Ihnen dann noch spezielle Ratschläge, was Sie tun und was Sie besser unterlassen sollten. Da Geschlechterunterschiede auf die Art, wie wir kommunizieren, einen starken Einfluß haben, zeigen wir Ihnen schließlich noch «fünf effektive Wege» auf, mit einer depressiven Frau beziehungsweise einem depressiven Mann zu kommunizieren. Die Strategien, die Sie in diesem Kapitel lernen, werden Ihnen helfen, den Teufelskreis der depressiven Interaktionen zu durchbrechen und in Ihrer Beziehung Offenheit und Kooperationsbereitschaft zu etablieren.

Kommunikation kann destruktive Formen annehmen und zu immer mehr Mißverständnissen, Distanz und negativen Emotionen in einer Beziehung führen, oder sie kann sich zum Konstruktiven wenden und entscheidend dazu beitragen, daß sich in einer Beziehung mehr Nähe, Verständnis und positive Emotionen entwickeln. Wir alle beteiligen uns zeitweilig und in unterschiedlichen Situationen sowohl an destruktiven als auch an konstruktiven Formen der Kommunikation, aber in der Beziehung zu einem depressiven Menschen, der uns nahesteht, ist es von ausschlaggebender Bedeutung, so weit wir nur irgend können, konstruktiv zu kommunizieren.

Der erste Schritt: Achten Sie auf Ihre eigene Rolle in der Interaktion. Wenn man Menschen auffordert, eine kurz zurückliegende Konversation wiederzugeben, haben die meisten am klarsten in Erinnerung, was die andere Person gesagt oder getan hat. Es ist viel schwieriger wahrzunehmen, wie man selbst zum Fluß der Konversation beiträgt. Wir neigen zu der Sichtweise, daß die Bemerkungen und Kommentare des anderen – und nicht unsere eigenen – den Kurs der Kommunikation vorgeben. An einem Dialog sind jedoch zwei beteiligt, und es tragen immer beide dazu bei, in welche Richtung das Gespräch verläuft. Was Sie sagen oder tun, hat großen Einfluß darauf, welche Form Ihre Kommunikation mit anderen annimmt. Schauen Sie auf sich selbst und finden Sie heraus, ob Sie mit der depressiven Person in Ihrem Leben anders kommunizieren als mit anderen Menschen. Aller Wahrscheinlichkeit nach wird die Antwort «Ja» lauten. Vielleicht sind Sie ungeduldiger und harscher mit ihr oder ihm, vielleicht sind Sie weniger direkt, was Ihre eigenen Gefühle betrifft, weil Sie den anderen nicht unnötig aufregen wollen. Behalten Sie die folgenden Leitlinien – und die, die Sie bereits in den vorangegangenen Kapiteln gelernt haben – im Auge, wenn Sie und die depressive Person, die Ihnen nahesteht, in das Problemlösungsstadium des SAD eintreten. Erwarten Sie nicht, daß Sie jederzeit an alles denken oder alles sofort «richtig machen» können. Sie werden Zeit und Übung brauchen, um die Art, wie Sie miteinander kommunzieren, zu verändern.

Allgemeine Leitlinien für eine konstruktive Kommunikation

Nehmen Sie sich Zeit. Man muß Zeit haben, um sich auszutauschen; das ist die wichtigste Voraussetzung für eine gute Kommunikation. Wenn Sie und die depressive Person zusammenleben, versuchen Sie, «Zeit zum Reden» – über die Ereignisse des Tages, Ihre Gedanken und Erfahrungen – ebenso zu einer täglichen Gewohnheit zu machen wie «Zeit zum Abendessen». Wenn Sie nicht zusammenleben, versuchen Sie, regelmäßig zu telefonieren oder den anderen zu besuchen, um in Kontakt zu bleiben. Trennen Sie die Zeit für Gespräche von anderen Aktivitäten. Allzuviele von uns nehmen ihr Abendessen vor dem laufenden Fernseher ein oder versuchen, einem Familienmitglied zuzuhören, während sie gleichzeitig die Post öffnen und sich überlegen, was sie am nächsten Tag alles zu erledigen haben. Räumen Sie dem Gespräch Priorität in Ihrer Beziehung ein.

Audrey und Sheila fanden es hilfreich, eine feste Zeit für ihre Telefongespräche zu vereinbaren. Sobald sie sich darauf geeinigt hatten, daß Sonntag morgen um elf ihre Zeit zum Reden war, wich der Druck, und sie hatten keinen Anlaß mehr, darüber zu streiten, wer wen zum letztenmal angerufen hatte. Sie konnten sich vielmehr darauf konzentrieren, einander zu berichten, was sie im Lauf der Woche erlebt hatten, und versuchen, sich in konstruktiver Weise über ihre Gefühle auszutauschen.

Achten Sie auf nonverbale Botschaften. Die Körpersprache und andere nonverbale Signale sind ein wichtiger Bestandteil jeder Form von Kommunikation, und wenn man mit einer depressiven Person kommuniziert, die geneigt ist, alles negativ zu interpretieren, werden diese Botschaften besonders wichtig. Wenn Sie den Blick abwenden oder unruhig auf Ihrem Sitzplatz herumrutschen, wird die depressive Person wahrscheinlich daraus schließen, daß Sie ungeduldig sind und für das, was sie zu sagen hat, kein Interesse aufbringen. Erhalten Sie den Augenkontakt aufrecht. Sitzen Sie still und wenden Sie sich dem anderen zu, um zu signalisieren, daß sie präsent sind und sich an dem Gespräch beteiligen. Auch Ihr Gesichtsausdruck und der Ton Ihrer Stimme sind von großer Bedeutung. Wenn Sie verbal Mitgefühl ausdrükken, aber in einem flachen, gleichgültigen Ton sprechen oder die Augen rollen, können diese Signale das Gegenteil dessen bewirken, was Sie zu vermitteln glauben. Mehr depressive Patienten als wir zählen können sagten uns, sie nähmen «schlechte Schwingungen» von Familienmitgliedern wahr, die mit ihren Worten das eine sagten und in ihrem Habitus und Verhalten etwas völlig anderes zum Ausdruck brachten. Machen Sie sich bewußt, welche nonverbalen Botschaften Sie aussenden.

Audrey entdeckte, daß sie viel leichter mit ihrer Schwester kommunizieren konnte, wenn sie ihren vorwurfsvollen Ton aufgab und versuchte, mit wirklicher Wärme zu sprechen. Wenn sie das Gespräch dagegen gleich mit einer gewissen Schärfe in ihrer Stimme eröffnete, verlief die Unterhaltung in aller Regel unerfreulich und schwierig. Sobald ihr dieses Phänomen bewußt geworden war, bemühte Audrey sich um einen offenen, positiven Ton, statt ihrer Verärgerung und ihrem Groll Ausdruck zu geben. Das fiel ihr durchaus nicht leicht, aber schon bei den ersten Versuchen bemerkte sie, daß die Unterhaltung viel besser lief. Dieser unmittelbare Erfolg motivierte sie, es weiter zu versuchen, und es gelang ihr immer leichter.

Hören Sie zu. Die Kunst des Zuhörens wird in ihrer Bedeutung oft verkannt. Den meisten von uns fällt es viel leichter, unsere eigenen Gedanken zum Ausdruck zu bringen, als wirklich zu lauschen und aufzunehmen, was andere Leute sagen. Wenn im Gespräch Pausen entstehen, verfallen wir häufig schnell in oberflächliches Geschwätz, um die Lücken zu füllen, denn das Schweigen löst Unbehagen in uns aus. Im Gespräch mit einer depressiven Person kommt es jedoch leicht zu solchen Pausen und Lücken, denn depressiven Menschen fällt es schwer, sich zu öffnen. Sie merken dann vielleicht, daß Sie irgend etwas daherreden, nur um Konversation zu machen. Versuchen Sie statt dessen, das Schweigen auszuhalten, abzuwarten, ob der andere etwas sagen will, und ihm zu lauschen. Wenn der depressive Mensch fühlt, daß man ihm genügend Zeit und Raum läßt und daß seine Worte gehört werden, ist es viel wahrscheinlicher, daß er sich schließlich aus seinem Schneckenhaus hervorwagt.

Viele Menschen neigen auch dazu, Ratschläge zu geben, bevor sie den anderen überhaupt zu Ende angehört haben. Der Impuls einzugreifen, Rat zu geben, Vorschläge zu machen ist eine natürliche Reaktion auf die Depression eines lieben Menschen, denn wir wollen vor allem, daß sein Leiden wieder aufhört. Aber diesem Impuls zu folgen, ist in der Regel nicht die beste Wahl. Meistens ist es viel sinnvoller, aufmerksam zuzuhören und auf das zu reagieren, was der andere sagt.

Der effektivste Weg, Ihre Bereitschaft zum Zuhören zu signalisieren, ist, den anderen einfach zu spiegeln. Das heißt, Sie bringen zum Ausdruck, daß Sie gehört haben, was er sagte, und gehen direkt darauf ein. Sie könnten zum Beispiel sagen: «Das hört sich so an, als hätte dich das sehr geärgert. Liegt das daran, daß du etwas ganz anderes erwartet hast?» Aktives Zuhören lädt den anderen ein, mehr aus sich herauszugehen.

Audrey hatte Schwierigkeiten damit, aktiv zuzuhören, wenn Sheila ihr etwas sagen wollte. Sobald Sheila anfing, über ihre Arbeitssituation zu klagen, unterbrach Audrey sie und bombardierte sie mit einem Sperrfeuer von guten Ratschlägen. Sheila war dann natürlich frustriert, weil Audrey ihr gar keinen Raum ließ, ihre Gefühle zum Ausdruck zu bringen. Wenn Audrey sich statt dessen darauf konzentriert hätte zuzuhören, hätte Sheila sich wahrscheinlich verstanden und ihrer Schwester näher gefühlt.

Seien Sie wachsam dafür, ob Sie im Gespräch mit der depressiven Person in die Rolle des Vortragsredners verfallen. Lehnen Sie sich zurück, hören Sie zu und warten Sie ab, was sich entwickelt.

Sprechen Sie ruhig, klar und langsam. Wenig Energie und verminderte Konzentrationsfähigkeit gehören zu den Hauptsymptomen der Depression. Depressive Menschen fühlen sich leicht überfordert, überwältigt und unfähig, ihre Aufmerksamkeit aufrechtzuerhalten. Oft wird die Erfahrung, depressiv zu sein, so beschrieben: «Es ist, als bewegte ich mich die ganze Zeit durch zähen Schlamm» oder «Ich habe das Gefühl, in einem Film zu sein, der mit Zeitlupe aufgenommen wurde, während alle anderen sich im Zeitraffertempo bewegen.» Der übliche Stil, wie wir im Alltag miteinander sprechen, kann als zu schnell und zu laut empfunden werden. Depressive Menschen finden es oft besonders schwierig, einem Gespräch zu folgen, wenn der Gesprächspartner von einem Thema zum anderen springt. Sprechen Sie ruhig, langsam, und drücken Sie sich klar aus, wenn Sie sich mit der depressiven Person, die Ihnen nahesteht, unterhalten. Achten Sie auf den Ton Ihrer Stimme; er sollte so sanft und besonnen sein wie möglich. Das soll nicht heißen, daß Sie Wut oder andere negative Gefühle nicht zum Ausdruck bringen dürfen, aber sie sollten versuchen, auch das in ruhigem Ton zu tun. Klarheit ist ebenfalls wichtig. Überlegen Sie, was Sie vermitteln wollen. Statt «Warum hast du mich nicht zurückgerufen? Was ist denn eigentlich mit dir los?» könnten Sie zum Beispiel sagen: «Ich habe mich darüber geärgert, daß du nicht zurückgerufen hast.» Vergessen Sie nicht, daß depressive Menschen die Neigung haben, alles was andere sagen, in ihr negatives Interpretationsmuster einzuordnen. Sagen Sie klar und eindeutig, was Sie meinen, um Mißverständnisse zu vermeiden, und lassen sie keine doppeldeutigen Botschaften im Raum stehen, die fehlinterpretiert werden könnten. Versuchen Sie, sich in den erschöpften, empfindlichen Zustand des anderen hineinzuversetzen.

Audrey entschloß sich, Hilfe zu suchen, um die Situation mit ihrer depressiven Schwester besser bewältigen zu können, und nach einigen individuellen Therapiesitzungen kam sie zu der Erkenntnis: «Ich glaube, ich setze Sheila zu sehr unter Druck.» Audrey hatte nicht verstanden, daß Sheila aufgrund ihrer Depression unkonzentrierter war und Anspannung nicht gut verkraften konnte. Aber als sie dann besser darüber unterrichtet war, wie Depressionen Menschen beeinträchtigen, stellte Audrey an sich selbst fest, daß sie gewöhnlich sehr schnell und in abstrakten Begriffen sprach. Sie verfiel im Gespräch mit Sheila auch leicht in Klischees und vage Verallgemeinerungen wie «Du mußt dich aus dem Sumpf herausziehen» oder «Manchmal hilft es, wenn man sich einfach etwas zusammenreißt», statt klar und eindeutig zu sagen, was sie meinte. In den folgenden Wochen bemühte Audrey sich bewußt darum, ihr Tempo zu drosseln und sich klarer auszudrücken. Zu ihrer Überraschung stellte sie fest, daß Sheila nun länger mit ihr telefonierte und auch aufmerksamer zu sein schien.

Seien Sie nicht herablassend. Sie haben gesehen, wie wichtig es ist, ruhig, klar und langsam zu sprechen. Hüten Sie sich aber davor, der depressiven Person gegenüber einen herablassenden oder gönnerhaften Ton anzuschlagen. Depressive Menschen sind vielleicht schlapp, energielos und weniger konzentriert, aber das liegt an ihrem Zustand und bedeutet nicht, daß ihre Intelligenz gelitten hat oder daß sie keine eigenen Meinungen haben. Der andere nimmt es sehr wohl wahr, wenn Sie in herablassendem Ton mit ihm reden, und wird dann vielleicht wütend und verliert die Geduld mit Ihnen. Audrey hatte die Neigung, Sheila Anweisungen zu geben, was sie tun oder lassen müsse, und Sheila fühlte sich dann von ihrer Schwester «wie eine Dreijährige» behandelt und in ihrer Intelligenz beleidigt. Also begann sie, den Kontakt mit Audrey zu meiden, und die Distanz zwischen den Schwestern wuchs. Behandeln Sie die depressive Person nicht wie ein Kind und bilden Sie sich nicht ein, Sie wüßten besser, was gut und richtig für sie ist. Wenn Sie es mit einem depressiven Kind zu tun haben, wechseln Sie nicht den Ton, sondern sprechen Sie mit ihm in derselben Weise, wie Sie es vorher taten und wie es seiner Altersstufe entspricht. Bringen Sie dem depressiven Menschen denselben Respekt entgegen wie jeder anderen Person in Ihrer Umgebung.

Setzen Sie den anderen nicht unter Druck. Wenn ein Mensch, an dem Ihnen viel liegt, depressiv ist, können Sie dem Drang, ihm

Ratschläge zu geben, vielleicht nicht widerstehen. Es ist ein natürlicher Impuls, helfen zu wollen, wenn wir erleben, daß ein lieber Mensch unglücklich ist und leidet.

Hüten Sie sich aber davor, den anderen zu überrollen oder unter Druck zu setzen. Eines der Hauptmerkmale der Depression ist das Gefühl der Hoffnungslosigkeit. Wenn Sie eine depressive Person mit guten Ratschlägen eindecken und einen Vorschlag nach dem anderen unterbreiten, bekommt sie vielleicht das Gefühl, daß Sie ihre Situation nicht begreifen. Sie ist verzweifelt und ohne Hoffnung, und da kommen Sie mit Ihren Lebensweisheiten und erwarten, daß gleich alles wieder im Lot ist. Vermitteln Sie, daß Sie verstehen, wie perspektivlos sie sich fühlt. Bieten Sie dann Ihre Hilfe an, aber beschränken Sie sich auf *einen* Vorschlag bei einer Gelegenheit. Das Angebot als solches ist eigentlich zweitrangig; worauf es wirklich ankommt, ist, daß Sie Respekt vermitteln, Verständnis für die immensen Schwierigkeiten, mit denen sie sich konfrontiert sieht. Manchmal ist es hilfreich, den anderen zu ermutigen, aus dem Haus zu gehen und aktiv zu bleiben; zu anderen Zeiten kann es sinnvoller sein, ihn darin zu bestärken, daß er allein bleibt und sich Zeit für sich selbst nimmt. Wenn Ihre Unterstützung wirkungsvoll sein soll, müssen Sie herausfinden, was der andere selbst für hilfreich und nützlich hält.

Im Verlauf ihrer individuellen Therapie stellte Audrey fest, daß sie die Neigung hatte, ihre Schwester mit einem «Flächenbombardement» von Ratschlägen einzudecken, wie sie es selbst ausdrückte. Statt acht Vorschläge zu machen, wie Sheila sich ihrem Chef gegenüber behaupten könnte, versuchte Audrey dann, sich auf eine Anregung zu beschränken, und auch erst nachdem sie Sheila gefragt hatte, was sie selbst für das beste hielte. Unter diesen veränderten Umständen war Sheila nun auch bereit, ihrer Schwester aufmerksamer zuzuhören und zu überlegen, ob es sich lohnen könnte, ihren Vorschlag auszuprobieren. Es kam viel seltener zum Streit darüber, wer wem Vorschriften zu machen versuchte; die Schwestern kamen einander wieder näher und konnten sich aufrichtiger über ihr Leben und ihre Gefühle austauschen.

Drücken Sie Ihre Gefühle direkt aus. Ihre Gedanken und Gefühle sind wichtig. Wir haben betont, daß Sie zuhören und sich darüber klarwerden müssen, in welchem Ton Sie sprechen und welche nonverbalen Botschaften Sie aussenden, aber Ihre Gefühle sollten Sie dennoch zum Ausdruck bringen. Der offene, ehrliche Dialog ist nur möglich, wenn beide Seiten in einer Beziehung in der Lage sind, sich klar zu artikulieren. Versuchen Sie, sich darüber klarzuwerden, was Sie empfinden, und vermitteln Sie es der depressiven Person direkt. Vermutlich haben Sie Angst, daß es auf einen depressiven Menschen verletzend wirkt, wenn Sie negative Gefühle ausdrücken. Das muß jedoch durchaus nicht so sein, vorausgesetzt, Sie halten sich an die Regeln einer konstruktiven Kommunikation. (Wenn die depressive Person ein kleines Kind ist, liegen die Dinge natürlich anders. In diesem Fall ist es angemessener und sinnvoller, sich mit einem anderen Erwachsenen auszusprechen.)

Der erste Schritt zu einer konstruktiven Kommunikation ist es, der depressiven Person zu vermitteln: Ich möchte dir sagen, was ich fühle, weil die Beziehung zu dir mir so wichtig ist. Sagen Sie dem anderen, daß Sie nicht vorhaben, ihn zu kritisieren oder ihm die Schuld an den Konflikten zu geben. Drücken Sie aus, daß Sie sich aussprechen möchten, um mehr Klarheit und Offenheit in der Beziehung zu schaffen. Der nächste Schritt: Üben Sie, direkt, ruhig und besonnen über Ihre Gefühle zu sprechen. Sagen Sie ganz klar, wie Sie in der speziellen Situation, die Sie diskutieren, empfinden. Achten Sie darauf, daß Ihr Gegenüber Sie nicht mißversteht und nicht zu defensiv wird. Wenn der andere defensiv reagiert, gehen Sie ein paar Schritte zurück und versuchen Sie, das, was Sie ausdrücken wollen, noch einmal in anderen Worten zu formulieren.

Audrey brauchte einiges an Übung, um ihrer Schwester klar sagen zu können, was sie fühlte. Gewöhnlich behielt sie ihre Gedanken und Sorgen für sich, oder sie griff Sheila an. Zuerst fühlte Audrey sich unbehaglich und unbeholfen, wenn sie versuchte, direkt zu sagen, was sie empfand. Sie eröffnete das Gespräch zum Beispiel mit den Worten: »Ich möchte dir etwas erzählen, das mir im Kopf herumgegangen ist. Aber ich will nicht, daß du denkst, ich wollte an dir herumnörgeln oder dir vorschreiben, was du tun sollst. Es geht mir um unsere Beziehung, und ich möchte, daß du verstehst, was in mir vorgeht. Ich bringe es nur zur Sprache, weil ich dich liebe und weil mir die Nähe fehlt, die früher zwischen uns war.» Sheila reagierte anfangs zwar kühl und abweisend, aber sie hörte sich dennoch an, was Audrey in diesem Gespräch zu sagen hatte. Statt gleich den Hörer aufzuknallen, wie sie es bei früheren Gelegenheiten getan hatte, fragte sie: «Wovon redest du überhaupt?» – «Hauptsächlich davon, daß ich es vermisse, dir nahe zu sein.» – «Wieso, was habe ich getan?» – «Nichts. Darum geht es nicht. Ich will dir nur sagen, welche Gefühle ich dabei habe, wenn du auf meine Anrufe nicht reagierst. Es ärgert mich. Aber es bringt mich auch durcheinander, weil ich es nicht verstehe.» – «Du fehlst mir auch, Audrey. Ich glaube, ich verstehe selbst nicht, warum wir uns so sehr voneinander entfernt haben.»

Dieses Gespräch eröffnete einen Dialog zwischen den Schwestern, der Audrey Raum bot, ihre Gefühle zu artikulieren. Sie und Sheila hatten den Sprung in die Problemlösungsphase geschafft. Sie hatten begonnen, das Leck in ihrer Kommunikation zu reparieren.

Konstruktive Kommunikation – was Sie tun und was Sie unterlassen sollten

Als Starthilfe für Ihr Bemühen, Ihren Kommunikationsstil zum Konstruktiven zu verändern und in der Beziehung zu Ihrem geliebten Menschen mehr Klarheit und Offenheit zu schaffen, fassen wir unsere Leitlinien hier noch einmal kurz zusammen:

Was Sie tun sollten

Bestätigen Sie, was Sie gehört haben. Lassen Sie den anderen wissen, daß Sie ihn verstanden haben. Einer der besten Wege, das zu tun, ist, das Gesagte zurückzuspiegeln. Wenn die andere Person Ihnen von einer schwierigen beruflichen Situation erzählt, könnten Sie sagen: «Du fühlst dich im Augenblick offenbar ziemlich überlastet; das muß sehr hart für dich sein. Was glaubst du denn, was dir deine Lage erleichtern könnte?» Gehen Sie so direkt wie möglich auf den anderen ein.

Seien Sie einfühlsam. Alle Menschen, ob depressiv oder nicht, wünschen sich, daß andere ihre Lage verstehen und sich in sie einfühlen können. Wenn jemand depressiv ist und sich isoliert fühlt, ist Empathie ganz besonders wichtig. Vermitteln Sie der depressiven Person, daß Sie nachzuempfinden versuchen, wie ihr zumute ist. Wenn Ihre Freundin sich zum Beispiel über ihre Schwester beklagt, könnten Sie sagen: «Ja, ich glaube, wenn ich du wäre, würde mich das auch zur Weißglut treiben.»

Seien Sie direkt. Aufrichtigkeit ist die Basis einer guten Kommunikation. Seien Sie im Gespräch ehrlich und direkt. Versuchen Sie nicht, die Dinge zu beschönigen oder um den heißen Brei herumzureden, sondern gehen Sie schwierige Themen offen und eindeutig an. Sagen Sie zum Beispiel nicht «Ach weißt du, ich habe zur Zeit unheimlich viel Arbeit», wenn Sie eigentlich meinen «Es tut mir leid, aber ich kann dir nicht jederzeit auf Abruf zur Verfügung stehen». Die meisten Leute – und depressive Menschen bilden dabei keine Ausnahme – wissen es zu schätzen, wenn man ihnen die Wahrheit sagt.

Übernehmen Sie Ihren Teil der Verantwortung. An einem Dialog – und an einer Beziehung – sind immer zwei Leute beteiligt. Geben Sie zu erkennen: Ich weiß, auch ich habe dazu beigetragen, daß die Situation zwischen uns so problematisch geworden ist. Übernehmen Sie Ihren Teil der Verantwortung für die Dinge, die in Ihrer Beziehung schiefgelaufen sind. Aber ermutigen Sie den anderen auch, über seinen Beitrag zu den Konflikten nachzudenken.

Bewahren Sie Ihren Humor. Lachen ist die beste Medizin, sagt eine alte Volksweisheit, und da ist etwas dran. Einander zum Lachen zu bringen ist einer der wirkungsvollsten Wege, Spannungen in einer Beziehung abzubauen.

Auch wenn es auf den ersten Blick vielleicht nicht so scheint: Depressive Menschen haben gewöhnlich durchaus Sinn für Humor. Heben Sie das Absurde oder Komische in einer streßgeladenen Situation hervor. Zeigen Sie, daß Sie über sich selbst lachen können. Aber seien Sie wachsam: Werden Sie nicht sarkastisch und machen Sie keine Scherze auf Kosten der depressiven Person. Das wäre kein Humor, sondern Zynismus. Wirklicher Humor verletzt nicht. Er löst die Spannung und hellt die Stimmung auf.

Was Sie unterlassen sollten

Reden Sie nicht hinter dem Rücken des anderen mit dritten. Es ist sehr viel besser, die Person, der Sie etwas zu sagen haben, direkt anzusprechen, statt eine dritte Partei einzuschalten. Wenn Sie die Probleme an dritte weitergeben, die dann möglicherweise ihrerseits mit anderen Leuten darüber sprechen, setzen Sie leicht eine Kette von Mißverständnissen in Gang, und was am Ende dabei herauskommt, ähnelt dann oft dem Kinderspiel «Stille Post». Mit der Anzahl der Mittler zwischen Ihnen und der depressiven Person erhöht sich das Risiko von Kommunikationsproblemen. Wenn Sie etwas zu sagen haben, sagen Sie es dem anderen direkt.

Werden Sie nicht beleidigend. Wenn Sie auf den anderen wütend sind, lassen Sie es ihn wissen, ohne beleidigend zu werden oder ihm ein Etikett anzuhängen. Diese Gewohnheit ist besonders schwer zu durchbrechen, denn wir alle haben schon als Kinder gelernt, das eigene Terrain mit verbalen Wurfgeschossen zu verteidigen. Aber wenn Sie jemanden als «egoistisch», als «Trauerkloß» oder «Muffel» bezeichnen, wird das der Kommunikation zwischen Ihnen wohl kaum förderlich sein. Ihr Gegenüber wird vielmehr nur auf den Affront reagieren, das Visier herunterlassen und nicht mehr bereit sein, Ihnen weiter zuzuhören.

Verallgemeinern Sie nicht. Wenn Sie über ein spezielles Vorkommnis oder Verhalten verärgert sind, halten Sie sich an die Sache selbst und werden Sie nicht vage und allgemein. Sagen Sie nicht «immer» oder «nie», wenn es nicht auf die Situation paßt. Es ist ein großer Unterschied, ob Sie sagen «Ich bin ärgerlich, weil du gestern abend den Müll nicht heruntergebracht hast» oder ob Sie dem anderen vorhalten «Du denkst nie daran, den Müll herunterzubringen». Sprechen Sie nicht in absoluten Begriffen. Drücken Sie sich so klar und präzise wie möglich aus; wenn der andere genau weiß, wovon Sie reden, wird er wahrscheinlich weniger defensiv reagieren.

Wechseln Sie nicht das Thema. Paartherapeuten wissen ein Lied davon zu singen: Wenn Ehe- oder Lebenspartner streiten, werfen sie oft Argumente in die Debatte, die nicht zum Thema gehören, bis hin zum Küchenabwasch. Wenn Sie und Ihr Partner zum Beispiel darüber streiten, wie Sie Geld sparen könnten, bringen Sie keine anderen Konflikte ins Spiel, zum Beispiel, wer mehr im Haushalt tut oder wie oft man die Schwiegereltern einladen sollte. Bleiben Sie bei dem Thema, um das es geht, und halten Sie den Küchenabwasch aus der Debatte heraus.

Werden Sie nicht laut. Bleiben Sie ruhig, besonnen und diszipliniert. Es ist praktisch unmöglich, jemandem zuzuhören, der aus vollem Hals brüllt. Manchmal haben wir das Gefühl, die Stimme erheben zu müssen, um überhaupt gehört zu werden, aber in aller Regel führt das zu nichts. Das Gegenteil ist tatsächlich oft wesentlich wirkungsvoller: Senken Sie die Stimme, so daß der andere aufmerksam lauschen muß, um Sie zu verstehen. Je ruhiger Sie bleiben, desto geringer ist die Gefahr, daß der Konflikt bis zu dem Punkt eskaliert, an dem die Kommunikation zusammenbricht.

Geschlechterunterschiede und Kommunikation

Es gibt erhebliche Unterschiede in der Art, wie Menschen Depressionen erleben und ausdrücken, und die Geschlechtszugehörigkeit spielt dabei eine große Rolle. Forschungsergebnisse legen nahe, daß bei Frauen die Wahrscheinlichkeit, im Lauf ihrer Lebensspanne eine Depression durchzumachen, höher liegt, und Frauen berichten auch häufiger von Depressionen. Andererseits liegt das Depressionsrisiko bei Männern nicht wesentlich niedriger, aber Männer neigen mehr als Frauen dazu, ihre Depression durch Drogen-, Alkohol- oder Arbeitssucht zu kaschieren. Viele depressive Männer kapseln sich von ihrer nächsten Umgebung ab und suchen keine Hilfe bei Menschen, die ihnen nahestehen. Depressive Frauen neigen dagegen dazu, ihre Gefühle zu verbalisieren und andere um Unterstützung zu bitten.

Die Unterschiedlichkeit der Kommunikationsstile von Männern und Frauen ist in letzter Zeit zunehmend Gegenstand von

Zeitschriftenartikeln und populären Büchern geworden. Wir erleben es nicht selten, daß Paare zu uns zur Beratung kommen und uns sagen: «Wir sprechen nicht dieselbe Sprache. Ich verstehe sie nicht und sie versteht mich nicht.» Laut Deborah Tannen, der Autorin des Bestsellers «You Just Don't Understand» (Du verstehst einfach nicht) haben Männer und Frauen unterschiedliche Definitionen dafür, was ein Gespräch ist und was damit bewirkt werden soll. Für Männer sind Gespräche «Verhandlungen [...] mit dem Ziel, Unabhängigkeit zu bewahren und Mißerfolge zu vermeiden». Für Frauen dagegen sind Gespräche «Verhandlungen um Nähe [...] mit dem Ziel, Intimität zu bewahren und Isolation zu vermeiden». Aufgrund dieser tief verwurzelten unterschiedlichen Vorstellungen über die Funktion eines Gesprächs sind Frauen und Männer oft unfähig, einander zu verstehen. Nur wenn wir begreifen lernen, was die andere Person – unser gegengeschlechtliches Gegenüber – mit dem, was sie sagt, eigentlich meint, können wir beginnen, erfolgreich über die Geschlechtergrenzen hinweg zu kommunizieren.

Wenn ein Mensch, der Ihnen nahesteht, depressiv ist, können die Geschlechterunterschiede in Ihrer Kommunikation eine besonders kritische Rolle spielen. Studien haben gezeigt, daß Männer dazu neigen, problematische Situationen durch die aktive Suche nach Lösungen zu bewältigen; sie machen Vorschläge, geben Rat, versuchen, Auswege zu finden. Frauen haben dagegen die Neigung, Probleme durch Empathie zu bewältigen. Sie versuchen, sich einzufühlen, äußern Mitgefühl, fragen nach, wie es dem anderen geht und sind geduldigere Zuhörerinnen. Wenn Menschen depressiv sind, wollen sie im allgemeinen die Art von Unterstützung, die sie selbst geben würden. So erwartet ein depressiver Mann von seiner Partnerin vielleicht, daß sie ihm konkrete, detaillierte Ratschläge gibt, wie er seine Berufsprobleme bewältigen kann, und reagiert frustriert, wenn sie nur Mitgefühl mit seinen Ängsten zeigt. Eine depressive Frau zieht es aber in derselben Situation vielleicht vor, daß ihr Mann ihr einfach mitfühlend zuhört, statt ihr Lösungsvorschläge für ihr Dilemma zu machen.

Es kann zwischen einem Mann und einer Frau also leicht zu Verständigungsschwierigkeiten kommen, wenn eine Seite an einer Depression leidet. Was können Sie nun tun, wenn Sie der

Ehepartner einer depressiven Frau oder die Schwester eines depressiven Mannes sind? Die folgenden Leitlinien sollen Ihnen helfen, mit einem depressiven Menschen, der dem anderen Geschlecht angehört, konstruktiver zu kommunizieren. Denken Sie aber daran, daß diese Anregungen auf Geschlechterstereotypen basieren und nicht auf jede und jeden oder alle Mann-Frau-Beziehungen zutreffen. Außerdem können sich einige dieser Leitlinien auch für die Verständigung zwischen Angehörigen desselben Geschlechts als hilfreich erweisen.

Fünf effektive Wege, mit einer depressiven Frau zu kommunizieren

1. Schießen Sie sich nicht darauf ein, ihre Probleme lösen zu wollen; konzentrieren Sie sich vielmehr darauf, ihre Probleme zu verstehen. Frauen denken nicht so ziel- und lösungsorientiert wie Männer. Wenn Sie also begonnen haben, alle möglichen Szenarien oder Strategien zu entwerfen, die «alles wieder ins Lot bringen», vergessen Sie es am besten wieder. Richten Sie Ihre Aufmerksamkeit darauf, wie die andere Person ihre Depression *erfährt*, und versuchen Sie nicht, sie von ihrer Depression zu «befreien». Statt auf ein Problem, das sie Ihnen schildert, mit «Also, ich sage dir, was du tun könntest . . .» zu reagieren, sollten Sie zum Beispiel lieber sagen: «Ich verstehe, warum du dich so fühlst.»

2. Fragen Sie sie nach ihren Erfahrungen mit der Depression. Welche Theorien hat sie selbst darüber, warum sie sich so fühlt? Hat sie das vorher schon einmal erlebt? Wie fühlt es sich an? Ist dies die dunkelste Passage, durch die sie je gegangen ist? Zeigen Sie, daß Sie interessiert sind und begreifen wollen, was sie zur Zeit durchmacht.

3. Bringen Sie Mitgefühl auf. Bemühen Sie sich zu verstehen, wie sie sich fühlt. Versuchen Sie, sich in ihre Lage zu versetzen und wirklich nachzuempfinden, was in ihr vorgeht. Wenn Sie Ihnen von einem Vorfall erzählt, der sie aus der Fassung gebracht hat, hören Sie aufmerksam zu und spiegeln Sie zurück, was Sie gehört haben. Fragen Sie nach, ob Sie richtig verstanden haben.

Ein Mann fragte seine Freundin zum Beispiel: «Offenbar hast du das Gefühl, als ob sich alle von dir abwenden. Ist das so?» – «Ja», sagte sie, «ich glaube, alle haben die Nase voll davon, mich jammern zu hören.» Das berührte ihn und er konnte ihr sagen: «Nun verstehe ich, wie verletzbar du dich fühlen mußt.»

4. Erzählen Sie ihr von Ihren eigenen Erfahrungen mit dunklen Passagen in Ihrem Leben. Frauen tun das oft untereinander, um Nähe und Verbundenheit auszudrücken. Wenn Sie ihr vermitteln, daß Sie wissen oder zumindest ahnen, worum es geht, wird sie mehr auf Ihr Verständnis vertrauen. Sie könnten ihr sagen: «Weißt du, in dieser Situation habe ich überhaupt keinen Ausweg mehr gesehen. Es ist ein grauenhaftes Gefühl.» Setzen Sie aber keinesfalls zu einem Vortrag darüber an, wie Sie Ihr Problem gelöst haben. Lassen Sie die andere Person einfach wissen, daß Sie begreifen, wie es sich anfühlt, verzweifelt und ohne Hoffnung zu sein.

5. Kommen Sie ihr nicht sofort mit guten Ratschlägen. Frauen haben das Gefühl, nicht ernstgenommen und nicht verstanden zu werden, wenn man sie mit Lösungsvorschlägen bombardiert. Geben Sie ihr zu verstehen, daß Sie zur Stelle sein werden, wenn sie konkrete Hilfe braucht. Verzichten Sie aber darauf, ihr sofort detaillierte Vorschläge zu machen, wie sie eine bestimmte Situation bewältigen könnte. Sagen Sie ihr statt dessen: «Du willst jetzt sicher keine Patentrezepte hören, aber wenn du meine Hilfe brauchst, laß es mich einfach wissen.»

Fünf effektive Wege, mit einem depressiven Mann zu kommunizieren

1. Erwarten Sie von ihm keine unmittelbare Bereitschaft, über seine Probleme zu reden. Vielleicht hat er die Neigung, seine Gefühle für sich zu behalten, und versucht, seine Probleme zu lösen, indem er trinkt oder Pillen schluckt. Drängen Sie ihn nicht, mit Ihnen über sein Innenleben zu reden. Vermitteln Sie ihm, daß Sie für ihn da sind, falls er sich aussprechen möchte. Sie könnten ihm sagen: «Ich mache mir Sorgen um dich, aber ich will dich nicht unter Druck setzen, mir zu erzählen, was in dir vorgeht. Du sollst nur wissen, daß ich für dich da bin, wenn du mich brauchst.» Bombardieren Sie ihn nicht mit Fragen über seine Gefühle, wenn er wenig Bereitschaft zeigt, sich zu öffnen.

2. *Seien Sie sensibel für sein männliches Ego.* Denken Sie daran, wie ungemein wichtig es für ihn ist, auf niemanden angewiesen zu sein. Männer werden zur Unabhängigkeit erzogen. Nur weil er depressiv ist, wird er sich kein bißchen wohler damit fühlen, Ihre Hilfe zu akzeptieren. Respektieren Sie sein Unabhängigkeitsstreben und fragen Sie nicht ständig nach, wie er sich fühlt und wie es ihm geht. Fangen Sie vor allem nicht an, ihn zu bemuttern. Sie könnten ihm vielmehr sagen: «Mir ist klar, wie schwer es für dich ist, daß du im Augenblick nicht alles tun kannst, was du sonst getan hast. Wenn ich dir irgendetwas abnehmen kann, laß es mich einfach wissen.»

3. *Wenn er Schwierigkeiten hat, über seine Gefühle zu sprechen, könnten Sie ihm – wie beim Multiple-Choice-Verfahren – eine kleine Auswahl von Definitionen vorgeben:* «Was steht denn im Moment eigentlich im Vordergrund? Bist du wütend – oder eher traurig – oder beunruhigt?» Die meisten Männer sind dann in der Lage, eine Wahl zu treffen, die ihre gegenwärtige Lage adäquat beschreibt, oder selbst zu schildern, wie sie sich fühlen. Über dieses Gefühl zu sprechen, kann ein erster Schritt zu einem offenen Dialog über seine Erfahrungen mit der Depression sein. Oft fällt es einem Mann schwer, sich zu öffnen, aber wenn Sie ihm die Gelegenheit bieten, ergreift er vielleicht die Chance, seine Gefühle zu artikulieren.

4. *Teilen Sie ihm Ihre Erfahrungen mit.* Vielleicht macht er es Ihnen schwer, ihm mit Empathie zu begegnen. Wenn Sie es versuchen, achten Sie darauf, wie er reagiert, wenn Sie von eigenen ähnlichen Erfahrungen erzählen. Selbständigkeit und Unabhängigkeit sind für Männer ungemein wichtig. Vielleicht wehrt er ab und scheut den Vergleich mit Ihrem Erleben, weil er seine Gefühle als Schwäche empfindet. Oder er interpretiert es so, als solle er seine Depression für sich behalten und sich statt dessen auf Ihre Erlebnisse konzentrieren. Oder er beginnt, mit Ihnen darum zu konkurrieren, wessen Probleme schlimmer sind. Das

soll nicht heißen, daß Sie nicht auf Ihre Erfahrungen zurückgreifen dürften, wenn Sie sich in ihn einzufühlen versuchen, aber bleiben Sie wachsam für seine Reaktionen.

5. Konzentrieren Sie sich auf konkrete Problemlösungsstrategien. Wenn Sie konkrete, pragmatische Anregungen vorbringen, wie er seine Ziele erreichen könnte, sprechen Sie eine Sprache, die die meisten Männer verstehen. Fragen Sie ihn nach seinen eigenen Vorstellungen über die Lösung seiner Probleme. Überlegen Sie gemeinsam mit ihm, welche anderen Alternativen möglich sind, und diskutieren Sie das Pro und Kontra. Setzen Sie ihn aber nicht unter Druck und bringen Sie Ihre Anregungen mit Einfühlung und Verständnis vor.

Veränderungen sind möglich

Da Sie nun mit dem notwendigen Wissen ausgerüstet sind, können Sie den Kampf gegen die Kommunikationsstörungen in Ihrer Beziehung zu der depressiven Person aufnehmen. Praktizieren Sie die Leitlinien, die wir Ihnen in diesem Kapitel vorgestellt haben. Denken Sie darüber nach, wie Sie mit dem anderen kommunizieren, und versuchen Sie zuerst, bei sich selbst Veränderungen vorzunehmen, in der Art und Weise, wie Sie mit ihm reden. Versuchen Sie möglichst auch, der depressiven Person zu vermitteln, was Sie dazugelernt haben. Dann kann auch sie sich bemühen, ihren Teil der Verantwortung für eine konstruktive Kommunikation zu übernehmen. Vielleicht regen Sie den anderen einfach an, dieses Kapitel zu lesen. Es kann sehr hilfreich sein, über den Kommunikationsprozeß selbst zu kommunizieren. Wenn einer von Ihnen auf die Idee kommt zu sagen «Au, da sind wir schon wieder auf unserer alten Spule», kann ein befreiendes Lachen den Teufelskreis der depressiven Interaktion durchbrechen. Versuchen Sie, mit dem anderen in einem offenen Dialog darüber zu bleiben, wie Sie miteinander kommunizieren. Mit Humor wird vieles leichter; wenn Sie fähig sind, einen Schritt zurückzutreten, können Sie über die Absurdität mancher eingefahrener Muster lachen.

Seien Sie nicht enttäuscht, wenn Sie zunächst Verbesserungen sehen, dann aber feststellen, daß Sie immer noch einige der alten Kommunikationsprobleme haben. In Beziehungen, insbesondere in langfristigen Beziehungen, sind etablierte Interaktionsmuster schwer zu durchbrechen. Wenn Sie beginnen, in anderer Weise auf die depressive Person einzugehen, reagiert sie vielleicht immer noch nach ihrem alten Muster. Und selbst wenn sie anders reagiert, kann es immer noch passieren, daß Sie beide wieder in Ihre alten Gewohnheiten zurückfallen, besonders dann, wenn «heiße» Themen zur Diskussion stehen. Aber wenn Sie ernsthaft üben, konstruktiv zu kommunizieren, werden Sie zweifellos einige reale Veränderungen wahrnehmen in der Art und Weise, wie Sie sich miteinander austauschen. Das Wundervolle an Beziehungen ist, daß sie sich ständig verändern, daß sie sich erneuern und weiterentwickeln können.

Viel Mühe und Übung war nötig, bevor die Kommunikation zwischen Audrey und Sheila eine neue Stufe erreichen konnte. Audrey entschied sich ursprünglich für die Therapie, weil sie nach einer Lösung für die Beziehungsprobleme mit ihrer Schwester suchte. Sie klagte darüber, wie schwierig Sheila sei und daß die Nähe, die einmal zwischen ihnen bestand, verlorengegangen sei. Es war ganz klar, daß Audrey ihre Schwester als das Problem betrachtete. Es bedurfte vieler intensiver Gespräche, bevor Audrey ihren eigenen Beitrag zu den Problemen erkennen konnte. Sie sah schließlich ein, daß sie viel zuviel Druck auf Sheila ausübte und ihr nicht wirklich zuhörte. Sie gab auch zu, daß sie die Neigung hatte, die «kleine Schwester» herablassend zu behandeln und bei Meinungsverschiedenheiten «alte Kamellen» auszugraben, um sie als Munition in die Debatte zu werfen. Es war schwer für Audrey, ihre Gefühle zu artikulieren und Sheila zu vermitteln, was sie in bezug auf die Veränderungen in ihrer Beziehung empfand. Mit unserer Unterstützung und ihrem neuen Wissen über konstruktive Kommunikation begann Audrey die Art, wie sie mit Sheila interagierte, zu verändern. Sie lernte, besser zuzuhören, äußerte Mitgefühl für Sheilas schwierige berufliche Situation und sagte ihr, daß sie sich hilflos fühlte, weil sie ihre kleine Schwester nun nicht mehr beschützen und vor Kummer und Leid bewahren konnte.

In dem Maß, in dem Audreys Kommunikationsfähigkeiten sich verbesserten, begann sich auch ihre Beziehung zu Sheila zu verändern. Sheila sprach nun offener über die Schwierigkeiten, die sie durchmachte, und vertraute ihrer Schwester sogar an, daß sie sich wegen ihrer Depression in Therapie begeben hatte. Die Schwestern telefonierten häufiger miteinander, und ihre Gespräche verliefen freundlicher und entspannter. Sie organisierten sogar Familientreffen, so daß ihre Kinder sich öfter sehen und mehr Zeit miteinander verbringen konnten. Obwohl es in der Beziehung zwischen Audrey und Sheila immer noch gelegentlich Meinungsverschiedenheiten und Spannungen gab, hatten sie die Kluft überbrückt, und ihre Kommunikation konnte wieder frei fließen.

Wenn es zwischen Ihnen und der depressiven Person, die Ihnen nahesteht, zu Zusammenbrüchen der Kommunikation gekommen ist, brauchen Sie die Hoffnung dennoch nicht aufzugeben. Versuchen Sie, mit Hilfe der Anregungen, die wir Ihnen hier gaben, Ihre Kommunikationsfähigkeiten zu erweitern. Nehmen Sie bewußt wahr, was Sie in ein Gespräch einbringen. Üben Sie sich in der Kunst des Zuhörens; üben Sie, direkt und offen zu sprechen. Und vergessen Sie nicht: Ein guter, positiver Kommunikationsstil wird niemandem in die Wiege gelegt. Um ihn zu erwerben, muß man dazulernen und sich viel Mühe geben.

In den nächsten Kapiteln widmen wir uns zwei speziellen Problemen, die in der Kommunikation mit einem nahestehenden depressiven Menschen häufig auftreten: Dem Gefühl, daß es unangemessen oder unmöglich sei, ihm zu sagen, was ich für mich will oder ihn mit meinen Bedürfnissen zu konfrontieren, und dem Dilemma, vor dem wir stehen, wenn der andere unsere Unterstützung und unsere Hilfsangebote zurückweist.

− 8 −

Wo bleiben Ihre eigenen Bedürfnissen?

Es war Sonntag. Joe hatte Lust, seine Tochter und ihre Familie zu besuchen. Mit dem Auto wäre er in einer Stunde da. Er freute sich besonders darauf, seine Enkel zu sehen; sie hatten ihn und Helen, seine Frau, am Tag zuvor angerufen und sie beide gebeten, doch bitte, bitte am Wochenende zu kommen. Aber Joe wußte, daß Helen wieder einmal tief depressiv war. Wenn sie sich so elend fühlte, blieb sie am liebsten auf dem Bett liegen und lenkte sich durch Fernsehen ab. Die Erfahrung hatte gezeigt, daß Helen nur noch tiefer in ihrer Depression versank, wenn sie sich in solchen Momenten zwang, aus dem Haus zu gehen. So wie sie es selbst beschrieb, war es, als müsse sie sich durch dicke Watteschichten hindurchkämpfen, um auch nur einem simplen Gespräch zu folgen. Wenn sie in diesem Zustand war, wollte sie niemanden um sich haben, nicht einmal ihre Tochter, den Schwiegersohn und die Enkelkinder. Joe wußte ebensogut wie Helen selbst, daß sie sich nur unglücklicher und nutzloser fühlen würde, als sie es ohnehin schon tat, wenn sie sich auf den Besuch einließe.

Joe stand vor einem Dilemma, was seine eigenen Wünsche betraf. Was sollte er tun? Helen alleinzulassen schien ihm keine gute Lösung. Er wußte, daß seine Anwesenheit sie beruhigte, selbst wenn sie nicht viel miteinander sprachen. Aber er wollte seine Enkelkinder sehen. Joe kämpfte mit den Wahlmöglichkeiten, die er vor sich sah und die ihm allesamt unbefriedigend erschienen: Die ganze Sache vergessen und zu Hause bei Helen bleiben – allein hinfahren und sich schuldig fühlen – oder Helen drängen, ihn zu begleiten.

Helen hatte im Lauf der letzten zehn Jahre immer wieder Episoden einer schweren klinischen Depression durchgemacht. Sie hatte diverse Antidepressiva ausprobiert, aber keines der Medikamente schien viel zu bewirken. Erst vor kurzem hatte sie sich in Psychotherapie begeben, in der Hoffnung, daß diese Form der Behandlung ihr in einer Weise helfen könnte, wie Medikamente es nicht vermochten. Seit einigen Wochen hatte sie das Gefühl, daß sich etwas tat, daß es zu einer Besserung kam. Sie sah die Zukunft weniger grau in grau, konnte nachts wieder schlafen und begann, sich Hoffnung zu machen, daß die Depression nicht für den Rest ihres Lebens anhalten würde. Sie war jedoch immer noch extrem empfindlich, reizbar und unfähig, sich zu konzentrieren. An den Wochentagen, wenn Joe fort war und arbeitete, ging es ihr nicht besonders gut. Sie freute sich immer auf die Wochenenden, denn wenn sie ihren Mann in ihrer Nähe wußte, war sie weniger ängstlich und bedrückt.

Helen war sich darüber im klaren, daß ihre Depression auch von Joe einen erheblichen Tribut forderte. Sie wußte sehr wohl, vor welchem Dilemma er stand, wenn es um den Kontakt mit den Enkelkindern ging, denn diese Situation war nicht neu, und sie hatte ihn schon vorher mit seinen Ambivalenzgefühlen kämpfen sehen. Obwohl Helen nichts lieber getan hätte, als ihrem Mann diesen Konflikt zu ersparen, fühlte sie sich hilflos und ebenso verwirrt und verunsichert wie er. Sie versuchte, ihn zu beruhigen und sagte ihm, er solle nur fahren, es mache ihr nichts aus. Aber die Aussicht, alleingelassen zu werden, machte sie ängstlich und traurig, und sie wußte, daß ihr beschwichtigendes Lächeln diese Gefühle nicht verbarg.

Joe, der seine Frau gut genug kannte, hatte entsetzliche Schuldgefühle, und war auch ein bißchen verärgert. Er hatte das Gefühl, daß es egoistisch wäre, seinen eigenen Wünschen nachzugeben und Helen alleinzulassen. Wie konnte er wegfahren, in dem Wissen, daß sie unter seiner Abwesenheit leiden würde? Aber wie konnte er es sich andererseits versagen, seine Enkelkinder zu besuchen, die er innig liebte und die er seit mehreren Monaten nicht gesehen hatte? Joe sah nur eine Lösung: Helen zu überreden, mit ihm zu kommen.

Wann ist es «egoistisch», sich um seine eigenen Bedürfnisse zu kümmern?

Manche Leute setzen die Verfolgung ihrer eigenen Interessen mit Narzißmus gleich. Sie betrachten es als Charakterfehler, auf der Befriedigung ihrer eigenen Bedürfnisse zu bestehen. Allzuviel Selbstlosigkeit wird aber leicht zu Masochismus, und zu wenig gesunder Narzißmus ist ein Patentrezept für Katastrophen in einer Beziehung. Wir alle brauchen eine gewisse Portion Selbstliebe für unser seelisches Gleichgewicht. In frühen amerikanischen Fernsehserien gab es berühmte Figuren wie den duckmäuserischen Henry, der auf fast alles, was seine Frau sagte, mit «Ja, Liebling» antwortete, und den silberlockigen, aufgeblasenen Nachrichtenmann Ted Baxter, der nicht begreifen konnte, daß sich nicht alle Gespräche zwischen seinen Mitarbeitern um ihn drehten. Henry litt, weil er zuwenig gesunden Narzißmus hatte. Ted Baxter dagegen war so narzißtisch, daß seine Umwelt darunter zu leiden hatte. Was das «normale» Maß an Selbstliebe ist, kann Ihnen kein Buch und kein Experte sagen. Das müssen Sie – im Kontakt mit den Menschen, die in Ihrem Leben eine Rolle spielen – selbst herausfinden.

Zwischen gesundem Narzißmus und Selbstsucht zu unterscheiden kann besonders schwierig sein, wenn man mit einem depressiven Menschen verbunden ist. Joe wollte seine Enkelkinder sehen, fürchtete aber, daß es egoistisch wäre, seinem Bedürfnis nachzugeben. Er wußte, er würde auf Helen wütend sein, wenn er ihretwegen zu Hause bliebe. Er hatte sich in den letzten Monaten in Helens Gegenwart einsam gefühlt und gelangweilt. Ihre Depression hatte sie eindeutig überwältigt. Er hatte ihre Gesellschaft immer genossen, aber nun war es deprimierend, in ihrer Nähe zu sein. Joe brauchte die Lebendigkeit und die aufmunternde Zuneigung seiner Enkelkinder dringend, denn Helens Depression wurde allmählich ansteckend.

Aus psychologischer Sicht kann man Joes Wunsch, seine Enkelkinder zu sehen, als Ausdruck eines gesunden narzißtischen Bedürfnisses betrachten. Er hungerte nach der unverstellten Liebe und Bewunderung, die sie ihm entgegenbrachten, und nach dem Gefühl, etwas Positives bewirken zu können. Sein bloßes Erscheinen machte sie glücklich; sobald er die Schwelle überschritt, kamen sie angerannt und riefen «Opa ist da!». In Helens Gegenwart fühlte er sich nutzlos, da er ihren Zustand offenbar überhaupt nicht beeinflussen konnte. Er sehnte sich auch danach, Gefühle mit Menschen zu teilen, die so empfanden wie er. Er wußte, er würde sich freuen, wenn er die Kinder sah, und auch sie würden sich über sein Kommen freuen. Seit ihre letzte depressive Episode begonnen hatte, war Helen unfähig gewesen, solche Erfahrungen mit ihm zu teilen. Früher hatte Joe sich mit seiner Frau fast immer in Übereinstimmung gefühlt, aber nun schienen ihre Gefühlswelten auseinanderzudriften. Dieses Problem war für Joe vermutlich am schwersten zu bewältigen, als ihre Beziehung in das Konfliktstadium des Anpassungsprozesses an die Depression eintrat. Helen hatte immer die Gabe gehabt, empathisch auf ihn einzugehen, und ihre Empathie war wahrscheinlich ein wesentlicher Bestandteil der Nähe, die er zu ihr empfand. Er war daran gewöhnt, sich von ihr verstanden zu fühlen. Aber nun fehlte diese wichtige Zutat, die der Beziehung zwischen Joe und Helen so lange die richtige Würze verliehen hatte.

Gesunder Narzißmus

Lassen Sie uns klarstellen: Wenn wir hier von Narzißmus sprechen, meinen wir nicht die narzißtische Störung, die durch ein unreifes, selbstbezogenes Verlangen nach Zuwendung von anderen gekennzeichnet ist. Mit gesundem Narzißmus meinen wir vielmehr eine reife Form des Selbstvertrauens und der positiven Selbstachtung: Das Gefühl, etwas wert zu sein und in der Welt, die uns umgibt, etwas bewirken zu können, von anderen, die man selbst würdigt und wertschätzt, auch anerkennt und gewürdigt zu werden. Diese Merkmale eines gesunden Narzißmus entwickeln sich im Lauf einer Lebenszeit; sie müssen immer wieder neu genährt werden, damit sie aufrechterhalten werden können. Joe hatte immer auf seine Fähigkeit vertraut, positiven Einfluß auf Menschen auszuüben. Er liebte es, Leute zum Lachen zu bringen, und diese Gabe war eine wichtige Quelle seines Selbstwertgefühls. Er hatte einen wundervollen Sinn für Humor, und es war ihm gewöhnlich nie schwergefallen, Helen aufzuheitern. Seine

Versuche, sie zum Lächeln zu bringen, waren seine natürliche Reaktion auf die beginnenden Konflikte in der Beziehung, aber diese Mittel blieben wirkungslos, weil Helen depressiv war. Seit mehreren Monaten hatte er fast seine gesamte Freizeit mit ihr verbracht, aber er hatte damit keine erkennbare positive Wirkung erzielt und fühlte sich immer nutzloser und ineffektiver. Andere aufmuntern und zum Lachen bringen zu können war ein wichtiger Bestandteil seines Selbstwertgefühls. Aber nun wurde Joe in seinen positiven Fähigkeiten nicht mehr bestätigt und begann, sich wertlos und nutzlos zu fühlen. Er wußte zwar, daß Helen ihn achtete und wertschätzte, aber es war ein großer Unterschied, das zu wissen oder konkret zu erleben, daß er Wirkung auf sie ausüben, ihren Zustand positiv verändern konnte.

Gesunder Narzißmus ist in Beziehungen gewöhnlich ein konstruktives Element; er kann Menschen einander näherbringen. Aber wenn er sich positiv auswirken soll, müssen Sie Ihre eigenen Bedürfnisse verstehen, akzeptieren und mitteilen. Da Joe die Bedeutung seiner eigenen grundlegenden Bedürfnisse nicht klar erkannte, war er nicht in der Lage, mit Helen in einer für beide Seiten konstruktiven Weise zu kommunizieren.

Joe war sich der Tatsache nicht bewußt, daß seine Entscheidung, Helen zu dem Besuch bei den Enkelkindern zu überreden, mehr mit seinen eigenen Bedürfnissen zu tun hatte als mit dem, was seine Frau brauchte und wollte. So brachte er sein Anliegen auf subtile Weise vor, die aber unterschwellig doch Kritik enthielt. In der festen Überzeugung, daß er nur ihr Wohlergehen im Auge hatte, sagte er zu ihr: «Du mußt einfach mal raus und andere Tapeten sehen. Du machst alles noch viel schlimmer, wenn du immer nur im Haus herumhockst. Manchmal ist es das beste, sich aufzuraffen und über den eigenen Schatten zu springen!» Joe sagte nichts über seinen sehnlichen Wunsch, die Enkelkinder zu sehen, oder über die Ambivalenzgefühle, mit denen er gekämpft hatte. Da Helen immer noch von den kognitiven Verzerrungen der Depression beeinträchtigt war, nahm die implizite Kritik in Joes Worten für sie eine übergroße Bedeutung an. Sie übersetzte das, was er ihr gesagt hatte so: «Reiß dich zusammen und hör endlich auf, dich selbst zu bemitleiden. Wenn du dir nur etwas Mühe gäbest, würdest du dich besser fühlen und mich nicht daran hindern, meine Enkelkinder zu sehen.» Unter diesen

Vorzeichen hatte Helen noch weniger Lust, Joe zu begleiten. Gereizt und wütend sagte sie ihm, er solle sie in Ruhe lassen und allein fahren. Joes Dilemma war ungelöst.

Joe war wütend auf Helen, weil sie ihm Schuldgefühle einflößte. Warum mußte sie aus allem ein Drama machen? Warum kam sie nicht einfach mit? Helen war verärgert und gekränkt und hatte noch mehr Schuldgefühle als sonst, wegen ihrer Depression und der Last, die sie ihrem Mann damit aufbürdete. Die Diskussion entwickelte sich zu einem unangenehmen, unfruchtbaren Streit, und am Ende fühlten sich beide angegriffen, gekränkt und schuldig. Wenn Joe verstanden und akzeptiert hätte, daß er – wie alle anderen Menschen auch – grundlegende narzißtische Bedürfnisse hatte, die für sein emotionales Wohlergehen so wichtig waren wie die Luft zum Atmen für seine physische Gesundheit, wäre er vielleicht in der Lage gewesen, sein Dilemma auf konstruktivere Weise zu lösen. Joe und Helen hatten in der Phase der Informationssuche nicht gelernt, daß es für ihre Beziehung nur von Vorteil sein konnte, wenn Joe mehr auf seine eigenen Bedürfnisse achtete.

Sie haben sicherlich alle schon einmal die Redewendung gehört, daß man andere nur lieben kann, wenn man zuerst lernt, sich selbst zu lieben. Und obwohl das etwas trivial klingen mag, wie ein Klischee oder «New-Age-Kitsch», ist doch etwas dran, sowohl vom Standpunkt des gesunden Alltagsverstandes als auch unter psychologischen Gesichtspunkten. Wir alle haben grundlegende seelische Bedürfnisse, die erfüllt werden müssen, bevor wir die Kraft aufbringen können, zu geben und uns für andere einzusetzen. Wenn es um unsere gesunden narzißtischen Bedürfnisse geht, ist dieser Punkt in der Beziehung zu einem depressiven Menschen besonders wichtig. Bevor wir Ihnen Rat geben, wie Sie zu einem gesunden Gleichgewicht zwischen Ihren eigenen Wünschen und denen der depressiven Person finden können, möchten wir Sie mit drei wesentlichen narzißtischen Bedürfnissen vertraut machen, die wir alle haben: Spiegelung, Idealisierung und Zugehörigkeitsgefühl. Wenn Sie diese Bedürfnisse identifizieren und in sich selbst wiedererkennen können, wird es Ihnen leichter fallen, sie anzunehmen, statt sie, wie Joe es tat, mit «Egoismus» zu verwechseln.

Beziehungsorientierte Psychologie und das Selbst

Es gibt in der Psychologie diverse Denkansätze, die sich darum bemühen, die Entwicklung und Funktionsweise der Persönlichkeit zu verstehen. Einer davon, der sich auf die gesunde Entwicklung des Selbst in seiner Beziehung zu anderen konzentriert, ist die *relational psychology*, die beziehungsorientierte Psychologie. Steven Mitchell bringt in seinem Buch «Relational Concepts in Psychology» (Beziehungsorientierte Konzepte in der Psychologie) eines der zentralen Themen dieser Denkschule auf den Begriff: «Menschen gingen nicht erst durch den Evolutionsprozeß und traten dann in soziale und kulturelle Interaktionen ein; der menschliche Geist ist vielmehr seiner Natur und seinem eigentlichen Wesen nach von Anfang an ein soziales Produkt.» Da wir in Beziehungen hineingeboren werden, uns in Beziehungen entwickeln und unser gesamtes Leben in Beziehungen zu anderen verbringen, sind sie ein integraler Bestandteil der Art, wie wir uns als Personen selbst wahrnehmen. Beziehungen, die uns Erfahrungen des Selbstwerts, der Effektivität, der Identifikation und der Nähe zu anderen vermitteln, sind für die Erhaltung eines gesunden Selbstwertgefühls von ausschlaggebender Bedeutung. Die Frage, wie Menschen ein kohärentes, stabiles, gesundes Selbst entwickeln, ist ein großes Thema in der Psychologie, das immer wieder Gegenstand von Studien war. Es gibt unterschiedliche Theorien darüber, wie dieser Prozeß verläuft, aber in einem Punkt sind sich alle Richtungen einig: Die Entwicklung des Selbst beginnt mit der Geburt und setzt sich das ganze Leben lang fort.

Drei zentrale Bedürfnisse

Spiegelung, Idealisierung und Zugehörigkeitsgefühl sind für die Entwicklung eines stabilen Selbst von besonders großer Bedeutung. Zuerst, in unserer frühen Kindheit, werden diese Bedürfnisse von unseren Eltern oder anderen Pflegepersonen erfüllt, dann, mehr und mehr, von anderen, außerhalb der Familie, und schließlich zunehmend von uns selbst. Immer wieder im Verlauf unserer Lebensspanne und in unterschiedlichen Gradabstufungen wird unser Selbstgefühl sowohl durch Erfahrungen mit anderen Menschen als auch durch Aktivitäten, durch die wir Erfahrung sammeln, aufgebaut und gestärkt.

Das Bedürfnis nach Spiegelung. Um ein stabiles Selbst zu entwikkeln und aufrechtzuerhalten, ist es notwendig, daß andere uns spiegeln, uns Empathie entgegenbringen. Die Intensität dieser Spiegelungsbedürfnisse ist nicht bei allen Menschen die gleiche, und sie verändert sich mit dem Lebensalter. Die Art der Spiegelung muß altersadäquat sein, damit sie die erwünschte Wirkung hervorbringt. Ein vierjähriges Kind wird es zum Beispiel genießen, wenn Sie in die Hände klatschen und es loben, daß es so schön mit seinem Dreirad fährt. Wenn Sie dasselbe mit einem fahrradfahrenden Zwölfjährigen versuchen, rufen Sie aller Wahrscheinlichkeit nach die gegenteilige Wirkung hervor. Empathie setzt voraus, daß man die Erfahrung des anderen aus *seiner* einzigartigen Perspektive heraus begreift und dieses Verständnis vermittelt. Es geht nicht darum, was *Sie* fühlen würden, wenn Sie an der Stelle des anderen wären. Spiegelung bedeutet vielmehr eine sensible Einfühlung in die Erfahrung des anderen und die Fähigkeit, diese Einfühlung so zu vermitteln, daß sie wahrgenommen wird. Die Mutter, die zurücklächelt, wenn der Säugling sein lächelndes Gesicht zu ihr erhebt, der Freund, dem die Tränen kommen, wenn Sie ihm von Ihrer Trauer erzählen, der Lehrende, der echten Stolz zum Ausdruck bringt, wenn eine Schülerin oder ein Schüler gerade eine schwierige Aufgabe bewältigt hat, das alles sind Beispiele einer positiven Spiegelung. Helen war immer gespannt und bekam glänzende Augen, wenn Joe ihr vom erfolgreichen Abschluß einer Geschäftsverhandlung erzählte.

Das Bedürfnis, zu idealisieren. Jeder Mensch macht die Erfahrung, eine andere Person zu idealisieren. Als kleine Kinder idealisieren wir unsere Eltern. Später in unserem Leben idealisieren wir vielleicht unsere Partnerin oder unseren Partner, einen Freund oder Kollegen, eine berühmte Persönlichkeit oder einen Prominenten. Lebendige Ideale und zentrale Wertvorstellungen stehen mit Beziehungen in Zusammenhang, in denen wir andere bis zu einem gewissen Grad idealisieren. In der Kindheit eifern wir vielleicht einer Person nach – Vater, Mutter, einem älteren Geschwisterkind –, die wir für vollkommen halten und der wir gleichen möchten. Wir übernehmen die Wertvorstellungen des anderen, weil wir ihn so sehr bewundern und zu ihm aufschauen. Wenn wir erwachsen werden, internalisieren wir diese Bedürfnisse mehr und mehr und entwickeln unsere eigenen Wertvorstellungen, aber es kommt immer noch vor, daß wir andere idealisieren. Am offensichtlichsten ist das in der Verliebtheit. «Liebe macht blind», sagen wir, und meinen damit, daß wir das Objekt unserer Verliebheit in strahlender Vollkommenheit sehen und keinen Fehler, keinen Makel an ihm oder ihr wahrnehmen.

Das Bedürfnis nach Zugehörigkeit. Wir alle haben das Bedürfnis, uns anderen zugehörig zu fühlen, mit anderen in fragloser Übereinstimmung zu sein. Dieses Gefühl entwickelt sich in Beziehungen, in denen wir tiefe Verbundenheit mit anderen spüren. Wenn Sie sich an Ihr Leben zurückerinnern, wird Ihnen vermutlich jemand einfallen, bei dem Sie das Gefühl hatten – oder immer noch haben –, daß er Ihnen gleiche wie ein Zwilling. Diese Art von Beziehungen vermittelt uns die Erfahrung der Zusammengehörigkeit oder das Gefühl, Teil einer größeren Gemeinschaft von Menschen zu sein. Wir beziehen einen Teil unserer Identität aus diesen Empfindungen; sie helfen uns zu identifizieren, wer wir im Verhältnis zu anderen sind und schützen uns vor Entfremdungs- oder Isolationsgefühlen. Joe hatte immer das Gefühl gehabt, daß Helen ihm in vielen wichtigen Punkten sehr ähnlich sei. Dieser Gleichklang hatte ihn davor geschützt, sich in der Welt allein zu fühlen.

Wie unsere Bedürfnisse befriedigt werden

Im Säuglingsalter sind diese drei zentralen narzißtischen Bedürfnisse sehr intensiv, und es ist wichtig, daß sie von den Eltern oder einer anderen nahestehenden Pflegeperson befriedigt werden. In der Kindheit entwickeln wir allmählich mehr Toleranz für Distanz von unseren Eltern, denn nun werden unsere narzißtischen Bedürfnisse zunehmend auch von anderen Menschen erfüllt, und wir entwickeln unsere eigenen inneren Ressourcen. In der Adoleszenz wird die Gruppe der Gleichaltrigen zu einer besonders wichtigen Quelle der Bestätigung, der Identifikation und des Zusammengehörigkeitsgefühls. Im Erwachsenenalter sind es dann schließlich unsere Partner, unser Freundeskreis und unser Beruf, die diesen zentralen Bedürfnissen von außen Nahrung geben. Im Lauf unserer Entwicklung zur erwachsenen Persönlichkeit erweitern sich unsere Möglichkeiten, in der Außenwelt Bestätigung und Erfüllung zu finden. Aber abgesehen davon entwickeln wir mit zunehmender Reife auch zuverlässige innere Ressourcen, die viele der früher durch Beziehungen erfüllten Funktionen übernehmen können. Die reife, erwachsene Person kann sich selbst beruhigen, wenn sie ängstlich ist, ein gewisses Maß an Einsamkeit tolerieren und sich an ihre Erfolge erinnern, wenn sie sich schwach und mutlos fühlt.

Wir haben den Drang, eine gewisse Kontinuität in unseren Verbindungen zu anderen zu bewahren, unter anderem deshalb, weil wir uns durch diese Verbindungen selbst definieren. Wenn ein geliebter Mensch depressiv wird, verändert sich diese Verbindung und wird gewöhnlich auch geschwächt. Die depressive Person ist jetzt vielleicht nicht mehr fähig, Ihre grundlegenden narzißtischen Bedürfnisse so wie früher zu befriedigen.

Joe hatte immer auf Helen zählen können, was seine Bedürfnisse nach positiver Spiegelung und fragloser Übereinstimmung betraf. Wenn Sie nicht depressiv war, reagierte sie seismographisch auf seine Stimmungen und konnte sich mühelos in seine Erfahrungen einfühlen. Sie teilte auch seine Wertvorstellungen und seinen Sinn für Humor, und sie hatten viele gemeinsame Interessen. Joe hatte sich von Anfang an zu Helen hingezogen gefühlt, weil er fand, daß sie einander so ähnlich waren. Er fühlte sich verstanden und weniger allein in der Welt, wenn er mit ihr zusammen war. Aber jetzt, seit sie depressiv war, erhielten seine Spiegelungs- und Zugehörigkeitsbedürfnisse nicht genügend Nahrung. Daher sehnte er sich nach Menschen, mit denen er seine Erfahrungen teilen konnte. Er wollte seine Enkelkinder sehen, weil er sie liebte und vermißte, aber auch, weil sie auf ihn eingestimmt waren und ihm in so vieler Hinsicht ähnelten. Die Freude, die er empfand, wenn er sie sah, wurde durch ihre Freude gespiegelt. Wenn er sie beim Spielen beobachtete, sah er sich selbst in ihnen, in ihrem Habitus, ihrem Witz und ihrer Vitalität.

Helens Depression machte es Joe sehr schwer, Befriedigung für seine zentralen narzißtischen Bedürfnisse zu finden. Wenn wir nicht genügend Nahrung für unsere gesunden narzißtischen Wünsche erhalten, kann es zu Ängsten, Entfremdungsgefühlen und depressiven Verstimmungen kommen. Joe gab zu, daß er sich zunehmend einsam und verunsichert fühlte. Ein kurzer Besuch bei seinen Enkelkindern hätte ihm geholfen, sein Selbstwertgefühl wiederaufzurichten und sich als jemanden zu erleben, der von anderen anerkannt wurde, der dazugehörte und in der Welt etwas Positives bewirken konnte. Joe hatte den starken Wunsch, mit seinen Enkeln zusammenzusein, aber da er noch in der Reaktionsphase des SAD-Prozesses feststeckte, war ihm nicht voll bewußt, *wie* wichtig ein Nachmittag mit ihnen für sein seelisches Gleichgewicht war. Da er sich über die Bedeutung seiner eigenen Bedürfnisse nicht im klaren war und da er nicht auf die weiteren Zusammenhänge – im Hinblick auf Helens Bedürfnisse – achtete, endete es schließlich damit, daß er sich schuldig fühlte und über die Intensität seines Wunsches, die Kinder zu sehen, verwirrt war. Er fragte sich, ob er Helen und ihrer Depression entkommen wollte. War er ein selbstsüchtiger, unsensibler Ehemann, weil er, obwohl es ihr schlecht ging, lieber zu den Kindern fahren als bei ihr bleiben wollte?

Das richtige Gleichgewicht finden

Hier sind einige Leitlinien, die Ihnen helfen können, das richtige Gleichgewicht zwischen Ihren eigenen grundlegenden Bedürfnissen und den Bedürfnissen der depressiven Person, die Sie lieben, zu finden.

Fällen Sie keine vorschnellen Urteile über Ihre eigenen Bedürfnisse. Wenn Sie von vornherein davon ausgehen, daß es selbstsüchtig, unangemessen und dem anderen gegenüber unfair sei, zu machen, was *Sie* wollen, nehmen Sie sich die Möglichkeit, herauszufinden, wie Sie Ihre eigenen Bedürfnisse in einer Weise befriedigen können, die für sie selbst, den anderen und ihre Beziehung gut und förderlich ist. Wenn auf einen Wunsch, den Sie in sich spüren, gleich der Gedanke «Nein, das wäre egoistisch» folgt, schauen Sie lieber noch einmal hin, denn was Sie wollen muß für sie selbst und den anderen nicht notwendigerweise nachteilig sein. Ihre eigenen Bedürfnis sind genauso gültig und wichtig wie die Bedürfnisse des von Ihnen geliebten Menschen. Natürlich sollen Sie sich über die Situation des anderen nicht einfach hinwegsetzen. Worauf es ankommt ist, daß Sie Ihre Bedürfnisse nicht im ersten Ansatz beiseite schieben. Geben Sie sich selbst genug Zeit, um zu überlegen, ob es innerhalb der Grenzen der Beziehung eine konstruktive Lösung gibt.

Sprechen Sie in konstruktiver Weise über Ihre Bedürfnisse. Versuchen Sie, Ihr eigenes Anliegen in einer nicht urteilenden, kooperativen Weise vorzubringen. Bitten Sie den anderen, Ihnen bei der Lösung Ihres Dilemmas zu helfen, aber erlegen Sie ihm oder ihr nicht die gesamte Verantwortung für die Lösung des Problems auf. Sagen Sie dem anderen, daß Sie sich noch nicht darüber im klaren sind, wie Sie mit Ihrem Wunsch umgehen sollen und daß Sie seine Meinung hören wollen. Vermitteln Sie, daß Ihnen daran gelegen ist, das Problem gemeinsam zu lösen.

Finden Sie heraus, in welcher Form Ihr geliebter Mensch Ihnen helfen könnte. Wenn ein Mensch depressiv ist, heißt das noch lange nicht, daß er unfähig wäre zu geben. Im Gegenteil: Wenn die depressive Person den Eindruck gewinnt, daß sie nützlich ist und Ihnen nicht nur zur Last fällt, wird sie sich besser fühlen. Helen fiel es nicht leicht, Joe das Angebot zu machen, ohne sie zu den Kindern zu fahren. Er hätte ihr einfach dafür danken können. Damit hätte er ihr Gelegenheit gegeben, sich weniger als eine Belastung und mehr als ebenbürtige Partnerin in der Beziehung zu fühlen. Er hätte auch offen mit ihr über sein Dilemma sprechen und sie um Hilfe bitten können.

Haben Sie keine Angst davor, Ihren geliebten Menschen gelegentlich zu enttäuschen. Niemand ist imstande, alle Bedürfnisse zu erfüllen, die ein anderer Mensch hat. Das hört sich wie eine Binsenwahrheit an, aber es ist verblüffend, wie oft wir diese unwiderlegbare Tatsache vergessen, wenn wir fürchten, einen geliebten Menschen zu enttäuschen, und deshalb Schuldgefühle entwickeln. Joe hatte wirklich Angst davor, Helen zu enttäuschen. Die Veränderungen, die er an ihr wahrnahm, machten ihm große Sorgen; er hatte das Gefühl, daß sie emotional verletzlicher war als je zuvor. Wenn er sie jetzt im Stich ließe, würde sie vielleicht noch tiefer in ihrer Depression versinken. Er glaubte nicht, daß sie stark genug war, aus eigener Kraft wieder an die Oberfläche zu kommen. Als außenstehende Beobachter können wir erkennen, daß Joe offenbar meinte, er könne – und solle – alle Bedürfnisse, die Helen hatte, erfüllen. Natürlich war das überhaupt nicht möglich. Ganz gleich, wie sehr wir uns anstrengen, es wird unweigerlich immer Momente geben, in denen wir jene, die uns nahestehen, enttäuschen.

Bemühen Sie sich, den Überblick zu behalten. Widersprüchliche Gefühle sind nichts Ungewöhnliches. Joe wollte fahren und er wollte bleiben. Helen wollte, daß er fuhr, und sie wollte, daß er blieb. Ambivalenz ist ein zentraler Aspekt der menschlichen Natur. Manchmal sind Menschen sich der Ambivalenz ihrer Gefühle jedoch nicht klar bewußt. Und wenn sie depressiv sind und ihre Abwehrmechanismen geschwächt sind, können sie die Widersprüchlichkeit ihrer Empfindungen schwerer verbergen. Das Problem mit Ambivalenzgefühlen ist, daß sie leicht fehlinterpretiert werden können und sich in Form bloßen Agierens und Reagierens äußern, wenn man sie nicht offenlegt.

Helen versicherte Joe: «Fahr nur allein, es macht mir nichts aus», aber er sah ihre Traurigkeit angesichts der Pespektive, den Nachmittag allein verbringen zu müssen, und schloß daraus, daß sie nicht wirklich ehrlich meinte, was sie sagte. Aber er befand sich im Irrtum. Sie war einfach zu depressiv, um ihre Ambivalenzgefühle zu verbergen, und daher klang ihre Traurigkeit durch ihre beruhigenden Worte hindurch. Wenn Joe einen Augenblick innegehalten hätte, um zu überlegen und den Überblick über die Gesamtsituation zu bewahren, hätte er erkannt, daß ihr Angebot durchaus ernst gemeint war. Es wäre für beide gut gewesen, wenn er sich seinen Wunsch erfüllt hätte, trotz der Tatsache, daß Helen sich einsam gefühlt hätte. Das Problem war nicht, daß Helen eigentlich nicht bereit war, ihn gehen zu lassen. Das Problem war, daß sie ambivalente Gefühle hatte.

Arbeiten Sie als Team zusammen. Diesen Satz haben Sie nun schon so oft gelesen, daß Sie vielleicht meinen, es wäre überflüssig, ihn ständig zu wiederholen. Wir beharren nicht nur deshalb darauf, weil er so wichtig ist, sondern auch weil Kooperation so viele verschiedene Formen annehmen kann. Wenn Sie Ihr eigenes Anliegen vorbringen, ist es wichtig, daß Sie es in den Rahmen Ihrer Beziehung stellen; vermitteln Sie, daß Sie es als eine Frage betrachten, die Sie beide gemeinsam entscheiden. Geben Sie dem anderen zu verstehen: Ich weiß, daß ich dich mit meinem Wunsch vielleicht vor eine schwierige Situation stelle. Sprechen Sie über Ihr Dilemma; so eröffnen Sie der depressiven Person die Möglichkeit, Ihnen zu helfen, Ihnen etwas zu geben.

Da Joe und Helen keinen Weg fanden, das Problem gemeinsam zu lösen, gingen sie beide von ihren unausgesprochenen Annahmen aus und verpaßten so die Chance, brauchbare Alternativen zu entwickeln. Sie hätten sich zum Beispiel darauf einigen können, daß Joe seinen Besuch nicht allzulange ausdehnen würde, oder Helen hätte ihre beste Freundin und Vertraute bitten können, den Nachmittag mit ihr zu verbringen.

Wägen Sie Ihre Wünsche sorgfältig gegen die Bedürfnisse des von Ihnen geliebten Menschen ab. Wenn Sie Ihre eigenen Bedürfnisse ernst nehmen und beachten, muß das nicht notwendigerweise heißen, daß Sie die Bedürfnisse der depressiven Person, die Ihnen nahesteht, ignorieren. Sie werden auch die Tatsache nicht ignorieren, daß sie durch die Depression viel verletzlicher ist, als sie es normalerweise wäre. Der beste Weg, zu einem vernünftigen Gleichgewicht zu finden, ist völlige Offenheit. Das Gleichgewicht kann urplötzlich kippen, wenn Sie ungewollt zulassen, daß die depressive Person Ihnen schwere Schuldgefühle einflößt. Sie und Ihr depressiver Partner sollten versuchen, alles offen auf den Tisch zu legen (innerhalb vernünftiger Grenzen, versteht sich); dann können Sie Ihre Bedürfnisse in sinnvoller Weise gegeneinander abwägen und konstruktive Lösungswege finden.

Als Joe sich mit diesen grundlegenden Leitlinien vertraut machte, begriff er, daß er sich schuldig gefühlt hatte und daß seine Schuldgefühle ihn dazu gebracht hatten, seine eigenen Bedürfnisse zu ignorieren. Je mehr Schuld er empfand, desto mehr stellte er seine eigenen Wünsche zurück – und desto wütender wurde er. Er entschloß sich, mit Helen über den geschilderten Vorfall und über seine eigenen Gefühle zu sprechen. Er sagte ihr: «Es tut mit leid, daß ich dich letzten Sonntag so sehr unter Druck gesetzt habe, mit mir zu kommen. Ich weiß, daß du dir alle Mühe gibst, und ich hatte nicht vor, dir Vorwürfe zu machen oder dich zu kränken. Ich wußte nur, daß ich wirklich große Sehnsucht hatte, die Kinder zu sehen, aber gleichzeitig hatte ich auch so furchtbare Schuldgefühle, dich allein zu lassen. Je mehr ich darüber nachdenke, desto klarer wird mir, daß du mich gar nicht darum gebeten hast, bei dir zu bleiben. Ich *dachte* nur, daß du das wolltest, weil du so enttäuscht aussahst, als ich dir von meinen Plänen erzählte, aber das war meine Theorie und nicht das, was du tatsächlich sagtest. Wie war es für dich? Wolltest du, daß ich bleibe, obwohl du mir sagtest, ich solle ruhig allein fahren?» – «Nein, nicht wirklich», antwortete Helen. «Du hast recht, ich war tatsächlich auf dem Tiefpunkt und hatte wenig Lust, allein zu sein. Aber ich wollte trotzdem, daß du dir diese Abwechslung gönnst. Du verbringst ohnehin deine meiste Zeit mit mir. Ich hatte das Gefühl, daß es dir gegenüber und den Kindern gegenüber nicht fair wäre, dich ständig mit Beschlag zu belegen. Ich fühlte mich einfach nur zu elend, um dich zu begleiten. Aber ich wollte, daß du den Nachmittag genießt.»

Joe erkannte, daß er seine Bedürfnisse nicht ignorieren konnte und daß er Helen nicht wirklich zugehört hatte. Er hatte den Überblick verloren. Für Helen wäre die Erfahrung, ihm helfen zu können, indem sie ihn ermutigte, sich seinen Wunsch zu erfüllen, wertvoll gewesen – das sah Joe nach diesem Gespräch ein. Aber sie brauchte die Rückversicherung, daß er nicht wütend auf sie war, weil sie ihn nicht begleiten wollte. Helen erfuhr, daß er darüber tatsächlich nicht verärgert war. Sie erkannten beide, daß sein Ärger und seine implizite Kritik Reaktionen auf seine Schuldgefühle waren. Er hatte versucht, sie zu überreden, weil er sich so schlecht und egoistisch vorkam, und *das* hatte seinen Ärger verursacht, nicht die Tatsache, daß sie lieber zu Hause bleiben wollte.

Als Helen und Joe einander offenbart hatten, was in ihnen vorgegangen war, konnten sie sich auf die Fakten konzentrieren, die Situation aus einem anderen Blickwinkel betrachten und miteinander kooperieren. Joe erkannte, daß Helen es durchaus verkraften konnte, wenn er sie gelegentlich enttäuschte, und mehr noch, daß sie es zu schätzen wußte, wenn er ihr manchmal die Chance bot, sich als effektiv zu erleben. Wenn er an diesem Sonntag allein weggefahren wäre, hätte sie ihn zweifellos vermißt und wäre vielleicht im ersten Moment auch noch trauriger gewesen, aber er glaubte ihrer Beteuerung, daß es ihr andererseits auch ein gewisses Gefühl der Stärke gegeben hätte, mit der Situation fertig zu werden. Als Helen verstand, daß Joe ihr nicht die Schuld an ihrer Depression gab – weil er eingesehen hatte, daß eine Depression kein Willensakt ist, sondern eine Krankheit –, konnte sie ihm ihre Zustimmung zu seinen Plänen glaubwürdiger vermitteln. Als Joe das nächste Mal vor einem ähnlichen Dilemma stand, fanden sie schnell gemeinsam eine Lösung, die beinhaltete, daß er den Tag über seine eigenen Wege ging, aber mehrmals zu Hause anrief, um Helen zu fragen, ob alles in Ordnung sei. Sie trafen auch die generelle Vereinbarung, nicht von Vermutungen auszugehen, was die Gefühle des anderen betraf, sondern grundsätzlich nachzufragen. Ambivalenzgefühle, das sahen beide ein, waren manchmal unvermeidlich, aber das bedeutete trotzdem nicht, daß man nicht aufrichtig sein konnte. Helen war an jenem Sonntag ambivalent, was die Aussicht von Joes Abwesenheit anging, aber ihr Vorschlag, daß er ohne sie zu den Enkelkindern fahren solle, war dennoch ehrlich gemeint.

Während Joe und Helen lernten, die relative Wichtigkeit ihrer jeweiligen Bedürfnisse gegeneinander abzuwägen, kamen sie zu einer weiteren Vereinbarung: Wenn sie sich immer noch in der Sackgasse fühlten, obwohl sie offen über ihre jeweiligen Wünsche gesprochen und sich rückversichert hatten, was der andere empfand, hielten sie sich an die Regel «Stopp! Alles auf Anfang». Sie traten innerlich ein paar Schritte zurück, sprachen nicht mehr über konkrete Einzelheiten oder darüber, was «fair» wäre, sondern versuchten herauszufinden, wessen Bedürfnis mit der höheren Intensität geladen war. Wer von ihnen würde sich schlechter fühlen, wenn der andere sich mit seinen Wünschen durchsetzte? Sie kamen überein, daß in einer solchen Patt-Situation die Seite, die sich schlechter fühlen würde, die Entscheidung treffen sollte, unabhängig davon, ob die Wahl «fair» erschien.

Vielleicht würden Sie und Ihr Partner sich für eine andere Strategie entscheiden, aber der entscheidende Punkt bei diesem Beispiel ist, daß Helen und Joe fähig waren, als Team zusammenzuarbeiten.

Indem Sie kooperieren, geben Sie und Ihr Partner einander soviel Raum, daß die Bedürfnisse beider Seiten befriedigt werden können. Ein weitverbreitetes Hindernis kann diese Kooperation jedoch stören, nämlich die Neigung depressiver Menschen, Hilfsangebote zurückzuweisen. Das bedeutet allerdings nicht, daß sie ihre Wünsche nicht erfüllt haben wollen. In dieser Situation müssen *Sie* lernen, dem anderen das, was er braucht, auf eine Weise zu geben, die er akzeptieren kann. Im folgenden Kapitel geben wir Ihnen Rat, wie Sie das zuwegebringen können, ohne dabei Ihre eigenen Bedürfnisse aus den Augen zu verlieren.

–9–

Wenn Ihre Hilfe abgelehnt wird

Josh und Donna waren seit zehn Jahren verheiratet, als Donna depressiv wurde. Sie aß kaum noch, konnte nicht mehr schlafen, klagte unentwegt darüber, wie jämmerlich sie sich fühlte, und verbrachte den größten Teil ihrer Zeit damit, aus dem Fenster zu starren. Sie verlor jedes Interesse an ihren beiden Kindern und konnte sich morgens kaum dazu aufraffen, aufzustehen und zur Arbeit zu gehen. Josh war über diese Veränderungen sehr beunruhigt und bestand darauf, daß sie professionelle Hilfe in Anspruch nahm. Donna weigerte sich zuerst, stimmte aber schließlich doch zu. Nach dem Anamnesegespräch wurde bei ihr eine klinische Depression diagnostiziert, und sie begann eine Psychotherapie. Begleitend nahm sie auch Antidepressiva ein.

Josh versuchte, Donna zu entlasten. Er sagte ihr: «Ich weiß, daß du dich im Augenblick überfordert und elend fühlst, also laß mich die Einkäufe erledigen und dir mehr im Haushalt helfen.» Donna war immer eine energiegeladene Persönlichkeit gewesen; sie war es gewöhnt, ganztags zu arbeiten, sich um die Kinder zu kümmern und nebenbei noch den größten Teil der Hausarbeit zu erledigen. Anfangs, als sie depressiv wurde, reagierte sie auf Joshs Hilfsangebote, indem sie es ihm überließ, die Wäsche zu machen – eine Arbeit, die immer ihre Domäne gewesen war. Aber als ihre Depression länger andauerte, merkte Josh, daß sie ihn jedesmal, wenn er seine Hilfe anbot – die Kinder zur Schule fahren oder das Abendessen für die Familie machen –, wütend anfuhr: «Hör auf, mich wie ein Kind zu behandeln! Ich bin doch schließlich nicht invalide!» Dann brach sie in Tränen aus und klagte, daß er nicht einmal ansatzweise verstehen könne, wie schrecklich sie sich fühle. «Du kannst mir sowieso nicht helfen», sagte sie. «Du weißt ja nicht, wie grauenhaft meine Arbeitssituation ist und vor welchem Riesenberg von Problemen ich stehe. Da ist dein Angebot, das Abendessen zu machen, nur ein Tropfen auf den heißen Stein.» Josh versuchte, ihr zu raten, wie sie ihre schwierige berufliche Lage bewältigen könnte, aber Donna gab zur Antwort, sie habe ihn nicht um Rat gebeten und er solle ihr doch einfach einmal nur zuhören. Also gab er sich Mühe, ihr nur zu lauschen und Mitgefühl zum Ausdruck zu bringen, aber Donna schnitt ihm das Wort ab: «Laß mich einfach in Ruhe, okay?»

An diesem Punkt fühlte Josh sich frustriert und ausgeschlossen. Immer wenn er helfen wollte, gab Donna ihm das Gefühl, daß er sich aufdrängte oder überflüssigerweise einmischte. Er beklagte sich bei seinem besten Freund, daß Donna sein Mitgefühl und sein Interesse überhaupt nicht zu schätzen wüßte und an allem, was er tat, etwas auszusetzen hatte. Sein Freund riet ihm, er solle seine Versuche zu helfen, lieber einstellen, wenn sie so heftig und so negativ darauf reagierte. «Geh auf Distanz», sagte er. «Gib ihr Gelegenheit zu sehen, wie es ist, wenn du dich nicht um sie kümmerst.» Also hörte Josh auf, Donna Vorschläge zu machen, und erbot sich auch nicht mehr so eifrig, ihr Arbeit im Haus abzunehmen. Aber statt den Unterschied zu seiner vorherigen Hilfsbereitschaft zu bemerken, jammerte Donna nun: «Alles bleibt an mir hängen! Du rührst keinen Finger mehr, um mir im Haushalt zu helfen; offenbar ist es dir völlig egal, wie ich mich fühle!» Josh war nun völlig niedergeschlagen, zweifelte am Sinn seiner Ehe und bemerkte, daß Donna depressiver war denn je.

Donna wußte Joshs Hilfsbereitschaft sehr wohl zu schätzen, aber sie hatte Schwierigkeiten, seine Unterstützung zu akzeptieren. Seine Angebote, die Kinder zur Schule zu fahren, den Abwasch zu machen oder die Einkäufe zu erledigen, gaben ihr das Gefühl, völlig untauglich zu sein, ein Nervenbündel, ein Fall für die «Klapsmühle». Wenn er ihr in bezug auf ihre Arbeitssituation Ratschläge gab, gewann sie den Eindruck, sie müsse total inkompetent sein, sonst würde sie es wohl nicht brauchen, daß ihr jemand in dieser Form das Händchen hielt. Sie hatte Schuldgefühle dabei, seine Unterstützung abzuweisen, aber sie hatte ohnehin nicht die mindeste Hoffnung, daß er – oder sonst irgendjemand – ihr helfen konnte. Als Josh seine Taktik änderte und sich zurückzog, fühlte sie sich allein und im Stich gelassen. Ihr war klar, in welche schwierige Lage sie Josh brachte, aber sie war unfähig, mit ihm darüber zu reden. Sie wußte, daß sie ihn von sich stieß, sah aber überhaupt keinen Weg, wie sie das ändern könnte.

Lehnen depressive Menschen Hilfe ab?

Die Erfahrung, die Josh und Donna machten, ist alles andere als einzigartig. Viele von uns geraten in ähnliche Patt-Situationen, wenn wir versuchen, einem depressiven Menschen, den wir lieben, Hilfe anzubieten. Das Schwierigste im Zusammensein mit einer depressiven Person – das stellen Familienmitglieder und Freunde häufig fest – ist, daß absolut nichts, was sie tun oder sagen, zu helfen scheint. Wie oft haben wir in unserer Praxis Partner und Familienmitglieder darüber klagen hören, daß die depressive Person jede Unterstützung ablehnt, sowohl konkrete Hilfsangebote als auch emotionale Bestätigung. Angesichts der Tatsache, daß der geliebte Mensch sich so elend und jämmerlich fühlt, sind Verwandte und Freunde oft völlig perplex, wenn er Angebote ablehnt, die ihn – wie sie glauben – aufrichten und aufmuntern könnten.

Studien haben gezeigt, daß depressive Menschen angebotene Hilfe häufiger und beharrlicher zurückweisen als nichtdepressive Menschen. Depressive sind stärker geneigt, anderen, die raten und helfen wollen, zu sagen, daß ihre Ratschläge nichts nützen und daß sie ohnehin nicht verstehen, was in ihnen vorgeht. Nichtdepressive Menschen neigen dagegen eher dazu, anderen zu bestätigen, daß ihre Anregungen hilfreich sind oder daß sie für ihre emotionale Unterstützung dankbar sind. Es scheint, als wohne der Depression selbst etwas inne, das Menschen veranlaßt, Hilfsangebote zurückzuweisen; das bedeutet jedoch keineswegs, daß depressive Menschen keine Unterstützung wollen. Tatsächlich suchen sie viel häufiger Hilfe als nichtdepressive Personen.

Wie Josh berichtete, war es für ihn der frustrierendste Aspekt an Donnas Depression, daß sie offenbar Unterstützung von ihm erwartete, ihn aber dann zurückstieß, wenn er sich bemühte, ihre Erwartungen zu erfüllen. Sie beklagte sich, daß sie es einfach nicht schaffte, mit den Anforderungen ihres Berufs Schritt zu halten, daß ihr alles über den Kopf wuchs und daß sie sich total überfordert fühlte. Fast jeden Abend weinte sie sich an seiner Schulter aus. Hieß das nicht, daß sie seine Hilfe wollte?

Depressive Menschen suchen tatsächlich Unterstützung bei jenen, die ihnen nahestehen, aber sie tun es auf indirekte Weise, so daß nicht immer klar ist, was sie eigentlich wollen. Donna verlangte indirekt Hilfe von Josh, indem sie darüber klagte, wie ausgelaugt und überlastet sie sich fühlte, aber sie konnte ihm nicht präzise sagen, welche Form von Unterstützung sie sich wünschte. Studien zufolge scheint es ein generelles Merkmal der depressiven Störung zu sein, daß Depressive zu indirekten Hilfsappellen neigen, in Form von mürrischem Rückzug, Verschlossenheit, oder indem sie Streit mit dem Partner provozieren. Nichtdepressive Personen haben dagegen eher die Neigung, direkt um Unterstützung zu bitten, indem sie dem Partner sagen, daß sie in dieser oder jener Angelegenheit Rat oder konkrete Hilfe wollen.

Warum fordern depressive Menschen Hilfe oft nur indirekt und lehnen sie ab, wenn sie ihnen dann angeboten wird? Die psychologische Forschung hat eine Reihe von Hypothesen vorgelegt, um dieses Phänomen zu erklären. Erstens kann man diese Haltung so deuten, daß depressive Menschen ihr Bedürfnis nach Hilfe vor sich selbst und anderen verleugnen. Hilfe von anderen zu akzeptieren, gibt ihnen das Gefühl, untauglich zu sein oder versagt zu haben; Unterstützung anzunehmen würde in ihren Augen bedeuten, daß sie unfähig sind, ihre eigenen Probleme zu bewältigen. Bei Menschen wie Donna, die unabhängig, kompetent und verantwortungsbewußt waren, bevor die Depression sie überwältigte, liegt dieser Konflikt besonders offen zutage. Wenn Sie immer in der Lage waren, Ihre eigenen Angelegenheiten zu regeln, ist es besonders hart, um Hilfe bitten zu müssen und Hilfe anzunehmen. Das kann Ihnen das Gefühl geben, angreifbar, verletzlich und abhängig zu sein, und dann fühlen Sie sich am Ende noch schlechter als zuvor. Studien zufolge berichteten depressive Menschen tatsächlich, daß sie sich in ihrem Selbstwertgefühl getroffen fühlten, wenn sie wahrnahmen, wie andere sich bemühten, ihnen zu helfen; sie begannen, sich selbst und ihre Fähigkeiten in Zweifel zu ziehen. Wenn sie ihr Gefühl der Unabhängigkeit jedoch bis zu einem gewissen Grad aufrechterhalten können, reagieren depressive Menschen anders, das heißt, sie können Untersützung eher akzeptieren, wenn sie diskret gegeben wird, gleichsam ohne daß sie es bemerken.

Eine zweite Erklärung beruft sich auf die kognitiven Verzerrungen, die für die depressive Störung charakteristisch sind. Depressive Menschen lehnen die Hilfsangebote anderer ab, weil sie sie als unerwünschte und nutzlose Einmischung empfinden. Erinnern wir uns daran, daß die Tendenz, Vorgänge und Interaktionen grundsätzlich negativ zu interpretieren, eines der Hauptmerkmale der Depression ist. Die Haltung der depressiven Person ist zutiefst pessimistisch; sie ist vielleicht felsenfest davon überzeugt, daß ihre Probleme zu überwältigend sind, um von irgendjemandem gelöst oder auch nur gemildert werden zu können. Sie glaubt, daß nichts und niemand sie aus ihrer Verzweiflung befreien kann. Warum also sollte sie sich damit abgeben, sich die Ratschläge anderer Leute anzuhören? Die überwältigenden Gefühle der Hoffnungslosigkeit und Ausweglosigkeit, die mit der Depression einhergehen, lassen es sinnlos erscheinen, bei anderen Unterstützung zu suchen. Viele depressive Menschen haben uns gesagt, daß sie die Hilfsbemühungen ihrer Freunde, Partner oder Familienmitglieder anerkennen und zu schätzen wissen, aber daß dies alles überhaupt nichts nützt. Sie hatten sich auf die Vorstellung festgelegt, daß ihnen nichts helfen konnte.

Möglicherweise lehnen depressive Menschen Hilfe von anderen, die ihnen nahestehen, auch deshalb ab, weil es die Struktur der Beziehung verändern und den Status quo stören würde, wenn sie Unterstützung akzeptierten. Donna war in der Ehe mit Josh immer die Starke gewesen, diejenige, die den größten Teil der Verantwortung übernahm. Sie organisierte den Haushalt, kümmerte sich um alles, was die Kinder brauchten, hielt den Kontakt zum Freundeskreis und plante ihr geselliges Leben als Paar und als Familie. Joshs Angebote zu helfen veränderten die Struktur ihrer Beziehung. Donna war nicht mehr die überwiegend Gebende, sondern die Empfängerin von Joshs Fürsorge. Sie hatte Probleme damit, seine Unterstützung anzunehmen, denn wenn sie dazu bereit gewesen wäre, hätte das die gesamte Dynamik ihrer Ehe verändert. Vielleicht war Donna sich dessen nicht voll bewußt, während sie depressiv war, aber im Rückblick konnte sie sagen, daß sie in eine unterlegene Rolle hineingeraten wäre, wenn sie Joshs Hilfe bereitwillig angenommen hätte. Sie hätte ihre Position als die Starke in der Ehe und die Fürsorgliche in der Familie verloren. Ihr ohnehin angeschlagenes Selbstwertgefühl sank durch die Aussicht auf eine solche Veränderung noch tiefer ab, und sie fühlte sich noch verletzlicher; also lehnte sie es lieber ab, sich von Josh helfen zu lassen, statt zu dulden, daß die Struktur ihrer Beziehung sich veränderte. Ihre Reaktion war ein reiner Reflex, der ihr wahrscheinlich nicht einmal bewußt war. Wir hörten von vielen Paaren und Familien ähnliche Geschichten, wenn eine Person, die immer besonders tüchtig und selbständig war, depressiv wurde. Es ist schwierig für solche Menschen, Veränderungen in ihren Beziehungen zu akzeptieren.

Der indirekte Stil der Suche nach Unterstützung erklärt vielleicht, warum es so schwierig ist, einer depressiven Person Hilfe anzubieten. Wenn Ihr geliebter Mensch indirekt an Sie appelliert, ihm zu helfen, indem er jammert und klagt oder seine Verzweiflung zeigt, wissen Sie vielleicht nicht, was er wirklich will und braucht und wie Sie ihn am besten unterstützen könnten. Da Sie unsicher sind, was der andere von Ihnen will, fühlen Sie sich durch seine scheinbar endlose Bedürftigkeit vielleicht überfordert. Und wenn er Angebote, die Sie ihm machen, dann noch zurückweist, fühlen Sie sich hilflos und frustriert und werden wütend. Wenn dieser Punkt erreicht ist, sind Sie und Ihre geliebte Person im depressiven Tanz gefangen, der nur dazu führt, daß die Depression sich verschlimmert. Jeder Schritt, den Sie tun, gibt dem anderen den nächsten Schritt vor, und jede Bewegung, die der andere macht, beeinflußt Ihre nächste Bewegung. Je mehr Josh zu helfen versuchte, desto entschiedener wies Donna seine Hilfe zurück. Als er dann auf Distanz ging, fühlte sie sich allein gelassen und wurde noch depressiver. Aber bevor Sie lernen können, dieses depressive Tanzmuster zu durchbrechen und mit ihrem geliebten Menschen einen produktiveren, befreiten Tanz zu tanzen, müssen Sie noch etwas mehr darüber erfahren, was es mit dem Helfen auf sich hat.

Die Probleme des Helfens

Die Tendenz depressiver Menchen, indirekt Hilfe zu verlangen und angebotene Unterstützung zurückzuweisen, kann für die Menschen, die ihnen nahestehen, ein enormes Dilemma sein. Wie gehen Sie damit um, wenn Ihre Hilfe abgelehnt wird? Wie sollen Sie wissen, wann Sie dennoch Unterstützung geben sollten, und wann es besser ist, sich zurückzuhalten? Was hilft der depressiven Person und was wäre eher schädlich? Es kann schwer sein, in der Problemlösungsphase konstruktive Wege zu finden, wenn Sie sich mit dem Dilemma des Helfens herumschlagen.

Wenn Sie immer wieder Hilfe anbieten und ihre Unterstützung permanent abgelehnt wird, werden Sie vermutlich wütend, aggressiv und verstimmt, und gleichzeitig fühlen sie sich hilflos, frustriert und beunruhigt. Vielleicht denken Sie sogar daran, dem anderen in Zukunft überhaupt keine Hilfe mehr zu leisten. Ihre Sorge und Ihr Groll liegen miteinander im Widerstreit. Wenn das Muster des Hilfe-Anbietens und der Zurückweisung sich dauernd wiederholt, werden Sie sich schließlich unfähig fühlen, der depressiven Person in irgendeiner sinnvollen Weise zu helfen. Diese Gefühle sind ein zentraler Aspekt des Dilemmas.

In einer Studie wurde ein Vergleich angestellt, wie Paare die Situation bewältigten, wenn ein Partner entweder einen Herzinfarkt erlitten hatte oder eine Depression durchmachte. Die Wissenschaftler fanden heraus, daß es in engen Beziehungen mit dem Helfen eine Reihe von Problemen gibt, unabhängig davon, ob jemand physisch krank oder depressiv ist. Es liegt in der Natur intimer Beziehungen, daß man in seinem eigenen Wohlbefinden direkt oder indirekt beeinträchtigt ist, wenn dem anderen etwas geschieht. Es ist oft schwer zu entscheiden, wie man sich verhalten soll: Hilfe von außen in Anspruch nehmen, versuchen selbst zu helfen, oder den anderen seine Situation selbst bewältigen lassen. Es gibt Zeiten, in denen es besser ist, nichts zu forcieren; dann wieder kann es notwendig sein, darauf zu beharren, daß die depressive Person etwas unternimmt. Aber wie können Sie sich Klarheit darüber verschaffen, was Sie tun sollen, wenn der andere diffuse Appelle an Sie richtet und Ihre Angebote dann zurückweist? Wenn Sie permanent damit beschäftigt und zu sehr darauf fixiert sind, der depressiven Person zu helfen, verlieren Sie vielleicht Ihre Fähigkeit, sich auf sich selbst und die Anforderungen, die Ihr eigenes Leben an Sie stellt, zu konzentrieren.

Während Josh versuchte, Donna zu entlasten und zu umsorgen, vernachlässigte er seine Arbeit und hatte kaum noch Kontakt zu seinen Freunden. Das Bemühen, einem anderen Menschen zu helfen, läßt sich schwer aufrechterhalten, wenn man sich nicht um seine eigenen Bedürfnisse kümmert.

Ein weiteres Dilemma des Helfens ergibt sich aus der möglichen «ansteckenden» Wirkung von Depressionen; das ständige Zusammensein mit einem depressiven Menschen kann das Risiko erhöhen, daß man selbst depressiv wird. Psychologen gehen von der Theorie aus, daß die Selbstentwertung, das negative Weltbild und das geringe Energieniveau der depressiven Person starken Einfluß auf Ihre eigene Weltsicht und Ihre Lebenseinstellung ausüben können. Depressionen werden dann besonders ansteckend, wenn die depressive Person Hilfe zurückweist. Wenn Sie sich dauernd bemühen, dem anderen ein besseres Lebensgefühl zu geben und permanent auf Ablehnung stoßen, werden Sie sich zwangsläufig bald nutzlos, ineffektiv und niedergeschlagen fühlen. Mit anderen Worten: Sie werden vielleicht selbst depressiv. Wir haben von Angehörigen und Partnern depressiver Menschen immer wieder gehört, daß sie sich «ausgebrannt», «deprimiert» oder «auf dem Tiefpunkt» fühlten, weil sie sich als unfähig erlebten, die Depression des anderen zu mildern. Eine unserer wichtigsten Motivationen, dieses Buch zu schreiben, war tatsächlich, Angehörigen und Partnern zu helfen, sich gegen die Depression ihres geliebten Menschen zu «immunisieren». Es ist wirklich eine große Herausforderung zu lernen, dem geliebten Menschen, der depressiv ist, zu helfen, ohne dabei selbst der Depression zum Opfer zu fallen.

Das letzte Problem des Helfens, das wir hier ansprechen wollen, hängt mit Geschlechterunterschieden zusammen. Erinnern Sie sich daran, daß Männer gewöhnlich zu helfen versuchen, indem sie Ratschläge geben, während Frauen eher dazu neigen, emotionale Unterstützung anzubieten. Wenn man einer depressiven Person, die dem anderen Geschlecht angehört, helfen möchte, kommt es aufgrund dieser Unterschiede leicht zu Konflikten. Die meisten Menschen wollen die Art von Hilfe, die sie selbst aus ihren natürlichen Impulsen heraus geben würden. Josh zum Beispiel versuchte Donna bei ihren beruflichen Problemen zu helfen, indem er ihr Ratschläge gab, wie sie sich in der Auseinandersetzung mit ihrem Chef verhalten könnte, denn das war der Ansatz, den er bei schwierigen Situationen in seinem Job selbst gewählt hätte. Donna wollte jedoch lieber beruhigt und getröstet werden; sie warf ihm vor, er überfalle sie immer sofort mit seinen guten Ratschlägen und höre ihr nicht richtig zu. Das Umgekehrte kann natürlich auch passieren. Ein depressiver Mann wünscht sich vielleicht, daß seine Frau mit konkreten Vorschlägen auf seine Klagen eingeht, und fühlt sich frustriert, wenn sie nur versucht, ihn zu beruhigen. Wenn Sie einer depressiven Person Ihre Unterstützung anbieten, behalten Sie die Geschlechterunterschiede im Auge und denken Sie darüber nach, was Sie unter sinnvoller Hilfe verstehen und was der andere darunter versteht. Die Probleme des Helfens in der Lebenssituation mit einem depressiven Menschen sind vielfältig und komplex, und für jene, die helfen wollen, ist das Gefühl des Überfordertseins alles andere als ungewöhnlich. Aber Unterstützung ist für Ihren geliebten Menschen ungemein wichtig. Bevor wir Ihnen konkrete Leitlinien geben, wie Sie diese Probleme bewältigen können, werden wir also noch einmal auf das Thema soziale Unterstützung zurückkommen.

Soziale Unterstützung und Depression

Unter sozialer Unterstützung versteht man die verschiedenen Formen von Zuwendung, Interesse und Hilfe, die Menschen gewöhnlich bei Familienmitgliedern, Freunden, Nachbarn oder Arbeitskollegen finden. Zu wissen, daß Leute da sind, auf die wir uns verlassen können – Leute, die uns vermitteln, daß sie uns wertschätzen und an uns interessiert sind –, kann uns bei der Bewältigung von Streß eine große Hilfe sein. Studien haben gezeigt, daß soziale Unterstützung sogar Schutz vor vielen Krankheiten bieten kann, von Magengeschwüren bis hin zum Herzinfarkt. Unser seelisches Gleichgewicht und unsere geistige Gesundheit hängen nicht unwesentlich davon ab, wieviel soziale Unterstützung uns zur Verfügung steht. Studien, die sich mit sozialen Netzwerken befaßten, kamen zu dem Ergebnis, daß Menschen, die in ein lebendiges, funktionsfähiges Netzwerk von Freunden und Familienmitgliedern eingebunden sind, ein geringeres Risiko tragen, psychische Störungen, insbesondere Depressionen, zu entwickeln.

Von den vorliegenden Forschungsergebnissen über soziale Unterstützung und Depression ausgehend, erstellte eine von uns (Laura Epstein Rosen) kürzlich eine Studie über den Unterstützungsprozeß in Paarbeziehungen. Vorangegangene Studien hatten sich auf die Beziehungen depressiver Menschen im allgemeinen konzentriert und ihr Augenmerk nicht speziell auf intime Beziehungen gerichtet. Die Ergebnisse der Studie wiesen eindeutig darauf hin, daß in einer Paarbeziehung beide Seiten beeinträchtigt sind, wenn einer der Partner depressiv ist. Diese Paare tendierten dahin, sich häufiger zu streiten und mehr Frustration zu empfinden, sowohl was das Helfen als auch das Akzeptieren von Hilfe anging. Die depressiven Teilnehmerinnen und Teilnehmer der Studie berichteten, daß sie eher indirekt an ihre Partner um Hilfe appellierten und angebotene Unterstützung häufig ablehnten. Außerdem bestätigte sich, daß die nichtdepressiven Personen heftig auf ihre depressiven Partner reagierten. Ihre Bereitschaft zu helfen war ihren eigenen Angaben nach geringer geworden, weil ihre Angebote so oft zurückgewiesen wurden; sie berichteten, daß sie frustriert und wütend waren und kaum noch Hoffnung hatten, auf das Lebensgefühl der depressiven Person in irgendeiner Form Einfluß nehmen zu können. Diese Ergebnisse bestätigten unsere Vorstellungen vom Teufelskreis der Depression. Beide Seiten sind in einem Reaktionsmuster gefangen, das zur Eskalation der Konflikte führt, die Depression verschlimmert und das Risiko der «Ansteckung» erhöht.

Das Problem liegt nicht nur darin, daß Menschen dazu neigen, sich zu isolieren, wenn sie depressiv werden. Die Forschung hat vielmehr den Nachweis erbracht, daß ein gewisses Maß an sozialer Isolation – ein dürftiges, wenig funktionsfähiges Netzwerk von intimen Beziehungen und wenige enge Freundschaften – der ersten depressiven Episode gewöhnlich vorausgeht. Die Ergebnisse dieser Studien sind verblüffend. Menschen, die ihren eigenen Angaben nach über ein geringes Niveau von sozialer Unterstützung verfügen, sind statistisch dreizehnmal stärker gefährdet, im Lauf ihrer Lebensspanne eine klinische Depression durchzumachen, und Frauen, die keine intime Beziehung zu einer Person haben, der sie sich anvertrauen können, tragen ein dreimal höheres Risiko, auf belastende Lebensereignisse mit einer Depression zu reagieren.

Die Hypothese, daß soziale Unterstützung vor Depressionen schützt, konnte also vielfach bestätigt werden, aber soziale Unterstützung ist ein weiter Begriff. Was genau ist es nun, das uns davor bewahrt, depressiv zu werden? Ist es die Anzahl der Leute, mit denen wir in Kontakt stehen, also die Quantität, oder ist es die Qualität unserer Beziehungen? Wie die Ergebnisse der Forschung zeigen, spielt die Quantität der sozialen Kontakte zwar durchaus eine Rolle; wichtiger aber – was die Prävention und die Behandlung von Depressionen angeht – ist die Qualität unserer Beziehungen. Um vor Depressionen geschützt zu sein, ist es gut, zumindest *eine* enge, vertrauensvolle Beziehung zu haben, und die vorteilhafte Wirkung der sozialen Unterstützung steigert sich, wenn es mehr – sagen wir etwa fünf – Menschen sind, die einem wirklich nahestehen. Überaus bedeutungsvoll, was die antidepressive Schutzwirkung angeht, ist aber die Art der Beziehung. Idealerweise sollte sie frei von Konflikten sein und wenig negative Interaktionen beinhalten. Gute Kommunikation, Zuverlässigkeit, wechselseitige Beitschaft, sich einander anzuvertrauen sind wichtige Indikatoren einer Beziehung, die eine Pufferzone gegen Depressionen bilden kann. Eine Beziehung, die spannungsgeladen ist und in der es oft zu Konflikten und Mißverständnissen kommt, bietet dagegen keinen Schutz vor Depressionen, sondern kann das Risiko, depressiv zu werden, vielmehr erhöhen. Die Bewältigung eines belastenden Lebensereignisses wie einer beruflichen Krise oder einer Verlusterfahrung kann im Kontext einer problematischen Beziehung sogar noch schwieriger sein, als wenn man gar keine Beziehung hat.

Josh machte seine Erfahrungen mit der «Ansteckungswirkung» der Depression, als Donna auf ihrem Tiefpunkt war. Vielleicht haben auch Sie Groll und Wut empfunden und sich gleichzeitig hilflos und nutzlos gefühlt, wenn Ihre Bemühungen, den anderen zu unterstützen, zurückgewiesen wurden. Vielleicht haben die Hoffnungslosigkeit und der Pessimismus der depressiven Person – die Befürchtung, daß die Situation sich nie mehr ändert – sich bereits teilweise auf Sie übertragen. Wenn nichts, was Sie tun oder sagen, je Wirkung auf den anderen zeigt, erscheint es vielleicht sinnlos, weiterhin Zeit und Energie in Unterstützungsbemühungen zu investieren. Alle Menschen – ob depressiv oder nicht – brauchen jedoch Unterstützung von jenen, die ihnen nahestehen.

Was können Sie tun, wenn Ihre Hilfsangebote zurückgewiesen werden?

Wege der Unterstützung zu finden, wenn Ihre Hilfe zurückgewiesen wird, ist zwar schwierig, aber es ist möglich. Als erstes sollten Sie konstatieren, daß Ihre Unterstützungsangebote abgelehnt werden. Viele Menschen in dieser Lage wissen, daß sie mit der depressiven Person in ihrem Leben nicht zurechtkommen, aber sie können nicht eindeutig identifizieren, woran das liegt. Wir erkennen die Probleme des Unterstützungsprozesses nicht sofort. Rufen Sie sich die letzte Interaktion mit der depressiven Person ins Gedächtnis zurück, und überlegen Sie, ob sie Ihre Angebote, sie zu unterstützen, von sich wies. Aller Wahrscheinlichkeit nach war das der Fall, oder es ist in früheren Situationen passiert. Wenn es sich anders verhält, haben Sie Glück. Lesen Sie dennoch weiter, denn da depressive Menschen in aller Regel Schwierigkeiten haben, Hilfe zu akzeptieren, könnte dieses Problem Ihnen noch bevorstehen. Sie können das Dilemma, daß Ihre Hilfe zurückgewiesen wird, nicht bewältigen, solange Sie sich nicht selbst eingestehen, daß dieses Problem in Ihrer Beziehung existiert.

Der nächste Schritt: Denken Sie darüber nach, was Sie empfinden, wenn Ihre Hilfe abgelehnt wird. Sind Sie frustriert, wütend, besorgt, traurig? Oder treten diese Gefühle in Kombination miteinander auf? Machen Sie sich klar, was die Zurückweisung in Ihnen bewirkt, so daß sie diese Gefühle bewältigen können und klar darüber nachdenken können, wie Sie in Zukunft vorgehen wollen. Versuchen Sie, Ihre Empfindungen in Worte zu fassen; sprechen Sie sie laut aus – und sei es in der

Form eines Selbstgesprächs –, so daß Sie die Dynamik in Ihrer Beziehung mit der depressiven Person klarer erkennen können. Josh hatte Schwierigkeiten damit, sich bewußtzumachen, daß Donna seine Hilfsangebote zurückwies, denn er fühlte sich *als Person* abgelehnt. Er war bereits von Schuldgefühlen über Donnas Depression und seine Unfähigkeit, seine Frau aufzumuntern und wiederaufzurichten, überwältigt, und jedesmal, wenn sie seine Hilfe zurückwies, fühlte er sich einsamer und untauglicher. Außerdem hatte er das Gefühl, Donna mit seinen Problemen nicht belasten zu dürfen, weil sie ohnehin «bis zum Hals in ihren eigenen Schwierigkeiten steckte».

Wenn Sie Ihre Gefühle klar identifiziert haben, seien Sie optimistisch, daß Sie Veränderungen bewirken können. Es gibt Hoffnung für Sie und die depressive Person in Ihrem Leben.

Leitlinien für den Unterstützungsprozeß

Obwohl Sie hier wieder die vertrauten Kernsätze vor sich sehen, handelt es sich nicht einfach um eine Wiederholung. Die generellen Leitlinien sind zwar dieselben, aber sie sind hier speziell auf den Unterstützungsprozeß bezogen und mit anderen Details gefüllt.

Seien Sie realistisch in Ihren Erwartungen. Natürlich wollen Sie dem anderen helfen, aber erwarten Sie nicht, daß Sie alle seine Probleme lösen können. Dazu ist niemand imstande. Denken Sie daran, daß Sie nicht immer eine Antwort oder eine Lösung für jedes Problem, vor dem ihr geliebter Mensch steht, haben müssen. In bestimmten Momenten vermitteln Sie mehr Interesse und Zuwendung, wenn Sie einfach aufmerksam sind und zuhören, statt Vorschläge zu machen oder Ratschläge zu erteilen. Erwarten Sie vor allem nicht, daß die depressive Person alle ihre Anregungen mit Begeisterung aufnimmt; in ihrer verdüsterten Stimmung ist sie vielleicht zutiefst davon überzeugt, daß ihr nichts helfen kann, sich besser zu fühlen. Seien Sie darauf gefaßt, und nehmen Sie es als erfreuliche Überraschung auf, wenn Ihre Unterstützung dann doch einmal akzeptiert wird. Josh zum Beispiel brauchte eine ganze Weile, um zu erkennen, daß er in seinen Erwartungen, was er für Donna tun – beziehungsweise nicht tun – konnte, realistischer sein mußte. Er konnte natürlich helfen, indem er ihr mehr Arbeit im Haushalt abnahm, aber er konnte nicht bewirken, daß sie nicht mehr depressiv war. Außerdem war es, wie Josh sich klarmachen mußte, unrealistisch, zu erwarten, daß Donna alle seine Unterstützungsangebote akzeptieren würde. Er mußte verstehen und damit rechnen, daß es immer wieder Momente geben würde, in denen sie seine Hilfe zurückwies. Indem Josh sich auf diese Realität einstellte, konnte er verhindern, daß Donnas Depression auf ihn übergriff.

Geben Sie bedingungslose Unterstützung. Es ist nicht leicht, bedingungslose Unterstützung zu geben und aufrechtzuerhalten, wenn Sie nicht die Reaktionen sehen, die Sie sich wünschen. Wenn Sie verärgert oder gekränkt sind, weil Ihr geliebter Mensch auf alle Ihre Angebote mit Ablehnung reagiert, sehen Sie vielleicht schließlich nur noch die Möglichkeit, das Handtuch zu werfen. Da es aber erwiesen ist, daß Unterstützung Depressionen abpuffern und mildern kann, sollten Sie dennoch versuchen, dem anderen Hilfe zu leisten, auch wenn diese Hilfe nicht unmittelbar – oder gar nicht – akzeptiert wird. Seien Sie geduldig. Manchmal sind depressiv Menschen anfangs voller Abwehr, nehmen dann aber allmählich Unterstützung an. Lassen Sie den anderen einfach wissen, daß Sie für ihn dasein werden, wenn er Sie braucht. Josh gab sich große Mühe, Donna immer wieder zu vermitteln, daß er ihr zur Seite stehen und alles tun würde, was ihr helfen könnte. Es kam weiterhin vor, daß sie ihn zurückstieß, aber manchmal war sie auch dankbar für seine Hilfe. Er lernte, daß es für ihre Beziehung besser war, wenn er in seinen Unterstützungsbemühungen beständig sein konnte, obwohl er offen zugab: «Es ist wirklich hart, wenn man frustriert ist und das Gefühl hat, nichts richtig machen zu können. Ich frage mich manchmal, warum ich mir überhaupt die Mühe mache.» Die negativen Gefühle tolerieren zu lernen und dennoch bedingungslose Unterstützung zu geben war für Josh ein wesentlicher Schritt der Anpassung an Donnas Depression.

Erhalten Sie Ihre Alltagsroutine so weit wie möglich aufrecht. Obwohl Sie sich vielleicht genötigt sehen, Ihre Arbeitszeiten oder andere Gewohnheiten umzustellen, um besser auf die Bedürfnisse der depressiven Person in Ihrem Leben eingehen zu können, sollten Sie sich dennoch bemühen, Ihr Alltagsleben so weit wie möglich in den gewohnten Bahnen weiterlaufen zu lassen. Geben Sie nicht alle Ihre gewohnten Aktivitäten auf und schneiden Sie sich vor allem nicht von Ihrem sozialen Netzwerk ab. Es kann schwierig und anstrengend sein, jemandem zu helfen, der depressiv ist. Wenn Sie sich völlig darauf fixieren, dem anderen wieder auf die Beine zu helfen, und gar nichts mehr für sich selbst tun, ist es unausweichlich, daß die Frustration und die Wut sie schließlich überwältigen. Diese negativen Gefühle werden zwangsläufig nach außen dringen – auf subtile oder nicht so subtile Weise –, wenn Sie mit der depressiven Person in Interaktion treten. Damit ist der Zusammenbruch der Kommunikation vorprogrammiert.

Josh machte frühmorgens, bevor er zur Arbeit ging, gewöhnlich sein Lauftraining; das gab ihm ein gutes Gefühl für den Tag. Aber als Donna depressiv war, gab er diese Gewohnheit auf und fuhr statt dessen die Kinder zur Schule, um seine Frau zu entlasten. Nach einer Weile begann er sich darüber zu ärgern, daß er auf das morgendliche Jogging, das ihm so gut tat, verzichten mußte. Aber er nahm sich fest vor, Donna nichts darüber zu sagen, um sie nicht noch mehr zu belasten. Irgendwann machte Donna dann einmal die Bemerkung, daß seine Hosen um den Bauch herum etwas stramm zu sitzen schienen, und Josh gab in scharfem Ton zurück: «Damit wirst du wohl leben müssen. Es ist schließlich nicht meine Schuld, daß ich morgens nicht mehr zu meinem Lauftraining komme!» Donna war bestürzt über diese Reaktion. Sie hatte Schuldgefühle und war gleichzeitig wütend, weil er ihr einer Sache wegen, zu der er sich selbst entschlossen hatte, Vorhaltungen machte. «Du hast es doch so gewollt! Ich habe dich nie darum gebeten!» Natürlich war ein vernünftiges Gespräch über dieses Thema nun nicht mehr möglich. Die Kommunikation zwischen ihnen brach zusammen, und als Folge davon waren beide wütend und fühlten sich einander entfremdet. Dieser Konflikt wäre vermeidbar gewesen, wenn Josh versucht hätte, zumindest einen Teil seiner Alltagsroutine aufrechtzuerhalten. Er hätte die Kinder an manchen Tagen der Woche – aber nicht jeden Tag – zur Schule fahren können. Er hätte sein Lauftraining auf den Abend verlegen können. Viele Menschen, die versuchen, der depressiven Person in ihrem Leben zu helfen, machen dieselben Fehler wie Josh. Sie verlieren sich selbst aus den Augen, werden blind für naheliegende Alternativen, sind schließlich wütend und frustriert und geraten in Gefahr, selbst depressiv zu werden. In aller Regel können Sie viel effektiver helfen, wenn Sie auch das Gefühl haben, für sich selbst zu sorgen und sich selbst etwas Gutes zu tun.

Teilen Sie Ihre Gefühle mit. Sagen Sie dem anderen, was Sie empfinden, wenn er Ihre Unterstützungsangebote zurückweist. Vielleicht hat er überhaupt noch nicht realisiert, wie es sich für *Sie* anfühlt, wenn er Ihre Hilfe nicht akzeptiert. Lassen Sie sich nicht durch Schuldgefühle daran hindern, offen zu sagen, was in Ihnen vorgeht. Es ist wichtig für Sie und für Ihre Beziehung, daß Sie Ihre Gefühle artikulieren. Sprechen Sie ruhig und besonnen, ohne zu urteilen oder vorwurfsvoll zu werden. Besprechen Sie gemeinsam mit Ihrem Partner, wie die Art und Weise, in der Sie beide um Hilfe appellieren und einander Hilfe zu geben versuchen Ihre Beziehung beeinflußt. Diese Art von Gespräch kann verhindern, daß die Konflikte eskalieren, wie es zwischen Josh und Donna der Fall war, und daß die Depression «infektiös» wird und sich überträgt wie eine Virusgrippe.

Wenn Sie in einen solchen Dialog einzutreten versuchen, ist es hilfreich, die depressive Person zu fragen, welche spezielle Art von Unterstützung sie sich wünscht. Es wäre zum Beispiel wichtig für Sie zu wissen, daß Ihre Frau einfach ein offenes Ohr und Mitgefühl erwartet, wenn Sie Ihnen erzählt, daß sie einen grauenhaften Tag hinter sich hat, und daß sie keinen Wert darauf legt zu hören, wie sie ihre Schwierigkeiten Ihrer Meinung nach besser bewältigen könnte. Also hören Sie ihr einfach zu und vermitteln Sie ihr, daß Sie ihre Lage begreifen. Sie wird Sie dann als solidarischer erleben, als wenn Sie ihr Ratschläge erteilen, um die sie nicht gebeten hat.

Aber eines dürfen Sie nicht vergessen: Halten Sie sich an die Grundregeln einer konstruktiven Kommunikation, wenn Sie ihre Gedanken und Gefühle artikulieren. Gehen Sie nicht mit dem Holzhammer auf den anderen los. Depressive Menschen sind besonders empfindlich für Kritik und fühlen sich leicht überrollt. Sagen Sie der depressiven Person, wie Sie sich fühlen, wenn sie Ihre Hilfe zurückweist, aber greifen Sie sie nicht an und machen Sie ihr ihre Depression nicht zum Vorwurf. Wenn Sie glauben, durch vernünftige Anregungen helfen zu können, beschränken Sie sich auf einen Vorschlag bei einer Gelegenheit, und beharren Sie nicht darauf, daß die depressive Person Ihren Rat befolgt.

Donna hatte nicht wahrgenommen, wie frustriert und allein gelassen Josh sich fühlte, wenn sie seine Hilfsangebote zurückwies. Für Josh wäre es hilfreich gewesen, ihr zu erklären, was in solchen Momenten in ihm vorging. Damit hätte er ihr die Chance gegeben zu erkennen, wie ihr Verhalten sich auf ihn auswirkte, und sie wäre dann vielleicht auch fähig gewesen, ihm präziser zu sagen, was sie wollte und brauchte. Auch wenn es anfangs schwierig erscheint und Sie sich unbehaglich fühlen, versuchen Sie, dem anderen gegenüber offen und ehrlich zu sein, was Ihre eigenen Gefühle betrifft.

Nehmen Sie die Depression nicht persönlich. Führen Sie sich immer wieder vor Augen, daß depressive Menschen die Neigung haben, Hilfsangebote von sich zu weisen; das ist ein Merkmal der Depression und nicht *Ihr* Fehler. Stellen Sie sich folgende Situation vor: Ihr geliebter Mensch hatte einen Herzinfarkt und sollte nun, auf den Rat des Arztes hin, leichtes Körpertraining betreiben, um sich wieder zu erholen. Sie helfen ihm, bei der Stange zu bleiben, indem Sie sein Training mitmachen. Wenn er sich nun an einem bestimmten Tag weigert, mit Ihnen Joggen zu gehen, weil er sich kurzatmig fühlt, würden Sie das doch auch nicht persönlich nehmen. Sie würden es als Teil seiner Krankheit erkennen und sich nicht als Person abgelehnt fühlen.

Natürlich trifft dieses Beispiel nicht ganz den Kern des Problems; wenn ein geliebter Mensch depressiv ist, sind Sie häufiger damit konfrontiert, daß er Ihre Unterstützung ablehnt, und diese Ablehnung fühlt sich anders – eben persönlicher – an. Versuchen Sie dennoch, die Situation von dieser realistischen Warte aus zu betrachten. Seine Ablehnung betrifft nicht Sie als Person; sie reflektiert vielmehr seinen depressiven Zustand und zeigt, daß er Schwierigkeiten hat, Hilfe zu akzeptieren. Es ist ein wichtiger Schritt der Anpassung an die Depression eines geliebten Menschen, unangenehme, negative Gefühle ein Stück weit tolerieren zu lernen. Es wird vermutlich immer wieder Momente geben, in denen Sie frustriert und wütend auf die abweisende Haltung des anderen reagieren, aber Sie können sich in solchen Momenten daran erinnern, daß dies nichts ist, was der andere Ihnen «antut», sondern daß die Depression als Ursache dahintersteht. Dann wird es Ihnen leichter fallen, diese negativen Gefühle zu bewältigen, und Sie werden weitaus weniger gefährdet sein, selbst depressiv zu werden. Die Ehefrau eines depressiven Mannes, die zu uns zur Paartherapie kam, fand einen guten Trick, diese Realität nicht aus den Augen zu verlieren. Sie trug in ihrer Brieftasche ständig einen Merkzettel bei sich, auf dem sie notiert hatte: «Ich bin es nicht – es ist die Depression.» Wenn nichts, was sie tat oder sagte, ihren Mann zufriedenzustellen schien, warf sie einen Blick auf diesen Zettel und erinnerte sich daran, daß er nicht die Absicht hatte, ihr etwas «anzutun», und daß der Zustand, in dem er sich befand, nicht ihr Fehler war.

Holen Sie sich Hilfe. Es kann eine schwierige Aufgabe und sehr verunsichernd sein, einem geliebten Menschen, der depressiv ist, zur Seite zu stehen. Holen *Sie* sich auf jeden Fall Hilfe von anderen Familienmitgliedern, Freunden oder Arbeitskollegen. Ein «Tapetenwechsel» – ein entspanntes Abendessen im Restaurant mit einer engen Freundin, ein Kinobesuch – kann Wunder wirken, wenn es darum geht, die Lebenssituation mit einem depressiven Partner oder Angehörigen zu bewältigen. Sorgen Sie für sich selbst; zögern Sie nicht, sich hin und wieder bei anderen anzulehnen, wenn Sie versuchen, die depressive Person in Ihrem Leben zu unterstützen. Und fühlen Sie sich nicht schuldig, daß Sie selbst Hilfe brauchen. Es ist Ihr gutes Recht, andere um Hilfe zu bitten. Schließlich können Sie nicht alles allein bewältigen, und so sollte es auch nicht sein. Andere können Ihnen vielleicht einen Teil der Last, die depressive Person zu unterstützen, von den Schultern nehmen. Eine Schwester oder ein Bruder kann vielleicht einen Teil der Verantwortung für einen alten depressiven Menschen mittragen. Ein erwachsenes Kind kann Ihre depressive Ehefrau vielleicht zu ihrem Arzttermin fahren, wenn Sie zu dieser Zeit im Büro unabkömmlich sind. Worum es sich auch immer handelt, scheuen Sie sich nicht, andere um Hilfe zu bitten.

Es kann auch sehr hilfreich und klärend sein, sich an jemanden zu wenden, der speziell dafür ausgebildet ist, Menschen in solchen Situationen zu beraten. Ein Familien- oder Paartherapeut kann Ihnen und Ihrem geliebten Menschen in gemeinsamen Sitzungen helfen, ihre Kommunikation und den Unterstützungsprozeß in Ihrer Beziehung zu verbessern, oder Sie können sich in individuelle Therapie begeben, um die Gefühle und Reaktionen, die auftreten, wenn der andere Ihre Hilfe zurückweist, besser zu bewältigen.

Arbeiten Sie als Team zusammen. Kooperation ist ausschlaggebend, wenn Sie zu größerer Intimität in Ihrer Beziehung finden und Ihre Kommunikation verbessern wollen. Nie ist dieser Kernsatz wichtiger, als wenn Sie versuchen, den Unterstützungsprozeß in Ihrer Beziehung zu verbessern. Nur wenn Sie kooperieren und sich als Team verstehen, werden Sie sich entspannt und wohl damit fühlen, einander um Hilfe zu bitten und einander Unterstützung zu geben. Wenn Ihre Beziehung wie die zwischen Josh und Donna ist, das heißt, wenn eine Seite überwiegend Unterstützung gibt und die andere Seite überwiegend Hilfe empfängt, ist ein Ungleichgewicht entstanden, und Sie müssen sich in Ihrem System des Gebens und Nehmens um mehr Symmetrie bemühen. In einer Beziehung sollte sich nicht immer nur eine Seite dafür verantwortlich fühlen, Unterstützung zu geben; versuchen Sie, die Rollen umzukehren und bei Ihrem depressiven geliebten Menschen Unterstützung zu suchen. Wenn Sie gewöhnlich die Helferrolle innehaben, könnten Sie dem anderen zum Beispiel sagen: «Du kennst mich ja und weißt, daß ich normalerweise die Ärmel aufkrempele und die Dinge in die Hand nehme, aber jetzt habe ich ein echtes Problem, und ich frage mich, ob du mir dabei helfen könntest. Würdest du mit mir darüber reden?» Sie werden vielleicht sehr überrascht sein, wenn Sie erleben, daß Ihr geliebter Mensch Ihnen sehr wohl helfen kann, auch wenn er depressiv ist. Tatsächlich haben depressive Menschen uns oft gesagt, daß es ihnen besser geht, wenn sie sich «gebraucht» fühlen oder «nützlich» sein können. Lassen Sie die geliebte Person in solchen Gesprächen wissen, was Sie denken und fühlen. Vergessen Sie nicht: Sie sitzen in demselben Boot und müssen zusammenarbeiten, um die Probleme in der Beziehung zu lösen.

Eine Zeit der Veränderung

Donna hatte sich wegen ihrer Depression in Psychotherapie begeben, und an einem bestimmten Punkt der Behandlung schlug ihre Therapeutin vor, daß Josh an einigen Sitzungen teilnehmen sollte. Sie hatte bemerkt, daß es zwischen den beiden zu Konflikten kam, wenn es darum ging, Unterstützung zu geben und zu akzeptieren. In der ersten Sitzung half die Therapeutin Josh, seine Gefühle der Frustration, der Wut und der Hoffnungslosigkeit, wenn Donna seine Hilfe zurückwies, zu artikulieren. Zuerst hatte Josh Schwierigkeiten damit, sich auf seine eigenen Empfindungen zu konzentrieren, weil er so sehr darauf fixiert war, Donna zu helfen. Er neigte dazu, Dinge zu sagen wie «Ich habe das Gefühl ... also, du bist so fix und fertig, daß ich dir einfach helfen möchte.» Aber mit einiger Übung und Anleitung durch die Therapeutin gelang es ihm allmählich, Donna zu vermitteln, was er empfand. Er sagte ihr: «Wenn du meine Unterstützung ablehnst, so wie gestern abend, als du nicht wolltest, daß ich den Abwasch übernehme, dann fühle ich mich so hilflos, so als ob nichts, was ich tue für dich irgendeinen Unterschied macht.» Donna erkannte nun zum ersten Mal, wie hart ihre Depression für Josh wirklich gewesen war. Plötzlich wurde ihr bewußt, wie schwer sie es ihm gemacht hatte, ihr zur Seite zu stehen. Von der Therapeutin unterstützt, begann sie darüber zu reden, wie schwach und inkompetent sie sich fühlte, wenn sie es zuließ, daß er ihr half. «Wenn ich mich zurücklehne und dich den Abwasch machen lasse, fühle ich mich, als wäre ich invalide – ein Fall fürs Sanatorium», erklärte sie. «Ich glaube, ich klammere mich an diese Illusion, daß ich in Ordnung bin und alles allein bewältigen kann.»

Josh hatte sich vorher nie vorstellen können, wie sehr Donna darunter litt, von ihm abhängig zu sein. In der Woche, die auf dieses Gespräch folgte, begann Donna konkrete Wünsche zu äußern, zum Beispiel was Handreichungen bei der Vorbereitung von Mahlzeiten betraf, und sie bat Josh gelegentlich sogar, sie in den Arm zu nehmen. Und Josh fragte Donna, welche Art von Hilfe sie am besten gebrauchen könnte, statt ihr wie vorher – «Komm, laß mich das machen» – die Dinge einfach aus der Hand zu nehmen. Während sie ihren Dialog über das Problem fortsetzten, erkannte Josh, daß er ihre Ablehnung seiner Hilfsangebote persönlich genommen hatte, und er entwickelte eine realistischere Erwartungshaltung in bezug darauf, wie weit er Donna helfen konnte. Er sah ein, daß er zwar ihre Depression nicht heilen, aber mit ihr kooperieren konnte, um ihr die Art von Unterstützung zu geben, die sie wollte und brauchte. Auch Donna sah ein, wie hart es für Josh war, wenn sie seine Hilfsangebote zurückwies, und sie versuchte, mehr Rücksicht auf seine Gefühle zu nehmen, wenn er ihr Vorschläge machte. Im Lauf der Zeit gelang es Josh und Donna, einander nicht mehr wie Feinde gegenüberzutreten, sondern im Kampf gegen die Depression als Team zusammenzustehen. Für beide war es ein wichtiger Teil ihrer Wanderung durch die Krise, über den Unterstützungsprozeß in ihrer Beziehung zu sprechen und seine Dynamik zu verstehen. Im Verlauf von Donnas Therapie bewegten sie sich von den anfänglichen Konflikten in ihrer Beziehung bis zu dem Stadium, in dem sie erfolgreich kooperieren und Probleme konstruktiv lösen konnten.

In den beiden folgenden Kapiteln wenden wir uns anderen Aspekten der Depression zu, die Beziehungen beeinträchtigen können: dem Alkohol- und Drogenproblem und dem sehr realen Risiko des Suizids.

–10–

Alkohol und Drogen

Juan sah dem verlängerten Wochenende mit gemischten Gefühlen entgegen. Es war eine Art Familientreffen geplant; Juans Eltern, er selbst und seine Freundin Becca würden ein paar Tage im Haus seines Bruders George verbringen. George und Juan hatten seit ihrer Kindheit eine sehr enge, vertrauensvolle Beziehung gehabt, aber im Lauf der letzten zwei Jahre waren sie einander zunehmend fremd geworden. Während Juan seine Sachen für die Reise packte, sagte er zu Becca: «Ich fasse es nicht, daß ich mich wirklich darauf eingelassen habe. Ich weiß, daß du meine Eltern kennenlernen möchtest, aber ich wünschte, das könnte unter anderen Umständen geschehen, ohne daß George dabei ist. Bei meinem letzten Besuch hat George sich jeden Abend mit Wein abgefüllt, bis er einschlief. Das wäre noch nicht so schlimm, wenn er unter Alkoholeinfluß nicht so unerträglich würde. Zuerst ist er ganz guter Laune, aber dann wird er reizbar, und jedes zweite Wort, das er sagt, ist eine Kritik.» – «Du könntest das doch bei dieser Gelegenheit einmal ansprechen», antwortete Becca. «Ich kann mir vorstellen, wie weh es dir tut, ihn in dieser Verfassung zu sehen. Nach allem, was du mir erzählt hast, wart ihr doch euer halbes Leben lang die besten Freunde!» – «Ich habe versucht, mit ihm zu reden, aber er hört mir nicht zu. Beim letzten Mal wurde er wütend und warf mir vor, ich stemple ihn als Alkoholiker ab. Das war der schlimmste Streit, den wir je hatten.» – «Was sagen denn deine Eltern dazu?» – «Nicht viel. Ich glaube, sie sind auch verärgert über ihn, aber wir sprechen nicht wirklich über das Problem. Also, wir reden manchmal darüber, daß er auf seine alten Tage mürrisch und eigenbrötlerisch wird. Aber wenn er mit vierzig schon so ist, möchte ich nicht erleben, wie er mit sechzig sein wird.»

Juan hatte in der Tat versucht, seinen Bruder auf sein Alkoholproblem anzusprechen, aber George erteilte ihm eine Abfuhr: Er, Juan, wisse gar nicht, wovon er rede, und er solle sich gefälligst um seine eigenen Angelegenheiten kümmern. Juan lachte und nannte George einen Heuchler. Es war paradox: Einige Jahre zuvor hatte George nämlich die Familie mobilisiert, um mit dem Vater Klartext über dessen Alkoholproblem zu reden. In der Hitze des Gefechts hörte George jedoch nur die Beleidigung, und nahm nicht wahr, wie besorgt sein Bruder um ihn war.

Alkohol- oder Drogenmißbrauch geht mit klinischen Depressionen oft Hand in Hand. Studien über Abhängigkeit in Familien legen den Schluß nahe, daß Suchtphänomene und Depression in engem Zusammenhang stehen. Mehrere Studien kamen zu dem Ergebnis, daß etwa 50 % aller diagnostizierten Alkoholiker an klinischen Depressionen leiden. Juans und Georges Vater war alkoholabhängig gewesen. Die Brüder hatten enorme Anstrengungen unternommen, um den Vater zu überzeugen, daß er sich behandeln lassen mußte. Leider waren Juan und George nicht darüber informiert, welche genetischen und psychischen Folgen es haben kann, wenn ein Elternteil alkoholabhängig ist. Juan kam daher nicht auf die Idee, daß Alkoholmißbrauch nicht das einzige – ja, nicht wirklich das zentrale – Problem seines Bruders war. Er hatte nicht wahrgenommen, daß George seit seiner fast zwei Jahre zurückliegenden Scheidung depressiv war und daß er unbewußt versuchte, seine Depression durch Alkohol zu «kurieren». Unglücklicherweise ist Alkohol als «Antidepressivum» alles andere als geeignet, denn exzessives Trinken kann tatsächlich Depressionen verursachen.

Wir werden Ihnen in den folgenden Abschnitten die Zusammenhänge zwischen Alkohol- oder Drogenmißbrauch und Depression erläutern und Ihnen Hinweise geben, wie Sie erkennen können, ob jemand, der Ihnen nahesteht, sucherzeugende Substanzen benutzt, um eine Depression zu maskieren. Wir werden Ihnen auch Strategien aufzeigen, die Sie benutzen können, um mit Ihrem geliebten Menschen über seinen Alkohol- oder Drogenmißbrauch zu sprechen und ihn zu überzeugen, daß er professionelle Hilfe in Anspruch nehmen muß.

Drogenmißbrauch und Depression

Es ist nicht schwer nachzuvollziehen, daß depressive Menschen manchmal zu Alkohol oder anderen Rauschmitteln greifen, um sich besser zu fühlen. Unsere Praxiserfahrung hat uns gelehrt, bei Patienten, die sich mit einem Suchtproblem vorstellen, als erstes darauf zu schauen, ob auch eine Depression vorliegt. Alkohol und andere rauscherzeugende Substanzen heben vorübergehend die Stimmung und können andere Symptome der Depression wie Energieverlust, Appetitlosigkeit und Schlafstörungen zeitweilig mildern. Die Forschung hat Ergebnisse erbracht, die unsere Praxiserfahrungen bestätigen. Eine neuere Studie unter den *Amish* – einer Bevölkerungsgruppe, die überwiegend traditionelle Landwirtschaft betreibt, moderne Technologien und Lebensformen ablehnt und nach strengen ethisch-religiösen Regeln lebt, zu denen auch der völlige Verzicht auf Alkohol und andere Rauschmittel gehört – ergab, daß die statistischen Raten für klinische Depressionen und manisch-depressive Störungen bei Männern und Frauen dieselben waren. Der Vergleich mit anderen Studien über Depressionsraten bei Männern zeigte, daß viele Männer (die nicht nach solchen Regeln leben) zu Alkohol greifen, um eine Depression zu bewältigen, so daß die auffälligeren Symptome der Störung maskiert sind. Bemerkenswert ist, daß Studien innerhalb der allgemeinen Bevölkerung, in der Alkoholgenuß weithin toleriert ist, bei Frauen ein nahezu doppelt so häufiges Auftreten von Depressionen feststellten wie bei Männern. Viele Wissenschaftler sind der Meinung, daß die Ergebnisse der Amish-Studie eigentlich die realen Verhältnisse und die authentischen Raten von Depressionen bei Männern widerspiegeln, während die Studien, die sich auf die allgemeine Bevölkerung beziehen, die Häufigkeit der durch Alkohol larvierten Depressionen bei Männern unterschätzen. Mit anderen Worten: Männer verbergen ihre Depressionen nicht selten vor sich selbst und vor anderen, indem sie exzessiv trinken. Diese Hypothese wird auch durch Studien bestätigt, die den Nachweis erbrachten, daß Alkoholiker zu mehr als 50 % klinisch depressiv sind.

Umgekehrt sind Depressionen zuweilen auch die Folge – und nicht die Ursache – von Alkohol- oder Drogenmißbrauch.

George trank, um sich besser zu fühlen, aber sein Alkoholkonsum war unglücklicherweise auch der Grund dafür, daß die Depression sich verschlimmerte. Alkohol, Kokain, Amphetamine und einige andere Substanzen, die in verschreibungspflichtigen Medikamenten enthalten sind, können zum Auslöser einer Depression werden. Ähnlich wie Alkohol hellen Kokain und Amphetamine die Stimmung vorübergehend auf; die Nachwirkungen können jedoch eine physiologisch begründete Depression hervorrufen. Der Unterschied zur klinischen Depression liegt darin, daß dieser Typus der Depression gewöhnlich kurzlebig und begrenzbar ist, denn die Störung tritt im Zusammenhang mit dem Gebrauch der Substanz oder den Folgewirkungen kurz nach dem Absetzen auf. Wenn ein Patient zu uns kommt, der an Rauschmittel oder Stimulantien gewöhnt ist und über Depressionen klagt, behandeln wir daher als erstes den Drogenmißbrauch. In vielen Fällen verschwindet die Depression, sobald die Person sich von der fraglichen Substanz völlig entwöhnt hat.

Wann kann man von Alkohol- oder Drogenmißbrauch sprechen?

Der Begriff «Mißbrauch» ist in diesem Zusammenhang nicht leicht zu definieren. Je nach Ihrem persönlichen Hintergrund kann es sein, daß Sie sich mit relativ großen Mengen Alkohol wohl fühlen oder sogar auf sehr kleine Mengen mit Unbehagen und Verwirrung reagieren. Bei Alkoholikern ist es oft so, daß ihre gesamte Umgebung – Familienmitglieder, Freunde, Arbeitskollegen – davon überzeugt ist, daß sie ein Problem mit dem Trinken haben, während sie selbst ganz und gar nicht dieser Meinung sind. Diese Art der Verleugnung kennzeichnet die krassen Differenzen in der Einschätzung der Situation, die zwischen dem Trinker und den Menschen, die ihm nahestehen, so überaus häufig auftreten.

Für die depressive Person, die trinkt, wiegen die Vorzüge des Alkoholgenusses, das heißt, die – wenn auch nur zeitweilige – Erleichterung und Stimmungsaufhellung, die vorgestellten Alternativen bei weitem auf. (Wir werden im folgenden der Einfachheit halber dabei bleiben, vom Alkohol zu sprechen, aber die Probleme, die wir hier diskutieren, beziehen sich auf alle Formen des Mißbrauchs von Substanzen – sei es Alkohol, Kokain, Marihuana oder Essen – und alle Arten, dem Körper die Substanz zuzuführen – oral, intravenös oder durch Inhalieren.) Der Alkohol bietet diesen Menschen einen zeitweiligen Aufschub, eine kurzfristige Befreiung von der Verzweiflung, den Selbstvorwürfen, dem Pessimismus, der Traurigkeit, eine Atempause von den Qualen der Depression. Ein depressiver Mensch, der auf diese Weise Erleichterung sucht, wird nur eine einzige Definition von «Mißbrauch» akzeptieren, nämlich eine, die ihm Hoffnung geben kann. Er muß zu der Überzeugung kommen, daß die Alternative zum Trinken nicht schlimmer ist als das Trinken selbst. Ein einfühlsames Gespräch über seine Depression und Aufklärung darüber, daß Depressionen mit Erfolg behandelt werden können, hilft ihm vielleicht zu begreifen, daß sein Trinken keine Lösung sein kann und die Dinge nur schlimmer macht. Sie können ihm in einem solchen Gespräch die Hoffnung geben, daß er, wenn er bereit ist, das Trinken aufzugeben, die Hilfe bekommen kann, die er braucht, um sich besser zu fühlen.

An welchem Punkt wird Alkoholgenuß also zum «Mißbrauch» und zum Hindernis für die Genesung von der Depression? In medizinischen und psychiatrischen Kreisen herrscht weitgehende Übereinstimmung über die Schlüsselsymptome, die auf Mißbrauch beziehungsweise ein Suchtproblem hinweisen. Ein markantes Kennzeichen ist zum Beispiel ein fortgesetzter Konsum der Substanz, trotz der Tatsache, daß dies Probleme verursacht oder bestehende Probleme verschlimmert (das heißt, jemand gibt das gewohnheitsmäßige Trinken nicht auf, obwohl er ein Magengeschwür hat, berufliche Probleme auftreten und es in der Familie ständig Streit über das Thema gibt). Schwerer Mißbrauch kann zu physiologischer und/oder psychischer Abhängigkeit führen. Ein Mensch mit einem Suchtproblem wird einige oder alle der folgenden Merkmale zeigen:

• Fehlgeschlagene Versuche, den Gebrauch der Substanz zu reduzieren oder abstinent zu werden
• Konsum der Substanz in größeren Mengen als ursprünglich intendiert
• Konsum der Substanz über einen längeren Zeitraum als intendiert

- Fortsetzung des Konsums, obwohl verbal ständig das Bedürfnis geäußert wird, damit aufzuhören
- Verwendung von viel Zeit und Energie auf Aktivitäten, die notwendig sind, um die Substanz zu beschaffen, zu nehmen oder sich von ihrem Gebrauch zu erholen
- Abwesenheit vom Arbeitsplatz oder Vernachlässigung anderer wichtiger Alltagsverpflichtungen, weil man im Rauschzustand ist oder einen Kater hat
- Beharrliches Festhalten am Konsum der Substanz trotz erheblicher negativer Konsequenzen (z. B. Eigengefährdung und Gefährdung anderer, etwa durch Autofahren in berauschtem Zustand, gesundheitliche Probleme, Probleme im Beruf, Konflikte und häufige Auseinandersetzungen in der Familie)
- Aufgeben gewohnter Aktivitäten aufgrund des Konsums der Substanz
- Entwicklung von Isolationssymptomen bei Abstinenz
- Entwicklung einer Toleranz für die Substanz (d. h., es bedarf größerer Mengen, um die gewünschte Wirkung zu erzielen)
- Fortbestehen der genannten Merkmale für mindestens einen Monat oder wiederholtes Auftreten über einen längeren Zeitraum.

Wenn Sie festgestellt haben, daß Ihr geliebter Mensch ein Suchtproblem hat, und wenn Sie sich entschlossen haben zu intervenieren, müssen Sie Einsicht in die Gründe gewinnen, die hinter dem Alkohol- oder Drogenmißbrauch stehen. Trinkt er oder sie, um eine Depression zu überdecken? Wenn es sich so verhält, wird das die Form verändern, in der Sie ihn oder sie ermutigen, Hilfe in Anspruch zu nehmen. Sobald Juan erkannt hatte, daß sein Bruder trank, um sich weniger depressiv zu fühlen, wußte er, daß es äußerst schwierig werden würde, George auf sein Alkoholproblem anzusprechen.

Im nächsten Abschnitt zeigen wir Ihnen auf, wie Sie feststellen können, ob der Alkohol- oder Drogenmißbrauch Ihres geliebten Menschen mit einer Depression assoziiert ist.

Wird die Substanz gebraucht, um eine Depression zu «behandeln», oder verursacht sie die Depression?

Wenn Sie in Ihrer Beziehung zu einem nahestehenden Menschen Konflikte wahrnehmen, die mit dem Alkohol- oder Drogenkonsum des anderen zusammenhängen, ziehen Sie die Möglichkeit in Betracht, daß er oder sie an einer Depression leiden könnte. Der Alkohol- oder Drogenmißbrauch kann eine Konsequenz der Depression sein, das heißt, der andere trinkt, um sich Erleichterung zu verschaffen. Es kann aber auch sein, daß der Mißbrauch der Substanz die Depression verursacht oder eine vorher bestehende emotionale Störung verstärkt. Ob nun das eine oder das andere zutrifft – Tatsache ist, daß Depressionen oft übersehen werden, wenn Alkohol- oder Drogenmißbrauch eine starke Komponente der Konflikte in der Anfangsphase des SAD bilden. Die gesamte Aufmerksamkeit in den Interaktionen konzentriert sich auf die Schwierigkeiten, die sich aus dem exzessiven Trinken oder Drogenkonsum ergeben, und so wird das eigentliche Kernproblem – die Depression – nicht erkannt. Wenn Ihr geliebter Mensch exzessiv trinkt oder Drogen nimmt, sollten Sie von der Möglichkeit ausgehen, daß eine Depression entweder die Ursache für diesen Mißbrauch oder die Folge davon ist. Um herauszufinden, ob die alkohol- oder drogenabhängige Person depressiv ist, sollten Sie auf folgendes achten:

• *Depressive Verstimmungen oder Anhedonie.* Die Schwierigkeit, die psychische Verfassung eines Menschen, der Rauschmittel mißbraucht, einzuschätzen, liegt darin, daß manche Substanzen kurzfristig starke Wirkung auf die Stimmung ausüben. Alkohol, Kokain und andere Substanzen können vorübergehend Wohlbefinden, ja, sogar euphorische Hochstimmung hervorrufen, aber Stunden später, wenn die Wirkung nachläßt, schlägt die Stimmung in düstere Verzweiflung, Apathie oder Gereiztheit um. Achten Sie auf depressive Verstimmungen, insbesondere dann, wenn Ihr geliebter Mensch *nicht* unter dem Einfluß der Substanz steht. Beobachten Sie an ihm zum Beispiel in den Morgenstunden nach einem berauschten Abend ein Muster der Gereiztheit, der Apathie oder des Desinteresses an den gewohnten Aktivitäten? Juan nahm das nicht wahr, aber George selbst erklärte später, er habe die Last der Depression am Morgen nach einer alkoholisierten Nacht immer noch viel stärker gespürt.

• *Exzessive Selbstkritik oder Gefühle der Wertlosigkeit.* Das depressive Denken ist durch exzessive Selbstkritik oder Selbstentwertung gekennzeichnet. Geht Ihr geliebter Mensch besonders hart mit sich selbst ins Gericht?

• *Exzessive Kritik an anderen.* Obwohl eine überkritische Haltung anderen gegenüber kein formaler Bestandteil des Kriterienkatalogs für die klinische Depression ist, kann sie unserer Auffassung nach manchmal eine Begleiterscheinung der depressiven Selbstentwertung und Selbstkritik sein. Zuweilen – das wird Sie kaum überraschen – gehen Menschen mit anderen genauso um, wie sie mit sich selbst umgehen. Die depressive Person projiziert ihre übermäßig selbstkritische Haltung nach außen, was zur Folge hat, daß sie andere so wahrnimmt, wie sie sich bewußt oder unbewußt selbst sieht. Wenn der Mensch, der Ihnen nahesteht, Sie mit überkritischen Augen betrachtet, ständig etwas an Ihrem Verhalten auszusetzen hat und es negativ etikettiert («Sei nicht albern!», «Wie kann man nur so dumm sein!», «Kannst du denn nichts richtig machen?»), fragen Sie sich, ob das vielleicht die Art ist, wie er sich selbst wahrnimmt.

• *Suizidgedanken.* Suizidgedanken sind ein zentraler Hinweis darauf, daß Ihr geliebter Mensch depressiv ist. Außerdem sind sie ein Warnzeichen, das nicht übersehen werden darf, denn die Kombination von Alkohol- oder Drogenmißbrauch und Selbstmordabsichten ist besonders gefährlich. Drogen und Alkohol setzen die Hemmschwelle herab, was zur Folge hat, daß Menschen unüberlegt handeln und sich leichter auf riskante Verhaltensweisen einlassen – den Versuch, sich umzubringen, eingeschlossen. Wenn eine an Alkohol oder Drogen gewöhnte Person, die Ihnen nahesteht, auch suizidal ist, müssen Sie sofort dafür sorgen, daß sie professionelle Hilfe und Behandlung erhält. Im elften Kapitel, das speziell dem Thema Suizid gewidmet ist, werden Sie Hinweise finden, wie Sie einschätzen können, ob Ihr geliebter Mensch Selbstmordgedanken hat, welches die Risikofaktoren für Selbstmord sind und was Sie in einer solchen Situation tun können.

• *Schlafprobleme.* Schlafstörungen sind ein zentrales Symptom der Depression. Hat Ihr geliebter Mensch Schwierigkeiten einzuschlafen? Wacht er mitten in der Nacht oder – gegen seine sonstigen Gewohnheiten – sehr früh am Morgen auf? Schläft er oder sie mehr als gewöhnlich? Wenn die Antwort auf eine dieser Fragen «Ja» ist, sollten Sie eine Depression in Betracht ziehen.

• *Gewichtszunahme oder Gewichtsverlust.* Hat der andere merklich an Gewicht verloren, ohne daß er Diät gehalten oder die Absicht gehabt hätte abzunehmen, oder auffällig zugenommen? Wenn dem so ist, sollte eine Depression in Betracht gezogen werden. Orientieren Sie sich an den Hinweisen im zweiten Kapitel, um einzuschätzen, ob der Gewichtsverlust klinisch signifikant ist.

Wie Sie und Ihre Beziehung beeinträchtigt werden können

Wenn Ihr Partner oder Angehöriger eine Depression durch Alkoholkonsum zu «kurieren» beziehungsweise zu maskieren versucht, ist Ihre Beziehung zu ihm höchstwahrscheinlich in einer Weise beeinträchtigt, die seinen Alkoholmißbrauch begünstigt. Das erscheint Ihnen auf den ersten Blick vielleicht widersprüchlich, ja, absurd. Jemanden, um den Sie sich sorgen, zum exzessiven Alkoholgenuß zu ermutigen, wäre wohl das allerletzte, was Sie wollen. Andererseits ist die Vorstellung nicht so abwegig, wenn Sie bedenken, daß der Alkoholgenuß für Sie selbst und den anderen oft sofortige Erleichterung bedeutet – eine Atempause von seiner Hoffnungslosigkeit und Verzweiflung.

George wurde kurz nach seiner Scheidung depressiv. Er rief seinen Bruder Juan oft an, und sie trafen sich mindestens einmal im Monat zum Abendessen. Bei diesen Begegnungen fiel Juan auf, daß George mehr trank als gewöhlich, aber er sah auch, daß der Wein seinem Bruder half, sich besser zu fühlen. Zu Beginn des Abends war George gewöhnlich deprimiert, mutlos und voll von Ängsten über seine Zukunft. Beim zweiten Glas Wein fand er jedoch seinen Humor wieder; beim vierten oder fünften Glas legte er eine Laissez-faire-Haltung an den Tag, und seine Zukunftssorgen schienen von ihm abzufallen. Juan war meistens erleichtert, wenn er sah, daß Georges Ängste nachließen und daß die Lebendigkeit seiner Persönlichkeit wieder an die Oberfläche kam. Während der ersten Monate der Depression seines Bruders fand Juan sich oft unwillkürlich in der Position, George zu ermuntern, noch ein Gläschen zu trinken. Bei besonderen Gelegenheiten brachte er ihm eine Flasche Wein als Geschenk mit. Juan nahm sogar die Gewohnheit an, George abzuholen, wenn sie zusammen ausgingen, und ihn anschließend wieder nach Hause zu bringen; so mußte er sich keine Sorgen machen, daß sein Bruder in betrunkenem Zustand Auto fuhr.

Im Lauf der Zeit wurde Georges Alkoholkonsum jedoch zum Problem, und seine Depression verschlimmerte sich; jetzt wurde er auch häufiger mürrisch und gereizt, wenn er trank. Juan stellte fest, daß er selbst sehr viel mehr zu trinken begann als gewöhnlich, wenn er mit George zusammen war. Beide reagierten auf die Depression und beide steckten im Reaktionsstadium fest, denn sie verfügten nicht über die Informationen, die sie gebraucht hätten, um den Zusammenhang zwischen dem Trinken und der Depression zu erkennen. George drängte Juan mitzuhalten, und Juan konnte mit Georges Reizbarkeit leichter umgehen, wenn er selbst unter Alkohol stand. Juan wußte aus Erfahrung, daß er, wenn er einmal angefangen hatte zu trinken, nicht gut darin war, seinem Alkoholkonsum Grenzen zu setzen. Eines Morgens wurde ihm beim Erwachen mit Schrecken bewußt, daß er in der Nacht zuvor in betrunkenem Zustand mit seinem Auto gefahren war, und er hatte sich geschworen, es nie mehr soweit kommen zu lassen. Juan ärgerte sich über sich selbst und erneuerte seinen Vorsatz, entweder sehr moderat oder überhaupt nicht zu trinken. Er wußte genug über Alkoholismus, um zu begreifen, was auf dem Spiel stand; da sein Vater alkoholabhängig gewesen war und sein Bruder offenbar ein Alkoholproblem hatte, war er selbst ganz eindeutig auch gefährdet. Als Folge dieser Einsicht begann er, George aus dem Weg zu gehen. Er ging nicht mehr regelmäßig mit ihm zum Essen aus und fing an, Situationen zu meiden, in denen sein Bruder Druck auf ihn ausüben könnte, zu trinken.

Vielleicht machen Sie eine ähnliche Erfahrung. Zu Anfang ermutigen Sie Ihren geliebten Menschen möglicherweise zum Trinken. Es gibt viele Wege, das zu tun, auch ohne Worte, zum Beispiel dadurch, daß man sich anschließt und mittrinkt. Wenn man jemandem nahesteht, der ein Alkohol- oder Drogenproblem hat, ist es nützlich, sich zu fragen: «Was ist mit mir? Habe ich meinen Alkoholkonsum gesteigert? Schlägt sich das auf meine Stimmung nieder? Unterstütze ich den anderen unbewußt in seinem Alkoholmißbrauch?»

Wenn Sie feststellen, daß Sie begonnen haben, Ihre Grenzen zu überschreiten und mehr Alkohol zu konsumieren als Sie wollen, ziehen Sie sich vielleicht auch von Ihrem trinkenden Partner oder Angehörigen zurück. Im Zusammenhang mit Ihrem Rückzug kommt es in der Beziehung möglicherweise zunehmend zu Konflikten und Spannungen und schließlich zu größerer Distanz. Diese Form des Rückzugs – ohne Erklärung und ohne Unterstützung für Ihren geliebten Menschen – kann für beide Seiten sehr qualvoll sein. Sie fühlen sich vielleicht schuldig, und der andere fühlt sich verletzt und abgelehnt. Eine Kluft tut sich auf, und die Depression verschlimmert sich, denn die soziale Unterstützung, die von Ihrer Seite kam, fällt jetzt flach. Vielleicht nimmt auch das Alkoholproblem des anderen schlimmere Formen an. Der Schlüssel dazu, sich nicht in den Alkohol- oder Drogenmißbrauch und die Depression eines geliebten Menschen hineinziehen zu lassen, ist, den anderen direkt und offen auf beide Probleme anzusprechen und einen konstruktiven Dialog zu eröffnen.

Wie Sie den anderen ermutigen, Hilfe zu suchen

Wenn Sie zu dem Schluß gekommen sind, daß Ihr geliebter Mensch eine Depression durch Alkohol- oder Drogenmißbrauch zu bewältigen versucht oder daß die Depression vielleicht eine Folge seines exzessiven Rauschmittelkonsums ist, haben Sie die Stadien des Konflikts, der Reaktion und der Informationsuche erfolgreich durchschritten und sind nun soweit, in die Phase der Problemlösung überzugehen.

Die erste Hürde, die Sie nehmen müssen, ist das Problem der

Defensivität, das heißt, Sie müssen herausfinden, wieviel Abwehr Ihr geliebter Mensch aufbietet, wenn Sie versuchen, das Gespräch über sein Suchtproblem zu eröffnen. Sagen Sie dem anderen zuerst, daß Sie über seinen Alkoholkonsum (sein Kiffen, übermäßiges Essen, Pillenschlucken, Rauchen) nachgedacht haben, und fragen Sie, ob er (oder sie) daran interessiert ist, Ihre Gedanken zu dem Thema zu hören.

So war Juan anfangs nicht vorgegangen. Er hatte einfach gesagt: «George, du trinkst zuviel.» Nach einem Beratungsgepräch mit uns versuchte er es mit einem anderen Ansatz. «George, mir ist etwas durch den Kopf gegangen», fing er an. «Ich habe darüber nachgedacht, daß du jeden Abend ziemlich viel Wein trinkst, und das macht mir Sorgen. Ich möchte wirklich gern mit dir darüber sprechen, wenn du dazu bereit bist. Können wir darüber reden?» Georges Antwort – «Komm, geh mir nicht auf die Nerven, okay? Darüber gibt es nichts zu reden» – zeigte, daß er immer noch sehr defensiv war. Also ging Juan ein paar Schritte zurück: «Ich will nicht mit dir streiten, George. Ich wollte dir einfach sagen, wie es mir damit geht und wie ich darüber denke. Aber wenn du nicht willst, ist es okay.» Dann wechselte er das Thema.

Juan hatte erkannt, daß George immer noch voller Abwehr war und daß es sie beide nicht weiterbringen würde, wenn er auf dem Thema beharrte. Ihm war bewußt geworden, daß er ein Aufwallen von Wut spürte, wenn George das, was er ihm aus echter Besorgnis heraus sagen wollte, einfach abtat. Vor allem fühlte er sich dann zurückgewiesen und kritisiert. Aber er hatte verstanden, daß dieses Aufwallen von Wut eine Spiegelung der Gefühle des anderen sein konnte. Wenn er sich in der Folgezeit also über Georges ungeduldige, gereizte Reaktionen ärgerte, rief er sich in Erinnerung: «Wahrscheinlich bin ich gar nicht gemeint, und diese Wut ist das, was *er* empfindet. Jetzt im Augenblick ist es wohl das beste, die Sache auf sich beruhen zu lassen.» Außerdem hatte Juan das Gefühl, etwas Konstruktives zu leisten, wenn er es vermied, Streit mit George anzuzetteln. Statt sich in Vorhaltungen zu ergehen, beließ er es dabei, daß seinem Bruder das Echo seiner eigenen defensiven Worte in den Ohren klang.

Wie sich herausstellte, lag Juan in beider Hinsicht richtig.

George war in Tat voller Abwehr und wollte nicht hören, was sein Bruder zu sagen hatte. Andererseits blieben seine gereizten Bemerkungen – «Geh mir nicht auf die Nerven. Darüber gibt es nichts zu reden» – einfach im Raum stehen. George nahm allmählich wahr, daß sein Bruder tatsächlich nicht die Absicht hatte, ihn zu kritisieren oder zu verurteilen, sondern daß er über seine eigenen Gefühle reden wollte. Offenbar war Juan der Meinung, daß es zwischen Ihnen etwas Wichtiges zu bereden gab, und George fragte sich, ob er unnötig defensiv war und ob seine Weigerung, über das Thema zu diskutieren, ungerechtfertigt war. Obwohl er es an diesem Punkt nicht fertigbrachte, Juan seine Überlegungen mitzuteilen, begann er doch, seine eigenen Reaktionen infrage zu stellen.

Die zweite Hürde bilden immer noch die Wasser der Defensivität. Wenn Sie allzu tief sind, machen Sie, daß Sie schnellstens wieder hinauskommen, wie Juan es tat. Wenn Sie das mit Respekt tun und betonen, daß es Ihnen um Ihre eigenen Gefühle geht – und nicht um Kritik oder Verhaltensvorschriften –, helfen Sie dem anderen, seine Abwehrhaltung allmählich abzubauen.

Aber was ist, wenn die Defensivität den Hochflutpegel erreicht hat und keine Ebbe in Sicht ist? Wenn Ihr geliebter Mensch Ihnen weiterhin keinerlei Gelegenheit gibt, über das Problem ins Gespräch zu kommen, dann ist es Zeit, andere Menschen einzuschalten, die ihm nahestehen. Vielleicht ist er eher bereit zuzuhören, wenn auch andere ihn mit ihrer Besorgnis konfrontieren. Wenn Sie ein Paar sind und Kinder haben, können Sie Ihren Partner oder Ihre Partnerin vielleicht von der Notwendigkeit einer rationalen Auseinandersetzung überzeugen, indem Sie ins Feld führen, wie wichtig es für die Zukunft der Kinder ist zu wissen, ob bei einem Elternteil eine Depression oder ein Suchtproblem vorliegt. Wenn die Kinder in Unwissenheit über die Existenz solcher Störungen aufwachsen und nicht ahnen, daß sie von ihren genetischen Anlagen her möglicherweise anfällig dafür sind, werden sie viel stärker gefährdet sein, später selbst einer solchen Störung zum Opfer zu fallen. Wenn Juans und Georges Eltern besser über das Problem Depression und Alkoholabhängigkeit informiert gewesen wären, hätten sie vielleicht genauer auf Anzeichen dieser Störungen in der Familie geachtet. Und wenn Juan und George darüber aufgeklärt worden wären, daß ihr Vater ein Alkoholproblem hatte und depressiv war, wären die Dinge für sie vermutlich anders gelaufen. George hätte sich vielleicht davor gehütet, seinen depressiven Zustand in Alkohol zu ertränken, in dem Wissen, daß er dadurch alles noch viel schlimmer machen würde. Mit anderen Worten: Wenn der Mensch, um den Sie sich sorgen, Vater (oder Mutter) ist, appellieren Sie an seine Liebe zu seinen Kindern, falls er keine Bereitschaft zeigt, seine Defensivität aufzugeben. Sagen Sie ihm, wenn er nicht um seiner selbst willen zuhören wolle, solle er es um der Kinder willen tun. Sagen Sie ihm auch, daß Sie sich vielleicht irren und er vielleicht recht hat, wenn er kein Problem sieht, daß er es aber im Interesse der Kinder genau herausfinden sollte. Legen Sie ihm oder ihr nahe, die Meinung eines Experten einzuholen.

Den nächsten Schritt können Sie tun, wenn Ihr geliebter Mensch seine Abwehrhaltung soweit abgebaut hat, daß Sie mit ihm über Ihre Sorgen sprechen können. George ließ etwa im Lauf einer Woche, nachdem Juan seine neue Taktik ausprobiert hatte, allmählich den Panzer fallen. Juan erklärte, er mache sich immer noch Gedanken über Georges Trinken, und er hoffe immer noch, daß sie darüber sprechen könnten. George antwortete: «Du denkst wahrscheinlich, daß ich auf dem besten Weg bin, Alkoholiker zu werden – stimmt's?» – «Nein, so stimmt es nicht», sagte Juan. «Ein solches Urteil steht mir nicht zu. Das kannst du nur selbst beurteilen. Ich maße mir nicht an, dir zu sagen, was für dich in Ordnung oder zuviel ist. Nein, ich mache mir einfach Sorgen. Ich frage mich, ob deine Trinkgewohnheiten ein Signal für etwas Ernsteres sind, aber ich weiß es natürlich nicht mit Sicherheit. Ich habe in letzter Zeit einiges dazugelernt, was dieses Thema angeht, und ich glaube, ich wollte es dir einfach erzählen und hören, was du darüber denkst. Vielleicht kannst du meine Bedenken entkräften.» – «Wovon redest du überhaupt?» fragte George.

Juan fuhr fort und berichtete George, was er über die Wechselwirkungen von Depression und Alkoholabhängigkeit und das Auftreten dieser kombinierten Störung in Familien erfahren hatte. Sie sprachen über die Kämpfe ihres Vaters mit dem Alkohol, und George gab zu, daß ihre Familiengeschichte mit dem, was Juan zu berichten hatte, übereinstimmte. Außerdem hob Juan die Tatsache hervor, daß depressive Menschen die Neigung haben, sich selbst herabzusetzen und sich daher auch leicht kritisiert oder angegriffen fühlen. Er habe den Eindruck gehabt, fügte er hinzu, daß es ihm, George, in letzter Zeit so ergangen sei. George gestand ein, daß er sich mit seiner neuen Freundin immer häufiger stritt und sich tatsächlich ständig von ihr kritisiert fühlte, obwohl sie ihm immer wieder versicherte, daß es nicht in ihrer Absicht lag, Kritik an ihm zu üben.

Juan nahm seine eigenen Gefühle als Indikator, und dadurch konnte er seinem Bruder helfen zu erkennen, wie defensiv er gewesen war. Juan verzichtete auch darauf, seine eigene Wut auszuagieren und vermied es so, sich weiter in Georges depressive Kommunikationsmuster verwickeln zu lassen. Er ließ sich nicht in einen Streit hineinziehen, weil er seine Aufmerksamkeit auf die Sorge um seinen Bruder fokussierte. Juan blieb dabei, sich auf seine eigenen Gefühle (seine Besorgnis) zu konzentrieren, statt darauf, was sein Bruder tat (zuviel Alkohol trinken).

Der vierte und letzte Schritt ist, Ihrem geliebten Menschen zu sagen, daß er Ihrer Meinung nach professionelle Hilfe in Anspruch nehmen sollte, um zu klären, ob bei ihm eine klinische Depression vorliegt. In vielen Fällen ist das leichter als der Versuch, jemanden davon zu überzeugen, Hilfe für ein Suchtproblem in Anspruch zu nehmen. Menschen, die exzessiv trinken oder Drogen nehmen und gleichzeitig verleugnen, daß ihr Rauschmittelkonsum ein Problem darstellt, sind gewöhnlich schwer abhängig von der fraglichen Substanz und nicht geneigt, sie aufzugeben. Depressive Alkohol- oder Drogenkonsumenten sind dagegen oft sehr bereitwillig, ihre Depression behandeln zu lassen. Aber ob nun die Depression oder das Suchtproblem der Katalysator ist, wenn es darum geht, professionelle Hilfe zu suchen, in der Therapie werden unweigerlich beide Probleme zu Schwerpunkten der Auseinandersetzung. Im Anamneseprozeß werden sowohl Depression als auch Abhängigkeit von Alkohol, Stimulantien oder anderen Mitteln diagnostiziert. Oft steht das Abhängigkeitsproblem im Vordergrund, und die Behandlung wird sich zunächst darauf konzentrieren, wobei eine nachfolgende Therapie der Depression immer noch notwendig ist.

Wir fassen noch einmal kurz zusammen, wie Sie vorgehen können, wenn Sie Ihren geliebten Menschen ermutigen wollen, Hilfe zu suchen:

1. Testen Sie den Pegel der Defensivität. Ist die Person, um die Sie sich Sorgen machen, unfähig, auf ein Gespräch über ihren Alkohol- oder Drogenkonsum einzugehen? Wenn dem so ist, sagen Sie ihr einfach, daß Sie besorgt sind, und lassen Sie das Thema dann vorerst fallen. Bringen Sie Ihre Bedenken nicht während eines Streits zur Sprache und auch nicht, während der andere trinkt. Schauen Sie darauf, wie bereitwillig und offen Ihr Gegenüber ist, bevor Sie das Thema anschneiden.

2. Halten Sie weiter danach Ausschau, ob sich ein Lücke in der Abwehr auftut. Bleiben Sie aufmerksam dafür, ob und wie weit Ihr geliebter Mensch gesprächsbereit ist und suchen Sie konstruktive Wege, das Thema zur Sprache zu bringen. Wenn er zum Beispiel darüber klagt, daß er hoffnungslos und deprimiert ist, können Sie das als Vehikel benutzen, um die tieferliegende Problematik anzusprechen. Vielleicht wird der andere Ihr Feedback wirklich zu schätzen wissen, wenn er zu der Überzeugung gelangt, daß die Empfehlungen, die Sie aussprechen, ihm Erleichterung von der Depression geben können.

3. Eröffnen Sie einen konstruktiven Dialog. Halten Sie sich an die Grundregeln einer konstruktiven Kommunikation (s. 7. Kapitel). Erinnern Sie sich daran, daß Ihr geliebter Mensch nur selbst die Entscheidung treffen kann, Hilfe in Anspruch zu nehmen (es sei denn, es handelt sich um ein Kind), und daß Sie nicht die Macht haben, ihn dazu zu veranlassen. Eine destruktive Auseinandersetzung macht es nur schwerer, das Thema beim nächsten Mal zur Sprache zu bringen. Folgen Sie den Leitlinien, die wir Ihnen im 7. Kapitel vorstellten. Denken Sie vor allem daran, einen Moment zu wählen, in dem Sie beide ruhig und offen füreinander sind, wenn Sie das Problem ansprechen wollen. Benutzen Sie «Ich-Aussagen»; sprechen Sie über sich selbst und bleiben Sie bei Ihren eigenen Gefühlen. Respektieren Sie den Standpunkt des anderen, auch wenn Sie nicht damit übereinstimmen. Es ist weitaus besser, sich darauf zu einigen, daß man verschiedener Meinung ist, als zu versuchen, einem uninteressierten und ärgerlichen Gegner die eigene Überzeugung aufzudrängen.

4. *Empfehlen Sie professionelle Hilfe.* Denken Sie daran, in Ihren Erwartungen realistisch zu bleiben. *Sie* haben die Depression oder das Abhängigkeitsproblem nicht verursacht, und Sie sind auch nicht in der Lage, das Problem aus der Welt zu schaffen. Sobald Sie die Einsicht gewonnen haben, daß professionelle Hilfe notwendig ist, empfehlen Sie dem anderen, diese Form der Unterstützung in Anspruch zu nehmen. Seien Sie aber nicht voreilig mit diesem Schritt. Ihr geliebter Mensch wird Zeit brauchen, sich über die Problematik klarzuwerden (wie Sie es bereits getan haben), bevor er sich dazu entschließen kann, Hilfe von außen zu akzeptieren. Geben Sie ihm oder ihr genügend Spielraum zum Nachdenken. Sagen Sie offen, daß Sie sich angesichts seiner Depression und Alkohol-(oder Drogen-)Abhängigkeit hilflos fühlen. Schlagen Sie eine Therapie für die Depression statt für das Abhängigkeitsproblem vor, wenn der andere darauf beharrt, daß sein Trinken kein Problem darstellt.

Juan und George führten mehrere lange Gespräche über das Thema Depression. Obwohl George nicht eingestehen wollte, daß er ein Alkoholproblem hatte, kam er allmählich zu der Überzeugung, daß er – wahrscheinlich schon seit mehr als einem Jahr – depressiv war. Vieles von dem, was Juan ihm aus seinem neuen Wissen heraus über die Depression sagen konnte, traf auf seine eigenen Erfahrungen zu. George hatte Schlafstörungen, er hatte erheblich zugenommen, er war den ganzen Tag über apathisch und niedergeschlagen, bis zu seinem ersten Glas Wein am Abend, und er hatte Schuldgefühle wegen seiner unkontrollierten Wutausbrüche. Er kam zu dem Schluß, daß Juans Rat, professionelle Hilfe in Anspruch zu nehmen, vernünftig war.

George wandte sich an einen Psychologen, der bei ihm sowohl eine klinische Depression als auch Alkoholabhängigkeit konstatierte. Obwohl George die Diagnose anfangs mit großer Skepsis zur Kenntnis nahm, setzte er die Therapie dennoch fort, weil er Erleichterung von seinem depressiven Zustand suchte. Nach einigen Wochen, als er eine Vertrauensbeziehung zu seinem Therapeuten aufgebaut hatte und sich zu fragen begann, ob sein Alkoholkonsum vielleicht mit der Depression in Zusammenhang stand, war er bereit, den Versuch zu machen, sein Trinken aufzugeben. George war zwar immer noch davon überzeugt, daß er kein Alkoholproblem hatte, aber er akzeptierte die Meinung seines Therapeuten, daß sie die Depression nicht heilen könnten, solange er seinen Alkoholkonsum in der gewohnten Form fortsetzte.

Auf die Behandlung von Alkoholabhängigkeit können wir hier nicht näher eingehen, denn das würde den Rahmen dieses Buches sprengen. Es ist aber wichtig, darauf hinzuweisen, daß Georges Alkoholproblem einer der Hauptschwerpunkte innerhalb seiner Therapie für die Depression war. In den Literaturempfehlungen im Anhang führen wir Bücher auf, die sich speziell mit der Problematik des Alkohol- oder Drogenmißbrauchs beschäftigen. George bemühte sich, das Trinken aufzugeben, aber er stellte fest, daß er unfähig war, seine Abstinenz länger als eine Woche durchzuhalten. Er machte mehrere erneute Versuche, fiel aber immer wieder in seine alten Trinkgewohnheiten zurück. Erst als er die Erfahrung gemacht hatte, daß er wirklich nicht in der Lage war, sein Trinken zu kontrollieren, akzeptierte er die Tatsache, daß er ein Alkoholproblem hatte, und stimmte zu, Hilfe dafür in Anspruch zu nehmen.

Erinnert Juans Geschichte Sie an Ihre eigenen Erfahrungen? Wahrscheinlich haben Sie auch versucht, Ihren geliebten Menschen von seinem Alkohol- oder Drogenmißbrauch abzubringen oder ihn vor den Folgen seines selbstzerstörerischen Verhaltens zu schützen. Vielleicht versuchen Sie, seine Fehler auszubügeln, indem Sie Ausreden für ihn erfinden oder sein Verhalten vor anderen rechtfertigen. Oder Sie haben sich von Ihrem geliebten Menschen zurückgezogen, weil sie seine Gegenwart nicht ertragen, wenn er trinkt oder Drogen nimmt. Vielleicht mögen Sie nicht, was aus ihm wird, wenn er volltrunken oder im Drogenrausch ist. Beide Reaktionsweisen sind überaus verbreitet, verständlich und völlig normal. Für Sie ist es von größter Bedeutung, Ihre relative Machtlosigkeit zu akzeptieren, wenn es um die Bewältigung sowohl der Depression als auch des Abhängigkeitsproblems Ihres geliebten Menschen geht. Der andere – und nicht Sie – muß die Entscheidung treffen, Hilfe zu suchen, und die Genesungsarbeit an sich selbst leisten. Sagen Sie ihm, was Sie bewegt. Ermutigen Sie ihn; versichern Sie ihm, daß Sie an ihm interessiert sind, und sich deshalb Sorgen um seinen Alkohol- oder Drogenkonsum machen. Wenn Sie sich entschließen, auf Distanz zu gehen, erklären Sie, warum Sie das tun. Sagen Sie ihm, daß Sie nicht in seiner Gegenwart sein wollen, wenn er trinkt, weil Sie das Gefühl haben, daß er sich damit nur selbst zerstört. Wenn Ihr Gegenüber bereit ist zuzuhören, klären Sie ihn oder sie über die Zusammenhänge von Alkohol- oder Drogenmißbrauch und Depression auf.

Juan war in der Lage, sein neues Wissen über Alkoholabhängigkeit und Depression zu nutzen, um mit George über das Problem ins Gespräch zu kommen und ihn zu ermutigen, sich behandeln zu lassen. Und letzlich half es ihm auch, für seine eigenen Bedürfnisse zu sorgen. Er vermied es nicht nur, mehr Verantwortung für seinen Bruder zu übernehmen als er sinnvollerweise konnte, sondern er erkannte auch seine eigene Gefährdung. Juan schloß sich einer Selbsthilfegruppe an (Erwachsene Kinder von Alkoholikern) und lernte, wie er sich davor schützen konnte, selbst ein Alkoholproblem zu entwickeln. Während seiner Wanderung durch den SAD-Prozeß lernte er außerdem, wie er es vermeiden konnte, den depressiven Tanz mitzutanzen und der Depression selbst zum Opfer zu fallen.

–11–

Suizid

Das Läuten des Telefons mitten in der Nacht ließ Herrn und Frau Ryan aus dem Schlaf aufschrecken. Hastig und voller Unruhe griff Herr Ryan nach dem Hörer; er ahnte, daß der Anruf ihm schlechte Nachrichten über seinen Sohn Gregory bringen würde, der seit einiger Zeit schwer depressiv war. Er hatte recht. Die Anruferin war Susan, Gregorys Frau. Verzweifelt schluchzend bat sie Herrn und Frau Ryan, sofort in die Notaufnahme des örtlichen Krankenhauses zu kommen. Gregory hatte eine Überdosis Schlaftabletten genommen.

Die Ryans zogen sich in aller Eile an und machten sich auf den Weg. Sie schwiegen während der Fahrt zum Krankenhaus, aber beide waren von tiefer Sorge um Gregory, seine Frau und ihre drei Kinder erfüllt. Sie wußten, daß ihr Sohn depressiv war, und sie hatten sich um ihn gesorgt, aber sie hätten nie vermutet, daß er soweit gehen würde, einen Selbstmordversuch zu machen. Als sie vor dem Krankenhaus einparkten, brach Herr Ryan schließlich das Schweigen und sagte seiner Frau, Gregory habe ihm kürzlich eine Menge Fragen gestellt, über Lebensversicherungen und sinnvolle Investitionen für die Zukunft der Kinder. «Verdammt nochmal, ich habe einfach angenommen, daß er vorausdenkt», erklärte er; «ich bin überhaupt nicht auf die Idee gekommen, daß er einen Selbstmordversuch plante.» – «Ja, ich habe auch das Gefühl, daß ich einiges übersehen habe», antwortete Frau Ryan. «Ich hatte in letzter Zeit den Eindruck, daß Gregory noch verschlossener und hoffnungsloser war als zuvor, aber ich habe mir eingeredet, daß es vorübergehen werde. Ich hätte aufmerksamer sein müssen.» Worüber beide in diesem Augenblick nicht sprechen konnten, war ihre Angst, daß Gregory sterben würde.

Susan erwartete sie in der Notaufnahme. Sie erklärte, daß die Ärzte Gregory gerade den Magen auspumpten; sie mußten abwarten. Dann berichtete sie, was geschehen war: Sie war mitten in der Nacht aufgewacht und hatte bemerkt, daß Gregory nicht neben ihr im Bett lag. Sie fand ihn im Wohnzimmer auf der Couch ausgestreckt, in tiefer Bewußtlosigkeit. Als es ihr nicht gelang, ihn wieder zu sich zu bringen, bekam sie panische Angst. Sie rief die Ambulanz und fuhr mit ihm ins Krankenhaus. Die Kinder ließ sie in der Obhut einer Nachbarin. «Ich weiß, daß Gregory wegen seiner Depression eine schwere Zeit durchmacht», sagte sie den Ryans, «aber ich kann einfach nicht glauben, daß er das wirklich getan hat! Ja, er hat manchmal darüber gesprochen, daß er am liebsten aufgeben und allem ein Ende machen wollte, aber ich habe nie geglaubt, daß er es tatsächlich ernst meinte.» Dann fing sie wieder an zu weinen und konnte nicht weitersprechen. Was Susan nicht artikulieren konnte, waren ihre quälenden Schuldgefühle, daß sie nicht aufmerksamer gewesen war, nicht genügend darauf geachtet hatte, was in ihrem Mann vorging. Außerdem hatte sie furchtbare Angst, daß Gregory nie wieder aufwachen würde. Am nächsten Morgen war er jedoch bei Bewußtsein, und sein Zustand war stabil. Die Ärzte teilten der Familie mit, daß er außer Lebensgefahr sei, aber wegen seiner Depression und der bestehenden Selbstmordgefahr unbedingt weiterführende psychiatrische Behandlung brauchte.

Susan und die Ryans waren erleichtert, aber sie hatten alle drei enorme Schwierigkeiten, die komplizierten Gefühle, die Gregorys Selbstmordversuch in ihnen aufgerührt hatte, zu bewältigen. In den folgenden Wochen kämpfte Susan mit ihren Schuldgefühlen, daß sie Gregorys Depression nicht ernst genug genommen hatte, und sie war in ständiger Sorge, daß er erneut versuchen könnte, sich etwas anzutun. Aber gleichzeitig war sie auch wütend auf ihn, weil er nicht daran gedacht hatte, was aus ihr und den Kindern werden sollte, wenn er nicht mehr da wäre. Sie bewegte sich in seiner Gegenwart wie auf rohen Eiern, in permanenter Angst, daß sie etwas tun oder sagen könnte, was ihn aus der Fassung brachte. Herr und Frau Ryan vermieden es, über den Vorfall zu sprechen, und gingen einander in den Wochen, die auf Gregorys Suizidversuch folgten, zunehmend aus dem Weg. Frau Ryan gab sich selbst die Schuld an den Ereignissen, weil sie nicht gespürt hatte, in welch verzweifelten Verfassung ihr Sohn gewesen war. Sie hatte sich immer für eine sensible und einfühlsame Mutter gehalten, aber nun hatte sie das Gefühl, auf der ganzen Linie versagt zu haben. Herr Ryan fühlte sich noch Monate später unbehaglich in Gregorys Gegenwart und wußte nie so recht, worüber er mit ihm reden sollte. Den Suizidversuch anzusprechen hielt er für keinen guten Gedanken, denn er hatte Angst, seinen Sohn dadurch «wieder auf die Idee zu bringen». Herr Ryan war sehr religiös und betrachtete Selbstmord als Todsünde. Aber da er seinem Sohn keine Schuldgefühle einflößen wollte, verfiel er ins Überkompensieren; er gab sich betont heiter, witzelte und versuchte, Gregory zum Lachen zu bringen, wenn er mit ihm zusammentraf. Tief in seinem Inneren war er jedoch voller Traurigkeit und fühlte sich sowohl seiner Frau als auch seinem Sohn entfremdet.

Niemand – weder Susan noch Herr oder Frau Ryan – sprach Gregory direkt darauf an, was ihn zu seinem Selbstmordversuch getrieben hatte, oder fragte ihn, was er mittlerweile über Suizid dachte.

Dennoch waren alle drei in konstanter Sorge, daß Gregory erneut versuchen könnte, sich umzubringen. Gregory selbst fühlte sich ebenfalls nicht imstande, mit seiner Frau oder seinen Eltern über den Vorfall zu sprechen. Er wußte, daß Susan sowohl wütend auf ihn als auch in großer Sorge um ihn war, aber er hatte so furchtbare Scham- und Schuldgefühle wegen seines Selbstmordversuchs, daß er es vermied, sie auf das Thema anzusprechen. Es entging ihm auch nicht, daß Susan keinen Versuch machte, das Gespräch darüber zu eröffnen. Während die Wochen vergingen, zog Gregory sich auch mehr und mehr von seinen Eltern zurück. Jedesmal wenn er mit seinem Vater sprach, konnte er aus der aufgesetzten Heiterkeit und den Witzen den Unterton der Enttäuschung heraushören. Er wußte, daß sein Vater tiefe religiöse Überzeugungen hatte und Selbstmord eigentlich nicht billigen konnte. Gregory fürchtete, seinen Vater mit seinem eigenen Versuch, sich umzubringen, tief verletzt zu haben. Frau Ryan machte vorsichtige Versuche, mit Gregory über seinen Suizidversuch zu sprechen, aber er wollte weder ihr Mitleid hören noch ihre Vorträge darüber, wie er seine Lebensprobleme bewältigen sollte. Niemand auf der Welt schien seinen Schmerz zu verstehen.

Die Reaktion dieser Familie ist durchaus nicht ungewöhnlich. Suizid ist beängstigend. Viele Familienmitglieder und Freunde depressiver Menschen machen sich Sorgen, daß die geliebte Person sich etwas antun könnte, und wenn es tatsächlich zu einem Suizidversuch kommt, sind sie von Schuldgefühlen und Wut überwältigt. Dennoch – trotz dieser starken Gefühle – wird selten über Selbstmord gesprochen. Suizid war in unserer Gesellschaft lange Zeit – und ist es mit gewissen Abstrichen auch heute noch – ein von Scham und Geheimhaltung umgebenes Tabuthema. Wenn sich jemand umbringt, verbirgt die Familie die wahre Todesursache oft sogar vor den engsten Freunden, weil dem Suizid das Stigma der Sünde, der unverzeihlichen Verfehlung, des Versagens anhaftet. Viele Glaubensgemeinschaften verbieten bis heute, Selbstmörder auf geweihtem Boden beizusetzen.

Es ist keine Frage, daß die meisten von uns aus Angst und Unbehagen davor zurückschrecken, das Thema Suizid offen zu diskutieren. Wenn ein geliebter Mensch depressiv ist, vermeiden wir es tunlichst, über Selbstmord zu sprechen oder auch nur darüber nachzudenken. Wir tendieren dahin, die bloße Möglichkeit zu verleugnen. Diese Schweigemauer verhindert jedoch auch, daß Familienmitglieder und Freunde sich des Risikos bewußt werden, daß sie die Warnzeichen der Suizidalität erkennen und sich überlegen, wie sie die Gefahr abwenden könnten. Es gibt jedoch eine Realität, daß Selbstmordideen eine ganz allgemein verbreitete Begleiterscheinung der Depression sind. Wir müssen begreifen, daß dieses Risiko existiert, und offen darüber sprechen, um der depressiven Person – und auch uns selbst – bei der Bewältigung suizidaler Gefühle zu helfen.

Suizid ist eindeutig der gefährlichste und zerstörerischste Aspekt der Depression eines geliebten Menschen. Eine Menge schwieriger Fragen sind um dieses Problem konzentriert, und es gibt keine einfachen Antworten. Wir werden in den folgenden Abschnitten versuchen, Sie auf dem Weg durch die Phasen des SAD mit einem suizidalen geliebten Menschen zu begleiten. Zu Ihrer Information legen wir Ihnen zunächst Fakten vor und Theorien darüber, warum Menschen versuchen, ihrem Leben ein Ende zu setzen. Im Anschluß daran finden Sie konkrete Hinweise, wie Sie die Warnzeichen der Suizidalität erkennen können, wie Sie sich in Interaktionen mit einer suizidalen Person am besten verhalten, und wie Sie Ihre eigenen Gefühle bewältigen lernen.

Fakten über Selbstmord

In den USA ist Suizid die Ursache von mindestens 25 000 Todesfällen pro Jahr. 12 von 100 000 Menschen sterben jedes Jahr durch eigene Hand. Wahrscheinlich spiegelt diese Statistik sogar nicht die reale Zahl der Suizide wider. Viele Selbstmorde werden offiziell als Unfälle oder Krankheiten mit Todesfolge dargestellt, wegen des sozialen Stigmas, das mit dem Suizid verbunden ist, oder auch wegen des möglichen Verlusts von Versicherungszahlungen an die Hinterbliebenen. Wissenschaftler, die sich mit dem Thema befassen, nehmen mittlerweile an, daß die realen Zahlen der jährlichen Suizide in den USA näher bei 75 000 liegen. Drei Viertel aller Suizidopfer begehen während einer depressiven Episode Selbstmord, und Suizid ist bei Menschen, die an Depressionen leiden, die Hauptursache für einen vorzeitigen Tod. Bei einer Person mit wiederkehrenden Depressionen besteht ein Risiko von 1 %, daß sie – oder er – sich während einer akuten depressiven Episode umbringt. Einer häufig zitierten Statistik nach sind 15 % der Menschen mit klinischen Depressionen, die nicht in Behandlung sind oder deren Depression auf Behandlung nicht anspricht, in Gefahr, durch Selbstmord zu sterben. Die Ergebnisse jüngerer Studien legen nahe, daß diese Rate eher bei 25 bis 30 % liegt.

Das Suizidrisiko variiert je nach Geschlecht. Frauen unternehmen im Vergleich zu Männern drei- bis viermal so häufig Selbstmordversuche, aber bei Männern liegt die Wahrscheinlichkeit, einen Selbstmordversuch erfolgreich zu beenden und zu sterben, drei- bis viermal höher als bei Frauen. Es gibt Anhaltspunkte dafür, daß diese Unterschiede zwischen den Geschlechtern auf den verschiedenen Methoden beruhen, zu denen Männer und Frauen greifen. Frauen neigen gewöhnlich eher dazu, eine Überdosis an Medikamenten einzunehmen oder sich die Pulsadern aufzuschneiden, also Suizidversuche zu unternehmen, die nicht unmittelbar tödlich enden und vereitelt werden können, wenn rechtzeitig medizinische Hilfe geleistet wird. Männer tendieren dagegen eher dahin, zu unmittelbar tödlichen Mitteln zu greifen – zum Beispiel sich zu erschießen oder von hohen Gebäuden herunterzustürzen.

Außerdem variiert das Suizidrisiko je nach dem Lebensalter. Bei Kindern unter zwölf Jahren ist Selbstmord sehr selten, aber er kommt dennoch vor. Als Todesursache bei Kindern von ein bis vierzehn Jahren steht Suizid an zehnter Stelle, aber diese Statistik repräsentiert vermutlich ebenfalls nicht die realen Zahlen, denn viele Suizide im Kindes- und Jugendalter erscheinen in offiziellen Berichten als Unfälle. Etwa 12 000 Kinder im Alter von fünf bis vierzehn Jahren werden jährlich wegen suizidalen Verhaltens (Äußern von Selbstmordgedanken, Selbstmordplänen, Suizidversuche) in psychiatrische Kliniken eingeliefert. Einigen Schätzungen zufolge versuchen allein in den USA täglich 1000 Teenager, sich das Leben zu nehmen, und 18 davon sind nicht mehr zu retten. Suizidalität ist bei Kindern und Jugendlichen besonders schwer zu erkennen, weil viele der Warnsignale wie typische Verhaltensweisen dieser Altersgruppe erscheinen können (s. 4. Kapitel).

Schätzungen der NIH (der Zentralbehörde des amerikanischen Gesundheitsministeriums) zufolge steigen die Suizidraten mit dem Lebensalter; zahlreiche Studien kamen zu dem Ergebnis, daß die Suizidrate bei alleinlebenden Singles höher liegt als bei verheirateten Erwachsenen. Der Grund ist vermutlich, daß eine alleinlebende Person schneller in Isolation geraten kann, ohne die Aufmerksamkeit oder Sorge anderer auf sich zu ziehen. Unter alten Menschen (80–84 Jahre) lag die Selbstmordrate im Jahr 1994 bei 28,5 von 100 000, also mehr als doppelt so hoch wie in der allgemeinen Bevölkerung. Bei Männern dieser Altersstufe ist das Suizidrisiko sogar noch erheblich höher als bei Frauen.

Seltsamerweise legen sowohl die Forschung als auch Erfahrungsberichte nahe, daß viele depressive Menschen gerade dann Suizidversuche unternehmen, wenn es ihnen besser zu gehen beginnt. Eine mögliche Erklärung für diese scheinbare Paradoxie ist, daß schwer depressive Menschen zu apathisch und energielos sind, um suizidale Ideen in konkretes Handeln umzusetzen. Wenn eine depressive Person sich ein wenig besser fühlt und mehr Energie hat, aber immer noch tief verzweifelt und ohne

Hoffnung ist, kann sie stärker gefährdet sein, einen seit längerer Zeit gehegten Selbstmordplan tatsächlich auszuführen. Während der sechs bis acht Monate, *nachdem* eine Milderung der Symptome eingetreten ist, kommt es denn auch am häufigsten vor, daß Suizidversuche tödlich enden. Für Familienangehörige und Freunde ist es wichtig zu wissen, daß die Suizidgefährdung keineswegs gebannt ist, wenn die depressive Person Genesungsfortschritte zu machen scheint.

Warum machen Menschen Suizidversuche?

Ein Suizidversuch ist gewöhnlich das Resultat einer komplexen Kombination von emotionalen, sozialen und biologischen Faktoren. Er sagt auch etwas über die seelische Verfassung der depressiven Person aus: Ihr innerer Schmerz ist schier unerträglich geworden, und sie ist bereit, zum äußersten Mittel zu greifen, um dieses Leiden zu beenden. Ein Selbstmordversuch kann ein verzweifelter Hilfeschrei sein, oder das Resultat der Überzeugung, daß es keinen anderen Ausweg mehr gibt. Aufgrund der kognitiven Verzerrungen, die mit der Depression einhergehen, glaubt der depressive Mensch vielleicht, daß er absolut niemanden hat, an den er sich wenden könnte. Die Neigung depressiver Menschen, sich abzukapseln und Hilfsangebote zurückzuweisen, trägt zu den Isolationsgefühlen bei. Gregory hatte das Gefühl, daß seine Probleme unüberwindlich seien und daß sich daran nie etwas ändern würde. Er hatte Angst, seiner Frau und seinen Eltern zur Last zu fallen und vor seinen Kindern als Versager dazustehen. Aus dem verzweifelten Glauben heraus, daß es keinen anderen Ausweg gäbe, machte Gregory einen Suizidversuch. Später beschrieb er die Zeit, die seinem Selbstmordversuch vorausgegangen war, als «die größte Einsamkeit meines Lebens. Ich war überzeugt, daß niemand verstehen konnte, was ich fühlte.»

Oft wird uns von Familienangehörigen die Frage gestellt, ob es spezielle Faktoren gibt, die einen Suizid oder Suizidversuch begünstigen. Die Antwort ist: Vermutlich können gewisse konflikthafte Lebensereignisse – sowie auch biochemische Determinanten – die Suizidgefährdung erhöhen. Manche Wissenschaftler haben Anhaltspunkte dafür gefunden, daß es für Suizidalität eine biochemische Basis gibt, in ganz ähnlicher Weise wie für Depressionen. Mit anderen Worten: Die Anfälligkeit dafür, auf extremen Streß mit Selbstmordabsichten zu reagieren, liegt möglicherweise in der genetischen Zusammensetzung einer Person. Dagegen führen viele andere Forscher ins Feld, daß Suizidalität an sich nicht erblich sein kann; der erbliche Faktor ist vielmehr eine Anfälligkeit für Depressionen, die unter Umständen zum Suizid führen können. Zweifellos muß noch weitaus mehr Forschung über die biologischen Korrelationen von Suizid und Depression geleistet werden, um genauere Antworten auf diese komplizierte Fragestellung zu erhalten.

Innerhalb der psychologischen Forschung befaßten zahlreiche Studien sich mit den Lebensverhältnissen und Ereignissen, die Suiziden oder Suizidversuchen vorangehen. Die Ergebnisse weisen darauf hin, daß die meisten Menschen ein einzelnes traumatisches oder stark belastendes Lebensereignis durchaus bewältigen können, aber wenn es zu einer Akkumulation solcher Ereignisse kommt oder wenn man depressiv ist, werden die normalen Bewältigungsmechanismen einer Zerreißprobe ausgesetzt, der sie vielleicht nicht mehr standhalten. Vor seiner Depression bewältigte Gregory beruflichen Streß gewöhnlich dadurch, daß er mit Susan über seine Probleme sprach; das half ihm, sich über seine Gefühle klarzuwerden, seine Gedanken zu ordnen und sich Lösungen zu überlegen. Aber als er depressiv wurde, zog er sich von seiner Frau zurück und konnte auch mit seinen berufsbedingten Belastungen nicht mehr so gut umgehen. Susan reagierte auf seine Verschlossenheit, indem sie nicht mehr soviel nachfragte, was ihn beschäftigte; sie nahm an, wenn er ihr von sich aus nichts sagte, werde schon alles in Ordnung sein. Als Gregory dann von seinem Vorgesetzten mit der Drohung der Kündigung unter Druck gesetzt wurde, seine Arbeitsleistungen zu verbessern, fühlte er sich total überfordert und allein gelassen. Er konnte Susan nicht sagen, was vorging, weil er sie als so distanziert erlebte und sich ihr entfremdet fühlte. Beide waren im Teufelskreis der Depression gefangen.

Es ist nicht bei allen Menschen gleich, wieviel Streß und welche Art von Streß sie unbeschadet überstehen. Die individuellen Unterschiede können erheblich sein; manche reagieren auf bestimmte belastende Ereignisse empfindlicher als andere, der eine sieht sich durch ein Ereignis schwer unter Druck gesetzt, das ein anderer als positive Erfahrung werten würde. Es ist möglich, daß genetische und biochemische Faktoren das Risiko der Suizidalität erhöhen. Wenn man einen Verwandten ersten Grades hat, der durch Selbstmord endete, steigt das eigene Risiko, suizidal zu werden, dramatisch an. Weitere Risikofaktoren, die zu suizidalen Gefühlen beizutragen scheinen, sind drastische Veränderungen in Beziehungen, Beruf, Wohnsituation oder den finanziellen Verhältnissen sowie Ereignisse, die als schwere Einbußen oder Enttäuschungen wahrgenommen werden. Der kurz zurückliegende Verlust eines bestimmten Status oder einer Position, entweder im Beruf oder in Beziehungen, wird häufig zum Auslöser eines Selbstmordversuchs.

In anderen Fällen sind Suizidversuche die direkte Folge psychotischer Symptome. Menschen in psychotischen Zuständen sind entweder davon überzeugt, daß sie nicht sterben werden, oder sie glauben, daß ihnen befohlen wird, sich zu töten. Ein Mensch, der eine psychotische Depression durchmacht, ist vielleicht nicht in der Lage, die Konsequenzen seines Handelns zu erkennen; er steigt auf das Dach eines Hochhauses und stürzt sich ins Leere, weil die Stimmen in seinem Kopf ihm sagen, er solle das tun. Oder er leidet unter Wahnideen – wie zum Beispiel dem Glauben, er müsse sein Leben opfern, um seine Familie vor einem schrecklichen Schicksal zu bewahren – und nimmt sich deshalb das Leben.

Von solchen psychotischen Gefährdungen abgesehen, sind Selbstmordversuche jedoch in vielen Fällen nicht wirklich durch den Wunsch zu sterben motiviert. Manche Menschen töten sich gewissermaßen aus Versehen, während sie versuchen, eine andere Botschaft zu vermitteln. Sie wünschen sich vielleicht verzweifelt Aufmerksamkeit, eine Ruhepause, die ein Krankenhausaufenthalt bieten kann, vorübergehende Erlösung von ihren Symptomen, aber sie wollen ihr Leben nicht wirklich beenden. Sie sind nicht verwirrt oder wahnhaft, sondern von Schmerz überwältigt und unfähig, direkt um Hilfe zu bitten. In den weitaus meisten Fällen berichten Menschen, deren Suizidversuche vereitelt wurden, im nachhinein, daß sie nicht versucht hätten, sich das Leben zu nehmen, wenn sie nicht so verzweifelt gewesen wären und wenn sie fähig gewesen wären, ihre Wahlmöglichkeiten objektiver einzuschätzen.

Die Warnsignale der Suizidalität

Es ist schwer vorauszusagen, ob jemand einen Selbstmordversuch unternehmen wird. Manche Menschen, die schwer depressiv sind und suizidal wirken, versuchen nie, sich etwas anzutun, während andere, die nicht suizidgefährdet erscheinen, sich umbringen. Obwohl es keine definitiven Warnsignale gibt, vermitteln die meisten suizidalen Menschen auf die eine oder andere Weise, daß sie daran denken, sich das Leben zu nehmen. Wir gebrauchen den Begriff «suizidal» hier im weitesten Sinn, das heißt, wir sprechen von Menschen, die Selbstmordphantasien haben, Selbstmordpläne machen, die Absichten haben, sich das Leben zu nehmen, oder tatsächlich einen Suizidversuch unternommen haben.

Viele Menschen, die an Selbstmord denken, lassen andere von ihren Plänen wissen, in der Hoffnung, gerettet zu werden. Sie haben vielleicht den unbedingten Wunsch, ihrem seelischen Leiden ein Ende zu setzen, aber sie sind nicht wirklich entschlossen, ihr Leben zu beenden, und bringen ihre Selbstmordgedanken auf mehr oder minder subtile Weise zum Ausdruck. In anderen Fällen wollen suizidale Menschen jedoch nicht gerettet werden und vermeiden es, irgendwelche Vorwarnungen abzugeben. Dennoch kann ein aufgeklärter Beobachter gewöhnlich an gewissen Verhaltensmerkmalen erkennen, ob jemand sich mit Selbstmordgedanken trägt. Wenn Sie mit den folgenden Alarmsignalen vertraut sind, werden Sie besser darauf vorbereitet sein, eine Suizidgefährdung zu erkennen und Hilfe für Ihren geliebten Menschen zu suchen, bevor es zu spät ist. Das Vorhandensein eines oder mehrerer dieser Warnsignale sagt nicht mit Sicherheit aus, daß jemand suizidal ist, aber wenn ein geliebter Mensch irgendeines dieser Anzeichen an den Tag legt, ist es definitiv an der Zeit, sich mit der Möglichkeit auseinanderzusetzen. Im letzten Abschnitt dieses Kapitels geben wir Ihnen spezielle Ratschläge, wie Sie dieses Thema mit Ihrem geliebten Menschen erörtern können und wie Sie dafür sorgen können, daß er die Hilfe bekommt, die er braucht. Vergessen Sie nicht: Es ist wichtig, daß Sie auch auf Ihre eigenen Gefühle und Reaktionen achten, wenn eine Person, die Ihnen nahesteht, suizidal ist. Benutzen Sie Ihre Gefühle als Indikator, um zu erkennen, ob Gefahr für den anderen besteht, und um einzuschätzen, wann Sie selbst Hilfe brauchen, um die Situation zu bewältigen.

Gefühle der Hilflosigkeit und Hoffnungslosigkeit. Ein depressiver Mensch, der ein überwältigendes Gefühl der Hoffnungslosigkeit empfindet und seine Probleme als unüberwindlich und absolut unlösbar betrachtet, sieht vielleicht im Suizid den letzten und einzigen Ausweg. Sie können die Intensität seiner Hoffnungslosigkeit einschätzen, indem Sie beobachten, ob er – oder sie – noch fähig ist, Alternativen zum kompletten Aufgeben in Betracht zu ziehen. Macht der andere noch den Versuch, Probleme zu lösen, oder ringt er die Hände und überläßt sich der Verzweiflung? Achten Sie auf Bemerkungen wie «Es hat doch alles keinen Sinn», «Was macht es schon für einen Unterschied?», «Ich kann einfach nicht mehr». Gregorys Mutter erinnerte sich, daß ihr Sohn bei ihrem letzten Zusammentreffen vor seinem Suizidversuch besonders hoffnungslos wirkte und sagte: «Ich weiß gar nicht, warum ich mir überhaupt noch soviel Mühe mache. Es wird sich doch nie etwas ändern.»

Extremer Rückzug von Familienangehörigen, Freunden und gewohnten Aktivitäten. Wie Sie mittlerweile wissen, haben die meisten Depressiven die Neigung, sich von den Menschen in ihrer Umgebung zurückzuziehen. Wenn jemand suizidal ist, kann diese Abkapselung besonders extreme Formen annehmen. Er – oder sie – hat vielleicht überhaupt kein Interesse mehr daran, Kontakt zu anderen zu halten oder irgendetwas zu tun. Wenn jemand zum Beispiel stundenlang völlig untätig im Bett sitzt oder liegt, kann das auf suizidale Ideen hindeuten. Eine psychologische Theorie geht davon aus, daß die suizidale Person sich abkapselt, um ihre Wut zu unterdrücken, und diese Wut dann schließlich gegen sich selbst richtet und im Akt des Suizids ausagiert. Anderen Theorien nach ist der extreme Rückzug ein unbewußter Weg, sich von Familienangehörigen und Freunden zu lösen und so auf den Tod vorzubereiten. Susan erkannte erst im nachhinein mit wirklicher Klarheit, wie in sich gekehrt, abwesend und verschlossen Gregory in den Tagen, die seinem Suizidversuch vorausgingen, gewesen war. Achten Sie darauf, ob Ihr geliebter Mensch sich noch mehr als zuvor von anderen zurückzieht oder ungewöhnlich distanziert und verschlossen ist.

Äußerungen über Selbstmord oder Lebensüberdruß. Wir alle kennen die alte Redensart, daß Leute, die über Selbstmord sprechen, sich garantiert nicht umbringen, aber das ist schlicht falsch. Viele, die darüber reden, versuchen es auch, und in allzu vielen Fällen mit Erfolg. Ein Mensch, der suizidal ist, sagt vielleicht «Es hat doch alles keinen Sinn» oder «Mich würde ohnehin keiner vermissen». Nehmen Sie jede Äußerung von Lebensüberdruß oder Selbstmordabsichten ernst. Die Selbstmorddrohung eines Menschen zu verleugnen oder zu verharmlosen kann gefährlich sein. Das heißt jedoch nicht, daß Sie das Thema Suizid im Gespräch mit Ihrem geliebten Menschen meiden sollten. Im letzten Abschnitt dieses Kapitels geben wir Ihnen spezielle Ratschläge, wie Sie es anstellen können, das Problem zur Sprache zu bringen, und wir sind der festen Überzeugung, daß ein Gespräch über Suizid eine effektive Form ist, Ihrem geliebten Menschen zu helfen. Sie laufen keineswegs Gefahr, ihn oder sie dadurch «auf die Idee zu bringen», wie Herr Ryan glaubte. Wenn der andere Bemerkungen über Lebensüberdruß oder Selbstmord zu machen beginnt, müssen Sie das als Warnsignal dafür betrachten, daß er suizidal ist. Susan wünschte, sie hätte Gregorys Bemerkungen, er wolle am liebsten «allem ein Ende machen», nicht einfach als Ausdruck seiner Verstimmung abgetan, sondern sie mehr beachtet und ernster genommen. Wenn jemand von Selbstmord redet, sollten Sie aufhorchen.

Selbstzerstörerisches oder ungewöhnlich leichtsinniges Verhalten. Suizidale Menschen legen oft eine Risikobereitschaft an den Tag, die zu ihrem gewohnten Verhalten in krassem Widerspruch steht. Ein depressiver Mensch fängt vielleicht plötzlich an, zu schnell zu fahren, spielt mit Schußwaffen herum, läßt sich auf kriminelle Aktivitäten ein oder nimmt andere hohe Risiken in Kauf. Vielleicht gibt seine Depression ihm das Gefühl einer solchen Aussichtslosigkeit, daß ihm alles egal ist und daß es ihn wirklich nicht mehr interessiert, ob er am Leben bleibt oder stirbt. Oder er sucht bewußt die Gefahr, als Weg, sein Leiden zu beenden, ohne einen eindeutigen Selbstmordversuch zu unternehmen. Es steht außer Zweifel, daß viele Todesfälle, die offiziell als tödliche Unfälle gelten, erfolgreiche Selbstmordversuche sind, die von depressiven Menschen in selbstzerstörerischen Zuständen unternommen wurden.

Weggeben von besonders wertgeschätzen Dingen oder «Angelegenheiten ordnen». Eine suizidale Person fängt vielleicht an, Dinge zu verschenken, an denen ihr Herz immer besonders hing, oder Freunde zu bitten, sich ihrer Kinder, Haustiere oder Pflanzen anzunehmen, «für den Fall, daß mir etwas passiert». Wenn Ihr geliebter Mensch depressiv ist und zum ersten Mal in seinem Leben daran denkt, ein Testament aufzusetzen, sollten Sie hellhörig werden. Wenn er oder sie sich plötzlich damit beschäftigt, finanzielle Angelegenheiten zu regeln oder unerledigte Dinge in Ordnung zu bringen, ist das vielleicht die Vorbereitung für einen Suizidversuch. Herr Ryan erinnerte sich in der Nacht, als Gregory in die Notaufnahme eingeliefert wurde, daß sein Sohn in den vorangegangenen Wochen plötzlich großes Interesse an sicheren Investitionen und Vorsorgemaßnahmen für seine Familie gezeigt hatte. Im Rückblick fiel ihm auch noch ein, wie sehr Gregory insistiert hatte, sofort alle Unterlagen fertig und geordnet in die Hand zu bekommen. Herr Ryan war zu diesem Zeitpunkt überhaupt nicht auf die Idee gekommen, daß Gregory einen Selbstmordversuch plante, aber später wünschte er, er hätte diesem überraschenden Verhalten seines Sohnes mehr Beachtung geschenkt.

Plötzliche Verhaltens- oder Stimmungsänderungen. Wenn Ihr geliebter Mensch apathisch und tief depressiv war und dann plötzlich im Lauf von ein bis zwei Tagen Energie entfaltet und in guter Verfassung zu sein scheint, können Sie das Risiko eines Suizids nicht ausschließen. Vielleicht hat er nicht wirklich Genesungsfortschritte gemacht, sondern die Entscheidung getroffen, sich das Leben zu nehmen, und ist erleichtert, daß bald alles ein Ende haben wird. Oder die Symptome haben sich in der Tat ein wenig gemildert, und er hat nun mehr Energie, Selbstmordpläne, mit denen er sich trug, als er noch depressiver erschien, auszuagieren. Achten Sie auf andere auffällige Verhaltensänderungen. Wenn der Person, die Ihnen nahesteht, zum Beispiel der berufliche Erfolg immer sehr am Herzen lag, sollten Sie hellhörig werden, wenn ihre Arbeit ihr plötzlich gleichgültig ist. Jede plötzliche Verhaltensänderung sollte Anlaß zu erhöhter Aufmerksamkeit sein. Versuchen Sie aber, diese plötzlichen, unerwarteten Umschwünge von den eher stufenweise und allmählich auftretenden Stimmungsveränderungen, die für die manisch-depressive Störung charakteristisch sind, zu unterscheiden. Als Faustregel gilt: Wenn die Veränderungen extrem sind und sich im Lauf von Stunden oder wenigen Tagen vollziehen, könnte Ihr geliebter Mensch suizidgefährdet sein. Auch bei manisch-depressiven Patienten ist eine Suizidgefährdung nicht auszuschließen, wenn sie sehr schnell von einer depressiven in eine manische Episode überwechseln. Wenn Sie Anlaß zur Besorgnis sehen, sollte Ihr geliebter Mensch unbedingt professionelle Hilfe erhalten.

Gesteigerter Alkohol- oder Drogenkonsum. Depressive Menschen benutzen Alkohol oder Drogen oft als Selbstmedikation für ihre Depression, aber in aller Regel führt das dazu, daß ihr Zustand sich verschlimmert, und sie können stärker gefährdet sein, suizidal zu werden. Ein Grund dafür ist, daß Drogen und Alkohol die Hemmschwellen senken; wenn jemand sich mit Selbstmordgedanken trägt, ist er im berauschten Zustand vielleicht eher geneigt, tatsächlich einen Suizidversuch zu unternehmen. Außerdem ist die gleichzeitige Einnahme von Alkohol und Medikamenten eine häufige Methode der Selbsttötung, entweder durch Überdosierung oder die Herbeiführung eines tödlichen Unfalls durch Autofahren im berauschten Zustand.

Identifikation mit einer Person, die Selbstmord begangen hat, oder Fixierung auf Todesgedanken. Wenn Ihr geliebter Mensch ständig mit Vorstellungen von Sterben und Tod oder Personen, die Selbstmord begangen haben, beschäftigt ist, weist das eindeutig darauf hin, daß der Tod zu einem wiederkehrenden, zentralen Thema in seinem Denken geworden ist. Wir alle denken von Zeit zu Zeit an Sterben und Tod, aber wenn diese Thematik im Vordergrund steht und alle anderen Gedanken und Vorstellungen zu verdrängen scheint, ist das ein klares Warnsignal für Suizidalität. In jüngster Zeit gingen immer wieder Geschichten über «Selbstmordepidemien», inbesondere unter Jugendlichen, durch die

Medien. Suizidforscher haben beobachtet, daß depressive Personen sich manchmal am Modell anderer Menschen orientieren – Familienmitglieder oder prominente Persönlichkeiten –, die ebenfalls versuchten, starken Streß oder Enttäuschungen durch Selbstmord zu bewältigen. Wenn jemand, der dem Depressiven nahestand, sich in der Vergangenheit das Leben genommen hat, betrachtet er oder sie den Suizid vielleicht auch für sich selbst als letzten Ausweg aus einer scheinbar hoffnungslosen Lage.

Eindeutige Selbstmordpläne. Ein definitiver, detaillierter Plan, Selbstmord zu begehen, ist ein ernstes Alarmsignal. Wenn die Person, um die Sie sich sorgen, sich eine Methode zurechtgelegt hat, insbesondere eine, die mit hoher Wahrscheinlichkeit zum Tode führt, und Zugang zu den entsprechenden Mitteln hat, ist das ein starker Hinweis darauf, daß sie – oder er – tatsächlich versuchen wird, sich das Leben zu nehmen. Ein depressiver Mensch mit einem eindeutigen Selbstmordplan braucht sofortige psychiatrische Aufmerksamkeit und sollte unverzüglich in die Notaufnahme des nächsten Krankenhauses oder sozialpsychiatrischen Dienstes gebracht werden. Im letzten Abschnitt dieses Kapitels geben wir Ihnen detaillierten Rat, wie Sie mit Ihrem geliebten Menschen darüber sprechen können, daß er professionelle Hilfe in Anspruch nehmen muß.

Vorausgegangene Suizidversuche. Menschen, die bereits einen Suizidversuch unternommen haben, sind besonders stark gefährdet; die Wahrscheinlichkeit ist hoch, daß ein künftiger, weiterer Selbstmordversuch tödlich endet. Mehrere unterschiedliche Studien kamen zu dem Ergebnis, daß 45 bis 60 % der Menschen, die durch Selbstmord enden, mindestens einmal zuvor versucht haben, sich das Leben zu nehmen. Wenn Ihr geliebter Mensch irgendeines der obengenannten Warnsignale zeigt und vorher bereits einen Suizidversuch unternommen hat, sollten Sie unverzüglich dafür sorgen, daß er oder sie professionelle Hilfe erhält. Obwohl wir Ihnen gewöhnlich immer Teamarbeit und Kooperation mit Ihrem depressiven Partner, Freund oder Angehörigen empfehlen, ist es in dieser Ausnahmesituation angezeigt, ohne Zögern und weiteres Vertun zu handeln. Holen Sie professionelle Hilfe – egal, ob der andere will oder nicht!

Wie Suizidversuche Familienangehörige und Freunde beeinträchtigen

Suizidversuche – ob sie tödlich enden oder vereitelt werden – sind für Familienangehörige und Freunde traumatische Ereignisse mit immensen Auswirkungen. Der erfolgreiche Suizidversuch eines geliebten Menschen kann sich auf jene, die ihm nahestehen, verheerend auswirken. Für die Menschen, die trauernd zurückbleiben, ist es oft ungemein schwierig, den Ansturm der Gefühle, die das Ereignis auslöst – Trauer, Wut, Zorn, Schuld, Reue, Verwirrung und große Verzweiflung über ungelöste Konflikte –, zu bewältigen. Außerdem können das soziale Stigma und die Tabuisierung, die den Suizid umgeben, es Familienangehörigen extrem schwer machen, über das Geschehene zu sprechen. Wir werden an dieser Stelle auf einige der Fragen eingehen, vor die der vollendete Suizid eines geliebten Menschen Sie stellt, und ansatzweise diskutieren, wie Sie beginnen können, das Trauma zu bewältigen, aber eine komplette Diskussion der gesamten Problematik würde weit über den Rahmen dieses Buches hinausgehen. Wenn ein Mensch, der Ihnen nahestand, sich tatsächlich das Leben genommen hat, raten wir Ihnen dringend an, professionelle Hilfe in Anspruch zu nehmen, um Ihren Verlust zu bewältigen.

Wenn ein geliebter Mensch einen Suizidversuch macht, der vereitelt wird, wie in Gregorys Fall, treten ganz ähnliche Probleme auf. Familienangehörige und enge Freunde haben immense Schwierigkeiten, den Ansturm der widersprüchlichen Gefühle zu bewältigen, und fragen sich, was sie tun könnten, um einen möglichen weiteren Suizidversuch zu verhindern. Es gibt kein Patentrezept dafür, wie man sich nach dem Suizidversuch eines geliebten Menschen verhalten sollte. Das Ereignis löst in allen Beteiligten Erschütterung und starke Gefühlsaufwallungen aus, und es kann lange dauern, bis man sich davon erholt hat. Sie müssen unbedingt darauf achten, Ihre eigenen Gefühle in allen Stadien der Krise bewußt wahrzunehmen. Wir können gar nicht genug betonen, wie wichtig es ist, daß Sie Ihre Reaktionen und Gefühle beachten und für sich selbst sorgen, wenn eine Person, die Ihnen nahesteht, einen Selbstmordversuch gemacht hat.

Gregorys Selbstmordversuch war für seine gesamte Familie

eine immense Belastung. Die Eltern fühlten sich einander entfremdet und waren unfähig, die Kluft zu überbrücken, die sich durch das traumatische Ereignis zwischen ihnen aufgetan hatte. Herr Ryan war von Gregory enttäuscht und hatte Schuldgefühle, weil er diese Enttäuschung empfand. Wie konnte er angesichts der Qualen, die sein Sohn durchmachte, Gefühle des Grolls hegen; sollte er nicht einfach froh und erleichtert sein, daß Gregory noch am Leben war? Frau Ryan fühlte sich für das Geschehene übermäßig verantwortlich; sie glaubte, sie hätte fähig sein müssen, Gregory zu helfen, bevor sich die Lage soweit zuspitzte, und sie konnte ihre Schuldgefühle einfach nicht abschütteln. Sie verfiel ins Grübeln und ließ alle Gespräche, die sie in den Monaten vor dem Suizidversuch mit Gregory geführt hatte, vor ihrem inneren Auge Revue passieren. Hätte sie an diesem oder jenem Punkt nicht etwas sagen müssen, eingreifen müssen, um seinen Suizidversuch zu verhindern? Susan traf es vermutlich am schwersten. Sie war tief verängstigt und fühlte sich allein gelassen. Sie konnte sich einfach nicht von der Vorstellung lösen, daß Gregory wirklich bereit gewesen war, sie und die Kinder im Stich zu lassen. Aber wie sollte sie mit dieser Mischung aus Entsetzen und Wut auf ihren Mann umgehen? Es erschien ihr nicht richtig, ihn mit ihren eigenen Gefühlen zu belasten. Er hatte offensichtlich genug mit seinem eigenen Schmerz zu tun. Susan machte sich permanent Sorgen, daß Gregory einen weiteren und dieses Mal erfolgreichen Suizidversuch unternehmen könnte.

Wenn ein Mensch, der Ihnen nahesteht, sich umgebracht hat oder versucht hat, sich umzubringen, reagieren Sie impulsiv, ja, reflexhaft auf die Konflikte in der Beziehung. Das ist nur allzu verständlich. Sie sind von Wut überwältigt oder vor Angst gelähmt, oder Sie fühlen sich von Schuldgefühlen erdrückt. Ihre Reaktion – wie immer sie aussehen mag – ist ein natürlicher Bestandteil der psychischen Anpassung an einen Suizidversuch. Seien Sie darauf vorbereitet, daß Sie in den Wochen und Monaten, die auf den Suizidversuch Ihres geliebten Menschen folgen, ein ganzes Spektrum unterschiedlicher, widersprüchlicher Reaktionen und Gefühle durchleben werden. Es ist wichtig für Sie zu wissen, wie Menschen generell auf Selbstmordgedanken oder den Suizidversuch einer geliebten Person reagieren, um zu erkennen, daß alle diese Gefühle und Reaktionen natürlich und verständlich sind.

Sie nehmen es persönlich. Wenn ein geliebter Mensch einen Selbstmordversuch gemacht hat oder auch nur damit gedroht hat, sich umzubringen, werden Sie das aller Wahrscheinlichkeit nach sehr persönlich nehmen. Statt das Geschehene als einen verzweifelten Schritt zu betrachten, den er (oder sie) aus seiner Depression heraus unternommen hat, werden Sie vermutlich darüber nachdenken, was Sie hätten tun können, um diesen Verzweiflungsakt zu verhindern, oder was er im Hinblick auf Ihre Beziehung zu der depressiven Person bedeutet. Es hat etwas Paradoxes, daß ein Selbstmordversuch für die Menschen in der engsten Umgebung der suizidalen Person so ungemein leidvoll sein kann, wenn man bedenkt, daß dieselbe Person vor ihrem Verzweiflungsakt vermutlich davon überzeugt war, daß niemand wirklich Interesse an ihr habe. Ein Suizidversuch löst jedoch in allen Beteiligten einen wahren Aufruhr von Gefühlen aus.

Als Gregory versucht hatte, sich umzubringen, nahmen seine Frau und seine Eltern das in der Tat sehr persönlich. Herr Ryan war bekümmert und tief enttäuscht. Er fragte sich, welche Fehler er wohl in der Erziehung seines Sohnes gemacht hatte, wenn dieser Sohn darauf verfallen konnte, Selbstmord als Mittel der Bewältigung von Lebensproblemen in Betracht zu ziehen. War es ihm mißlungen, Gregory die Wertvorstellungen, die sein eigenes Leben leiteten, einleuchtend zu vermitteln? Frau Ryan fühlte sich schuldig. Obwohl sie zu niemandem darüber sprach, kam sie mehr und mehr zu der Überzeugung, daß sie Gregorys Selbstmordversuch hätte verhindern können, wenn sie nur mehr auf ihre mütterlichen Instinkte vertraut hätte. Susan war von Wut und Angst überwältigt. Was sagte es über ihre Ehe mit Gregory aus, daß er bereit gewesen war, sie und die Kinder «einfach so zurückzulassen»? Wenn er sie wirklich liebte, wie hätte er dann je daran denken können, sich umzubringen und sie im Stich zu lassen? Alle, Susan und Herr und Frau Ryan, waren dadurch, daß sie Gregorys Suizidversuch auf sich bezogen, daran gehindert, direkt mit ihm über ihre Gefühle zu sprechen. Da sie so sehr in ihren persönlichen Reaktionen gefangen waren, gelang es ihnen nicht, den notwendigen Schritt nach vorn zu tun und in die Problemlösungsphase des SAD überzuwechseln.

Sie fühlen sich übermäßig verantwortlich. Viele Angehörige und Freunde fühlen sich für das, was mit ihrem geliebten Menschen geschehen ist, verantwortlich. Der Vater einer jungen Frau, die sich das Leben genommen hatte, sagte uns: «Ich weiß, es ist alles meine Schuld. Hätte ich mich doch nur nicht von ihrer Mutter scheiden lassen!» Er glaubte, er allein sei für den Tod seiner Tochter verantwortlich, obwohl andere Familienmitglieder ihm versicherten, daß sehr viele andere Faktoren zu ihrem Suizid geführt hatten, vor allem ihr jahrelanger Kampf mit einer schweren Depression. Trotzdem war es nahezu unmöglich, ihn davon zu überzeugen, daß er nicht der einzig Schuldige war.

Wenn jemand, der ihnen nahesteht, versucht hat, sich das Leben zu nehmen, haben Sie vielleicht das Gefühl, auf der ganzen Linie versagt zu haben. Sie glauben, es sei alles Ihre Schuld. In vielen Fällen machen die engsten Angehörigen oder Vertrauten der Person, die einen Suizidversuch unternommen hat, sich selbst schwere Vorwürfe, weil sie das Ausmaß ihrer Verzweiflung nicht rechtzeitig erkannten oder weil sie nichts taten, um das Unglück zu verhindern. Sowohl Susan als auch Frau Ryan fühlten sich furchtbar schuldig, weil sie es «zugelassen» hatten, daß Gregory an den Punkt kam, an dem er sich das Leben nehmen wollte. Es ist verständlich, daß Sie sich verantwortlich fühlen, aber das hilft Ihnen nicht, gemeinsam mit Ihrem geliebten Menschen in das Stadium der Problemlösung überzuwechseln. Sie können mit dem anderen nicht kooperieren, wenn Sie übermäßig viel Verantwortung für das Geschehene auf sich nehmen.

Sie sind wütend. Viele Menschen kämpfen nach dem Suizidversuch einer nahestehenden Person mit überwältigenden Gefühlen des Zorns und der Wut. Vielleicht sind Sie wütend auf den Psychiater oder Psychotherapeuten, weil dieser den Selbstmordversuch nicht verhinderte, oder Sie sind zornig auf die depressive Person selbst, weil sie Ihnen und anderen nahestehenden Menschen soviel Leid und Schmerz zugefügt hat. Susan war ohne Frage sehr wütend auf Gregory. Das Problem mit der Wut ist jedoch, daß es ungemein schwierig sein kann, ihr Ausdruck zu verleihen, insbesondere dann, wenn der geliebte Mensch sich von einem Suizidversuch erholt und noch labil und verletzlich ist. Vielleicht gehen Sie unwillkürlich auf Distanz zu der depressiven Person, weil das der einzige Weg ist, Ihre immense Wut zu unterdrücken. Herr Ryan empfand großen Zorn auf Gregory, der aus seiner Sicht eine «Todsünde» begangen hatte, aber er fühlte sich außerstande, seine Gefühle zu artikulieren.

In unserer Praxis haben wir von Angehörigen suizidaler Patienten immer wieder gehört: «Das ist doch unmöglich! Wie könnte ich ihm sagen, daß ich wütend bin, wo er doch so furchtbar leidet?» Wir glauben, daß es möglich und für die Beziehung sogar von Vorteil ist, wenn Sie Ihre Wut artikulieren, aber es ist ungemein wichtig, darauf zu achten, wie Sie aus Ihrer Wut heraus *agieren*. In Beziehungen überschreiten wir alle gelegentlich die Grenzen und handeln in verletzender Weise, wenn wir wütend sind. Es wäre jedoch kaum sinnvoll – oder sogar gefährlich –, Wutgefühlen einfach «Luft zu machen», wenn man es mit einem labilen, verletzlichen suizidalen Menschen zu tun hat. Sie müssen sehr vorsichtig vorgehen und sehr genau darauf achten, wie Sie agieren, wenn Sie wütend sind. Die Grundregeln für eine konstruktive Kommunikation (s. 7. Kapitel) haben auch hier Gültigkeit, und darüber hinaus zeigen wir Ihnen im letzten Abschnitt dieses Kapitels Wege auf, wie Sie Ihrem depressiven geliebten Menschen Ihre Gefühle vermitteln können.

Sie schämen sich. Scham ist eine weitere verbreitete Reaktion, wenn ein geliebter Mensch versucht hat, sich das Leben zu nehmen. Vielleicht wollen Sie nicht, daß andere davon erfahren. Sie fürchten vielleicht, daß der Vorfall ein schlechtes Licht auf Sie wirft. Herr Ryan wollte unter keinen Umständen, daß irgend jemand in der Kirchengemeinde, der er angehörte, von Gregorys Selbstmordversuch erfuhr. Er befürchtete, daß andere Gemeindemitglieder diesen Vorfall als Schande für ihn und seine Familie betrachten könnten. Darüber hinaus erscheinen Ihnen manche Ihrer Gefühle in der bedrückenden Situation nach dem Suizidversuch eines geliebten Menschen vielleicht «nicht richtig», unpassend oder sogar unannehmbar. Bei Menschen, die einer depressiven Person nahestehen, insbesondere einer Person, die eine Vorgeschichte wiederholter schwerer Depressionen hat, kommt es durchaus vor, daß sie dem Suizid mit ambivalenten Gefühlen gegenüberstehen. Wenn der Suizidversuch tödlich endete, empfinden die engsten Angehörigen oder Ver-

trauten vielleicht auf einer gewissen Ebene ein Gefühl der Erleichterung, daß es endlich vorüber ist, daß die depressive Person und auch sie selbst nicht mehr unter der Depression leiden
müssen. Wenn der Suizidversuch vereitelt wurde, kann auf derselben verborgenen Ebene ein Gefühl des Bedauerns aufkommen, daß der andere nicht fähig war, seinem langen Leiden an
der Depression ein Ende zu setzen. Solche Gedanken und Gefühle sind nur allzu verständlich. In gewissen Momenten, insbesondere dann, wenn wir uns völlig hilflos und unfähig fühlen, den
Schmerz der depressiven Person zu mildern, wünschen wir uns
vielleicht, daß der andere einfach nicht mehr da wäre oder sterben würde. Wenn er oder sie sich dann aber das Leben nimmt
oder versucht, Selbstmord zu begehen, sind wir von Schuldgefühlen überwältigt. Es ist jedoch ein großer Unterschied, ob man
jemanden töten will, oder den Wunsch hat, das Leiden, das man
selbst fühlt und durch das man den anderen gehen sieht, zu beenden. Dieser Wunsch bedeutet nicht, daß Sie den anderen nicht
lieben oder daß Sie grausam und herzlos sind. Er bedeutet nur,
daß Sie Leid erfahren und sich hilflos fühlen, das Leid der depressiven Person zu mildern.

Wenn Sie versuchen, sich Klarheit über Ihre eigenen Gefühle
und Reaktionen auf die Suizidalität Ihres geliebten Menschen zu
verschaffen, denken Sie immer daran, daß keine Ihrer Empfindungen unangemessen oder «unannehmbar» ist; es ist natürlich
und es ist zu erwarten, daß eine Flut widersprüchlicher, ambiva-
lenter Gefühle über Sie hereinbricht. Es wird weder Ihnen noch
Ihrem depressiven geliebten Menschen helfen, wenn Sie sich für
Ihre eigenen Reaktionen verurteilen.

Was können Sie tun, wenn jemand, den Sie lieben, suizidal ist?

Wir stehen vor einem äußerst komplexen, einschüchternd
schwierigen Problem, wenn wir vermuten, daß ein geliebter
Mensch sich mit Suizidgedanken trägt. Wir wissen, daß Selbstmordideen tatsächlich zum Tod führen können, und das macht die
Situation so furchtbar beängstigend. Glücklicherweise vergehen

suizidale Gefühle aber in vielen Fällen, wenn die Ereignisse, die sie wachriefen, vorüber sind oder wenn die Situation nicht mehr so überwältigend und ausweglos erscheint. Was noch sehr viel ermutigender ist: Selbstmordpläne werden oft aufgegeben, wenn die Person fähig ist, Alternativen zur Selbstzerstörung zu erkennen und konstruktive Entscheidungen zu treffen, was den Umgang mit der aktuellen Krise angeht. Wie können Sie helfen? Was sollten Sie tun? Und was sollten Sie unterlassen?

Gregorys Angehörige wußten nicht, wie sie reagieren sollten. Der Vater vermied es, mit Gregory über das Thema Suizid zu sprechen, weil er seine Enttäuschung und seinen Zorn nicht zeigen wollte und weil er befürchtete, ein solches Gespräch würde Gregory nur «wieder auf die Idee bringen». Das führte dazu, daß er überhaupt nicht mehr fähig war, auf Gregory einzugehen und ernsthaft mit ihm zu reden. Die Mutter fühlte sich unbehaglich mit dem Gedanken, daß Gregory professionelle Hilfe brauchte; sie empfand seinen Suizidversuch und die Notwendigkeit einer Therapie als beschämend. Allerdings behielt sie ihre Meinung für sich und sagte Gregory nichts darüber. Wegen ihrer eigenen Ängste schwatzte sie statt dessen unaufhörlich über triviale Dinge, wenn sie mit ihrem Sohn zusammentraf. Susan war von Angst gepeinigt, daß Gregory einen weiteren Selbstmordversuch unternehmen könnte, und sie wußte nicht, was sie tun sollte, um das zu verhindern. Sie fühlte sich ihm nicht mehr nahe und machte sich Sorgen, daß sie auf eine Scheidung hinsteuerten.

Wenn Sie die folgenden Leitlinien lesen, achten Sie immer darauf, daß Sie einen Teil Ihrer Aufmerksamkeit auch auf sich selbst und Ihre Reaktionen auf Ihren suizidalen Partner oder Angehörigen gerichtet halten. Suizid ist ein schweres Problem, für jede und jeden von uns, und Sie sollten nicht unterschätzen, welche immense Belastung es für Sie bedeuten kann. Versuchen Sie, sich an den generellen Leitlinien für den Umgang mit einem depressiven Menschen zu orientieren. Denken Sie daran, sich soviel Wissen wie möglich über Suizidalität anzueignen und in Ihren Erwartungen in bezug darauf, was Sie tun können oder nicht tun können, um den Suizidversuch eines geliebten Menschen zu verhindern, realistisch zu bleiben. Geben Sie dem anderen weiterhin bedingungslose Unterstützung, versuchen Sie,

Ihre Alltagsroutine soweit wie möglich aufrechtzuerhalten, und nehmen Sie das Verhalten des anderen nicht persönlich. Teilen Sie ihm oder ihr Ihre Gefühle auf konstruktive Weise mit. Und schließlich: Kooperieren Sie mit der geliebten Person; arbeiten Sie als Team zusammen. Sie werden viel besser in der Lage sein, die suizidalen Gefühle oder den Selbstmordversuch Ihres geliebten Menschen zu bewältigen, wenn Sie kooperieren und gemeinsam mit dem anderen potentielle Lösungswege entwickeln.

Schätzen Sie das Suizidrisiko ein. Verwenden Sie die Forschungsergebnisse und die Warnzeichen, die wir für Sie umrissen haben, um sich darüber klarzuwerden, ob Ihr geliebter Mensch suizidgefährdet ist. Wenn Sie eines oder mehrere der Warnsignale wahrgenommen haben und glauben, daß der andere in Gefahr ist, sorgen Sie dafür, daß er oder sie sofort einen Psychiater oder Psychologen konsultiert. Wenn der andere bereits in Behandlung ist, teilen Sie seinem Psychotherapeuten Ihre Bedenken unverzüglich mit. Vielleicht haben Sie das Gefühl, sich aufzudrängen oder einen Vertrauensbruch zu begehen, aber in diesem Fall ist es unumgänglich notwendig, den Therapeuten zu informieren. Der Psychotherapeut wird Ihren geliebten Menschen auf jeden Fall nach denselben Warnsignalen fragen: Hat er oder sie suizidale Gedanken, Gefühle oder Absichten? Hat er einen bestimmten Plan, wie er Selbstmord begehen würde? Sind die Mittel leicht verfügbar? Hat er oder sie einen Zeitpunkt festgelegt? Sind Alkohol, Drogen oder Medikamente im Spiel? Hat es vorher bereits einen Suizidversuch gegeben? Ist sein Angst- und Frustrationsniveau so hoch, daß er verzweifelt danach strebt, Befreiung von diesen Gefühlen zu finden? Wenn Ihr geliebter Mensch auf irgendeine dieser Fragen bestätigende Antworten gibt, wird der Psychiater oder Psychotherapeut eingehender nachfragen und dann qualifizierte Entscheidungen über notwendige Behandlungsmethoden und Vorsichtsmaßnahmen treffen, um zu verhindern, daß der Patient oder die Patientin sich selbst verletzt.

Sprechen Sie über Suizid. Wenn Sie befürchten, daß Ihr geliebter Mensch suizidal sein könnte, sprechen Sie mit ihm darüber. Machen Sie sich keine Sorgen, daß sie den anderen dadurch erst «auf die Idee bringen» könnten – das ist ein Ammenmärchen. Ein Mensch, der depressiv ist, denkt wahrscheinlich bereits über Selbstmord nach, und fühlt sich vielleicht sehr erleichtert, wenn er jemandem mitteilen kann, was in ihm vorgeht. Wenn Sie nach suizidalen Gefühlen fragen, geben Sie dem anderen damit gewissermaßen die Erlaubnis, so zu empfinden, wie er empfindet, und bieten ihm die Gelegenheit, sich darüber auszusprechen. Das Gefühl, verstanden zu werden, kann helfen, den Eindruck des völligen Isoliertsein und die unmittelbare Verzweiflung zu mildern.

Aber *wie* kann man solche Fragen stellen? Die meisten von uns haben verständlicherweise große Angst davor, nach Selbstmordgedanken zu fragen. Wird der andere das als Kränkung empfinden? Und wie sollen wir uns ausdrücken? Der beste Weg ist, offen, direkt und mitfühlend zu sein. Sie könnten zum Beispiel sagen: «Für mich hört es sich so an, als wenn du dich völlig überwältigt fühlst. Hast du an den Tod gedacht, als Ausweg, um dem Schmerz ein Ende zu machen?» Oder: «Hast du dich je so schlecht gefühlt, daß du daran gedacht hast, dir etwas anzutun?» Oder: «Hast du so wenig Hoffnung, daß du an Selbstmord denkst?» Es hängt natürlich von der Situation und von der Art Ihrer Beziehung zu der depressiven Person ab, wie sie das Thema in angemessener Weise zur Sprache bringen können. Letztlich werden Sie selbst am besten wissen, wie Sie vorgehen sollten. Lassen Sie sich von Ihrer Intuition und Ihrer Einschätzung der Persönlichkeit des anderen leiten.

Achten Sie sehr genau darauf, wie der andere auf Ihre Frage antwortet. Ein depressiver Mensch, der nicht suizidal ist, wird gewöhnlich mit einem schlichten «Nein» antworten und fähig sein zu sagen, daß und warum er trotz allem Grund hat, weiterleben zu wollen. Jemand, der an Selbstmord denkt, ist dagegen vielleicht nicht in der Lage, die Frage so direkt und ohne Umschweife zu beantworten. Vielleicht gibt er zu, daß er in letzter Zeit tatsächlich manchmal solche Gedanken hatte. Wenn das der Fall ist, zögern Sie nicht zu fragen «Wie stellst du es dir vor? Hast du konkrete Pläne?», so daß sie auf seine Sicherheit achten können, bis Sie professionelle Hilfe hinzugezogen haben. Selbst wenn die geliebte Person mit «Nein» antwortet, kann es sinnvoll sein, nachzufragen, was sie tun würde, wenn sie je an den Punkt käme, nicht mehr weiterleben zu wollen.

Unabhängig davon, ob der andere zugibt, an Selbstmord gedacht zu haben oder nicht, lassen Sie ihn in jedem Fall wissen, daß Sie für ihn da sein werden und daß er sich, wenn er dazu bereit ist, jederzeit in eine Klinik oder ein Krankenhaus einweisen lassen kann. Es ist auch wichtig, dem anderen zu bestätigen, daß Sie Veränderungen in seinem Verhalten wahrgenommen haben, die Sie dazu veranlassen, sich Sorgen über eine Suizidgefährdung zu machen. Sie könnten zum Beispiel sagen: «Du bist so anders in letzter Zeit. Ich weiß nicht, was ich davon halten soll. Muß ich mir Sorgen machen, daß du dir etwas antun könntest?» Vermitteln Sie ihm oder ihr, daß Sie besorgt sind und helfen wollen. Studien über Jugendliche, die Suizidversuche unternahmen, haben gezeigt, daß viele von ihnen sich völlig von ihrer Umwelt isoliert fühlten und keine Hoffnung mehr sahen. Wie aus ihren eigenen Berichten hervorging, waren ihre suizidalen Akte eher der Versuch, ihrer Wut, Frustration und Hilflosigkeit Ausdruck zu verleihen und nicht wirklich durch den Wunsch zu sterben motiviert. Wären ihre Kommunikationsfähigkeiten und Bewältigungsstrategien besser und stärker ausgeprägt gewesen, hätten sie vielleicht Wege gefunden, ihrer Umwelt auf weniger selbstzerstörerische Weise zu verstehen zu geben, wie ihnen zumute war. Sie sollten Ihren geliebten Menschen unbedingt wissen lassen, daß Sie für ihn da sind, daß Sie bereit sind zuzuhören, daß Sie offen sind und ihn in jeder Weise unterstützen werden, wenn er seinen Empfindungen Ausdruck verleihen will. Wenn jemand Ihnen von suizidalen Ideen erzählt, hören Sie zu! Wehren Sie nicht ab. Hören Sie weiter zu. Sagen Sie ihm oder ihr: «Ich will nicht, daß du stirbst. Laß uns darüber reden.» Obwohl eine solche offene Aussprache sicherlich keine langfristige Lösung darstellt, kann sie in der gegebenen Situation durchaus bewirken, daß die Isolationsgefühle, die einem Suizidversuch so oft vorausgehen, sich auflösen oder gemildert werden, und daß dadurch die unmittelbare Suizidgefahr gebannt wird.

Wird der andere es als Beleidigung empfinden, wenn Sie ihn auf suizidale Gefühle ansprechen? Unserer Erfahrung nach kommt das selten vor, aber viele Angehörige oder Vertraute depressiver Menschen machen sich genau darüber Sorgen. In den meisten Fällen wird eine depressive Person, die nicht suizidal ist, jedoch einfach sagen: «Nein, so schlecht fühle ich mich nicht. An

Selbstmord denke ich nicht.» Wenn Ihr geliebter Mensch auf die Frage, ob er an Selbstmord gedacht habe, aber dennoch wütend reagiert, könnten Sie sagen: «Es tut mir leid, ich wollte dich nicht kränken. Ich hatte nur den Eindruck, daß du wirklich auf dem Tiefpunkt warst und ich habe mir Sorgen gemacht, daß du vielleicht daran denken könntest, dir etwas anzutun. Mir liegt sehr viel an dir, und ich wollte dich einfach danach fragen, um sicherzugehen.» Eine solche Erklärung wird die Wut des anderen aller Wahrscheinlichkeit nach verrauchen lassen. Vertrauen Sie aber auf jeden Fall auf Ihre Intuition, denn Sie kennen den anderen am besten und können vermutlich sehr gut heraushören, was seine Wut bedeutet. Ist er nur wütend, weil er es einfach nicht fassen kann, daß Sie ihm Selbstmordabsichten unterstellen? Oder ist sein Protest zu stark, zu aufgesetzt? Wenn seine Reaktion auf Ihren Versuch, das Thema zur Sprache zu bringen, auffällig heftig oder übertrieben erscheint, sollten Sie die Möglichkeit in Erwägung ziehen, daß er in der Tat suizidal sein könnte.

Schließen Sie einen «Nicht-Selbstmord»-Vertrag. Wenn Ihr geliebter Mensch sich mit Suizidgedanken trägt, versuchen Sie, einen Vertrag mit ihm zu schließen, daß er oder sie nicht versuchen wird, sich das Leben zu nehmen. Vereinbaren Sie mit ihm oder ihr, daß Sie Ihre Kräfte zusammentun werden, um als Team gegen die suizidalen Gefühle anzukämpfen. Mit anderen Worten: Sie versuchen gemeinsam, die Depression zu besiegen. Fordern Sie den anderen auf, Ihnen zu versprechen, daß er nicht versuchen wird, sich etwas anzutun, bis Sie dafür gesorgt haben, daß er professionelle Hilfe erhält oder bis Sie ihn das nächste Mal sehen. Zum Vertrag gehört auch, daß er seine Zustimmung gibt, sofort Kontakt zu Ihnen oder einem anderen Vertrauten aufzunehmen, falls er sich von Verzweiflung überwältigt fühlt und versucht ist, sich selbst zu verletzen. Sie geben ihm oder ihr das Versprechen, daß Sie jederzeit verfügbar sein werden und alles tun werden, was in Ihrer Kraft steht, um zu helfen. Lassen Sie den anderen wissen, daß er in seinem Kampf gegen die Depression nicht allein ist. Es kann sogar nützlich sein, den Vertrag schriftlich abzufassen. Obwohl es keine Garantie gibt, daß die depressive Person nicht dennoch einen Suizidversuch unternimmt, kann ein solcher Vertrag jemanden, der einen impulsiven Verzweiflungsakt begehen könnte oder sich so allein fühlt, daß Selbstmord als der einzige Ausweg erscheint, davon abhalten, seine suizidalen Gefühle auszuagieren. Schlagen Sie der depressiven Person vor, eine Liste von fünf Leuten aufzustellen, mit denen sie sprechen könnte, wenn sonst niemand verfügbar ist. Suizidale Menschen sind oft so verzweifelt, daß sie nicht wissen, an wen sie sich in einer Krisensituation wenden sollen. Es hilft, eine Liste von Menschen, die man im Notfall ansprechen kann, zur Hand zu haben.

Zeigen Sie Alternativen zum Suizid auf. Wenn Ihr geliebter Mensch eingesteht, daß er suizidale Gefühle hat, versuchen Sie herauszufinden, welche Aspekte seines Lebens ihm so schrecklich erscheinen, daß er im Tod den einzigen Ausweg sieht. Versuchen Sie, ihm alternative Wege aufzuzeigen, wie er seine Situation bewältigen könnte. Sprechen Sie mit ihm oder ihr; bemühen Sie sich, konkrete Problemlösungsstrategien zu entwerfen. Der erste Schritt zu einer konstruktiven Problemlösung ist zu definieren, was er oder sie als das Problem betrachtet. Der zweite Schritt ist, gemeinsam alle Einfälle zu sammeln, wie man das Problem möglicherweise lösen könnte. Und schließlich: Helfen Sie ihm oder ihr, das Pro und Kontra aller potentiellen Lösungswege abzuwägen und sich zu entscheiden, mindestens einen davon auszuprobieren. Erinnern Sie sich an unsere Diskussion der «Familienkonferenz» im 4. Kapitel und versuchen Sie es mit dieser Methode. Und vergessen Sie nicht: Sie wollen ihm oder ihr natürlich aufzeigen, daß Veränderungen möglich sind und daß es Alternativen zum Suizid gibt, aber achten Sie sorgsam darauf, den anderen nicht zu überrollen oder mit Ratschlägen zu bombardieren.

Bleiben Sie wachsam. Wenn ein Mensch, der Ihnen nahesteht, depressiv ist und Suizidgedanken hat, versuchen Sie, gefährliche Objekte von ihm fernzuhalten, und stellen Sie sicher, daß jemand bei ihm bleibt – Sie selbst oder eine andere Vertrauensperson –, bis Sie professionelle Hilfe bekommen können. Auch wenn die depressive Person nicht unmittelbar mit Selbstmord droht, aber zugibt, daß ihr suizidale Ideen durch den Kopf gehen, müssen Sie wachsam bleiben. Achten Sie auf Alarmsignale und versuchen

Sie einzuschätzen, ob sie keinen anderen Ausweg mehr aus ihrem Schmerz sieht. Niemand – weder Sie noch irgend jemand – kann jedoch vierundzwanzig Stunden am Tag und sieben Tage in der Woche Wache halten. Sie müssen unbedingt dafür sorgen, daß Ihr geliebter Mensch professionelle Hilfe erhält, denn es liegt einfach außerhalb Ihrer Möglichkeiten, ständig für die Sicherheit einer suizidalen Person zu garantieren.

Suchen Sie professionelle Hilfe. Professionelle Hilfe ist unumgänglich notwendig, wenn jemand suizidal ist. Sie können Ihren geliebten Menschen nicht allein und aus eigener Kraft aus dem Griff der Suizidalität befreien – das ist einfach nicht möglich. Die beste und effektivste Hilfe, die Sie leisten können, ist tatsächlich, ihn oder sie in die Obhut eines Experten zu geben. Wenn der andere bereits in Therapie ist, nehmen Sie unverzüglich Kontakt zu seinem Psychotherapeuten auf und erklären Sie, warum Sie sich Sorgen machen. In diesem Fall – wenn Sie um das Leben des anderen fürchten – ist dieser Schritt gerechtfertigt; es ist kein Vertrauensbruch. Zögern Sie nicht, die Therapeutin oder den Therapeuten anzurufen. Und wenn er oder sie nicht beunruhigt erscheint, betonen Sie, daß es Ihrer Überzeugung nach um Leben und Tod geht, daß es sich um eine Notfallsituation handelt. Wenn – was sehr selten vorkommen dürfte – der Therapeut die Ernsthaftigkeit Ihrer Bedenken nicht zu verstehen scheint, können Sie Ihren geliebten Menschen immer noch in die Notaufnahme des nächsten Krankenhauses bringen oder sich an den sozialpsychiatrischen Dienst wenden, den es in allen größeren Städten gibt, oder zumindest darauf bestehen, von einem anderen Psychiater oder Psychotherapeuten eine zweite Meinung einzuholen.

In vielen Fällen wird die suizidale Person nicht von sich aus bereit sein, professionelle Hilfe zu suchen, oder sich weigern, einen Psychiater oder Psychotherapeuten zu konsultieren, selbst wenn Sie es ihr nahelegen und Ihre Unterstützung anbieten. Sie müssen darauf bestehen! Machen Sie sich keine Gedanken darüber, ob das vielleicht illoyal oder eigenmächtig ist. Wie Sie wissen, empfehlen wir gewöhnlich immer Kooperation, aber Suizid ist eine Notfallsituation; hier geht es um Leben und Tod. Sie können keine Zeit mit dem Versuch verschwenden, Konsens zu erreichen. Im Zweifelsfall müssen Sie die Situation einfach in die Hand nehmen und dafür sorgen, daß Ihr geliebter Mensch Hilfe erhält, auch gegen seinen Willen. Vielleicht fühlt sich das wie ein Vertrauensbruch an, aber Sie müssen es tun. Es könnte sein Leben retten. Aufgrund der tief pessimistischen Haltung und der kognitiven Verzerrungen, die mit der Depression verbunden sind, glaubt der andere vielleicht nicht, daß ihm geholfen werden kann, aber es gibt erfolgreiche Behandlungsmethoden bei Suizidalität. Selbst wenn Sie glauben, daß Sie es der depressiven Person ausgeredet haben, ihre suizidalen Gefühle auszuagieren, müssen Sie dennoch dafür sorgen, daß sie professionelle Hilfe erhält. Sie sagt Ihnen vielleicht einfach, daß sie sich nichts antun werde, um Sie zu beschwichtigen, oder sie könnte in nächster Zeit wieder auf Selbstmordgedanken kommen und versuchen, sie auszuagieren.

Meistens ist bei Menschen, die suizidale Gefühle, aber keine konkreten Pläne oder Absichten haben, diese Gefühle auszuagieren, kein Krankenhausaufenthalt notwendig. Aber wenn jemand Pläne gemacht hat oder sich mit intensiven Suizidabsichten trägt, kann eine Einweisung erforderlich sein, um die Gefahr zu reduzieren. Auf Anordnung eines Arztes kann ein akut suizidgefährdeter Mensch auch gegen seinen Willen in ein Krankenhaus eingeliefert werden. (Nach deutschem Recht gilt es als unterlassene Hilfeleistung, wenn Sie nichts unternehmen, um den Selbstmord zu verhindern.) Vielleicht sind Sie gezwungen, eine solche Maßnahme zu veranlassen. Es ist sehr schwierig, sich zu einem solchen Schritt zu entschließen, insbesondere wenn die depressive Person Sie anfleht, es nicht zu tun. Aber Sie müssen die Zwangseinweisung in Erwägung ziehen, wenn Sie das Leben des anderen dadurch retten können. Wenn Sie keinen Psychiater kennen, den Sie anrufen können, bringen Sie die suizidgefährdete Person sofort in die Notaufnahme des nächsten Krankenhauses. In vielen großen Krankenhäusern gibt es außerdem Kriseninterventionsstationen. Wenn kein Krankenhaus in der Nähe ist, rufen Sie die Polizei. Polizeibeamte sind in der Regel dafür ausgebildet, mit psychiatrischen Notfällen umzugehen, und können Ihnen helfen, Ihren geliebten Menschen an einen geeigneten Behandlungsort zu bringen.

Im Verlauf einer weiterführenden, kontinuierlichen Therapie für Depression und suizidale Gefühle wird Ihr geliebter Mensch lernen, mit seinen Schwierigkeiten konstruktiver umzugehen und bessere Bewältigungsstrategien für Probleme, die in Zukunft auftreten könnten, zu entwickeln. Gruppentherapie kann ebenfalls sehr hilfreich sein, weil zwischen den Teilnehmerinnen und Teilnehmern, die sich vorher vielleicht isoliert und allein fühlten, gewöhnlich ein Klima der Zugehörigkeit und des Verstandenwerdens entsteht.

Suchen Sie auch Hilfe für sich selbst. Es ist sehr schwierig, die Lebenssituation mit einem geliebten Menschen, der suizidal ist, zu bewältigen. Wenn jemand, der Ihnen nahesteht, Selbstmord begangen oder einen Suizidversuch unternommen hat, müssen Sie Wege finden, mit dem Ansturm all der komplizierten, belastenden Gefühle fertigzuwerden. Das ganz allein schaffen zu wollen wäre ein Fehler. Sie brauchen sowohl den Trost und die Unterstützung Ihrer Freunde und Vertrauten als auch kompetente psychologische oder psychotherapeutische Beratung. Unserer Erfahrung nach ist es für Freunde und Familienmitglieder sehr hilfreich, sich therapeutischen Gruppen oder Selbsthilfegruppen von Menschen anzuschließen, die ähnliche Krisensituationen durchleben oder durchgemacht haben. Die Erfahrung, verstanden, akzeptiert und nicht verurteilt zu werden, kann ungemein erleichternd und aufbauend sein. Oft leiden Menschen, die einer suizidalen Person nahestehen, unter einer ungeheuren Last ungeklärter Gefühle und geben sich an der bestehenden Situation selbst die Schuld. Auch individuelle Therapie und Familientherapie können bei der Bewältigung des Suizidversuchs einer geliebten Person eine überaus wertvolle Hilfe sein. Lassen Sie nicht zu, daß Sie zu einem der vielen übersehenen Opfer der Depression werden. Holen Sie sich in dieser schwierigen Zeit Hilfe und Unterstützung.

Für die Familie Ryan ging es relativ gut aus. Gregory überlebte seinen Selbstmordversuch. Susan und Gregorys Eltern waren in der Lage, ihm die Hilfe zukommen zu lassen, die er brauchte; sie lernten mehr über die Warnsignale der Suizidalität, so daß sie besser darauf vorbereitet waren, einen möglichen künftigen Selbstmordversuch zu verhindern. Nach einiger Zeit vertraute Herr Ryan sich dem Pastor seiner Kirchengemeinde an und sprach mit ihm über den Vorfall. Danach faßte er den Entschluß, mit Gregory über den Suizidversuch zu sprechen. Als er das Thema zum ersten Mal anzuschneiden versuchte, mußte er sich zwingen, nicht in seine übliche schulterklopfende und witzelnde Manier zu verfallen. Er sagte seinem Sohn: «Hör mal, ich muß mit dir sprechen. Ich mache mir solche Sorgen um dich. Als du versucht hast, dir das Leben zu nehmen, hat mir das furchtbare Angst gemacht. Ich wußte einfach nicht, was ich tun oder sagen sollte. Aber jetzt denke ich, daß wir zumindest darüber reden sollten.» Gregory empfand ein immenses Gefühl der Erleichterung, daß sein Vater ihn nicht aufgegeben hatte. Er war in der Lage, seinem Vater von seinen Gefühlen der Verzweiflung und der Ausweglosigkeit zu erzählen, und sie sprachen darüber, was zu seinem Suizidversuch geführt hatte. Herr Ryan erklärte, wie er anfangs mit seinen Glaubensvorstellungen in Konflikt geraten war und wie schwer es ihm deshalb gefallen war, Gregory anzusprechen, aber – so fügte er hinzu – dann war ihm klargeworden, daß seine Beziehung zu seinem Sohn ihm zu wichtig war, um sie zu ignorieren oder gar aufzugeben. Die Nähe, die durch dieses direkte, offene Gespräch entstanden war, machte es Gregory auch später leichter, mit seinem Vater zu sprechen, wenn er sich auf dem Tiefpunkt fühlte.

Frau Ryan schloß sich einer lokalen Selbsthilfegruppe für Familienangehörige depressiver Menschen an. Obwohl sie nie eine hohe Meinung über Psychotherapie gehabt hatte und anfangs sehr skeptisch war, konnte sie ihr Wissen über Depression beträchtlich erweitern; außerdem lernte sie die Unterstützung anderer Frauen, die durch ähnliche Krisen gegangen waren, sehr schätzen. Vor allem aber lernte sie, sich für Gregorys Depression nicht mehr so sehr verantwortlich und schuldig zu fühlen. Allmählich wurde ihr klar, daß sie vielleicht tatsächlich nichts hätte tun können, um Gregorys Suizidversuch zu verhindern. Aufgrund dieser Erkenntnis fiel es ihr leichter, offen und direkt mit Gregory über ihre Sorgen zu sprechen, statt über triviale Dinge zu schwatzen. Gregory selbst berichtete, daß er sich von seinen Eltern verstanden fühlte – mehr als in vielen vorangegangenen Jahren –, und daß er nicht mehr so sehr unter seiner Einsamkeit litt.

Susan hatte die größten Schwierigkeiten, Gregorys Suizidversuch zu bewältigen. Nachdem sie ihre Angst und ihre Wut monatelang unterdrückt und in sich verschlossen hatte, entschied sie sich endlich, Hilfe für sich selbst zu suchen. In ihrer individuellen Psychotherapie gelang es Susan nach und nach, alle die Gefühle, die sie so lange verborgen gehalten hatte, zu artikulieren. Sie eignete sich neue Strategien an, die ihr halfen, konstruktiver mit Gregory zu kommunizieren, und sie begann zum ersten Mal seit langer Zeit, ihrem eigenen Urteil wieder zu vertrauen. Statt im Kampf gegen die Depression isoliert an feindlichen Fronten zu stehen, fingen Gregory und Susan an, ihre Kräfte zu vereinen und als Team zusammenzuarbeiten. Sie sagte ihm, wie tief verängstigt und wie wütend sie gewesen war, und er erzählte ihr, wie allein und ausgeliefert er sich gefühlt hatte. Sie schlossen einen «Kein-Selbstmord»-Vertrag und arbeiteten ernsthaft daran, ihre Beziehung auf eine neue, offenere und intimere Basis zu stellen. Das Wissen um die Gefahren der Suizidalität und die Fähigkeit, direkt und offen zu kommunizieren, halfen Susan und Gregorys Eltern, ihren geliebten Menschen zu unterstützen und für seine Sicherheit zu sorgen.

In den folgenden Kapiteln werden wir genauer auf die wichtige Frage eingehen, wie Sie Hilfe finden können – sowohl für Ihren geliebten Menschen als auch für sich selbst.

-12-

Psychologische Behandlungsformen
für die Depression

G ary war unzufrieden; Sarah, seine Frau, war seit fast sechs
Wochen in psychotherapeutischer Behandlung, und er
fühlte sich mit der Situation nicht wohl. Zunächst hatte es ihn
gestört, daß sie ihn erst informierte, nachdem sie bereits die erste
Therapiesitzung hinter sich hatte. Sarah erklärte, daß sie an
ihrem Arbeitsplatz bei der Betriebspsychologin Beratung ge-
sucht hatte, und diese hatte sie an den Psychotherapeuten verwiesen. Es war alles sehr schnell gegangen; gleich am nächsten
Tag nach ihrem Gespräch mit der Beraterin hatte sie ihren ersten Termin bei dem Therapeuten bekommen. Sarah sagte Gary
zuerst, sie wüßte nicht mehr, warum sie nicht daran gedacht
habe, ihm davon zu erzählen. Es sei ihr einfach entfallen, zum
Teil wegen der verwirrten depressiven Stimmung, in der sie sich
zu diesem Zeitpunkt befand. Gary versuchte, ihre Erklärung zu
akzeptieren, aber ein gewisses schleichendes Mißtrauen blieb.
Warum machte sie nur ein solches Geheimnis aus dieser Sache?
In den folgenden Wochen wuchs Garys Mißtrauen weiter an.
Wenn er Sarah fragte, wie es in ihrer Therapiestunde gegangen
sei, wich sie aus und gab nichtssagende Antworten wie «Oh, es
lief gut.» Gary war verärgert und beklagte sich bei Sarah: «Ich
begreife das nicht. Was kannst du diesem Typ sagen, das du mir
nicht sagen kannst?»

Ein zweites Problem, das Gary mit Sarahs Therapie hatte, war,
daß sie aus seiner Sicht nicht schnell genug zu helfen schien.
Nach der ersten Sitzung, das war unbestreitbar, hatte er eine definitive Verbesserung wahrgenommen. Sarah war lächelnd und
in gelöster Stimmung nach Hause gekommen. Tatsächlich hatte

er auf diese Weise überhaupt erst von ihrer Entscheidung erfahren. Er hatte eine Bemerkung über ihre gute Stimmung gemacht, und sie hatte ihm dann erklärt, sie habe einen Psychotherapeuten aufgesucht und habe ein gutes Gefühl dabei. Aber schon nach der dritten Sitzung war sie wieder die alte, dieselbe Sarah, mit der er während der letzten vier oder sechs Wochen gelebt hatte: den ganzen Tag über niedergedrückt und tief deprimiert, extrem selbstkritisch, energielos, ständig erschöpft und müde.

Gary hatte weitere Zweifel und unbeantwortete Fragen, die sein Vertrauen in den Wert der Psychotherapie unterminierten. Er fragte sich, ob Antidepressiva nicht schneller und effektiver helfen würden. Es störte ihn, daß Sarah ihm nicht sagen konnte, welche Referenzen ihr Therapeut hatte. Sarah vertraute darauf, daß die Betriebspsychologin sie an jemanden verwiesen hatte, der kompetent und zuverlässig war, also war sie gar nicht auf die Idee gekommen nachzufragen. Gary war weniger geneigt, einem Unbekannten so blind zu vertrauen, und forderte Sarah wiederholt auf, ihren Therapeuten nach seinem Ausbildungshintergrund und seinen Referenzen zu fragen. Sarah vergaß das immer wieder, und so wurde diese ungeklärte Frage – in Kombination mit ihrer Verschwiegenheit in bezug auf das, was in den Therapiesitzungen diskutiert wurde – zum Auslöser für einige heftige Auseinandersetzungen.

Wenn Sie jemandem nahestehen, der wegen seiner Depression in Psychotherapie ist, sind Ihnen manche der Unsicherheiten, Gefühle und Fragen, die Gary bewegten, vermutlich vertraut. Und diese Empfindungen sind durchaus berechtigt. Natürlich war Gary neugierig, was sich in den Therapiesitzungen abspielte. Sarah und er waren einander immer die besten Freunde und engsten Vertrauten gewesen. Seit sie depressiv war, hatte Sarah Gary Dinge erzählt, die sie nie einem anderen Menschen anvertrauen würde, daß sie jeden Morgen mit dem Gedanken erwachte, der Tod wäre eine Erlösung, und daß sie sich völlig wertlos fühlte. Jetzt sprach sie mit einem Unbekannten und vertraute sich ihrem Mann nicht mehr so oft an. Gary machte sich Sorgen, daß Sarah dem Therapeuten vielleicht nichts über ihre ständigen Todesgedanken sagte oder nicht offen zugab, wie wenig sie von sich selbst hielt. Garys Fragen, was in den Sitzungen eigentlich vor sich ging und ob vielleicht eine Behandlung mit Antidepressiva angezeigt wäre, waren verständlich und gerechtfertigt. Er hatte das Gefühl, daß Sarah verzweifelt nach einem Ausweg aus ihrem Leiden suchte und entsprechend verletzlich war. Gary war beunruhigt darüber, daß sie nichts über den Ausbildungshintergrund und die beruflichen Qualifikationen ihres Psychotherapeuten wußte. Hatte dieser Mann ein Diplom, die offizielle Anerkennung eines Berufsverbandes, eine staatliche Approbation? Gary hatte guten Grund, Antworten auf diese Fragen zu verlangen, aber so verständlich seine Befürchtungen und Sorgen auch waren, führten sie doch zu Konflikten in seiner Beziehung zu Sarah. Beide steckten in der Konflikt- und Reaktionsphase des SAD fest. Die Ursachen ihrer Probleme waren gewisse uneingestandene Gefühle, die Gary hegte, und ein Zusammenbruch der Kommunikation.

In diesem Kapitel werden wir Ihnen die Informationen geben, die Sie brauchen, um auf die Auswirkungen der Depression auf Ihre Beziehung in konstruktiverer Weise zu reagieren. Wir machen Sie auf einige der allgemein verbreiteten Probleme aufmerksam, mit denen Angehörige, Freunde und Vertraute konfrontiert sind, wenn ein geliebter Mensch sich wegen einer Depression in Psychotherapie befindet. Wir zeigen Ihnen neue Strategien auf, wie Sie mit Ihren Fragen und Gefühlen in einer Weise umgehen können, die sowohl für Sie selbst als auch für Ihren geliebten Menschen von Vorteil ist. Letztendlich werden die Fähigkeiten, die Sie so erwerben, Ihre Beziehung stärken. Sie werden lernen, Probleme schnell zu identifizieren und gemeinsam anzugehen. Wenn Sie dies lesen, sind Sie offensichtlich bereits ins Stadium der Informationssuche eingetreten und für einige Antworten auf Ihre Fragen bereit. Daher werden wir zunächst die Rolle der Psychotherapie innerhalb der Behandlung der Depression umreißen.

Psychotherapien für Depression

Das breite Spektrum der verfügbaren Psychotherapien und medikamentösen Behandlungsformen kann es schwierig machen, die richtige Wahl zu treffen. Wie können Sie wissen, welche Form der Behandlung für Ihren geliebten Menschen die beste ist? Auf welcher Basis entscheidet man die Frage Antidepressiva versus Psychotherapie? Wenn Sie und Ihr geliebter Mensch unter den verschiedenen Optionen eine Wahl zu treffen versuchen, tun sich viele Fragen auf. Die Frage, was besser und effizienter hilft – Antidepressiva oder Psychotherapie, oder eine Kombination von beiden –, ist oft schwer zu entscheiden. Zahlreiche Studien, darunter eine richtungweisende Studie, die 1989 im Auftrag des amerikanischen Gesundheitsministeriums (NIMH) erstellt wurde, haben den Nachweis erbracht daß Medikationen und Psychotherapien gleich effizient sind – außer in Fällen extrem schwerer Depressionen oder manisch-depressiver Störungen. Medikationen sind gewöhnlich wirksam und daher bei sehr schweren Depressionen zu empfehlen, weil sie die qualvollsten und gefährlichsten Symptome manchmal im Lauf weniger Wochen mildern können. Die meisten Praktiker wenden Antidepressiva jedoch in Verbindung mit Psychotherapie an. Für diese Standardpraxis gibt es mehrere Gründe; unter anderem haben Wissenschaftler den Einwand erhoben, daß die NIMH-Studie voreingenommen gewesen sei und den Erfolg der medikamentösen Therapien überbewertet habe. Neuere Studien scheinen diesen Einwand tatsächlich zu bestätigen; sie kamen zu dem Ergebnis, daß Psychotherapien in jeder Hinsicht genauso wirkungsvoll sind wie medikamentöse Therapien, auch in Fällen sehr schwerer Depressionen. Außerdem weisen die Ergebnisse darauf hin, daß bei Patienten, bei denen beide Therapieformen in Kombination angewandt wurden, in aller Regel bessere Behandlungserfolge zu verzeichnen waren als bei solchen, die nur medikamentös behandelt wurden. Die meisten Kliniker stimmen darin überein, daß Psychotherapie für Patienten, die gut auf Antidepressiva ansprechen, zumindest eine wichtige unterstützende Behandlungsform ist.

Wir sind derselben Meinung. Die meisten Menschen mit Depressionen leiden monate- oder jahrelang, bevor sie sich entschließen, sich in Behandlung zu begeben. Als Folge davon sind die Beziehungen, die berufliche Leistungsfähigkeit und das Persönlichkeitskonzept der depressiven Person oft so schwer in Mitleidenschaft gezogen, daß eine Aufarbeitung und Klärung dringend notwendig ist. Manche Patienten, die mit Antidepressiva behandelt werden, berichten, daß ihre Symptome sich zwar gebessert haben, aber daß sie als Folge der Depression weiterhin tiefe Selbstzweifel und Unsicherheiten hegen. Andere klagen darüber, daß – obwohl die depressiven Symptome verschwunden oder gemildert sind – die Beziehungskonflikte, die während der depressiven Phase aufbrachen, unverändert weiterbestehen. Bei solchen Patienten ist die Genesung unvollständig. Die Psychotherapie kann ein Forum für eine vollständige Genesung von der Depression und allen ihren verheerenden Auswirkungen auf das Persönlichkeitskonzept und die Beziehungen der oder des Betroffenen bilden.

Manche Menschen empfinden Psychotherapie als einen sehr hilfreichen Weg, ihre Scham- und Peinlichkeitsgefühle in bezug darauf, daß sie an einer psychischen Störung leiden und Medikamente brauchen, zu bewältigen. Als begleitende Behandlung ist Psychotherapie auch deshalb wertvoll, weil sie Patienten hilft, dem Impuls zu widerstehen, die Medikamente vorzeitig abzusetzen, sobald eine erste Erleichterung eintritt. Die Psychotherapie bietet den notwendigen Freiraum für die Bewältigung all der schwierigen Fragen, die den Umgang mit der Krankheit betreffen. Menschen, die Medikamente nehmen und gleichzeitig in Psychotherapie sind, können zum Beispiel leichter lernen, die Warnzeichen eines Rückfalls zu identifizieren und die Zyklen und Muster ihrer Depression zu erkennen. Dieses Wissen prägt sich dauerhaft ein und gibt ihnen ein gewisses Maß an Kontrolle über ihre Krankheit.

Obwohl die Majorität der Patienten, die eine Kombination von medikamentöser und psychotherapeutischer Behandlung erhalten, berichtet, daß ihre Psychotherapie für ihre Genesung wichtig sei, stimmen ihre Therapeuten dem manchmal nicht zu. Einer Studie zufolge waren 57 % der Teilnehmerinnen und Teilnehmer, die mit Lithium behandelt wurden, der Meinung, daß Psychotherapie für ihre Geneseung von großer Bedeutung sei, während nur 27 % ihrer Therapeuten derselben Meinung waren. Die Mehrheit dieser Therapeutinnen und Therapeuten zweifelte an der Effizienz der Psychotherapie trotz anderslautender wissenschaftlicher Beweise und trotz der Tatsache, daß sie Psychotherapeuten waren. Wir erwähnen diese Studie hier deshalb, weil ihre Ergebnisse für uns, die wir das Unterstützungssystem der depressiven Person bilden, etwas Wichtiges aussagen. Wir –

die Partner, Angehörigen, Freunde und die Therapeuten depressiver Menschen – haben alle zeitweilig das Gefühl, daß wir unfähig sind, Veränderungen zu bewirken, selbst wenn die depressive Person findet, daß wir in ihrem Genesungsprozeß eine zentrale Rolle spielen. Gary hatte das Gefühl, daß er nicht mehr gebraucht wurde und für Sarahs Genesung von der Depression keine Bedeutung mehr hatte. Sarah dagegen berichtete in ihren Therapiesitzungen, daß Gary ihr durch sein Interesse, sein Mitgefühl und die Bestätigung, die er ihr immer wieder gab, enorm geholfen habe. Die Tatsache, daß er bei ihr war, selbst wenn sie miteinander stritten, bot ihr einen gewissen Schutz vor ihren sehr ausgeprägten Gefühlen der Isolation und der Wertlosigkeit. Sie wußte es sehr zu schätzen, daß Gary «zu ihr gehalten» hatte.

Formen der Psychotherapie

Die Entscheidung, welcher Therapieansatz für Ihren geliebten Menschen am besten geeignet ist, hängt weitgehend von seinen speziellen Bedürfnissen und seinem Hintergrund ab, und davon, mit welchen Erwartungen er oder sie an die Therapie herangeht. Die Frage, welche Therapieform die richtige ist und ob es sinnvoll ist oder nicht, Antidepressiva einzusetzen, sollte auf jeden Fall mit einem qualifizierten Experten erörtert werden. Zögern Sie nicht, den Therapeuten nach seiner Ausbildung und seiner Berufserfahrung zu fragen – ob er (oder sie) Psychiater oder diplomierter Psychologe ist, ob er schon mit Patienten gearbeitet hat, die mit Medikamenten behandelt wurden.

Finden Sie heraus, welche Einstellung diese Person sowohl zu Medikationen als auch zur Psychotherapie hat, und lassen Sie sich erklären, aufgrund welcher Faktoren sie eine bestimmte Empfehlung ausspricht.

Psychodynamische Therapie

Therapeutinnen und Therapeuten, die psychodynamische Therapie praktizieren, gehen davon aus, daß die depressive Person unbewußt über einen Verlust in ihrem Leben trauert. Es kann sich dabei um eine frühe Erfahrung des Verlassenseins handeln, durch den realen Tod eines geliebten Menschen oder dadurch, daß sie oder er mit einem Elternteil aufwuchs, der emotional unzugänglich und nicht verfügbar war. Die Person ist depressiv, weil ihr Bewußtsein diese tief verborgene Trauer nicht zur Kenntnis nimmt. Nach diesem Modell erfüllt die Therapie ihre Funktion dadurch, daß sie der Person hilft, sich ihrer vergangenen Verluste voll bewußt zu werden und die Depression als das zu erfahren, was sie tatsächlich ist: Eine Konstellation von Erinnerungen an Verluste – und nicht die Realität ihrer gegenwärtigen Lebensumstände.

Innerhalb des psychodynamischen Therapieansatzes gibt es mehrere große Schulen, die sich auf unterschiedliche Aspekte der Erfahrung der depressiven Person konzentrieren. Die *klassische* Schule der psychodynamischen Therapie betont das Wiedererleben und Aufarbeiten von Kindheitstraumata und das Verstehen der Widerstände, die als Schutz vor dem unmittelbaren, bewußten Gewahrsein dieser Erfahrungen aufgebaut wurden. Das Schwergewicht liegt hier also auf frühen Kindheitserfahrungen und ihren möglichen Auswirkungen auf die Grundstimmung und die gegenwärtige psychische Verfassung der Person. Der Ansatz der *beziehungsorientierten* Psychotherapie (s. 8. Kapitel) konzentriert sich dagegen stärker auf gegenwärtige Ereignisse, das Persönlichkeitskonzept und zwischenmenschliche Beziehungen.

Eine weitere Form der psychodynamischen Therapie, die zunehmend populär wird, ist die *kurze* dynamische Psychotherapie. Die Behandlung wird gewöhnlich auf etwa dreißig Sitzungen oder weniger begrenzt. Der Psychotherapeut konzentriert sich auf die wesentlichen Probleme und Gefühlskonstellationen, die seiner Meinung nach zur Entstehung der Depression beigetragen haben. Er oder sie versucht, den Patienten mit entscheidenden, schwierigen Fragen zu konfrontieren und ihm gleichzeitig volle Unterstützung zu geben. Patient und Therapeut erforschen gemeinsam die Probleme und Emotionen, die der Depression zugrunde liegen, finden heraus, wie diese Probleme sich auf die psychische Verfassung des Patienten auswirken und entwickeln neue Wege, mit den Konflikten und Emotionen umzugehen und sie zu bewältigen. Einer der Hauptunterschiede zwischen der kurzen psychodynamischen Therapie und den anderen Formen liegt darin, daß die erstere zeitlich begrenzt ist.

Trotz ihrer Unterschiede haben alle psychodynamischen Therapien eines gemeinsam: Sie betonen die heilsame Funktion der Therapeut-Patient-Beziehung und legen daher genausoviel Wert auf den Therapieprozeß wie auf den Inhalt der Therapie. Die therapeutische Beziehung wird zu einem Mikrokosmos, der widerspiegelt, wie die Person Beziehungen in ihrem Leben generell erfahren hat und erfährt. Sie beginnt den Therapeuten, über den sie persönlich sehr wenig weiß, auf eine Weise wahrzunehmen, die für ihre Erfahrungen mit anderen Menschen in ihrem Leben charakteristisch ist. Diese Verschiebung von Gefühlen wird als *Übertragung* bezeichnet. Die Emotionen, die auf die Person des Therapeuten übertragen werden, können manchmal sehr intensiv sein; gleichzeitig nimmt der Patient aber wahr, daß sie sich nicht wirklich auf den Therapeuten beziehen können – da er oder sie nichts getan hat, was diese Gefühle rechtfertigen würde – und wird sich so bestimmter Empfindungen und Erwartungen bewußt, die er in jede Beziehung hineinträgt. Der Wert des gesteigerten bewußten Gewahrseins vorher unbewußter Gefühle und Denkmuster wird in psychodynamischen Therapien stark hervorgehoben.

Interpersonelle Therapie
Die interpersonelle Therapie wurde speziell zur Behandlung von Depressionen entwickelt. Auch sie ist zeitlich begrenzt, gewöhnlich auf eine wöchentliche Sitzung über einen Zeitraum von drei bis vier Monaten. Therapeuten, die interpersonelle Psychotherapie praktizieren, konzentrieren sich auf die Beziehungen der Patientin oder des Patienten zu Familienmitgliedern, Freunden, Arbeitskollegen. Diesem Ansatz liegt die Theorie zugrunde, daß ein Mensch aus Enttäuschung und Frustration über seine engsten Beziehungen heraus depressiv wird. Wenn der Patient versteht, wie seine eigenen Verhaltensweisen sich auf andere auswirken, kann er seine Beziehungen verändern und sich allmählich aus der Depression lösen. Interpersonelle Therapie ist gut für Menschen geeignet, die durch ihre Depression in ein Leben in Isolation hineingeraten sind oder die feststellen, daß ihre Depression sie ernsthaft daran hindert, mit ihrer unmittelbaren Umwelt zu kommunizieren.

Verhaltenstherapie

Verhaltenstherapie basiert auf dem Konzept, daß wir auf positive Verstärker positiv und auf negative Verstärker negativ reagieren. Verhaltenstherapeuten gehen davon aus, daß die depressive Person in ihrem Leben nicht genügend positives Feedback erhält, und folglich ihr Verhalten und Handeln neu organisieren sollte, um mehr Befriedigung und Freude zu erfahren. Verhaltenstherapie konzentriert sich auf das Verhalten; sie geht wenig auf die Vorgeschichte der Depression oder die Gründe, die dahinterstehen, ein. Das Schwergewicht liegt vielmehr darauf, die Person zu einer Art des Verhaltens anzuleiten, die sie zufriedener macht, und ihr Vermögen zu kompetentem Handeln in sozialen Situationen zu steigern.

Kognitive Verhaltenstherapie

Diese Form der Verhaltenstherapie nimmt Gedankenmuster oder *Kognitionen*, die zur Verstärkung von Depressionen führen, aufs Korn. Sie geht davon aus, daß Depressionen sich auf der Basis der Verkennung von Realitäten entwickeln, von Denkfehlern und unrealistischen Einstellungen in bezug auf die eigene Person und die umgebende Welt. Die drei Hauptmuster des depressiven Denkens, die der Korrektur bedürfen, sind die Unterbewertung der eigenen Person, eine übertrieben negative Sichtweise der gegenwärtigen Situation und eine allgemein pessimistische Einstellung. Depression resultiert aus der Unzufriedenheit mit sich selbst, die durch diese fehlerhaften Denkmuster hervorgerufen wird. Der Therapeut, der kognitive Verhaltenstherapie praktiziert, hilft dem Patienten, zu der Einsicht zu gelangen, daß es für seine selbstherabsetzenden Einstellungen keine realen Gründe gibt. Andere Theorien gehen davon aus, daß die selbstherabsetzenden und selbstbehindernden Verhaltensweisen eine Konsequenz der Depression sind, und nicht ihre Ursache. Oft werden die Patientinnen und Patienten aufgefordert, in Form eines Journals über ihre Gedanken und Gefühle Buch zu führen, so daß sie sich leichter bewußt machen können, was sie in bestimmten Situationen empfinden und welche inneren Botschaften sie sich selbst geben. Der Therapeut ermutigt den Patienten, sich in seiner Phantasie in verschiedene problematische Situationen hineinzuversetzen, einzuschätzen, wo das

Problem gewöhnlich beginnt, positives Denken einzuüben und andere, neue, Verhaltensstrategien durchzuspielen, die verhindern, daß depressive Gedankenmuster die Oberhand gewinnen. Studien zufolge ist die kognitive Verhaltenstherapie bei Depressionen von kürzerer Dauer gewöhnlich effizienter als bei langandauernden depressiven Zuständen, bei denen die Symptome bereits zwei oder mehr Jahre lang bestehen.

Gruppentherapie

Gruppentherapie ist ein Oberbegriff für alle Arten von Therapie, bei denen eine gewisse Anzahl von Patientinnen und Patienten als Gruppe zusammenkommt, um gemeinsam an ihren Problemen zu arbeiten. In einer Gruppe kann jede der obenangeführten Arten von Psychotherapie praktiziert werden, aber das Besondere an Gruppen ist, daß die Erfahrung der Depression mit den anderen Teilnehmerinnen und Teilnehmern geteilt wird, daß man sich darüber austauschen kann. Gruppen können einzigartige therapeutische Erfahrungen vermitteln, die in der Beziehung zwischen einem einzelnen Therapeuten und Patienten nicht möglich sind. Zu den großen Vorzügen der Gruppentherapie gehört, daß sich ein empathisches Unterstützungssystem herausbildet, daß die Gefühle der Teilnehmerinnen und Teilnehmer anerkannt und bestätigt werden, und daß andersgeartete Rollenmodelle vorgestellt werden. Unterstützende Gruppen können auch für die Angehörigen und Vertrauten depressiver Menschen sehr hilfreich sein; sie haben dort Gelegenheit, die komplizierten Gefühle und Konflikte, die dem Zusammenleben oder engen Kontakt mit einer depressiven Person entstammen, bewältigen zu lernen.

Familien- und Paartherapie

Diese Therapieformen bieten ein Forum, das depressiven Menschen und ihren Partnern, Angehörigen oder Vertrauten erlaubt, offen darüber zu sprechen, wie die Depression sie und ihre Interaktionen untereinander beeinträchtigt. Der Therapeut sieht es als seine Aufgabe an, eine Atmosphäre des Respekts und der Anerkennung für die Erfahrungen aller Beteiligten zu etablieren und damit einen geschützen, sicheren Raum zu schaffen, in dem problematische Gefühle und Konflikte artikuliert und konstruktiv bewältigt werden können. Der Schwerpunkt der Behandlung liegt eher auf den Beziehungen als auf der Person des depressiven Patienten. Sie haben bei der Lektüre dieses Buches viel darüber erfahren, auf welche vielfältigen Weisen eine Depression Beziehungen negativ beeinflussen kann, und wie die betroffene Person und ihre engsten Vertrauten in die abwärtsgerichtete depressive Spirale hineingezogen werden können. Familien- und Paartherapie sind besonders erfolgreich darin, diesen Teufelskreis der Depression zu durchbrechen. Während der Sitzungen wendet der Therapeut Techniken an, die dazu bestimmt sind, festgefahrene Muster und Zyklen aufzubrechen und allen Beteiligten zu vermitteln, wie man konstruktiver kommunizieren und Probleme gemeinsam lösen kann. Diese neuen Strategien und Fähigkeiten werden während des Therapieprozesses eingeübt und ausgefeilt, so daß die Familie oder das Paar sie zu Hause auch ohne therapeutische Begleitung effektiv nutzen kann.

Wie wählt man aus?

Oft sind die Ergebnisse von Studien, die sich mit der Frage befassen, welche Therapieformen bei der Behandlung der Depression am erfolgreichsten sind, schwer zu interpretieren. Einige der Hauptprobleme liegen darin, daß Wissenschaftler Genesungsfortschritte nicht immer in derselben Weise definieren, oder nicht adäquat beschreiben, wie die Therapien durchgeführt wurden, oder einer bestimmten Behandlungsform unwissentlich einen Vorteil gegenüber anderen Formen einräumen. Dennoch stimmen die meisten Studien zumindest in dem Punkt überein, daß eine Psychotherapie – welcher Art auch immer – auf jeden Fall hilfreicher ist und bessere Genesungschancen bietet als der Versuch, die Sache allein durchzustehen.

Die NIMH-Studie, die die Behandlung von Depressionen mit Antidepressiva, interpersoneller Therapie und kognitiver Verhaltenstherapie miteinander verglich, kam zu dem Ergebnis, daß alle drei Formen wirkungsvoll waren. Die Behandlungsergebnisse bei Patienten, die an interpersoneller Therapie beziehungsweise kognitiver Verhaltenstherapie teilgenommen hatten, unterschieden sich nicht wesentlich voneinander. Die Daten wiesen darauf hin, daß Medikation in Fällen sehr schwerer Depressionen im Vergleich mit den beiden studierten Psychotherapieformen wirkungsvoller zu sein schien, aber diese Ergebnisse sind möglicherweise fehlerhaft. Obwohl die Debatte zum Thema Antidepressiva versus Psychotherapie in gewissen wissenschaftlichen Zirkeln weitergeführt wird, sind wir davon überzeugt, daß eines außer Frage steht: Psychotherapie und medikamentöse Behandlung sind gut miteinander vereinbar, und beide Behandlungsformen können helfen, Depressionen zu mildern. Eine neuere Studie kam tatsächlich zu dem Ergebnis, daß Psychotherapie das Rückfallrisiko nach dem Absetzen der Medikation um bis zu 60 % reduzieren kann.

Was bedeuten diese Erkenntnisse für Sie und Ihren geliebten Menschen? Die Beratung durch einen erfahrenen Psychiater, Psychologen oder Psychotherapeuten wird Ihnen helfen zu entscheiden, welche Richtung Sie einschlagen wollen. Der Erfolg einer Therapie hängt wesentlich von der Eigenmotivation des Patienten oder der Patientin ab; er oder sie sollte also auf jeden Fall gut informiert und aktiv am Entscheidungsprozeß beteiligt und keinesfalls nur passiver Empfänger sein. Sie können dem anderen helfen, ein aufgeklärter, aktiver Patient zu sein, indem sie ihn ermutigen, Fragen zu stellen und soviel wie möglich über die unterschiedlichen Behandlungsoptionen in Erfahrung zu bringen. Im letzten Abschnitt dieses Kapitels geben wir Ihnen Rat, wie Sie dabei vorgehen können. Aber bevor Ihr depressiver Partner oder Angehöriger seine Wahl treffen kann, muß er oder sie einen Spezialisten konsultieren, der die Diagnose stellt und eine Evaluation der Therapie vornimmt. Eine kompetente Person zu finden, der sie trauen können und mit der sie problemlos kommunizieren können, ist von ausschlaggebender Bedeutung. Wir haben das 14. Kapitel der Frage gewidmet, wo man diese Art von Beratung und Hilfe findet.

Allgemein verbreitete Unsicherheiten und Sorgen

Im Lauf unserer langen Praxis als Psychotherapeuten sind wir mit der Art der Unsicherheiten und Probleme, wie Gary sie in bezug auf Sarahs Therapie hatte, sehr vertraut geworden. Fast immer gestehen depressive Patienten schließlich ein, daß ein

Mensch, der ihnen nahesteht, oft der Ehe- oder Lebenspartner, ernste Bedenken hat, was die Therapie betrifft. Leider hören wir gewöhnlich erst dann von diesen Bedenken, wenn sie in der Beziehung bereits Konflikte verursacht haben. Wenn diese Gefühle aber offen artikuliert werden und wenn man konstruktiv damit umgeht, haben sie selten einen negativen Einfluß auf die Beziehung. Im Gegenteil: Meistens wirkt es sich sowohl auf den Prozeß der Genesung von der Depression als auch auf die Beziehung positiv aus, solche Empfindungen zu identifizieren und darüber zu sprechen. Wir schildern Ihnen im folgenden einige der allgemein verbreiteten Sorgen und Gefühle, die vielleicht auch Sie bewegen, sowie auch konstruktive Wege, in Ihrer Beziehung mit der depressiven Person damit umzugehen.

Das Gefühl, ausgeschlossen zu sein

Viele Partner, Angehörige oder Vertraute einer depressiven Person, die vor kurzem eine Psychotherapie begonnen hat, berichten, daß sie sich ausgeschlossen fühlen. Gary war zum Beispiel bis zu dem Zeitpunkt, zu dem Sarah ihre Therapie begann, ihr intimster Freund und Vertrauter gewesen. Sie konnte sich an seiner Schulter ausweinen, und er tröstete sie und gab ihr Bestätigung, wenn sie auf dem Tiefpunkt war. Obwohl er erleichtert war, daß Sarah sich endlich entschlossen hatte, in bezug auf ihre Depression etwas zu unternehmen, fühlte er sich doch ein wenig brüskiert, als sie ihm sagte, sie wolle über ihre Therapiesitzungen lieber nicht sprechen. Er hatte sich an die Rolle, Sarah in ihrem depressiven Zustand Halt und Stütze zu sein, gewöhnt, und es traf ihn unvorbereitet, als sich das änderte.

Was die Sache noch schlimmer machte: Er wurde den nagenden Verdacht nicht los, daß Sarah in bezug auf ihre Therapiesitzungen deshalb so verschwiegen war, weil sie mit ihrem Therapeuten über ihn, Gary, redete. War sie unglücklich mit ihm? Gab sie Eheproblemen die Schuld an ihrer Depression? Er hatte den dringlichen Wunsch, sich Klarheit zu verschaffen und darauf zu bestehen, daß sie ihm mehr über die Sitzungen erzählte, aber er fürchtete, sie damit zu sehr unter Druck zu setzen.

Skepsis in bezug auf Psychotherapie
oder die Person des Therapeuten

Die moderne Unterhaltungsindustrie hat ein Faible dafür, Psychotherapie als Farce und Psychotherapeuten als – bestenfalls harmlose – Spinner oder Scharlatane darzustellen. Populäre Filme, die Psychotherapeutinnen und Psychotherapeuten als Leute porträtieren, die Sex mit ihren Patienten haben oder sich an sie heranmachen, sind wenig dazu angetan, Menschen Vertrauen in unseren Berufsstand einzuflößen. Wenn sich Ihr Wissen über die Praxis der Psychotherapie auf Unterhaltungsfilme beschränkte, wäre Ihr Mißtrauen mehr als gerechtfertigt. Selbst wenn die Therapeuten nicht als Kretins abgebildet werden, wird der Therapieprozeß – zumindest in Woody Allens Filmen – doch so dargestellt, als ob er unendlich und gegen Ängste und Depressionen völlig nutzlos sei. In Garys Fall waren dies leider die einzigen Eindrücke, die er von der Psychotherapie hatte. Er hatte nie jemanden kennengelernt, der sich in psychotherapeutischer Behandlung befand.

Die Tatsache, daß Sarah so wenig Bereitschaft zeigte, über ihre Sitzungen zu reden, gab seiner Sorge weitere Nahrung. Er wollte, daß sie von ihrem Therapeuten Auskunft über den Typus und die Dauer der Psychotherapie, die er praktizierte, verlangte. Da Gary und Sarah aber eine heftige Auseinandersetzung hatten, als sie zum ersten Mal über das Thema zu reden versuchten, blieben seine Fragen unbeantwortet.

Selbst wenn Sie über die unterschiedlichen Formen der Psychotherapie, die für die Behandlung der Depression in Frage kommen, informiert sind, stehen Sie dem Therapeuten oder dem Typus der praktizierten Therapie vielleicht dennoch mit einem gewissen Mißtrauen gegenüber. Dieses Mißtrauen muß in einer Weise aufgelöst werden, die sowohl für Sie als auch für Ihren geliebten Menschen in Ordnung ist. Wenn es nicht ausgeräumt wird, gärt es in Ihrer Beziehung weiter und verstärkt Ihre Gefühle des Ausgeschlossenseins und die Gefühle des anderen, nicht unterstützt zu werden. Im letzten Abschnitt dieses Kapitels beschreiben wir, wie Sie und Ihr geliebter Mensch konstruktiv mit diesem Problem umgehen können.

Sorge über den Fortschritt der Therapie

Auch wenn Sie der Psychotherapie wohlwollend gegenüberstehen und keine Skepsis hegen, machen Sie sich vielleicht Gedanken darüber, wie der Prozeß vorangeht. Gary war besorgt, daß Sarah ihrem Therapeuten vielleicht nicht alles sagte, was er wissen mußte, um ihr helfen zu können. Vor allem war er sich nicht sicher, ob sie dem Therapeuten von ihren intensiven Gefühlen der Wertlosigkeit und ihren ständigen Todesgedanken erzählt hatte. Sarah neigte dazu, nach außen hin eine heitere Fassade zu präsentieren; wenige Menschen hatten sie je so verzweifelt gesehen, wie Gary sie erlebt hatte. Er wollte sie auf dieses Problem ansprechen, wagte es aber nicht, weil er fürchtete, sie damit zu kränken. Während einer ihrer Auseinandersetzungen hatte Sarah ihm vorgeworfen, er sei herablassend und behandle sie wie ein Kind. Einen Augenblick lang erwog er, den Therapeuten anzurufen, um sicherzugehen, daß dieser wußte, wie schlecht es um Sarah gestanden hatte, aber er nahm Abstand davon, weil ihm klar wurde, daß dies zu noch größeren Konflikten führen würde, wenn Sarah dahinterkäme.

Gary fühlte sich einsam und durch die Depression seiner Frau belastet. Eines abends, etwa drei Wochen nach Beginn der Therapie, klagte Sarah, daß sie sich hoffnungslos fühle. So sehr sie den Therapeuten auch schätze, sagte sie, sei sie doch nicht sicher, ob er ihr helfen könne. Gary interpretierte das als Gelegenheit, seine eigenen Zweifel zu äußern. «Ich habe auch schon gedacht, daß du vielleicht besser nicht mehr hingehen solltest», sagte er. Unglücklicherweise reagierte Sarah sehr verärgert auf diese Bemerkung. Sie sagte ihm, er solle seine Ratschläge für sich behalten; sie wolle nichts anderes, als daß er ihr zuhöre. Was beide in diesem Augenblick nicht realisierten war, daß Gary gar keine Ratschläge erteilen, sondern vielmehr angehört und einbezogen werden wollte. In dieser Nacht lag er wach, während Sarah neben ihm schlief, und fragte sich bekümmert, was aus der Nähe und dem Vertrauen zwischen ihnen geworden war, und ob der Therapeut wirklich wüßte, wie gefährdet Sarah war. Gary fühlte sich belastet und sehr allein.

Problemlösungsstrategien

Die Beziehungskonflikte, die zwischen Gary und Sarah entstanden, hatten ihre Ursache *nicht* in Garys Gefühlen des Ausgeschlossenseins oder seiner Skepsis der Psychotherapie gegenüber. Die Schwierigkeiten beruhten vielmehr darauf, daß sie als Paar keinen Weg fanden, konstruktiv mit Garys Fragen und Unsicherheiten umzugehen. Hier sind einige Leitlinien, die Ihnen helfen können, gemeinsam mit einem geliebten Menschen, der sich in Psychotherapie befindet, Probleme zu lösen.

Artikulieren Sie Ihre Zweifel auf konstruktive Weise

Wir behandelten das Thema, wie man konstruktiv kommuniziert, ausführlich im 7., 8., und 9. Kapitel. Hier kommen wir noch einmal darauf zurück, denn wenn jemand in psychotherapeutischer Behandlung ist, haben Angehörige und Freunde oft den Eindruck, daß sie keine Rolle mehr spielen, daß sie überflüssig geworden sind. Sie haben das Gefühl, daß ihre Unsicherheiten und Zweifel nicht zählen. Folglich bewahren sie Stillschweigen, und negative Gefühle irgendeiner Art, die sie der Therapie gegenüber hegen, gären in ihnen weiter. Wenn Sie Fragen oder Zweifel haben, seien Sie nicht ängstlich; sprechen Sie darüber! Denken Sie nur daran, den richtigen Zeitpunkt zu wählen und sich auf Ihre eigenen Gefühle zu konzentrieren, statt darauf, was der andere tut oder unterläßt. Gary zum Beispiel artikulierte seine Skepsis in bezug auf Sarahs Therapie in einem Augenblick, in dem sie sich besonders verletzlich und unsicher fühlte. So konnten natürlich weder seine noch ihre Zweifel beseitigt werden. Wenn er gewartet hätte, bis sie sich stärker fühlte, hätte er das Thema vielleicht konstruktiver angehen können. Er hätte ihr sagen können: «Ich weiß, daß du große Stücke auf deinen Therapeuten hältst, und es hört sich auch so an, als ob du bei ihm in guten Händen wärest, aber ich kann mir nicht helfen, ich mache mir einfach Sorgen, solange ich nicht weiß, welche Qualifikationen er hat. Du würdest mir wirklich einen großen Gefallen tun, wenn du in Erfahrung bringen könntest, welche Art von Abschluß oder Ausbildungshintergrund er hat.»

Bitten Sie um ein gemeinsames Gespräch mit dem Therapeuten

Wenn Sie Zweifel haben oder Fragen in bezug auf die Therapie, die Ihr geliebter Mensch nicht beantworten kann, möchten Sie vielleicht direkt mit der Therapeutin oder dem Therapeuten sprechen. Oder – selbst wenn Sie keine speziellen Fragen haben, möchten Sie die Person vielleicht einfach kennenlernen, um sich einen Eindruck davon zu verschaffen, wer sie oder er ist. Ihr geliebter Mensch will den Therapeuten vielleicht – bewußt oder unbewußt – für sich allein haben, und schafft so eine Hürde, die Sie überwinden müssen, bevor es zu einem Gespräch zu dritt kommen kann. So war es auch in Garys und Sarahs Fall. Als Gary seinen Wunsch nach einem Gespräch mit dem Therapeuten äußerte, sagte Sarah: «Ich sehe keinen Grund, warum *du* mit ihm reden solltest. Was wir in den Sitzungen besprechen, betrifft schließlich nicht dich. Außerdem hat er mir gesagt, es wäre besser, wenn ich das, was sich in der Therapie abspielt, für mich behielte. Er sagt, es verwässert die Therapie, wenn man mit anderen Leuten über die Sitzungen redet.» Gary fühlte sich zurückgewiesen und gekränkt. «Schon gut, vergiß es», sagte er und beendete damit die Diskussion. Wenn er das Gespräch anders eingeleitet hätte, wenn er zum Beispiel gesagt hätte, er wisse, daß Psychotherapie eine sehr private Angelegenheit sei und daß er das respektiere, hätte Sarah vielleicht kein so starkes Bedürfnis gehabt, sich abzugrenzen. Er hätte sagen können: «Ich weiß, wie wichtig es ist, daß du nicht viel über deine Sitzungen redest, und ich sehe auch die Gründe dafür ein. Ich muß auch nicht wissen, worüber du in deinen Therapiestunden sprichst, darum geht es mir nicht. Aber ich muß dir einfach sagen, daß ich unruhig und unsicher bin, was die Therapie angeht. Ich weiß, daß du das ganz anders siehst, aber für mich ist es schwer, mir keine Sorgen zu machen, weil ich keine Ahnung habe, wie so etwas vor sich geht oder welche Idee eigentlich dahintersteht. Mir wäre es wirklich wichtig, wenn wir in einer Sitzung gemeinsam mit dem Therapeuten sprechen könnten, damit ich mir ein klareres Bild von der Therapie machen kann, die er mit dir praktiziert. Was hältst du davon?» Wenn Gary Sarah zuerst vermittelt hätte, daß er ihre Privatsphäre respektierte und ihre Gefühle verstand, wäre sie für seine Sorgen und seinen Wunsch nach einem gemeinsamen Gespräch mit dem Therapeuten vielleicht offener gewesen.

Ermutigen Sie den anderen

Unterstützung zu geben bedeutet nicht, daß Sie unaufrichtig sein sollten. Zu Beginn ihrer Therapie zweifelte Sarah daran, ob ihr Therapeut ihr wirklich helfen könnte. Natürlich hatte Gary überhaupt nicht die Möglichkeit, sie zu beruhigen, indem er ihr versicherte, daß sie in guten Händen sei. Er kämpfte mit seinen eigenen Zweifeln. Aber er hatte durchaus die Möglichkeit, sie bei der Bewältigung ihrer Zweifel zu unterstützen. Ermutigen Sie Ihren geliebten Menschen, der Therapeutin oder dem Therapeuten Fragen zu stellen. Wenn man sich psychotherapeutisch behandeln läßt, ist es gut und richtig, sich über den Therapieansatz im klaren zu sein und die Idee zu begreifen, die dahintersteht. Bestärken Sie den anderen darin, sich zu informieren und eine aufgeklärte Entscheidung zu treffen, ob er oder sie die Therapie fortsetzen will.

Sarah und Gary lernten im Lauf der Zeit, sich besser zu verständigen, um Fragen zu klären, die beide in bezug auf die Therapie hatten. Garys Sorge, daß Sarah ihrem Therapeuten nicht die ganze Wahrheit darüber gesagt hatte, wie verzweifelt und hoffnungslos sie war, wurde in dem Gespräch, das sie zu dritt führten, tatsächlich bestätigt. Als der Therapeut wissen wollte, worüber Gary so besorgt sei, wandte Gary sich zuerst Sarah zu und fragte sie, ob es ihr recht sei, wenn er von gestern früh erzählte. Als sie einwilligte, erklärte Gary: «Erst gestern morgen wachte Sarah in Tränen auf. Sie war untröstlich. Sie sagte, sie wäre am liebsten tot. Manchmal habe ich furchtbare Angst, daß sie sich umbringen könnte.» Der Therapeut warf ein, daß er von diesem Ausmaß ihrer Verzweiflung nicht gewußt habe. Was dann folgte, war ein offenes Gespräch über Suizidgedanken. Der Therapeut konnte seinen vorherigen Eindruck bestätigen, daß Sarah nicht aktiv suizidal war (das heißt, nicht plante, sich umzubringen). Für Gary bedeutete diese Diskussion eine immense Erleichterung. Auch für Sarah und ihren Therapeuten war sie sehr wichtig, denn es wurde deutlich, daß ein zentraler Aspekt der Depression überhaupt noch nicht berührt worden war – aufgrund von Sarahs Schamgefühlen. Sie erklärte dem Therapeuten: «Ich habe Ihnen nicht gesagt, wie schlimm es manchmal wird, weil ich nicht hierher kommen und immer nur jammern und heulen will. Es ist mir peinlich, so zu weinen. Ich habe dann das Gefühl, mich wie ein Kleinkind zu benehmen.»

Es kann viel erreicht und verändert werden, wenn Sie über Unsicherheiten, Probleme und Fragen, die Sie – beide – in bezug auf die Therapie haben, offen miteinander sprechen. Für Sie selbst wird es leichter, den anderen in effektiver Weise zu unterstützen, und es hilft Ihnen außerdem, Ihre eigenen Reaktionen zu durchschauen und besser zu bewältigen. Sarah und Gary machten den Sprung ins Stadium der Problemlösung, indem sie lernten, über Fragen, die Sarahs Therapie betrafen, offen miteinander zu reden.

Viele der Problemstellungen und Lösungsansätze, die für Psychotherapien relevant sind, haben auch ihre Gültigkeit, wenn eine Person, die Ihnen nahesteht, mit Antidepressiva behandelt wird. Es gibt bei medizinischen Behandlungsmethoden allerdings auch spezielle Probleme, auf die wir im folgenden Kapitel eingehen werden.

-13-

Medizinische Behandlungsformen für die Depression

L inda und Harold kannten sich seit sechs Monaten; sie trafen sich oft, hatten sehr viel Spaß miteinander, und es schien so, als wären sie sehr verliebt. Aber Linda machte sich Gedanken, weil Harold überhaupt kein Interesse an Sex zeigte. Abgesehen von einem Gute-Nacht-Kuß, wenn sie sich nach einem gemeinsam verbrachten Abend trennten, hatte er nie auch nur den Versuch gemacht, sich ihr zu nähern. Als sie dieses Thema anzusprechen versuchte, wich er aus, und sie hatte den nagenden Verdacht, daß da etwas war, was er ihr nicht sagen wollte. Linda fing an zu befürchten, daß Harold sie nicht attraktiv genug fand, aber das wies er zurück. Er fühle sich sehr zu ihr hingezogen, versicherte er ihr, aber er brauche einfach mehr Zeit, bevor er sich wohl damit fühlte, sexuell intim zu werden.

Seine Erklärung trug nicht dazu bei, Lindas Bedenken zu zerstreuen. Sie erinnerte sich, daß sie über frühere Liebesbeziehungen gesprochen hatten, und bei dieser Gelegenheit hatte er erwähnt, daß er mit seiner letzten Freundin nach drei oder vier Wochen Bekanntschaft zum ersten Mal ins Bett gegangen war. Lindas Mißtrauen wuchs, und so konfrontierte sie Harold schließlich mit ihrem Eindruck, daß er etwas verschwieg, und forderte ihn auf, Farbe zu bekennen. Widerstrebend gestand er ein, daß er zu einer Notlüge gegriffen habe, weil er sich genierte, ihr den wirklichen Grund für seine sexuelle Zurückhaltung zu nennen. Er fürchtete, daß Linda vielleicht nichts mehr mit ihm zu tun haben wollte, sobald sie den wahren Grund kannte.

Harold nahm *Prozac*, ein Antidepressivum. Er wurde seit etwa einem Jahr damit behandelt und hatte während dieses gesamten Zeitraums große Schwierigkeiten gehabt, zum Orgasmus zu gelangen. Als er mit der Einnahme begann, war er noch mit seiner letzten Freundin zusammengewesen, und ihr Sexualleben war, wie er es ausdrückte, zu einem «Desaster» geworden. Harold hatte Angst, er würde wieder Orgasmusschwierigkeiten haben, wenn er mit Linda schliefe, und müßte dann erklären, was sein Problem war. Er hatte ihr erzählt, daß er manchmal niedergeschlagen und deprimiert sei, aber er hatte nie offengelegt, daß er Antidepressiva nahm. Seine Befürchtung war, daß Linda ihn für einen «kaputten Typen» halten könnte, wenn sie von der Dimension seiner Verstimmungszustände erführe. Linda versuchte, ihn zu beruhigen, und versicherte ihm, daß sie ihn keinesfalls so sähe, aber dennoch hinterließ das Gespräch in ihr neue Bedenken, neue Fragen und ernsthafte Zweifel an der Beziehung.

Linda hatte viele Fragen, und sie hätte gern mit Harold darüber gesprochen, wagte es aber nicht, weil sie seine Gefühle nicht verletzen wollte. Wie war das eigentlich, wenn man solche Medikamente nahm? Wurde man *high* davon? Machten sie abhängig? Würde er sie immer nehmen müssen? Sie hatte Harold Wein trinken sehen und fragte sich nun, ob das wirklich in Ordnung war, in Verbindung mit dem Medikament. Wenn er ein Kind zeugte, bestände dann das Risiko, daß es einen Geburtsdefekt hätte? Würde seine Persönlichkeit sich verändern, wenn er das Medikament absetzte?

Und – was Linda am meisten beschäftigte: Hätte sie sich in Harold verliebt, so wie er war, wenn er nicht unter der Einwirkung des Antidepressivums stand?

Fragen wie diese sind an der Tagesordnung und werden von Leuten, die jemanden kennen, der mit Antidepressiva behandelt wird, häufig gestellt. Ob es sich um einen Liebespartner, eine Freundin oder Verwandte, eine Kollegin oder einen Mitarbeiter handelt, es wird Sie immer beeinflussen, wenn jemand, den Sie kennen, einer Depression wegen mit Medikamenten behandelt wird. Und es wird auch Einfluß auf Ihre Beziehung haben.

Viele Menschen, die jemandem nahestehen, der Antidepressiva nimmt, machen sich über die Auswirkungen dieser Medikation Sorgen. Diese Besorgnis ist verständlich, aber oft völlig unnötig. Das beste Mittel gegen solche Bedenken ist Informiertheit. Daher werden wir Sie im folgenden mit den verschiedenen Formen der medizinischen – oder somatischen – Behandlung von Depressionen vertraut machen. Zu den medizinischen Behandlungsformen gehören eine große Zahl unterschiedlicher Medikamente sowie die Elektrokrampftherapie (EKT). Wir werden auf die am häufigsten gestellten Fragen eingehen und Ihnen dann Leitlinien an die Hand geben, als Hilfe zur Bewältigung spezieller Probleme, die in einer Beziehung auftreten können, wenn jemand einer Depression wegen medikamentös behandelt wird. Wir zeigen Ihnen auch auf, wie Sie sich selbst helfen können, bei persönlichen Problemen, denen Sie vielleicht begegnen, wenn Sie jemandem nahestehen, der Psychopharmaka nimmt.

Was Sie über Medikationen
gegen Depression wissen sollten

Alle Ärzte sind berechtigt, Psychopharmaka zu verschreiben, aber nicht alle sind darin gleichermaßen erfahren. Die Frage, wie man den richtigen Arzt findet, wird ausführlich im 14. Kapitel diskutiert. Als Faustregel gilt in jedem Fall, daß ein Psychiater der richtige Facharzt ist, um eine Behandlung mit Psychopharmaka zu überwachen. Es gibt jedoch auch viele Internisten und Ärzte für Allgemeinmedizin, die Antidepressiva verschreiben. Jeder Arzt kann eine solche Behandlung vertreten und überwachen, vorausgesetzt sein Wissen ist auf dem neuesten Stand. Trotzdem ist die Konsultation eines Facharztes für Psychiatrie immer vorzuziehen.

Sie selbst sollten sich so gründlich wie möglich informieren, unabhängig davon, bei wem Ihr geliebter Mensch in Behandlung ist. Noch wichtiger ist, daß der Mensch, der die Medikamente einnimmt, über alle notwendigen Informationen verfügt. Depressive Menschen beteiligen sich oft nicht so aktiv an den Entscheidungen über ihre Behandlung, wie es wünschenswert wäre. Wenn jemand, den Sie kennen, depressiv ist und erwägt, Antidepressiva zu nehmen, ermutigen Sie ihn, sich so eingehend wie möglich zu informieren, bevor er damit beginnt.

Die besten Informationsquellen sind: Die Rote Liste, das

Arzneimittelverzeichnis, das vom Bundesverband der Pharmazeutischen Industrie e. V. jedes Jahr neu herausgegeben wird, (D); der Austria Codex (A) sowie das Arzneimittel-Kompendium (CH). Die Verzeichnisse sind im Fachhandel erhältlich, man kann sie in öffentlichen Bibliotheken einsehen, und jeder Arzt hat sie auf seinem Schreibtisch. Sie enthalten präzise Informationen über die Zusammensetzung von Medikamenten, Anwendungsgebiete und Anwendungsmodi, Wechselwirkungen mit anderen Medikamenten und mögliche Nebenwirkungen. Obwohl das Arzneimittelverzeichnis für die Allgemeinheit bestimmt ist, sind die Fach- und Sachinformationen, die es enthält, in einer wissenschaftlichen Terminologie abgefaßt, in die man sich erst einlesen muß. Für Laien kann es außerdem schwierig sein, die Fülle der Informationen zu verdauen und zu interpretieren. Manchen Leser erfaßt das kalte Grauen, wenn er sich mit der eindrucksvollen Liste von Nebenwirkungen konfrontiert sieht, die bei manchen Medikamenten beobachtet wurden. Vergessen Sie vor allem nicht, daß diese Nebenwirkungen *möglich* sind, daß sie nur in einer gewissen Anzahl von Fällen auftreten (die im Arzneimittelverzeichnis außerdem klassifiziert werden: häufig, selten, in sehr seltenen Fällen), und keinesfalls zwangsläufig auftreten müssen.

Um Ihnen den Überblick zu erleichtern, führen wir die zur Behandlung von Depressionen am häufigsten verwendeten Psychopharmaka hier in Form einer Tabelle auf. Sie lassen sich im wesentlichen in vier Hauptkategorien einordnen: Tri- und tetracyclische Antidepressiva, Monoaminoxidase- (oder MAO)-Hemmer, Psychostimulantien und Neuroleptika. Wir führen in der Tabelle die häufigsten Nebenwirkungen auf; es können jedoch auch Probleme auftreten, die hier nicht aufgelistet sind.

Der größte Teil dieses Kapitels ist der medizinischen Behandlung von Depressionen im allgemeinen gewidmet. Eine Besonderheit wollen wir an dieser Stelle jedoch hervorheben, nämlich die Behandlung der manisch-depressiven Störung. Da manische Episoden ein charakteristisches Merkmal dieser Störung sind, und da die Stimmungsschwankungen gewissermaßen bis zu den beiden entgegengesetzten Polen des emotionalen Spektrums ausschlagen, können zwei sehr unterschiedliche Arten von

Antidepressiva: Handelsnamen, Indikationen, Nebenwirkungen

(Internationale Kurzbezeichnungen in Klammer, Auswahl der üblichsten Substanzen und ihrer Nebenwirkungen, ohne Anspruch auf Vollständigkeit)

Deutschland	Österreich	Schweiz	Indikation[a]	anticholinerg[b]	initial sedierend	Schwindel	Herz-/Kreis-laufstörungen	Schlafstö-rungen	Sucht-potential
Trizyklika									
Amineurin, Amitriptylin-neuraxpharm, Laroxyl, Novoprotect, Saroten, (Amitriptylin)	Limbitrol, Pantrop, Saroten, Tryptizol	Limbitrol, Saroten, Tryptizol	D	✓✓✓	✓✓	✓✓	✓✓	—	—
Anafranil, Clomipramin-neuraxpharm (Clomipramin)	Anafranil	Anafranil	D	✓✓	✓✓	✓✓	✓✓	✓✓	—
Pertofran, Petytyl (Desipramin)	Pertofran,	Norpramin, Pertrofane	D	✓	✓	✓✓	✓✓	✓✓	—
Noveril (Dibenzepin)	Noveril	Noveril	D	✓	—	✓	✓	✓	—
Idom (Dosulepin)	Harmomed, Xerenal	Protiaden	D	✓✓✓	✓✓	✓✓	✓✓	✓✓	—
Aponal, Doxepin-neuraxpharm, Sinquan (Doxepin)	Sinequan	Sinequan	D	✓✓✓	✓✓✓	✓✓	✓✓	✓	—
Imipramin-neuraxpharm,	Tofranil	Tofranil	D	✓✓	✓	✓✓	✓✓	✓	—

(Wirkstoff)									
Pryleugan, Tofranil (Imipramin)				✓	—	✓✓	✓✓	✓✓	—
Gamonil (Lofepramin)	Gamonil Tymelit	Gamonil	D	✓✓	✓✓	✓✓	✓✓	✓	—
Aneural, Deprilept, Ludiomil, Mapro-GRY, Maprolu, Maprotilin, Psymion (Maprotilin)	Ludiomil	Ludiomil	D	✓				✓	—
Nortrilen (Nortriptylin)	Nortrilen	Nortrilen	D	✓✓	✓	—	✓	✓	—
Insidon (Opipramol)	Insidon	Insidon	D	✓	✓✓✓	✓	✓	✓	—
Herphonal, Stangyl, Trimipramin-neuraxpharm (Trimipramin)	Stangyl	Surmontil	D	✓✓	✓✓	✓✓	✓✓	✓	—
MAO									
Aurorix (Moclobemid)	Aurorix	Aurorix	D,A	✓	—	✓	—	✓✓	—
Parnate (Tranylcypromin)	Jatrosom	—	D,A	—	—	✓	✓✓	✓✓✓	—
SSRI und andere									
Cipramil (Citalopram)	Seropram	Seropram	D	—	—	✓✓	✓	✓✓	—
Fluctin, Fluoxetin (Fluoxetin)	Fluctine	Fluctine	D	—	—	—	—	✓✓	—

303

Deutschland	Österreich	Schweiz	Indikation[a]	anticholinerg[b]	initial sedierend	Schwindel	Herz-/Kreislaufstörungen	Schlafstörungen	Sucht-potential
Fevarin[c] (Fluvoxamin)	Floxyfral	Floxyfral	D	—	—	✓✓	—	✓✓	—
Seroxat[c], Tagonis[c] (Paroxetin)	Seroxat	Deroxat	D	✓	✓✓	✓✓	—	✓✓	—
Gladem[c], Zoloft[c] (Sertralin)	Gladem, Tresleen	Gladem, Zoloft	D	—	✓✓	✓✓	✓	✓✓	—
Tolvin, Hepacem, Mianserin, Prisma (Mianserin)	Tolvon	Tolvon	D	—	✓✓✓	—	✓	—	—
Thombran (Trazodon)	Trittico	Trittico	D	—	✓✓✓	✓✓	✓✓	✓	—
Trevilor (Venlafaxin)	Efexor	Efexor	D	—	—	✓✓	✓✓	✓✓	—

Nebenwirkungen: ✓ = selten, ✓✓ = gelegentlich, ✓✓✓ = häufig, — = keine, oder nahezu keine

a: D = depressive Episode, rezidivierende depressive Episoden, A = sonstige depressive Episode («atypische Depression»). Bei Depressionen im Rahmen einer bipolaren Störung wird vorzugsweise ein Phasenprophylaktikum wie z. B. Lithium mit einem Trizyklikum, einem MAO-Hemmer oder Fluvoxamin kombiniert.
b: Mundtrockenheit, Verstopfung, Sehstörungen (Akkomodationsstörungen), Harnverhaltung
c: Selektive Serotonin-wiederaufnahme-Hemmer

Quellenangabe: Rote Liste 1997 (D), Austria Codex 1995/1996 (AU), Arzneimittel-Kompendium (CH)

Medikation angezeigt sein. Antidepressiva und stimmungsstabilisierende Medikamente (Lithium und diverse Antikonvulsiva, die ursprünglich zur Behandlung von Epilepsie entwickelt wurden) werden während der akuten Phasen der Erkrankung oft in Kombination verwendet.

Eine Behandlung mit Lithium erfordert eine konstante Überwachung des Lithiumspiegels im Blut. Lithium – in Kombination mit einem Trizyklikum, einem MAO-Hemmer oder Fluvoxamin – ist bei der Behandlung der manisch-depressiven Störung sehr effizient. Da sich das so verhält, wäre es ärztliches Versagen, bei einem manisch-depressiven Patienten auf die Behandlung mit einem dieser Mittel zu verzichten, vorausgesetzt es liegen keine bekannten gesundheitlichen Risiken wie Allergien oder bekannte Überempfindlichkeitsreaktionen vor. Die Behandlung für das depressive Ende des Spektrums wird ebenfalls durch stimmungsstabilisierende Medikamente unterstützt, aber nur während der Erhaltungsphase der Therapie (wenn die Depression im Abklingen begriffen ist). Während der akuten Phase, wenn ein bipolarer Patient depressiv ist, werden Antidepressiva häufig in Kombination mit einem stimmungsstabilisierenden Medikament eingesetzt.

Die folgenden Leitlinien haben wir mit gewissen Modifikationen aus dem Standardwerk «The Essential Guide to Psychiatric Drugs» von Jack Gorman übernommen. (Für die deutsche Ausgabe wurden sie entsprechend durchgesehen und ergänzt.) Wir gehen dabei von der Voraussetzung aus, daß die Entscheidung für eine medikamentöse Behandlung getroffen wurde. Da wir die Umstände, unter denen wir eine Behandlung mit Psychopharmaka allein oder in Verbindung mit Psychotherapie empfehlen würden, bereits im 12. Kapitel diskutiert haben, kommen wir an dieser Stelle nicht noch einmal darauf zurück. Falls für Sie noch Fragen offen sind, können Sie sich an den Informationen, die wir dort präsentierten, orientieren.

Empfohlener Behandlungsplan für die klinische Depression

1. Ausschließen physischer Krankheiten, die depressive Symptome verursachen könnten
2. Sorgfältige Evaluierung des Suizidpotentials; Hospitalisierung, wenn nötig
3. Bei Patientinnen und Patienten über 50 Jahre vorsorglich EKG; manche Medikationen können in manchen Fällen die Herztätigkeit beeinflussen
4. Beginn einer Therapie mit einem SSRI oder Efexor (D: Trevilor)
5. Anfangs niedrig dosieren und allmählich steigern, bis zum therapeutischen Niveau
6. Vier bis sechs Wochen abwarten, ob die erwünschte Wirkung eintritt; wenn keine Reaktion erfolgt, sollten andere Formen der Medikation als primäre oder unterstützende Therapie in Erwägung gezogen werden.

Empfohlener Behandlungsplan für die manisch-depressive Störung

1. Ausschließen physischer Krankheiten, die depressive Symptome verursachen könnten
2. Sorgfältige Evaluierung des Suizidpotentials; Hospitalisierung, wenn nötig
3. Bei Patientinnen und Patienten über 50 Jahre vorsorglich EKG; manche Medikationen können in manchen Fällen die Herztätigkeit beeinflussen
4. Beginn einer Therapie mit Lithium sowie einem Antidepressivum
5. Beobachten, ob sich Anzeichen von Manie einstellen
6. Absetzen des Antidepressivums, sobald die Depression abklingt; die Lithiumbehandlung sollte jedoch kontinuierlich und auf Dauer fortgesetzt werden, um künftigen Depressionen und manischen Episoden vorzubeugen

Empfohlener Behandlungsplan für die psychotisch-depressive Störung

1. Ausschließen physischer Krankheiten, die depressive Symptome verursachen könnten
2. Sorgfältige Evaluierung des Suizidpotentials; Hospitalisierung ist in vielen Fällen angezeigt
3. Bei Patientinnen und Patienten über 50 Jahre vorsorglich EKG; manche Medikationen können in manchen Fällen die Herztätigkeit beeinflussen
4. Beginn einer Therapie mit einem tricyclischen Antidepressivum und einem antipsychotischen Medikament
5. Vier bis sechs Wochen abwarten, ob die erwünschte Wirkung eintritt; das antipsychotische Mittel sollte abgesetzt werden, wenn die Halluzinationen oder Wahnvorstellungen vollständig aufgelöst sind
6. Wenn keine Reaktion erfolgt, kann Elektrokrampftherapie (EKT) in Erwägung gezogen werden

Empfohlener Behandlungsplan für atypische Depression oder Dysthymie

1. Ausschließen physischer Krankheiten, die depressive Symptome verursachen könnten
2. Beginn einer Therapie mit SSRI oder Efexor (D: Trevilor)
3. Anfangs gering dosieren und allmählich steigern, bis zum therapeutischen Niveau
4. Zusätzlich sollte eine Psychotherapie in Erwägung gezogen werden

Die häufigsten Fragen über Psychopharmaka

Es ist nur allzu verständlich, daß man beunruhigt ist und viele Fragen hat, wenn jemand, der einem nahesteht, Psychopharmaka nimmt. Einige der Fragen, die am häufigsten gestellt werden, finden Sie weiter unten beantwortet; denken Sie aber daran, daß *jede* Frage, die Sie haben, ganz gleich, wie trivial sie Ihnen selbst oder anderen erscheinen mag, wichtig ist. Wenn wir Ihre

Frage(n) hier nicht angesprochen haben, zögern Sie nicht, sich damit an den Arzt zu wenden, der Ihren geliebten Menschen behandelt.

Lösen Antidepressiva Rauschzustände aus? Nein. Antidepressiva sind dazu bestimmt, Depressionszustände zu mildern, oder auch künftigen depressiven Episoden vorzubeugen. Gewisse Psychostimulantien können allerdings Euphorie hervorrrufen. Psychostimulantien (die im pharmazeutischen Sinn keine Antidepressiva sind) werden manchmal benutzt, um atypische oder therapieresistente Depressionen zu behandeln. Sie sollten aber Patienten vorbehalten bleiben, die keine Reaktion auf verschiedene andere Formen der antidepressiven Medikation sowie auch auf Psychotherapie gezeigt haben.

Kann man traurig sein, wenn man Antidepressiva nimmt? Ja. Leute, die Antidepressiva nehmen, durchleben immer noch das normale Spektrum von Emotionen. Sie weinen, lachen, werden wütend, haben Angst – genau wie alle anderen auch. Manche Patientinnen und Patienten, insbesondere solche, die an manisch-depressiven Störungen leiden, klagen während einer medikamentösen Therapie, wenn eine akute depressive oder manische Episode abzuklingen beginnt, darüber, daß ihre Emotionen ihnen flach oder gedämpft erscheinen. Gewöhnlich gründet sich diese Wahrnehmung aber auf den Unterschied zu den vorher bestehenden extremen, pathologischen Gefühlszuständen wie der Manie oder der schweren Depression und nicht auf dem Verlust der normalen Höhe- und Tiefpunkte im Gefühlsleben.

Verändern Antidepressiva die Persönlichkeit? Nein. Aber die Antwort auf diese Frage hängt davon ab, wie Sie »Persönlichkeit« definieren. Aus psychologischer Sicht bezieht der Begriff »Persönlichkeit« sich auf lange bestehende, stabile Charakterzüge, Merkmale oder Eigenarten, die in der Kindheit hervortreten und – mit den entwicklungsbedingten Modifikationen und Varianten – ein Leben lang bestehen bleiben. Wenn jemand monate- oder sogar jahrelang depressiv oder manisch war, können wir solche zeitweiligen pathologischen Stimmungszustände irrtümlich für dauerhafte Persönlichkeitsmerkmale halten. Wenn die Störung dann erfolgreich behandelt wird, kann es so erscheinen, als habe eine Veränderung der Persönlichkeit stattgefunden. Der gewöhnlich tief pessimistische Freund, Partner oder Angehörige wird plötzlich (im Lauf von vier bis sechs Wochen) heiterer und hoffnungsvoller. Aber was sich verändert, ist der zeitweilige Verstimmungszustand, nicht die Merkmale, die die Persönlichkeit ausmachen.

Können Antidepressiva die Fortpflanzungsfähigkeit beeinträchtigen oder beim Fetus Mißbildungen hervorrufen? Nein, vorausgesetzt, die Frau setzt das Medikament ab, bevor sie versucht, schwanger zu werden. Über mögliche Langzeitwirkungen von Antidepressiva, die bei einer Schwangerschaft zu Komplikationen führen könnten, ist bisher nichts bekannt. Es wird aber grundsätzlich dringend empfohlen, daß Frauen im Fall einer Schwangerschaft das Medikament so früh wie möglich absetzen, weil wir nicht wissen, ob der Fetus in irgendeiner Weise geschädigt werden könnte. Da es so gut wie unmöglich ist, Studien über diese Zusammenhänge durchzuführen, verfährt man nach dem gesunden Menschenverstand – sicher ist sicher! Idealerweise sollte eine Frau, die ein Kind haben will, das Antidepressivum absetzen, bevor sie versucht, schwanger zu werden. Das sollte immer in Absprache mit dem behandelnden Psychiater geschehen. In manchen Fällen, wenn Antidepressiva prophylaktisch gegeben werden, um eine schwere rekurrente Depression in Schach zu halten (d. h. eine wiederkehrende Depression mit begleitendem Suizidrisiko oder schweren sozialen Dysfunktionen), müssen die potentiellen Risiken und Vorteile des Absetzens der Medikation sorgfältig gegeneinander abgewogen werden.

Wie lange dauert es, bis Antidepressiva Wirkung zeigen? Jeder Mensch ist anders. Bei manchen Menschen kann es monatelang dauern, bis sich eine Wirkung zeigt, während andere nach nur wenigen Wochen eine Milderung ihrer Symptome registrieren. Wissenschaftliche Untersuchungen über diese Zusammenhänge haben gezeigt, daß es für das Einsetzen der therapeutischen Wirkung bestimmte typische Zeiträume gibt, die wir als adäquate

Probezeit bezeichnen. Erst wenn sich nach Ablauf dieser Periode – die sich gewöhnlich um etwa sechs Wochen bewegt – keine Wirkung zeigt, sollte man davon ausgehen, daß ein bestimmtes Medikament ungeeignet ist. Fragen Sie den behandelnden Arzt, mit welcher Anlaufzeit man bei dem Medikament, das Ihrem geliebten Menschen verordnet wurde, rechnet.

Wenn ein Medikament nicht wirkt, sollte man es dann mit einem anderen versuchen? Ja. Studien haben den Nachweis erbracht, daß Menschen unterschiedlich auf verschiedene antidepressive Medikationen reagieren. Wenn ein bestimmtes Mittel nach einer angemessenen Probezeit keine Wirkung zeigt, sollte ein anderes ausprobiert werden.

Können Menschen dadurch, daß sie Antidepressiva einnehmen, suizidal werden? Nein. Vielleicht haben Sie entsprechende Berichte in den Medien gelesen, aber diese Frage wurde wissenschaftlich untersucht, und es gibt absolut keine Anhaltspunkte dafür, daß dies zutrifft. Einige Fachleute gehen allerdings davon aus, daß Menschen, die zu Suizidideen neigen, stärker gefährdet sind, tatsächlich Suizidversuche zu unternehmen, wenn ihre Depression im Abklingen begriffen ist. Das gilt insbesondere für die Anfangsphasen einer Behandlung mit SSRIs, die gewöhnlich schneller wirken als andere Antidepressiva. Wir haben festgestellt, daß manche Menschen, bei denen zuvor eine Suizidneigung bestand, sich weniger energielos und mental wacher und beweglicher fühlen, wenn sie mit einer Medikation beginnen. Ihre Dysphorie, ihre negative Selbsteinschätzung und ihr Pessimismus bleiben aber dennoch weiter bestehen. Sie gehen irrtümlich davon aus, daß die Medikamente «geholfen» haben soweit es eben möglich ist, und daß keine weitere Verbesserung zu erwarten ist. Mit diesem gesteigerten Pessimismus – und dem erhöhten Energieniveau – sind sie einem größeren Risiko ausgesetzt, ihre suizidalen Ideen auszuagieren. Wenn Ihr geliebter Mensch sich in einer ähnlichen Situation befindet, versuchen Sie, ihm Einsicht in diese Zusammenhänge zu vermitteln, und ermutigen Sie ihn, die angemessene Anlaufzeit für das Medikament abzuwarten, bevor er zu dem Schluß kommt, daß es nicht hilft. Weisen Sie ihn oder sie auch auf die Tatsache hin, daß nicht alle Menschen gleich reagieren, und daß es sinnvoll ist, ein anderes Mittel zu erproben, wenn ein erstes keine befriedigende Wirkung gezeigt hat.

Wie lange sollte die Einnahme eines Medikaments, das Wirkung zeigt, fortgesetzt werden? Die meisten Psychiater empfehlen die Fortsetzung einer erfolgreichen Medikation über einen Zeitraum von mindestens sechs Monaten. Bei schweren rekurrenten Depressionen wird manchmal auch empfohlen, die Einnahme auf unbestimmte Zeit fortzusetzen.

Kann man Alkohol trinken, wenn man Antidepressiva nimmt? Ja. Aber in Maßen. Wie wir im 10. Kapitel zeigten, kann Alkoholkonsum zur Verschlimmerung von Depressionen führen. Viele Ärzte sagen ihren Patienten, daß moderater Alkoholkonsum kein Problem ist, wenn sie Antidepressiva einnehmen. »Moderat« kann aber ein sehr weiter Begriff sein, insbesondere für jemanden, der Alkohol jahrelang als Selbstmedikation für eine Depression eingesetzt hat. Der beste Weg ist, dem behandelnden Psychiater offen und ehrlich zu sagen, wieviel Alkohol man tatsächlich trinkt. Wenn Ihr geliebter Mensch sich weigert, offen über dieses Thema zu sprechen, ist es für ihn wahrscheinlich empfehlenswert, ganz auf Alkohol zu verzichten. Es ist generell zu empfehlen, mit Alkohol sehr zurückhaltend zu sein, wenn man Antidepressiva nimmt, denn wie wir wissen, kann Alkoholkonsum eine Depression maskieren und/oder verschlimmern. Bei der Einnahme von MAO-Hemmern sind gewisse diätetische Einschränkungen zu beachten. Wenn Ihr geliebter Mensch MAO-Hemmer einnimmt, sollte er unter keinen Umständen Rotwein trinken, weil dieser Medikamententypus negativ mit Tyramin interagiert, einer Aminosäure, die in vielen Nahrungsmitteln, gewissen Biersorten und Rotwein enthalten ist. Die negative Wechselwirkung kann Hypertoniekrisen auslösen, die mit krampfartigen Schmerzen in der Brust, Übelkeit und Erbrechen einhergehen und manchmal sogar zum Tod führen.

Elektrokrampftherapie (Elektroschocktherapie). (Ein deutsches Standardwerk, das *Klinische Wörterbuch* von Pschyrembel, definiert Elektroschocktherapie [oder Elektrokonvulsionstherapie] als «umstrittene Behandlungsmethode mit sehr engem Indikationsbereich, bei der durch Anwendung von elektrischem Strom generalisierte Krampfanfälle erzeugt werden; früher bei Psychose, insbesondere Depression und katatoner Schizophrenie, heute nur noch sehr selten angewendet.» Pschyrembel, S. 385)

In den USA wird EKT heute neu bewertet. Nach der Auffassung der Autoren ist EKT zweifellos die am meisten mißverstandene Behandlungsmethode für Depressionen. Wir alle wachsen mit dem Wissen auf, daß Elektroschocks gefährlich sind. Wir kaufen spezielle Kindersicherungen, um zu verhindern, daß Kinder ihre Finger oder irgendwelche Metallobjekte in Steckdosen stecken. Die meisten von uns scheuen davor zurück, schadhafte elektrische Leitungen selbst zu reparieren, aus Angst, einen Stromstoß abzukriegen. Bei Gewittern meiden wir bestimmte Bäume, wenn wir im Freien sind, aus Angst, vom Blitz getroffen zu werden. Warum sollten wir also zulassen, daß ein geliebter Mensch absichtlich Stromstößen ausgesetzt wird? Außerdem wurden uns Elektroschockbehandlungen in populären Filmen wie «Einer flog über das Kuckucksnest» als wahre Horrorvisionen präsentiert. Wenn das alles ist, was wir über EKT wissen, müßten wir in der Tat verrückt sein, einer solchen Methode zuzustimmen.

In Wahrheit verhält es sich aber anders. EKT ist heute eine sichere, ungefährliche Methode und kann bei gewissen Formen der Depression die Therapie der Wahl sein. Es wird Sie vielleicht überraschen, daß EKT bei schweren klinischen Depressionen bei weitem die erfolgreichste Behandlungsmethode ist. Die Genesungschancen liegen bei 90 %. In Fällen, in denen eine rasche Auflösung der Depression angezeigt ist, wie bei Personen, die die Nahrung verweigern und extrem unterernährt sind, kann EKT die Methode der Wahl sein. Außerdem haben seriöse Untersuchungen den Nachweis erbracht, daß EKT bei psychotisch-depressiven Störungen und Depressionen, die weder auf Psychotherapie noch auf Medikation ansprechen, die beste Behandlungsmethode ist.

Hier einige Antworten auf verbreitete Fragen über EKT:

Schädigt EKT das Gehirn? Nein. Es gibt absolut keine Anhaltspunkte dafür, daß EKT zu Gehirnschäden führt. Dieses Problem wurde von Wissenschaftlern ausgiebig erforscht.

Welche Nebenwirkungen treten bei EKT auf? Der hauptsächliche Nebeneffekt ist ein kurzfristiger Gedächtnisverlust, der sich in der Regel nur auf Ereignisse bezieht, die der Behandlung unmittelbar vorangingen. Nach mehreren Behandlungen kann sich bei Patienten jedoch auch eine Amnesie einstellen, die sich auf länger zurückliegende Ereignisse bezieht. Zahlreiche wissenschaftliche Untersuchungen haben nachgewiesen, daß bei der überwiegenden Mehrheit der Patienten das Erinnerungsvermögen in einem Zeitraum von etwa vier Wochen nach der Behandlung vollständig wiederhergestellt ist. Andere Studien zeigten, daß der Gedächtnisverlust auf ein Minimum reduziert werden kann, wenn man die richtige Form der EKT wählt. Ebenso wie bei Medikamenten gibt es auch bei der EKT unterschiedliche Typen und unterschiedliche Dosierungen. Die Art und die Intensität der Nebenwirkungen kann sich zum Beispiel stark unterscheiden, je nachdem, ob unilaterale (eine Gehirnhälfte betreffende) oder bilaterale (beide Gehirnhälften betreffende) EKT angewendet wird. Auch der gewählte Frequenzbereich des elektrischen Stroms hat Einfluß darauf, wie leicht Gehirnkonvulsionen ausgelöst werden können. Es hat sich gezeigt, daß Gehirnkonvulsionen unentbehrlich sind, um einen therapeutischen Effekt zu erreichen. Da EKT unter Anästhesie angewandt wird, beschränkt sich der Krampfanfall auf das Gehirn und löst in anderen Körperteilen keine Konvulsionen aus. Weitere Nebenwirkungen der EKT sind jene, die gewöhnlich mit der Anästhesie verbunden sind, und bei jeder Prozedur, die eine Narkose erfordert, auftreten würden.

Wenn Sie dennoch Bedenken haben, empfehlen wir Ihnen, Kontakt mit Beratungsstellen, Ärzten oder Psychotherapeuten aufzunehmen. Sie sind es sich selbst und Ihrem geliebten Menschen schuldig, sich so eingehend wie möglich über die Fakten zu informieren. Nur so können Sie eine aufgeklärte Entscheidung für oder gegen diese Behandlungsmethode treffen.

Empfindet die Person, die einer EKT unterzogen wird, Schmer-
zen? Nein. Vor vielen Jahren, als Elektroschocktherapie ohne
Anästhesie angewandt wurde, war sie in der Tat mit erheblichen
Schmerzen verbunden. Aber die moderne EKT, die von einem
Anästhesisten überwacht wird, löst keine körperlichen Krämpfe
und damit verbundene Verletzungen oder Schmerzen aus. Tatsächlich sind die physischen Auswirkungen so minimal, daß
EKT sogar ambulant durchgeführt werden kann. Nach der Behandlung fühlen manche Patienten sich für den Rest des Tages
müde und benommen, wegen der Narkose und der EKT selbst.

Wann sollte EKT in Erwägung gezogen werden? Die meisten
Fachleute sind sich darüber einig, daß EKT nur dann in Erwägung gezogen werden sollte, wenn zuvor eine Psychotherapie
versucht wurde und erfolglos geblieben ist, und wenn mehrere
sorgfältig ausgewählte medikamentöse Therapien versagt haben. Die Anästhesie, die für eine EKT erforderlich ist, stellt natürlich immer ein gewisses Risiko dar. Außerdem reagieren die
meisten Menschen, Fachleute wie Laien, nach wie vor mit großen Bedenken, Ängsten und Unsicherheiten auf diese Form der
Behandlung. Trotz ihrer Effizienz wird EKT daher in aller Regel
nur dann empfohlen, wenn alle anderen Mittel versagt haben.
Wenn eine Depression wegen anderer Gesundheitsrisiken
schnell zum Abklingen gebracht werden muß oder wenn eine
psychotisch-depressive Störung vorliegt, kommt EKT als Methode der Wahl in Frage.

Medikamentöse Behandlungsformen für die Depression und Ihre Beziehung

Wenn ein Mensch, den wir lieben, schwer krank und in ärztlicher
Behandlung ist, sind wir gewöhnlich zwischen Ängsten und
Hoffnungen hin- und hergerissen. Um welche Art der Erkrankung es sich auch handeln mag, wir machen uns Sorgen, daß der
andere sich vielleicht nie wieder vollständig erholt, oder wir machen uns Illusionen und erwarten ein Wunder oder eine Patent-
lösung von der Behandlung. Das verhält sich auch nicht anders,
wenn jemand einer Depression wegen medikamentös behandelt

wird. Aber es gibt dennoch einen Unterschied zu anderen, vor allem physischen Erkrankungen, denn die Behandlung einer Depression kann zu speziellen Problemen in Beziehungen führen. Scham, Angst, Unwissenheit und veraltete Vorstellungen können in Beziehungen, in denen einer der Partner mit Antidepressiva behandelt wird, erhebliche Konflikte auslösen.

Harold machte aus Scham ein Geheimnis daraus, daß er Antidepressiva nahm, und er wußte nichts über alternative medikamentöse Therapien, bei denen das Problem der Anorgasmie nicht aufgetreten wäre. Das hielt ihn in seiner Beziehung zu Linda auf Distanz und sorgte für Konflikte. Harold hatte sich keine Gedanken darüber gemacht, wie die Tatsache, daß er Antidepressiva nahm, sich auf sein Selbstgefühl auswirkte. Wenn er sich ein wenig Raum gegeben hätte, darüber zu reflektieren, wäre ihm vielleicht bewußt geworden, daß er sich schämte und minderwertig fühlte. Harolds Einstellung war von den überkommenen Vorurteilen unserer Gesellschaft in bezug auf psychische Erkrankungen und ihre Behandlung geprägt. Im Licht dieser überholten Vorstellungen sah er sich selbst als «kaputt» und minderwertig an, aber er hätte sich auch ganz anders betrachten können: nämlich als reife, autonome Persönlichkeit, die eine selbstbestimmte Entscheidung trifft, Hilfe zu suchen, wenn sie erkennt, daß sie ein Problem nicht aus eigener Kraft lösen kann.

Linda zerbrach sich den Kopf über Fragen, die durch sachliche Informationen leicht zu klären gewesen wären. Ihre Ängste brachten sie dazu, ihre Gefühle für Harold in Zweifel zu ziehen und sich zu fragen, ob sie sich in den «echten» Harold verliebt hatte oder in eine «unechte», durch ein Medikament beeinflußte Harold-Version. Da sie wahrnahm, wie peinlich es Harold war, daß er Antidepressiva nahm, konnte sie sich nicht überwinden, mit ihm über ihre Bedenken zu sprechen. Die Katze war aus dem Sack, aber das machte es nicht besser. Linda und Harold waren in einem Teufelkreis von Scham und Angst gefangen. Beide scheuten davor zurück, das Thema offen zu diskutieren, denn sie fürchteten, alles noch schlimmer zu machen. Sie hatten das Konflikt- und Reaktionsstadium hinter sich gelassen und einiges an nützlichen Informationen über die Depression und ihre Behandlung gesammelt, aber sie hatten sich noch nicht die Kommunikationsstrategien angeeignet, die es ihnen ermöglicht hätten, den Sprung ins Problemlösungsstadium zu vollziehen.

Versuchen Sie, die folgenden Leitlinien im Auge zu behalten, wenn jemand, der Ihnen nahesteht, mit Antidepressiva behandelt wird oder eine solche Behandlung in Erwägung zieht.

Sammeln Sie soviel Wissen wie möglich über die medikamentöse Behandlung von Depressionen. Wenn Sie nach der Lektüre dieses Buches weitere Fragen haben, verweisen wir Sie auf die Literaturempfehlungen im Anhang. Informieren Sie sich so eingehend wie möglich, so ersparen Sie sich selbst und Ihrem geliebten Menschen unnötige Mißverständnisse.

Seien Sie realistisch in Ihren Erwartungen. Verständlicherweise wünschen viele Menschen sich sofortige Erleichterung und werden unruhig und ungeduldig, wenn sich nach zwei oder drei Wochen noch keine Besserung zeigt. Unserer Erfahrung nach brechen viele Patientinnen und Patienten eine medikamentöse Therapie vorzeitig ab, weil sie in bezug auf die Zeit, die es braucht, bis ein Medikament Wirkung zeigt, unrealistische Vorstellungen haben. Das ist aus zwei Gründen sehr nachteilig: Erstens erfährt die depressive Person keine Besserung ihrer Symptome, obwohl das mit etwas mehr Geduld sehr wohl möglich gewesen wäre, und zweitens weckt der vermeintliche Mißerfolg in ihr vielleicht die Vorstellung, daß dieses spezielle Medikament, oder Medikamente überhaupt, ihr nicht helfen können. Gehen Sie sicher, daß Sie über das gesamte Spektrum der Reaktionszeit informiert sind, und nicht nur über die durchschnittliche Anlaufzeit. Sobald Sie wissen, wo die Obergrenze liegt, ermutigen Sie Ihren geliebten Menschen, die Einnahme des Mittels solange fortzusetzen, bis die Kriterien für eine angemessene Probezeit erfüllt sind.

Geben Sie bedingungslose Unterstützung. Vermitteln Sie der depressiven Person in Ihrem Leben, wie erfreut Sie sind, daß sie konstruktive Schritte unternimmt, um ihre Depression zu bewältigen. Teilen Sie Ihr Wissen über medikamentöse Therapien mit dem anderen und ermutigen Sie ihn, darüber zu sprechen, welche Gefühle er oder sie im Hinblick auf diese Behandlung hat.

Wenn Sie selbst eine negative Einstellung zu Psychopharmaka haben, wird es Ihnen sehr schwer fallen, den anderen bedingungslos zu unterstützen. Wenn Sie gründlich informiert sind, werden Sie das Potential von Medikationen, depressive Symptome zu lindern, aber vermutlich schätzen lernen und erkennen, daß eine solche Behandlung sehr sinnvoll sein kann.

Bringen Sie Ihre Gefühle in bezug auf die Behandlung zum Ausdruck. Teilen Sie dem anderen Ihre Ängste und Bedenken mit. Wenn Sie Fragen haben, die er oder sie nicht beantworten kann, bemühen Sie sich gemeinsam, die Antworten zu finden. Versuchen Sie, an jedes Gespräch über Ihre negativen Gefühle in bezug auf die Medikation mit einer offenen, unvoreingenommenen Einstellung heranzugehen. Linda konnte sich schließlich öffnen und Harold von ihren Ängsten erzählen, daß sie ihn vielleicht nicht kannte, «wie er wirklich war», und daß sie sich vielleicht in eine «künstliche» Harold-Version verliebt hatte. Linda eröffnete das Gespräch auf eine nichtbedrohliche Weise – «Ich habe nie jemanden kennengelernt, der mit Antidepressiva behandelt wurde, und ich habe wirklich wenig Ahnung von diesen Dingen. Ich glaube, ich hänge da noch an Vorstellungen, die ich aus alten Horrorfilmen übernommen habe, daß jemand sich durch eine Droge in eine andere Persönlichkeit verwandelt. Aber wie ist es wirklich? Wie fühlt es sich für dich an?» –, und so konnte Harold sie beruhigen und ihr versichern, daß sich seine Persönlichkeit durch das Medikament keineswegs verändert habe, sondern daß er – ganz im Gegenteil – zum ersten Mal seit langer Zeit wieder das Gefühl habe, er selbst zu sein. Einige Monate später stellte Linda Harolds Schwester dieselbe Frage, und diese bestätigte den Eindruck, den Harold selbst gewonnen hatte.

Beziehen Sie Nebenwirkungen oder therapeutische Wirkungen des Medikaments nicht auf sich selbst. Linda faßte Harolds scheinbares Desinteresse an Sex als persönliche Zurückweisung auf. Das ist keine ungewöhnliche Reaktion. Viele Menschen beziehen gewisse Nebenwirkungen von Antidepressiva auf sich selbst, aus dem Irrglauben heraus, daß sie die Schuld an irgendeinem Hindernis oder einer Einschränkung tragen oder daß diese Dinge etwas Nachteiliges über die Beziehung aussagen. Manch-

317

mal werden sogar therapeutische Effekte der Medikation persönlich genommen. Manche Eltern erzählten uns zum Beispiel, daß sie sich als Versager fühlten, als bei ihren Kindern aufgrund einer medikamentösen Behandlung eine Besserung eintrat, weil eine Handvoll Pillen für ihr Kind etwas tun konnte, was sie trotz all ihrer liebevollen Bemühungen nicht vermocht hatten. Aber wie Sie mittlerweile wissen, sind Depressionen ernstzunehmende Erkrankungen, denen auch biologische Faktoren zugrundeliegen. Selbst die liebevollsten und engagiertesten Eltern können eine klinische Depression nicht heilen, nur eine adäquate Behandlung kann das leisten.

Nehmen Sie Hilfe in Anspruch. Wenn Sie Fragen in bezug auf die Behandlung haben, die Ihr geliebter Mensch erhält, fragen Sie ihn, ob es ihm recht ist, wenn Sie mit seinem Psychiater sprechen, weil sie sich über seine Therapie besser informieren wollen. Machen sie dem anderen klar, daß sie diese Informationen ebensosehr um Ihrer selbst willen wie um seinetwillen einholen möchten. Wenn Sie über die Einzelheiten der Behandlung und über mögliche Nebenwirkungen des Mittels im Bilde sind, verringert sich das Risiko, daß es zwischen Ihnen und der geliebten Person zu Mißverständnissen kommt.

Arbeiten Sie als Team zusammen. Wenn ein depressiver Mensch, der Ihnen nahesteht, erwägt, sich einer medikamentösen Therapie zu unterziehen, sollten Sie darauf schauen, daß Sie *beide* so eingehend wie möglich über die Vor- und Nachteile jeder vorgeschlagenen Behandlungsoption informiert sind. Arbeiten Sie als Team zusammen, um die Entscheidungen über die Behandlung zu treffen und die Reaktion auf das Medikament zu überwachen beziehungsweise zu beobachten, ob die Reaktion ausbleibt. Führen Sie Buch darüber, welche Medikationen erprobt wurden, in welchen Dosierungen und über welchen Zeitraum. Diese Art der Information kann für einen Psychiater, der sich bemüht, die individuell am besten geeignete Therapie auszuwählen, eine unentbehrliche Hilfe sein.

Wir haben Sie in diesem Kapitel mit einer großen Menge von Informationen über die verfügbaren Formen der medizinischen

Behandlung von Depressionen konfrontiert. Wir legen aber großen Wert darauf, daß Sie nicht den Überblick verlieren und daß Sie sich daran erinnern, wie wichtig es für Sie ist, auf Ihre eigenen Bedürfnisse zu achten. Stellen Sie Fragen, artikulieren Sie Ihre Befürchtungen und Bedenken, und lernen Sie, Ihre Gefühle in bezug auf die Behandlung in einer Weise zum Ausdruck zu bringen, die für Sie und für Ihre Beziehung zu der depressiven Person konstruktiv ist. Je besser es Ihnen gelingt, mit sich selbst im reinen zu sein und sich Ihre eigenen Bedürfnisse zuzugestehen, desto leichter und relativ spannungsfreier wird der Anpassungsprozeß Ihrer Beziehung an die Depression verlaufen. Das wiederum wird die Auswirkungen der Depression auf Sie und Ihren geliebten Menschen mildern.

Wir haben die psychologischen und medizinischen Behandlungsoptionen diskutiert, aber noch nicht über die unterschiedlichen Typen von Experten gesprochen, an die man sich wenden kann, um Hilfe zu finden. Diesen Fragen – wo findet man Hilfe, bei wem sollte man Hilfe suchen und wie geht man es an, diesen Schritt zu tun – wenden wir uns nun im letzten Kapitel zu. Vor allem kehren wir zu dem Thema zurück, wie Sie Ihrem geliebten Menschen helfen können, eine kluge, sinnvolle Entscheidung über seine Behandlung zu treffen. Außerdem geben wir Ihnen Rat in der Frage, wie und wo Sie Hilfe für sich selbst und Ihre Beziehung finden können.

-14-

So finden Sie Hilfe für Ihren
geliebten Menschen und für sich selbst

Geeignete Hilfe zu finden gehört zu den schwierigsten, verwirrendsten Aspekten, wenn man sich bemüht, einen depressiven Menschen, der einem nahesteht, zu unterstützen. Die meisten Partner, Freunde oder Angehörigen sind zunächst ratlos und wissen nicht, an wen sie sich wenden sollen – einen Psychiater oder Psychologen, eine Beratungsstelle oder einen Sozialdienst, oder vielleicht einen Geistlichen? Sie fragen sich: Wo soll ich anfangen zu suchen? Auf welcher Basis soll ich Entscheidungen treffen? Wird die Therapeutin, der Berater, die Fachärztin mich in den Behandlungsprozeß einbeziehen? Wie kann ich mir mehr Wissen über das Problem der Depression aneignen? Und vor allem: Wie kann ich mit meinem depressiven Partner oder Angehörigen über dieses Thema sprechen und ihn ermutigen, professionelle Hilfe in Anspruch zu nehmen?

Das sind wichtige, gerechtfertigte Fragen. Die Tatsache, daß die Behandlungsoptionen für die Depression so vielfältig sind und von so vielen unterschiedlichen Stellen und Fachleuten angeboten werden, macht es schwierig zu entscheiden, an wen man sich wenden soll. Und selbst wenn Sie zu einer Entscheidung darüber gekommen sind, welche Art von professioneller Hilfe Sie wählen wollen, ist es nicht leicht, eine qualifizierte Person zu finden, der Sie vertrauen können. Wir werden in diesem Kapitel versuchen, diese und andere häufig gestellte Fragen zu beantworten. Wir zeigen Ihnen auf, wie Sie mehr über die verschiedenen Hilfsquellen – für Ihren geliebten Menschen und für Sie selbst – in Erfahrung bringen können, wie Sie vorgehen können, um eine sinnvolle Wahl zu treffen, und schließlich, wie Sie mit

Ihrem geliebten Menschen darüber sprechen können, daß er oder sie professionelle Hilfe in Anspruch nehmen sollte. Es gibt ein breites Spektrum guter, vernünftiger Hilfsangebote. Sie brauchen mit der Depression Ihres geliebten Menschen nicht allein fertigzuwerden. Mit einer adäquaten Therapie können fast alle Depressionen erfolgreich behandelt werden. Sie sollten unbedingt geeignete Hilfe in Anspruch nehmen, sowohl um ihres geliebten Menschen willen als auch um Ihrer selbst willen.

Wann sollten Sie für den anderen Hilfe suchen?

Wie aus zahlreichen seriösen Studien hervorgeht, gelingt es nur wenigen Menschen, sich ohne geeignete Behandlung aus einer Depression zu lösen. Alle Typen der Depression können von einer Therapie profitieren. Eine klinische Depression, die unbehandelt bleibt, hält gewöhnlich ein halbes Jahr bis ein Jahr lang an. Selbst wenn eine Depression von allein abklingt, kommt es, wie Untersuchungen gezeigt haben, ohne Behandlung in etwa 50 % der Fälle irgendwann zu einer weiteren depressiven Episode. Nach zwei Episoden steigt das Risiko, daß die Depression erneut auftritt, sogar noch weiter an. Nach einer dritten Episode liegt das Rückfallrisiko bei 90 %. Angesichts dieser Ergebnisse leuchtet es also ein, daß man bei einer Depression so schnell und so früh wie möglich Hilfe suchen sollte, sowohl um das Leiden der depressiven Person zu mildern, als auch, um mögliche Rückfälle zu verhindern.

Die neurotisch-depressive Störung oder Dysthymie, die wir im 2. Kapitel beschrieben, kann, wenn sie unbehandelt bleibt, jahrelang oder sogar ein Leben lang bestehen bleiben. Ohne adäquate Therapie wird die neurotisch-depressive Störung sich im Lauf der Zeit wahrscheinlich steigern und das Leben der betroffenen Person immer stärker beeinträchtigen. Dasselbe gilt für die manisch-depressive Störung; in den meisten Fällen intensiviert sie sich allmählich, wenn sie unbehandelt bleibt. Oft werden die depressiven Tiefs zunehmend schlimmer, und die Wechsel zwischen manischen und depressiven Zuständen werden häufiger und bedenklicher. Um welche Form der Depression es sich auch immer handelt, je früher mit einer adäquaten Therapie begonnen wird, desto größer ist in aller Regel der Behandlungserfolg.

Die meisten Fachleute sind sich darüber einig, daß eine Depression therapiert werden sollte, wenn sie zu längerfristigen Beeinträchtigungen in der Alltagsbewältigung, dem sozialen Umgang und der beruflichen Leistungsfähigkeit der betroffenen Person führt. Es sollte jedoch auch professionelle Hilfe in Anspruch genommen werden, wenn die subjektive Verzweiflung der depressiven Person stärker wird, auch wenn sie in der Lage zu sein scheint, ihren Alltag in gewohnter Weise zu bewältigen. Viele depressive Menschen sind gute Schauspieler; sie sind fähig, im Beruf oder bei sozialen Anlässen eine Fassade gelassener Normalität zu präsentieren, selbst wenn sie auf dem tiefsten Punkt der Depression angelangt sind. Wenn ein geliebter Mensch Ihnen eingesteht, daß er sich grauenhaft fühlt und Hilfe haben möchte, versuchen Sie nicht, ihm das auszureden, weil Sie ihn gestern in scheinbar bester Form erlebten. Nehmen Sie ihn beim Wort und unterstützen Sie ihn darin, adäquate professionelle Hilfe zu finden.

Wann sollten Sie für sich selbst Hilfe suchen?

Wenn Sie mit einem depressiven Menschen zusammenleben oder engen Kontakt haben, kann es für Sie genauso wichtig sein wie für den anderen, geeignete Hilfe in Anspruch zu nehmen. Wie wir in diesem Buch immer wieder betonten, beeinträchtigt eine Depression nicht nur die depressive Person selbst, sondern auch jene, die ihr nahestehen. Wenn Sie in einer Beziehung zu einem depressiven Menschen stehen – sei es ein Partner, eine Freundin, ein Kind oder ein Elternteil –, werden auch Sie aller Wahrscheinlichkeit nach Schwierigkeiten haben, mit der Depression umzugehen. Während Sie die Phasen des Anpassungsprozesses der Beziehung an die Depression durchlaufen, werden Sie von einer ganzen Flut widersprüchlicher Gefühle und Reaktionen überschwemmt. Wenn Sie feststellen, daß die Depression des anderen «ansteckend» wirkt, wenn Sie an sich selbst depressive Symptome zu bemerken beginnen, dann sind Sie es sich selbst schuldig, geeignete Hilfe zu suchen. Aber auch wenn Sie nicht in Gefahr sind, selbst depressiv zu werden, kann professionelle Hilfe für Sie von unschätzbarem Wert sein. Wenn Sie Schwierigkeiten haben, Ihr normales Alltagsleben aufrechtzuerhalten, oder auch nur dann, wenn Sie mit Ihrem geliebten Menschen häufiger als früher in heftige Auseinandersetzungen hineingeraten, sollten Sie für sich selbst kompetente Beratung in Erwägung ziehen.

Es ist vielleicht ratsam, mit Ihrem geliebten Menschen über die Möglichkeit zu diskutieren, an zwei oder drei Sitzungen mit seinem Therapeuten teilzunehmen. Wir haben in unserer Praxis die Erfahrung gemacht, daß es oft sehr hilfreich ist, wenn ein Partner oder Familienmitglied gemeinsam mit der depressiven Person an einigen Sitzungen teilnimmt; in aller Regel kann dann offen darüber gesprochen werden, wie das Paar oder die Familie im Alltag mit der Depression umgehen kann, und Fragen, die der Partner oder Angehörige in bezug auf die Person des Therapeuten oder die Behandlung hat, können beantwortet werden. Erwarten Sie aber nicht, daß Sie an jeder Sitzung teilnehmen werden, es sei denn, es würde explizit so vereinbart. Wenn Sie die Frage zum ersten Mal ansprechen, könnten Sie Ihrem geliebten Menschen zum Beispiel sagen: «Ich bin beunruhigt und mache mir Sorgen, weil ich nicht weiß, wie es sich für dich anfühlt oder was es für dich bedeutet, depressiv zu sein. Meinst du, es wäre in Ordnung, wenn ich einmal zu einer Sitzung mit deinem Therapeuten mitkommen würde, um darüber zu sprechen?» Wenn der andere diesen Vorschlag ablehnt, respektieren Sie seine Entscheidung. Sie können immer noch Hilfe für sich selbst suchen, unabhängig von seiner Therapie. Wenn er oder sie Ihrem Vorschlag zustimmt, sollten Sie sich vielleicht vorher Gedanken darüber machen, welche Fragen Sie in bezug auf die Therapie haben und welche Probleme, die in der Beziehung möglicherweise entstanden sind, Sie zur Sprache bringen wollen.

Zu den Hilfsangeboten, die Ihnen zur Vefügung stehen, gehören individuelle Psychotherapie, Paar- oder Familientherapie, Gruppentherapie oder die Teilnahme an unterstützenden Gruppen. Individuelle Psychotherapie kann Ihnen helfen, die belastenden negativen Gefühle, die sie in bezug auf die Depression des anderen vielleicht in sich tragen, zu bewältigen, und Sie werden auch lernen, wie Sie effektiver mit ihm oder ihr kooperieren können. Familien- oder Paartherapie kann Ihnen und Ihrem geliebten Menschen helfen, konstruktiver miteinander zu kommunizieren und Probleme als Team zu lösen. Gruppentherapie oder unterstützende Gruppen können ein überaus hilfreicher Weg sein, Ängste und Isolationsgefühle zu bewältigen; Sie erfahren, daß Sie nicht der einzige Mensch auf der Welt sind, der mit der Depression einer geliebten Person fertigwerden muß. Es ist erhellend und kann von unschätzbarem Wert sein, die individuellen Bewältigungsstrategien anderer, die in derselben Situation sind oder waren, kennenzulernen. Machen Sie nicht den Fehler anzunehmen, daß Sie – weil der andere ja bereits in Therapie ist – keine Hilfe brauchen. Hilfe in Anspruch zu nehmen ist kein Zeichen der Schwäche, sondern vielmehr ein Zeichen der Reife, Einsicht und Vernunft.

An wen sollte man sich wenden?

Wenn wir eine Statistik der von Familienmitgliedern und Freunden am häufigsten gestellten Fragen erstellen würden, stände diese Frage höchstwahrscheinlich auf Platz eins. Was ist eigentlich der Unterschied zwischen Psychiatern, Psychologen und Psychotherapeuten? Wie kann ich sicher sein, daß der Therapeut, zu dem mein geliebter Mensch geht, auch tatsächlich dafür qualifiziert ist, eine ernste Störung wie die Depression zu behandeln, daß er oder sie kein Scharlatan oder Quacksalber ist?

Ein depressiver Mensch sollte nach Möglichkeit jemanden aufsuchen, der sich mit der Behandlung psychischer Störungen auskennt, statt sich an einen Arzt zu wenden, der kein Psychiater ist oder keine spezielle Zusatzausbildung in Psychotherapie hat. In manchen ländlichen Gebieten, in denen es kaum Psychotherapieangebote gibt, haben Sie vielleicht keine andere Wahl, als sich an einen Arzt für Allgemeinmedizin zu wenden. Aber gerade diese Ärzte sind oft auf solche Aufgaben eingestellt und durchaus in der Lage, bei Depressionen kompetente Hilfe zu leisten. Fachleute, die Erfahrung darin haben, eine Depression zu diagnostizieren und zu behandeln, sind aber in jedem Fall vorzuziehen. Wir finden es bedenklich, daß jetzt in den USA, einer neueren offiziellen Statistik nach, 60 % aller verordneten Antidepressiva von Allgemeinmedizinern, die wenig oder keine formale Ausbildung für die Behandlung von Depressionen haben, verschrieben werden. Wir raten Ihnen dringend an, sich an einen Spezialisten zu wenden, der Erfahrung hat und für die Behandlung von psychischen Störungen qualifiziert ist.

Ihr depressiver Partner, Freund oder Angehöriger hat vielleicht große Widerstände, einen solchen Spezialisten zu konsultieren, weil er aufgrund überkommener Vorurteile glaubt, nur «Irre» brauchten einen Psychiater oder Psychologen. Auf dieses Thema kommen wir am Ende dieses Kapitels noch zurück, wenn es darum geht, wie Sie Ihren geliebten Menschen ermutigen können, Hilfe in Anspruch zu nehmen, insbesondere wenn er oder sie dieser Idee ablehnend gegenübersteht. Wenn der andere hartnäckig bei seiner Weigerung bleibt, kann es sinnvoll sein, einen Arzt für Allgemeinmedizin einzuschalten; dieser kann sich ein Bild vom Zustand der depressiven Person machen und trifft dann vielleicht die Entscheidung, ihr oder ihm ein Antidepressivum zu verordnen. Wenn die depressiven Symptome abzuklingen beginnen, zeigt Ihr geliebter Mensch vielleicht größere Bereitschaft, auch andere Behandlungsformen, wie Psychotherapie, in Erwägung zu ziehen.

Wenn Ihr geliebter Mensch zum ersten Mal einer Depression wegen professionelle Hilfe sucht, wird die Therapeutin oder der Therapeut vermutlich darauf bestehen, daß er sich von einem Arzt untersuchen läßt, um physische Krankheiten auszuschließen, die den depressiven Symptomen möglicherweise zugrundeliegen könnten.

Diese ärztliche Untersuchung wird gewöhnlich einen Blut- und einen Urintest einschließen, um zu prüfen, ob die Schilddrüsenfunktion gestört ist oder ob eine Mononukleose, Anämie, Diabetes oder Hepatitis vorliegt. Wenn der Arzt vermutet, daß einer dieser Faktoren für die depressiven Symptome veantwortlich sein könnte, müssen vielleicht weitere Analysen durchgeführt werden. Da es eine genetische Disposition für Depressionen gibt, fragt der Arzt vielleicht nach der Vorgeschichte von depressiven Störungen in der Familie. Es ist besonders wichtig, dem Arzt mitzuteilen, welche Medikamente – sowohl verschreibungspflichtige als auch frei verkäufliche – Ihr geliebter Mensch in letzter Zeit genommen hat und ob in seinem Leben kürzlich einschneidende Veränderungen oder Belastungen eingetreten sind.

Wenn der Arzt medizinische Ursachen für die Depression ausgeschlossen hat, ist es Zeit, einen Psychiater oder Psychotherapeuten zu konsultieren. Gewöhnlich kann der Arzt – wenn Sie nicht bereits selbst jemanden gefunden haben – Sie an eine geeignete Person oder Organisation verweisen. Psychosoziale Beratungsstellen kommen dafür ebenso in Frage wie niedergelassene Psychiater und Psychologen. Oft haben Menschen Schwierigkeiten, die Unterschiede, insbesondere zwischen Psychiatern, Psychologen und Psychotherapeuten zu begreifen. Bevor wir konkret darauf eingehen, wie Sie die beste Wahl treffen können, werden wir also kurz umreißen, was die Berufsbezeichnungen jeweils bedeuten und beinhalten.

Psychotherapeuten können sich all jene nennen, die Psychotherapie praktizieren. Es gibt gegenwärtig keine gesetzlichen Vorschriften oder Einschränkungen im Hinblick darauf, wer die Bezeichnung für sich beanspruchen darf und wer nicht. Diese Regelung ist insofern gerechtfertigt, als sie Raum für Innovation läßt und die Freiheit der Wahl garantiert, aber sie hat natürlich auch gewisse Nachteile. «Psychotherapeut» ist ein allgemeiner Begriff, dessen Verwendung kein Zertifikat und keine formale Ausbildung voraussetzt. Er sagt nur aus, daß die betreffende Person irgendeine Form von Psychotherapie praktiziert.

Das Spektrum des Ausbildungshintergrundes und der Qualifikation von Personen, die den Titel Psychotherapeut oder Psychotherapeutin benutzen, kann sich von einem Universitätsstudium in Psychologie, das mit dem Diplom abgeschlossen wurde, und an das sich eine Lehranalyse oder Spezialausbildung anschloß, bis zu einem sechswöchigen Sommerkurs in irgendeiner alternativen Psychotherapieform erstrecken. Daher ist es gerechtfertigt und empfehlenswert, einen Psychotherapeuten, an den man Sie verweist, nach seinem Ausbildungshintergrund und seinen Qualifikationen zu fragen, um sicherzugehen, daß er oder sie einem der im folgenden aufgeführten Berufsstände angehört.

Ehe- und Familienberater, die in psychosozialen Beratungsstellen gemeinnütziger Organisationen arbeiten, sind in aller Regel entweder diplomierte Psychologinnen und Psychologen oder staatlich anerkannte Sozialpädagoginnen und Sozialpädagogen, die nach einigen Jahren Berufserfahrung eine Zusatzausbildung auf dem Gebiet der Ehe- und Familienberatung absolviert haben. Sie können keine ärztlichen Aufgaben übernehmen und keine Medikamente verschreiben, aber sie sind für Beratungsaufgaben ausgebildet und in aller Regel sehr versiert darin, Patienten und ihren Familien konkrete soziale Hilfen zu vermitteln.

Psychologen absolvieren ein Universitätsstudium, das sie mit einem Diplom abschließen, oder mit der Promotion. Viele, die sich als Psychotherapeuten niederlassen wollen, absolvieren eine Lehranalyse oder eine Zusatzausbildung in Psychotherapie. Ärztliche Aufgaben können sie nicht übernehmen, also auch keine Medikamente verschreiben, aber sie sind versiert darin, psychische Störungen wie Depressionen zu diagnostizieren und zu behandeln. Außerdem sind sie die einzigen Experten, die dafür qualifiziert sind, psychologische Tests vorzunehmen. Seit immer mehr und immer effektivere Psyschopharmaka für die Behandlung von Depressionen entwickelt werden, arbeiten mehr und mehr Psychologen, die Psychotherapie praktizieren, eng mit Psychiatern oder Neurologen zusammen. Die Bezeichnung Diplom-Psychologin oder -Psychologe darf nur von Personen verwendet werden, die die entsprechende Ausbildung absolviert haben.

Psychiater sind Ärzte, die ein reguläres medizinisches Studium sowie eine Facharztausbildung auf dem Gebiet der Psychiatrie durchlaufen haben. Psychiaterinnen und Psychiater sind die einzigen Spezialisten in dieser Landschaft, die berechtigt sind, Medikamente zu verschreiben. Nicht alle Psychiater haben Erfahrung mit der Praxis der Psychotherapie, aber viele engagieren sich dafür oder absolvieren zusätzlich eine Lehranalyse oder psychotherapeutische Ausbildung. Früher lag das Schwergewicht der psychiatrischen Ausbildung auf den biologischen, physiologischen und neurologischen Ursachen psychischer Störungen und auf der Behandlung mit Medikamenten, aber im Lauf der letzten zwanzig Jahre hat die Kritik am biologistischen Ansatz und an der traditionellen Praxis der Psychiatrie zu grundlegenden Veränderungen geführt. Bis zu einem gewissen Grad ist der Berufsstand immer noch in zwei Hauptgruppen aufgespalten, die positivistisch orientierten Ärzte, die davon ausgehen, daß psychische Störungen wie Depressionen biologische Ursachen haben und entsprechend behandelt werden sollten, und die klassischen Psychoanalytiker, die vom Überwiegen der seelischen Ursachen solcher Störungen überzeugt sind und sie psychotherapeutisch behandeln. Aber in jüngster Zeit entwickeln sich auch Synthesen zwischen beiden Einstellungen, und viele Psychiater verwenden sowohl Medikationen als auch Psychotherapie oder arbeiten eng mit Psychologen oder Psychotherapeuten zusammen.

Geistliche (die wir mit einem etwas in Vergessenheit geratenen Wort auch als *Seelsorger* bezeichnen) können depressiven Menschen ebenfalls wertvolle Hilfe leisten. Menschen, die nie mit der Idee der Psychotherapie in Berührung gekommen sind, fühlen sich vielleicht wohler damit, sich zuerst an den Pastor oder Priester ihrer Gemeinde zu wenden, dem sie vertrauen, und mit ihm über ihre Nöte und Sorgen zu sprechen. Wenn der Gedanke an einen «Irrenarzt» oder «Psychoklempner» Ihren geliebten Menschen in Angst und Schrecken versetzt, ist es für ihn vielleicht weniger bedrohlich, das Gespräch mit einem Geistlichen zu suchen. Natürlich sind Geistliche in aller Regel nicht dafür ausgebildet, Psychotherapie zu praktizieren, aber es gehört zu ihrem Beruf, Menschen in seelischer Not beizustehen, und sie sind gewöhnlich gute, einfühlsame Zuhörer. Die Erfahrung, mit einer Person, die er respektiert und der er vertraut, reden zu können, kann für Ihren geliebten Menschen ein guter erster Schritt sein, sich für andere Formen der professionellen Hilfe zu öffnen. Auch für Sie selbst kann es sehr entlastend sein, einer Pastorin oder einem Priester Ihr Herz auszuschütten, wenn Sie sich um einen geliebten Menschen, der depressiv ist, sorgen. Er oder sie wird immer Rat wissen, wie Sie weiter vorgehen können, und sie an eine kompetente Person oder Organisation – wie etwa die Ehe- und Familienberatungsstellen der großen kirchlichen Organisationen Diakonisches Werk und Caritas – weiterverweisen.

Das Umfeld, in dem Psychiater/innen, Ehe- und Familien-Berater/innen oder Psychotherapeut/innen arbeiten, kann eine Klinik, eine Beratungsstelle oder eine Privatpraxis sein. Welche

Form der Psychotherapie sie praktizieren, hängt von ihrem jeweiligen Ausbildunghintergrund und von ihren persönlichen Vorlieben ab. Im 12. Kapitel haben wir die verschiedenen Formen der Psychotherapie für Sie umrissen. Scheuen Sie sich nicht, den Psychotherapeuten oder die Psychotherapeutin nach dem Therapieansatz zu fragen und sich Einzelheiten erläutern zu lassen, wenn Ihnen etwas unklar ist.

Wie treffen wir unsere Entscheidung?

Für welche Art der professionellen Hilfe man sich entscheidet, hängt von vielen Faktoren ab, unter anderem von der Schwere der Depression, den Präferenzen des Praktikers und natürlich auch der depressiven Person selbst (medikamentöse Behandlung oder Psychotherapie oder beides in Kombination) und finanziellen Gesichtspunkten. Bei sehr schweren Depressionen sollte eine medikamentöse Behandlung – am besten in Kombination mit Psychotherapie – in Erwägung gezogen werden. Das bedeutet, daß Ihr geliebter Mensch einen Psychiater konsultieren muß und, wenn dieser nicht gleichzeitig Psychotherapie praktiziert, sich eventuell zusätzlich bei einem Psychotherapeuten in Behandlung begibt, der bereit ist und Erfahrung darin hat, mit einer solchen Kombination zu arbeiten.

Unabhängig davon, welche Form der professionellen Hilfe Sie wählen, ist es von ausschlaggebender Bedeutung, daß Sie sich mit der Person des Therapeuten wohlfühlen und darauf vertrauen können, daß er oder sie qualifiziert, kompetent und zuverlässig ist. Qualifikationsnachweise wie das Diplom einer Universität, die staatliche Approbation oder die staatliche Anerkennung garantieren einen angemessenen Standard der Ausbildung und Erfahrung sowie adäquate Möglichkeiten der gesetzlichen und öffentlichen Kontrolle. Fragen Sie nach der Qualifikation, oder informieren Sie sich von vornherein bei den Berufsverbänden der Psychoanalytiker und Psychologen, an wen Sie sich wenden sollten.

Was die Kosten angeht: Eine private psychotherapeutische Behandlung ist natürlich am teuersten; die Honorare für eine Therapiesitzung liegen gewöhnlich zwischen 70 und 150 DM.

Aber erschrecken Sie nicht; die staatlichen Krankenkassen übernehmen in aller Regel die Kosten für eine gewisse Zahl von Therapiestunden (vorausgesetzt, die Sparmaßnahmen im Gesundheitswesen schnüren uns nicht noch stärker ein, als es bereits der Fall ist). Die Voraussetzungen für eine solche Kostenübernahme sind die Kassenzulassung des Psychotherapeuten und die Behandlungsempfehlung und Überweisung durch einen Facharzt oder Hausarzt.

Die Dienste der psychosozialen Beratungsstellen gemeinnütziger Organisationen (wie der Caritas, des Diakonischen Werkes und der Arbeiterwohlfahrt) sind in der Regel kostenlos. Es bleibt Ihnen selbst – und Ihrem Geldbeutel – vorbehalten, ob Sie sich mit freiwilligen Spenden an der Erhaltung dieser hervorragenden Einrichtungen für die Öffentlichkeit beteiligen wollen.

Bevor Sie einen Termin vereinbaren

Wen rufen Sie also am besten an? Die Behandlung der Depression ist so komplex und hängt in so hohem Maß von subjektiven Faktoren ab, daß wir unmöglich sagen können, eine Fachrichtung sei einer anderen überlegen. Als Psychologen sind wir natürlich zugunsten unseres eigenen Berufsstands voreingenommen; wir glauben, daß die psychologische Ausbildung eine der besten Grundlagen für die Behandlung der Depression darstellt, insbesondere wenn der Therapeut oder die Therapeutin mit einem Psychiater, der Medikamente verordnen kann, zusammenarbeitet. Psychologen sind in der Kunst der Psychotherapie besonders erfahren und speziell dafür ausgebildet, die Entwicklung von Persönlichkeiten und Beziehungen zu verstehen. Eine Ehe- und Familienberaterin oder ein Psychiater würden das jedoch vielleicht anders sehen. Was wir aber mit Sicherheit sagen können: Die entscheidenden Punkte bei der Auswahl eines Therapeuten sind Sympathie und Vertrauen. Es ist von ausschlaggebender Bedeutung, daß Ihr geliebter Mensch sich wohl damit fühlt, mit dem Therapeuten oder der Therapeutin über seine Symptome und seine geheimsten Gefühle und Gedanken zu sprechen, und daß auch Sie selbst Vertrauen in diese Person aufbringen können. Wir sind fest davon überzeugt, daß der Erfolg der Behandlung – unabhängig davon, welche Art der Behandlung gewählt wird und welcher Fachrichtung der Behandelnde angehört – in sehr hohem Maß von der Beziehung zwischen der depressiven Person und ihrem professionellen Ratgeber abhängt. Ihr geliebter Mensch sollte das Gefühl haben, daß der Therapeut oder die Therapeutin wirkliches Interesse an seiner Person hat und ihm echtes Verständnis entgegenbringt.

Außerdem sollten Sie immer im Auge behalten, daß keine Entscheidung, die Sie treffen, unwiderruflich ist. Das erste Konsultationsgespräch mit einem neuen Therapeuten sollte grundsätzlich als offen und unverbindlich verstanden werden – ein Treffen, bei dem das Problem diskutiert werden kann und bei dem Patient und Therapeut die Chance haben festzustellen, ob sie miteinander arbeiten können. Wenn Sie kein gutes Gefühl dabei haben, können Sie immer noch einen Termin mit einem anderen Therapeuten vereinbaren. Auch wenn eine Entscheidung gefallen ist, empfehlen wir oft, eine Probezeit von etwa einem Monat zu vereinbaren. Während dieses Zeitraums haben Patient und Therapeut Gelegenheit, einander kennenzulernen und zu sehen, ob sie miteinander auskommen. Die gesamte Forschung über die Resultate psychotherapeutischer Behandlungsformen weist darauf hin, daß die Beziehung zwischen Patient und Therapeut der entscheidende Faktor ist, anhand dessen sich voraussagen läßt, ob eine Therapie erfolgreich verlaufen wird. Wenn Ihr geliebter Mensch das Gefühl hat – oder Sie selbst Bedenken haben –, daß es mit der Therapie «nicht richtig klappt», sollten Sie auf jeden Fall mit dem Therapeuten oder der Therapeutin offen über Ihre Gefühle sprechen; dann kann er oder sie Ihre Bedenken entweder ausräumen oder Sie an eine andere Person verweisen.

Es sind auch noch andere Faktoren zu bedenken, zum Beispiel: Ist der ausgewählte Experte bereit, diverse Behandlungsoptionen in Erwägung zu ziehen? Die Depression ist eine komplexe Störung und erfordert oft eine gewisse Variationsbreite von Behandlungstechniken und -methoden. Ihr geliebter Mensch sollte mit jemandem arbeiten, der bereit ist, einen anderen Ansatz zu erproben, wenn die zuerst gewählte Methode nicht zu einer Milderung der depressiven Symptome führt. Eine weitere Frage: Setzt der gewählte Experte dem Wunsch des depressiven Patienten, eine zweite Meinung einzuholen, Widerstand entgegen? Wenn die depressive Person sich nach einem Zeitraum von vier bis sechs Monaten nicht besser fühlt, kann es – selbst wenn ihre Beziehung zu ihrem Therapeuten gut ist – sinnvoll sein, einen anderen Spezialisten mit unterschiedlichem Erfahrungshintergrund zu Rate zu ziehen oder eine zusätzliche Behandlungsform zu erproben. Wenn Ihr geliebter Mensch zum Beispiel so schwer depressiv ist, daß er nicht einmal genügend Energie hat, die Therapiestunden zu einem sinnvollen Gespräch zu nutzen, kann es vernünftig sein, zusätzlich eine medikamentöse Behandlung in Erwägung zu ziehen. Als Psychologen folgen wir der Faustregel: Wenn ein Patient in der Psychotherapie keine Fortschritte macht, weil seine depressiven Symptome es ihm unmöglich machen, klar zu denken oder in der Therapie konstruktiv mitzuarbeiten, ist eine zusätzliche Behandlung mit Antidepressiva dringend anzuraten. Wenn die Medikation zu wirken beginnt und die schwersten Symptome allmählich ein wenig abklingen, kann die depressive Person von der Psychotherapie, die auf Probleme wie Unzulänglichkeits- und Wertlosigkeitsgefühle, Beziehungskonflikte und kognitive Verzerrungen abzielt, profitieren.

Vielleicht sollten Sie den Therapeuten auch fragen, ob er offen dafür ist, mit Familienangehörigen oder engen Freunden der depressiven Person zusammenzukommen, ob er daran interessiert ist, Sie über den Zustand des anderen und das Problem der Depression aufzuklären und Ihnen bei der Bewältigung der Lebenssituation mit dem depressiven Partner oder Familienmitglied zu helfen. Wie Sie mittlerweile wissen, beeinträchtigt die Depression sowohl die depressive Person selbst als auch jene, die ihr nahestehen; jeder Therapeut, der sich über die Nebenwirkungen der Depression im klaren ist, wird also bereit sein, Sie bis zu einem gewissen Grad in die Behandlung einzubeziehen. Betrachten Sie die Therapeutin oder den Therapeuten nicht als Ihren Gegner, sondern als Ihren Verbündeten im Kampf gegen die Depression. Er oder sie will Ihrem geliebten Menschen helfen und hat denselben Wunsch wie Sie, nämlich daß der andere wieder zu sich selbst zurückfindet. Sie müssen nicht – und wollen vielleicht auch gar nicht – darin eingeweiht sein, was in den Therapiesitzungen im einzelnen vor sich geht, aber es ist völlig angemessen und gerechtfertigt, daß Sie über die Behandlungsoptionen und den Fortschritt der Therapie informiert sind.

Wo sollen wir anfangen?

Hilfe zu finden ist einfacher, als Sie sich vielleicht vorstellen. Es gibt zum Glück eine Fülle seriöser Informationsmaterialien über verfügbare Therapieoptionen und hervorragende Anlaufstellen, die Ihnen Auswahlhilfe leisten und Sie an geeignete Stellen oder Personen weiterverweisen können. Eine naheliegende Quelle ist der Hausarzt. Eine medizinische Untersuchung – besonders wenn die letzte allgemeine Untersuchung schon länger zurückliegt – ist für Ihren geliebten Menschen ohnehin sehr wichtig, um physische Krankheiten, die depressive Symptome hervorrufen können, auszuschließen. Aller Wahrscheinlichkeit nach hat Ihr Hausarzt gute Kontakte zu Psychotherapeuten, mit denen er bereits zusammengearbeitet hat und die er guten Gewissens empfehlen kann. Außerdem ist Ihre Ärztin oder Ihr Arzt vielleicht auch in der Lage, Sie über Behandlungsoptionen aufzuklären.

Hervorragende Anlaufstellen sind auch die psychosozialen Dienste Ihres örtlichen Senats oder großer gemeinnütziger Organisationen wie Arbeiterwohlfahrt, Caritas und Diakonisches Werk. Die Telefonnummern und Adressen finden Sie im Telefonbuch. In den gelben Seiten des Telefonbuchs finden Sie unter dem Stichwort «Psychotherapie» neben einer Fülle von Psychotherapieangeboten auch gemeinnützige Vereine, die Auswahlhilfe für psychotherapeutische Behandlung anbieten. Vielleicht kann Ihnen auch Ihre Krankenkasse eine gute Adresse vermitteln, oder Sie wenden sich an ein Gesundheitsamt.

Versuchen Sie, alles über öffentliche Beratungsstellen, Hilfsquellen und Notfallhilfen in Ihrem Wohnbereich herauszufinden. Selbst wenn Ihr geliebter Mensch sich zur Zeit dagegen wehrt, sich behandeln zu lassen, kann es für Sie wichtig sein zu wissen, wohin Sie sich wenden können, wenn es zu einer Krise kommt, oder wenn der andere seine Meinung ändert und einer Behandlung zustimmt. Das Wissen, daß die Adresse und Telefonnummer einer geeigneten Anlaufstelle oder Person bereitliegt, macht dem depressiven Menschen die Entscheidung, Hilfe in Anspruch zu nehmen, oft leichter. Es ist viel schwieriger, mit der Suche nach geeigneten Hilfsquellen zu beginnen, wenn Sie mitten in einer Krise sind. Und selbst wenn Ihr geliebter Mensch sich weiterhin weigert, sich in Behandlung zu begeben, sind *Sie* vielleicht daran interessiert, für sich selbst Hilfe zu finden oder Beratung in Anspruch zu nehmen.

Wenn Sie Hilfe brauchen und das Gefühl haben, daß Sie nicht weiterkommen oder nicht das Geeignete finden, machen Sie aus Ihrer Suche kein Geheimnis. Von Freunden, Nachbarn und Bekannten können Sie oft exzellente Empfehlungen bekommen. Sagen Sie anderen, wonach Sie suchen. Vielleicht geht es Ihnen so wie vielen Familienangehörigen in unseren Fallbeispielen: Sie wollen nicht, daß andere von Ihren Problemen erfahren. Aber wenn Sie die Schwelle dieser Peinlichkeitsgefühle überwinden, werden Sie wahrscheinlich überrascht sein, wie viele Menschen zu irgendeinem Zeitpunkt ihres Lebens ähnlicher Probleme wegen professionelle Hilfe in Anspruch genommen haben. Je mehr Menschen wissen, nach welcher Art von Hilfe Sie suchen, desto größer sind die Chancen, daß Sie jemanden finden werden, der Ihnen wirklich helfen kann.

Ob Sie sich nun an Freunde und Bekannte wenden oder den anonymeren Weg über schriftliche Informationen oder das Telefon vorziehen, richten Sie sich in jedem Fall darauf ein, daß Sie etwas Zeit dafür brauchen werden, das zu finden, was Sie suchen. Es gibt ein breites Spektrum an Hilfsangeboten und Hilfsquellen, aber Sie müssen die Arbeit leisten, sie herauszusuchen und eine sinnvolle Auswahl zu treffen.

Um Ihnen diese Arbeit zu erleichtern, legen wir Ihnen hier eine Liste geeigneter Anlaufstellen und Informationsquellen vor.

Welche Stellen können Unterstützung anbieten?

In Deutschland, Österreich und in der Schweiz gibt es verschiedene Möglichkeiten, sich einerseits über das Krankheitsbild der Depression zu informieren, andererseits auch Beratungen und Therapien zu erhalten. Hinzu kommen verschiedene Selbsthilfegruppen.

Die folgenden Anschriften dienen in erster Linie dazu, um allgemeine Informationen zu vermitteln und/oder auf regionale Angebote aufmerksam zu machen. Selbsthilfegruppen oder Vermittlungsstellen von Selbsthilfegruppen sind mit «(SHG)» gekennzeichnet. Die Auflistung erhebt keinen Anspruch auf Vollständigkeit. Telefon/Fax angegeben, wo bekannt.

Deutschland:

Deutsche Gesellschaft für Psychiatrie,
Psychotherapie und Nervenheilkunde
Bergische Landstrasse 2
40629 **Düsseldorf**
Tel.: 02 11/40 31 12 04

Deutsche Gesellschaft für Psychologie
Institut für Psychologie
J.W. Goethe-Universität
Postfach 111932
60054 **Frankfurt a. M.**

Deutsche Gesellschaft für Suizidprävention
Bezirkskrankenhaus
Nordring 2
95445 **Bayreuth**
Tel.: 09 21/28 33 01
Fax.: 09 21/28 37 77

Dachverband psychosozialer
Hilfsvereinigungen e.V.
Thomas-Mann-Strasse 49a
53111 **Bonn**
Tel.: 02 28/63 26 46
Fax.: 02 28/65 80 63

(SHG)
Emotions Anonymous (EA)
Kontaktstelle Deutschland
Stuttgart
Tel.: 07 11/24 35 33

(SHG)
Nationale Kontakt- und Informations-
stelle zur Anregung und Unterstützung
von Selbsthilfegruppen (NAKOS)
Albrecht-Achilles-Strasse 65
10709 **Berlin**
Tel.: 030/8 91 40 19
Fax.: 030/8 93 40 14

(SHG)
Selbsthilfezentrum München
Bayerstrasse 77a/Rgb
80335 **München**
Tel.: 089/53 29 56 11
Fax.: 089/53 29 56 60

Österreich:

Österreichische Gesellschaft für Neurologie und Psychiatrie
NKH Maria Theresien Schlössel
Hofzeile 18–20
1190 **Wien**
Tel.: 1/36 83 45 53 30
Fax.: 1/3 69 44 00

(SHG)
Club D und A
Selbsthilfe bei Depression und Angststörungen
Schwindgasse 5
1040 **Wien**
Tel.: 1/5 04 46 80

Schweiz:

Schweizerische Gesellschaft für
Psychiatrie und Psychotherapie
Sekretariat
Postfach
3000 **Bern** 7
Tel.: 031/3 11 06 87
Fax.: 031/3 11 06 88

Schweizerische Vereinigung
Klinischer Psychologinnen und
Psychologen
Dr. E. K. Herman-Maurer
Allmendstrasse 10
4116 **Metzerlen**
Tel.: 061/7 31 19 09

Schweizerische Gesellschaft für
Krisenintervention und Suizidprophylaxe
Psychiatrische Poliklinik
Inselspital
3010 **Bern**
Tel.: 031/6 32 88 11

(SHG)
Equilibrium
Gartenstrasse 3
Postfach 4754
6304 **Zug**
Tel.: 041/7 11 61 34
Fax.: 041/7 11 88 43

(SHG)
Emotions Anonymous (EA)
Kontaktstelle Schweiz
Postfach 288
4016 **Basel**

Wie können Sie mit der depressiven Person über professionelle Hilfe sprechen?

Das ist die letzte – aber mit Sicherheit nicht die trivialste oder am wenigsten problematische – Frage zum Thema professionelle Hilfe in diesem Kapitel. Sie – als Partner, Freund oder Angehöriger eines depressiven Menschen – spielen eine zentrale Rolle, wenn es darum geht, ob der andere die Hilfe bekommt, die er braucht, und ob er oder sie diese Hilfe auch sinnvoll nutzen kann. Sie sollten den anderen ermutigen, sich aktiv an der Behandlung, die er erhält – um welche Form es sich auch immer handeln mag –, zu beteiligen und zu kooperieren. Ihre Unterstützung kann wesentlich zum Behandlungserfolg beitragen. Wenn Sie Ihrem geliebten Menschen in bezug auf eine Therapie ambivalente Botschaften vermitteln oder wenn Sie die Therapieentscheidungen der behandelnden Person permanent infrage stellen, unterminieren Sie die Chancen für eine erfolgreiche Behandlung.

Wie vermitteln Sie der depressiven Person, was Sie selbst über die Depression und ihre Behandlung gelernt haben?

Sie wollen dem anderen einiges von dem Wissen vermitteln, das Sie im Stadium der Informationssuche gesammelt haben. Sie wollen ihm begreiflich machen, daß es effektive Behandlungsmethoden gibt, daß Sie an seinem Wohl interessiert sind und sich wünschen, daß es ihm oder ihr besser geht. Wie fangen Sie das an? Wir empfehlen, so direkt und so einfühlsam wie möglich zu sein. Am besten wählen Sie einen Augenblick, in dem Sie genügend Muße und Ruhe haben, um sich mit der depressiven Person zu einem Gespräch über dieses Thema zusammenzusetzen. Es empfiehlt sich nicht, dieses Thema anzuschneiden, wenn Sie mitten in einer hitzigen Diskussion oder Auseinandersetzung sind, oder wenn einer von Ihnen auf heißen Kohlen sitzt, weil er oder sie sich auf den Weg zur Arbeit machen muß. Nehmen Sie sich Zeit, um dem anderen zu erklären, daß Sie an ihm oder ihr Veränderungen wahrgenommen haben, die Sie beunruhigen. Sagen

Sie dem anderen, daß er Ihrer Meinung nach vielleicht depressiv sein könnte und daß Sie ihm helfen wollen, eine adäquate Therapie zu finden, so daß er sich wieder besser fühlen kann. Sie könnten zum Beispiel sagen: «Ich habe in letzter Zeit bemerkt, daß du niedergeschlagen und bedrückt wirkst. Du scheinst gar nicht du selbst zu sein. Ich frage mich, ob du vielleicht depressiv bist. Meiner Meinung nach wäre es ganz gut, wenn du jemanden aufsuchen würdest, der sich mit solchen Dingen auskennt, einen Therapeuten oder Psychologen, um zu sehen, ob es nicht Mittel und Wege gibt, dir da herauszuhelfen.»

In vielen Fällen genügt eine solche Botschaft schon. Die depressive Person ist erleichtert, daß jemand die Veränderungen wahrgenommen hat, und geht bereitwillig auf Ihr Angebot ein, ihr bei der Auswahl einer geeigneten Therapie zu helfen. Allerdings geht es nicht immer so glatt. Vielleicht antwortet Ihr geliebter Mensch: «Ich habe in letzter Zeit viel um die Ohren und fühle mich nicht gut, aber das wird sich schon wieder geben. Ich glaube nicht, daß ich eine Therapie brauche. Laß mir einfach ein bißchen Zeit, okay?» Oder: «Ich weiß gar nicht, wovon du redest. Es ist alles in Ordnung. Ich brauche keinen Psychoklempner! Wenn hier einer spinnt, dann bist du es!» Wenn die Antwort so oder so ähnlich ausfällt, ist Ihr nächster Schritt ein bißchen heikler. Sie sollten betonen, daß Sie wirklich in Sorge sind, daß Sie den anderen keineswegs für verrückt halten – und daß man nicht verrückt sein muß, um einen Therapeuten zu konsultieren –, und daß Sie seine Meinung respektieren. Oft machen die verzerrten Wahrnehmungen, die mit der Depression einhergehen, die betroffene Person so hoffnungslos und pessimistisch, daß sie glaubt, nichts könne ihr helfen. Sie können ihr sagen, daß Sie sich in letzter Zeit eingehend über Depressionen informiert haben, daß es sehr gute, effiziente Therapien gibt, und daß es sich lohnt, es mit der einen oder anderen Form zumindest zu probieren. Wenn der andere Psychotherapien und Psychotherapeuten mit großer Skepsis gegenübersteht, können Sie sogar argumentieren, er solle um Ihretwillen zumindest zu einem Konsultationsgespräch gehen, um Sie zu beruhigen, weil Sie wirklich in großer Sorge sind.

Fragen Sie die depressive Person bei jeder Diskussion dieser Art grundsätzlich, was sie selbst für die beste Lösung hält. Vergessen Sie nicht, daß sie zwar depressiv ist, aber nicht inkompetent. Respektieren Sie ihre Meinung. Was denkt sie über Depressionen? Glaubt sie, daß sie nicht depressiv ist? Welche Erklärung hat sie für die Veränderungen, die Sie an ihr bemerkt haben? Was hält sie von Psychotherapie? Oder von Psychopharmaka? Menschen unterscheiden sich darin, wie wohl sie sich mit psychotherapeutischen beziehungsweise medikamentösen Behandlungsformen fühlen. Manchen fällt es viel leichter, sich für Antidepressiva zu entscheiden; wenn der Arzt ihnen Medikamente verordnet, zeigt das aus ihrer Sicht, daß ihre Depression «biologisch» ist, und damit fällt ein Teil des Stigmas weg, ein «psychisches Problem» zu haben. Andere wollen ihren Organismus um keinen Preis «mit Chemikalien vergiften» und ziehen es bei weitem vor, mit einem Psychotherapeuten zu reden. Wieder andere sind bereit, beides – Gesprächstherapie und Medikation – in Erwägung zu ziehen, haben aber Angst davor, daß ihre Umgebung sie für «verrückt» oder «kaputt» halten wird, wenn sie einen Psychiater oder Psychologen aufsuchen. Wenn Sie mit Ihrem geliebten Menschen sprechen, müssen Sie seine Wertvorstellungen und Neigungen berücksichtigen. Eine überzeugte Vegetarierin, die nicht einmal ein Aspirin nehmen würde, wenn sie Kopfschmerzen hat, wird sich schwerlich auf eine Behandlung mit Psychopharmaka einlassen. Und ein emotional unzugänglicher Mann, der sich in die Arbeit stürzt, wenn er mit sich selbst uneins ist, und daran glaubt, daß man seine Probleme mit sich selbst abmachen sollte, fühlt sich vielleicht wohler damit, Pillen einzunehmen, als sein Innenleben vor einem Therapeuten auszuschütten. Vermitteln Sie Ihrem geliebten Menschen, daß *seine* Vorlieben und Entscheidungen zählen. Sie wollen mit ihm kooperieren und ihm helfen, die Art von Hilfe zu finden, die er wünscht.

Die Frage der Vertraulichkeit kann ebenfalls von großer Bedeutung sein. Vielleicht ist die depressive Person bereit, professionelle Hilfe in Anspruch zu nehmen, wünscht aber nicht, daß Sie sich an der Suche und Auswahl beteiligen oder sich in die Behandlung einmischen. Sie sollten ihr vermitteln, daß Sie ihre Privatsphäre und die Vertraulichkeit der Therapiesituation unbedingt respektieren werden. Sie könnten ihr sagen: «Wenn du dich entschließt, einen Psychotherapeuten aufzusuchen, würde ich natürlich gern wissen wollen, um welche Therapieform es sich handelt und wie die Behandlung vorangeht, aber ich erwarte selbstverständlich nicht, daß du mir irgendwelche Details aus deinen Therapiesitzungen erzählst.» Eine solche Botschaft kann ihr die Angst vor Kontrolle und Einmischung nehmen und es ihr leichter machen, konkrete Schritte zu unternehmen und Ihre Unterstützung zu akzeptieren.

Wie kann man mit einer therapieresistenten Person reden?

Wenn Ihr geliebter Mensch sich nach mehreren Diskussionen dieser Art immer noch strikt weigert, irgendeine Form der Behandlung auch nur in Erwägung zu ziehen, stehen Sie vor einer komplizierten Situation. Vielleicht ist der andere therapieresistent. Vielleicht ist er oder sie tatsächlich nicht depressiv. Wenn Ihre Vermutungen aber auf Ihrem neuen Wissen über die Anzeichen und Symptome der Depression basieren, liegt es nahe anzunehmen, daß er oder sie in der Tat depressiv ist, sich das aber selbst nicht eingestehen will oder kann. In diesem Fall sollten Sie weiterhin versuchen, den anderen vom Wert und von der Notwendigkeit professioneller Hilfe zu überzeugen.

Orientieren Sie sich an den Leitlinien für eine konstruktive Kommunikation, die wir Ihnen im 7. Kapitel vorlegten, und behalten Sie im Auge, daß Männer und Frauen zu unterschiedlichen Kommunikationsstilen neigen. Zuerst sollten Sie Ihrem geliebten Menschen nahelegen, sich zumindest theoretisch mit dem Problem der Depression auseinanderzusetzen. Sie können ihm dieses Buch oder andere einschlägige Literatur empfehlen; wenn er glaubt, daß er nicht depressiv ist, kann es für ihn von großem Wert sein zu erfahren, was eine Depression überhaupt ist und in welchen Formen und Symptomen sie sich äußern kann. Wenn jemand diese Informationen nicht hat und sich mit solchen Fragen nie beschäftigt hat, ist er vielleicht nicht in der Lage, eine Depression an sich selbst zu erkennen.

Manchmal kann auch zahlenmäßige Unterstützung helfen. Wenn auch andere sich um die depressive Person Sorgen machen, können Sie diese Menschen bitten, positiv auf sie einzuwirken, was professionelle Hilfe betrifft. Sie könnten eine «Familienkonferenz» abhalten, bei der alle Beteiligten Gelegenheit haben, ihre Befürchtungen und Sorgen zu artikulieren. Jedem Kommentar sollte die Erklärung vorausgehen, daß Sie dies tun, weil Sie besorgt sind und helfen wollen. Aber Vorsicht: Übertreiben Sie es nicht und setzen Sie den anderen nicht unter Druck, insbesondere wenn Sie damit rechnen müssen, daß er defensiv reagiert. Ihn in einem Raum voller Menschen in die Enge zu treiben, kann alles noch schlimmer machen. Seien Sie sensibel dafür, welches Maß an Konfrontation Ihr geliebter Mensch ertragen kann.

Und schließlich: Benutzen Sie Ihre eigenen Gefühle und Reaktionen als Seismographen, wenn Sie mit Ihrem geliebten Menschen reden. Sie könnten zum Beispiel sagen: «Du glaubst, daß ich mich irre, das ist mir klar, und ich respektiere deine Meinung auch. Aber ich habe mich in letzter Zeit viel mit dem Thema Depressionen beschäftigt, und ich mache mir Sorgen, daß du depressiv sein könntest. Es würde mir sehr viel bedeuten, wenn du wenigstens in ein Gespräch mit einem Spezialisten einwilligen würdest, einfach um Klarheit zu schaffen. Das wäre eine große Erleichterung für mich.» Es kann nützlich sein, nach einem solchen Gespräch ein paar Tage oder auch Wochen vergehen zu lassen und das Thema dann erneut anzuschneiden. In den meisten Fällen wird der andere sich nach einiger Zeit zumindest zu einem einmaligen Konsultationsgespräch bereitfinden.

Erinnern Sie sich an Jane, die Frau in unserem ersten Fallbeispiel, das wir im 1. Kapitel anführten? Sie hatte ähnliche Schwierigkeiten mit ihrem depressiven Ehemann. Jane fühlte sich überfordert, denn zusätzlich zu ihrem Ganztagsjob und der Fürsorge für ihre beiden Kinder hatte sie begonnen, viele der Aufgaben und Pflichten, die vorher ihrem Mann oblagen, zu übernehmen. Sie hatte bemerkt, daß ihr Mann schlecht schlief und demotiviert und erschöpft war; außerdem klagte er häufig darüber, daß er niedergeschlagen und deprimiert sei. Jane wußte, daß es ihm nicht gutging, und er tat ihr leid, aber allmählich wurde sie auch wütend auf ihn.

Jane hatte die Vermutung, daß ihr Mann depressiv war, und sie beschloß, sich zuerst selbst Klarheit zu verschaffen. Sie ging in eine öffentliche Bibliothek und ließ sich geeignete Literatur zum Thema Depression empfehlen. Sie rief bei verschiedenen Organisationen und Beratungsstellen an und erkundigte sich nach Therapiemöglichkeiten. Nachdem sie sich Bücher und Informationsmaterialien besorgt und sich in das Thema eingelesen hatte, kam sie zu der Überzeugung, daß ihr Mann in der Tat depressiv war und Behandlung brauchte. Aber als sie sich mit ihm zusammensetzte, um mit ihm über Ihre Sorgen zu sprechen, reagierte er defensiv und wies ihre Vermutungen vehement zurück. Er sei nicht depressiv, erklärte er, sondern einfach müde und erschöpft. Sie solle ihn in Ruhe lassen, er brauche ganz bestimmt keine Therapie. Als Jane ihm vermitteln wollte, was sie in letzter Zeit über Depressionen gelernt hatte, weigerte er sich, ihr zuzuhören, verließ das Zimmer und warf die Tür hinter sich zu.

Zuerst war Jane entmutigt. Wie sollte sie ihn je dazu bringen, sie anzuhören? Aber dann entschloß sie sich, nicht aufzugeben und einen anderen, besseren Zeitpunkt abzuwarten, um mit ihm ins Gespräch zu kommen. An diesem Abend legte sie einige der Broschüren und Informationsmaterialien, die sie sich besorgt hatte, auf den Teetisch im Wohnzimmer. Einige Tage später sagte ihr Mann, er habe «ein oder zwei Heftchen durchgeblättert», und – wer weiß – die entfernte Möglichkeit bestände immerhin, daß er doch depressiv sei. Aber er erklärte mit Entschiedenheit, daß er keinesfalls bereit sei, zum «Pillenfresser» zu werden, nur weil er zur Zeit eine schlechte Phase durchmachte. Jane sagte ihm, sie werde versuchen, etwas über andere Therapiemöglichkeiten herauszufinden.

Am nächsten Wochenende, nach dem Abendesssen, sagte sie ihrem Mann, sie habe erfahren, daß mit Psychotherapie bei Depressionen sehr gute Behandlungserfolge erzielt würden. Sie hatte sich auch bereits den Namen und die Telefonnummer einer qualifizierten Psychologin und Psychotherapeutin notiert, die ihr empfohlen worden war. Zuerst wurde ihr Mann wütend und beharrte darauf, daß er keine Hilfe brauche. Aber als Jane ihm sagte, es würde für sie eine große Erleichterung bedeuten, wenn er zumindest versuchen würde, sich helfen zu lassen, erklärte er sich bereit, noch einmal über die Sache nachzudenken. Jane fügte hinzu, sie habe Schwierigkeiten, sich auf ihre Arbeit zu konzentrieren, weil sie in ständiger Sorge um ihn sei. Nun wurde ihm zum ersten Mal bewußt, daß auch Jane unter den Veränderungen, die ihm zu schaffen machten, gelitten hatte. Er stimmte zu, einen Termin mit der Psychologin zu vereinbaren, und begann nach der Konsultation mit einer kognitiven Verhaltenstherapie. Die Psychologin schlug ihm vor, zusätzlich einen Psychiater zu konsultieren und sich über die Möglichkeiten und den Nutzen einer medikamentösen Behandlung aufklären zu lassen, aber das lehnte er ab. Nach einigen Monaten ging es Janes Mann jedoch besser; seine Energie war wieder auf dem normalen Niveau, er ging wie früher seinen gewohnten Aktivitäten nach, und er konnte die Therapie schließlich beenden.

Jane war beharrlich geblieben und hatte Erfolg, aber nicht jedem geht es so. Es kommt vor, daß die depressive Person bei ihrer Weigerung bleibt, ganz gleich, wie oft und wie eindringlich Sie mit ihr reden oder wieviel Informationen über die depressive Störung und die diversen Behandlungsmethoden Sie ihr zur Verfügung stellen. In diesem Fall kann es die beste Lösung sein, wenn Sie selbst professionelle Hilfe suchen oder sich einer unterstützenden Gruppe anschließen. Wenn Sie über Ihre Schwierigkeiten mit dem depressiven Menschen in Ihrem Leben sprechen, kann der Therapeut, der Sie berät, Ihnen vielleicht neue Wege aufzeigen, wie Sie mit der Situation umgehen können, oder die anderen Teilnehmerinnen und Teilnehmer einer Gruppe können Ihnen berichten, was sie selbst in einer ähnlichen Situation hilfreich gefunden haben.

Ein wichtiger Punkt ist jedoch unbedingt zu beachten: Wenn Ihr geliebter Mensch akut suizidal ist oder die Warnsignale der Suizidalität zeigt, die wir im 11. Kapitel erörterten, müssen Sie unbedingt dafür sorgen, daß er oder sie sofort professionelle Hilfe erhält. Dies ist eine Ausnahmesituation, eine Frage von Leben und Tod. Es spielt keine Rolle, ob der andere zögert oder sich sogar explizit weigert, Hilfe zu akzeptieren. Machen Sie sich keine Gedanken darüber, daß Sie vielleicht illoyal sein oder sein Vertrauen mißbrauchen könnten, oder daß er vielleicht auf Sie wütend wird. Wenn er bereits in Behandlung ist, rufen Sie sofort seinen Psychiater oder Psychotherapeuten an. Das ist völlig gerechtfertigt und angemessen. Wenn er oder sie nicht in Behandlung ist, oder wenn Sie den Therapeuten nicht erreichen können, bringen Sie ihn oder sie sofort in die Notaufnahme des nächsten Krankenhauses oder rufen Sie die Polizei.

Nach der Lektüre dieses Kapitels sind Sie und Ihr geliebter Mensch gut dafür gerüstet, den Kampf gegen die Depression aufzunehmen. Sie sind nun darüber informiert, welche Hilfen zur Verfügung stehen, und wo man sie findet. Sie haben Strategien gelernt, wie Sie mit Ihrem geliebten Menschen über professionelle Hilfe reden können. Wir haben Sie auch daran erinnert, Ihre eigenen Bedürfnisse nicht zu vergessen. Wenn der destruktive Tanz der Depression durchbrochen werden soll, genügt es, wenn eine der beteiligten Personen ihre Tanzschritte verändert. Wenn Sie in einem neuen Rhythmus tanzen, muß auch der andere innehalten und sich andere Schritte überlegen. Vielleicht schwingen Sie dann gemeinsam auf einen veränderten, lebendigen, konstruktiven Rhythmus ein.

Nachwort

Wir hoffen, daß Sie sich nach der Lektüre dieses Buches bestärkt und ermutigt fühlen, Ihren eigenen Bedürfnissen die Aufmerksamkeit zukommen zu lassen, die sie verdienen, denn nur so können Sie den negativen Auswirkungen der Depression auf die Beziehung zu Ihrem geliebten Menschen etwas entgegensetzen und vermeiden, zu einem der vielen übersehenen Opfer dieser Störung zu werden.

Wir empfehlen Ihnen, sich an die von uns vorgeschlagenen Leitlinien zu halten, während Ihre Beziehung den Anpassungsprozeß an die Depression durchläuft. Erinnern Sie sich immer daran, Ihre eigenen Gefühle und Reaktionen als wichtige Informationsquelle zu nutzen. Wir haben betont, wie wertvoll es ist, über den Charakter der depressiven Störung und Ihre Auswirkungen auf Beziehungen informiert zu sein, und Sie haben gelesen, was wir zu diesem Thema zu sagen haben. Aber es liegt noch viel Arbeit vor Ihnen. Sie haben, indem Sie sich durch dieses Buch hindurcharbeiteten, einen wichtigen ersten Schritt getan, sich selbst und Ihren geliebten Menschen vor der Verstrickung in den Teufelskreis der Depression zu schützen. Der nächste Schritt sollte Ihr Entschluß sein, die gelernten Strategien auch tatsächlich anzuwenden. Idealerweise werden Sie und Ihr geliebter Mensch diesen Weg gemeinsam gehen. Wenn das nicht möglich ist, erinnern Sie sich daran, daß Sie den depressiven Zyklus durchbrechen können, indem Sie Ihre eigenen Verhaltensweisen verändern. Wenn Sie die Art, wie Sie mit dem anderen interagieren, verändern, wird er oder sie natürlich auch anders reagieren. Um langfristige Veränderungen zu erreichen, müssen Sie mehrfach dazu ansetzen, den Zyklus zu durchbrechen. Zwei Schritte vorwärts und ein Schritt zurück – das ist die Regel und nicht die Ausnahme, wenn man versucht, ein Beziehungsmuster zu verändern.

Als Sie dieses Buch zur Hand nahmen, wußten oder ahnten Sie bereits, daß die Depression die Ursache der Konflikte in Ihrer Beziehung war. Ihre Beziehung hatte sich schon durch das Konflikt- und das Reaktionsstadium des SAD-Prozesses hindurchbewegt. Sie reagierten auf die Veränderungen, die die Depression verursachte. Sie eigneten sich Wissen über die depressive Störung und Ihre Auswirkungen auf Beziehungen an; das haben wir als Stadium der Informationssuche beschrieben, das schließlich den Übergang zur Stufe der Problemlösung darstellt. Denken Sie aber daran, daß vorangegangene Stadien wieder auftreten können, auch wenn Sie bereits weiter fortgeschritten sind. Insbesondere dem Stadium der Informationssuche werden Sie vermutlich im Verlauf der Depression Ihres geliebten Menschen mehrfach wiederbegegnen. Wenn Sie ernsthaft mit dem anderen daran arbeiten, Problemlösungen zu finden, werden Sie immer wieder neue Informationen sammeln müssen. Behalten Sie die zentralen Leitlinien immer im Auge:

Sammeln Sie soviel Wissen wie möglich / seien Sie realistisch in Ihren Erwartungen / geben Sie bedingungslose Unterstützung / erhalten Sie Ihre Alltagsroutine soweit wie möglich aufrecht / teilen Sie Ihre Gefühle mit / nehmen Sie die Depression nicht persönlich / suchen Sie Hilfe / arbeiten Sie als Team zusammen.

Erinnern Sie sich vor allem daran, daß die Depression nicht nur für Ihren geliebten Menschen, sondern auch für Sie selbst eine Krise darstellt, die Sie gemeinsam zu überwinden versuchen. Der Prozeß, mit dem anderen zu kooperieren und gemeinsam gegen die Depression anzugehen, wird nicht nur für den Genesungsprozeß und die Beziehung von Vorteil sein, sondern er hat seinen ganz eigenen, intrinsischen Wert. Sie werden sich beide weniger allein und tiefer miteinander verbunden fühlen und optimistischer in die Zukunft schauen. Unsere Erfahrung hat uns gelehrt, daß es allen Grund dazu gibt, optimistisch zu sein. Sie wissen nun, was Sie tun können, wenn ein Mensch, den Sie lieben, depressiv ist.

Literaturempfehlungen

Beckerle, Monika: Depression, Leben mit dem Gesicht zur Wand. Fischer TB

Billig, Nathan: Depressionen im Alter. Fischer Ratgeber 12074

Bowlby, John: Verlust, Trauer und Depression. Fischer TB

Flach, Frederic F.: Depression als Lebenschance. Rowohlt Taschenbuch 17168

Goldmann-Posch, Ursula: Tagebuch einer Depression. Kindler Verlag

Hell, Daniel: Welchen Sinn macht Depression? Rowohlt Taschenbuch 19649

Juchli, Liliane: Bilder einer Depression. Kreuz Verlag

Leibold, Gerhard: Depressionen vorbeugen, lindern, heilen. Humboldt TB

Nuber, Ursula: Die verkannte Krankheit Depression. Kreuz Verlag

Nuber, Ursula: Stichwort Depressionen. Heyne TB

Steinhilper, Rolf: Das schwere Leben leben lassen. Calwer Verlag

Dank

Viele Menschen haben zu diesem Buch beigetragen, und wir möchten ihnen unseren Dank aussprechen. Wir haben unendlich viel von unseren Patientinnen und Patienten und ihren Familien gelernt. Sie lehrten uns unter anderem, was wirklich hilfreich war und was nicht. Vor allem aber zeigten sie uns, daß alles möglich ist, wenn Liebe, Anerkennung und Respekt vorhanden sind, und daß kein Beziehungsproblem unüberwindlich ist. Um ihre Privatsphäre zu schützen, haben wir Namen und besondere Einzelheiten in unseren Fallbeispielen verändert.

Auch unsere eigenen Familien, unsere Freunde und Kollegen haben uns in unterschiedlichster Weise geholfen. Dafür, daß sie uns unterstützten und an uns glaubten, danken wir Andrew Epstein, Ellen und Leonard Epstein, Barbara und Martin Rosen, Carin und Roger Ehrenberg, Rachel und Alan Price, Elena Taurke Joseph, Gil Tunnell, Rand Gruen, Chrysoula Kasapis, Judith Kiersky, Rich Keefe, Caren Gadigian Keefe, Jeff Foote, Paula Gadigian, Jack Gorman, Larry Welkowitz, Maria Christina Bielefeld und Liz, Tom, Emma und Elana Brondolo. Wir wußten Marina Salazars Hilfe beim Redigieren des endgültigen Manuskripts sehr zu schätzen. Barbara Fox war uns eine unerschöpfliche Quelle des Wissens und der Einsicht. Und Larry Rosens bedingungslose Unterstützung und Ermutigung sowie seine sensiblen und kritischen Anmerkungen zu diesem Buch waren für uns von unschätzbarem Wert.

Besonderen Dank schulden wir unserer Lektorin Susan Arellano. Ihr professioneller Scharfblick und ihr persönliches Engagement für das Thema halfen uns, das Buch zu realisieren. Sie verstand, was wir wollten, und half uns, es zu erreichen. Was vielleicht noch wichtiger war: Sie war mit uns einig in dem Verständnis, daß eine Depression nicht nur die depressive Person selbst beeinträchtigt, sondern auch die Menschen, die am engsten mit ihr verbunden sind, und daß man mit diesem Wissen gemeinsam beginnen kann, Veränderungen zu bewirken.

Biographien

Dr. Laura Epstein Rosen ist Familientherapeutin und Supervisorin an der Special Need Clinic des Columbia Presbyterian Medical Center in New York.

Dr. Xavier Francisco Amador ist Professor für Psychologie am College of Physicians and Surgeons, Columbia University. Er ist Direktor des Diagnosis and Evaluation Center an der Columbia University und am New York State Psychiatric Institute.

Beide Autoren praktizieren und leben in New York.